D1730917

Bernhard Viel
Utopie der Nation
Ursprünge des Nationalismus im Roman der Gründerzeit

Bernhard Viel

# Utopie der Nation

Ursprünge des Nationalismus
im Roman der Gründerzeit

 Matthes & Seitz Berlin

Matthes & Seitz Berlin
*Blaue Reihe Wissenschaft, 6*

Erste Auflage Berlin 2009

Umschlaggestaltung: Falk Nordmann, Berlin
Druck und Bindung: Elbe Druckerei, Wittenberg

*www.matthes-seitz-berlin.de*

ISBN 978-3-88221-749-0

# Inhalt

*O du einsamer Leser,*
*der du nach der Gesellschaft*
*von Helden begierig bist!*
Ernst Jünger

# EINLEITUNG ODER:
## *KAMPF* UND *STURM* PASSEN GUT ZUSAMMEN

Was der Leser am wenigsten brauchen konnte, war Pessimismus. Seine Welt befand sich in einem Wandel, der historisch ohne Beispiel war. Charles Darwin, ein englischer Zoologe, hatte mit seiner Theorie der Evolution den nicht weniger als zweitausend Jahre geltenden Schöpfungsbericht in Frage gestellt. Und sein Paulus in Deutschland, Ernst Haeckel, bemühte sich seit seiner »Jungfernrede«[1] im September 1863 mit Vorträgen und flüssig geschriebenen Büchern, die weltumstürzende Lehre zu verbreiten und sie auf die Abstammung des Menschen auszudehnen. Ein Unterfangen, das ihm den Ruf des »Menschheitsbeglückers«, ein Heer von Feinden und den Beinamen »der Affenprofessor« einbrachte.[2]

Mit den ersten beiden Hauptsätzen seiner »mechanischen Wärmetheorie« behauptete der Physiker Clausius, alles, was die Welt in Gang halte, sei Energie, die sich nur in verschiedene Formen verwandle und deren Summe gleich bleibe, deren Qualität aber ständig abnehme – bis vom Weltall nur noch ein dickflüssiger Wärmebrei übrig sei.[3] Wo blieb da der Sinn, den Haeckel im Lichte des wissenschaftlichen Fortschritts zu erblicken glaubte? Das sah eher nach Fatalität aus.

Die Bevölkerung unterdessen wuchs. Zählten die Länder des späteren Kaiserreichs Mitte des 19. Jahrhunderts noch knapp vierzig Millionen Menschen[4], so waren es zu Beginn des 20. Jahrhunderts, am Vorabend des Ersten Weltkriegs, bereits knapp siebzig Millionen[5] – also fast doppelt so viele in nur einem halben Jahrhundert. Und die Städte wuchsen mit. Als Otto von Bismarck Reichskanzler wurde, 1871, lebten noch fast zwei Drittel der Deutschen auf dem Land in kleineren Gemeinden unter zweitausend Einwohnern. Vierzig Jahre später war die Zahl der Landbewohner bereits auf weniger als die Hälfte geschrumpft. Der größere Teil war in die rapide wachsenden Großstädte abgewandert, deren Zahl in dieser knappen Zeitspanne von acht auf achtundvierzig stieg, zählt man als Großstadt einen Ort über einhunderttausend Einwohner. Zu Beginn des neuen Jahrhunderts, 1910, wohnte also bereits jeder fünfte Deutsche unter städtischem Dach. Und die Großstädte wuchsen weiter, die Bevölkerung der Hauptstadt Berlin nahm in nur fünfzehn Jahren, von 1875-90, um eine halbe Million zu. Allein der damalige Vorort Schöneberg, nicht allzu weit von der Wohnung Theodor Fontanes in der Potsdamer Straße entfernt, vergrößerte sich in dieser Zeit um mehr als das siebzehnfache[6] – eine Stadt am Rande der Stadt!

Die Produktion stieg an, die Schornsteine schossen aus der Erde. Die Montanindustrie, also Braun- und Steinkohleförderung, Eisen- und Stahlproduktion, verzeichnete schwindelerregende Zuwachsraten. Allein die Steinkohleproduktion verachtfachte sich zwischen Reichsgründung 1871 und Weltkriegsvorabend 1913, sie nahm von vierundzwanzig Millionen auf einhundertneunzig Millionen Tonnen zu.[7] Man baute Maschinen, Lokomotiven, Messinstrumente, Schiffe, Kanonen, die metallverarbeitende Industrie stieg zum Leading Sector auf.[8]

Seit 1878 lief selbst die Produktion von Schuhen maschinell. Zahlreiche neue Industriezweige entstanden, Feinmechanik etwa, Farben- und Pharmaindustrie, elektrotechnische Industrie. So baute Werner Siemens 1879 die erste Elektrolok mit drei Pferdestärken Zugkraft[9]. Die Hauptstadt Berlin, damals noch wirtschaftlich-technischer und kultureller Spitzenreiter, nahm zwei Jahre später die erste elektrifizierte Straßenbahn in Betrieb. Andere Großstädte wie Halle, Leipzig, Hamburg und Hannover folgten, wenn auch zunächst noch langsam.[10]

Um die gleiche Zeit leitete die Erfindung des Fahrrads ein neues Zeitalter im Individualverkehr ein. Nachdem der schottische Tierarzt John Boyd Dunlop 1888 den Prototypen eines Luftreifens entwickelt oder vielmehr zusammengebastelt hatte, avancierte das zweirädrige Gefährt auch in Deutschland zum Massenprodukt.[11]

Der Personen- und Güterverkehr wurde dichter und schneller. Die Kommunikation hatte ohnehin mit dem Telegraphen bereits ein schwindelerregendes Tempo erreicht. Mit diesem 1847 als Patent in Preußen angemeldeten Gerät war Werner Siemens, neben der später folgenden Eisenbahn, die entscheidende Erfindung während der klassischen Phase der Industrialisierung gelungen.[12] Ein immer engeres Schienennetz überspannte Europa und ließ, gleichsam als bodenständiges Gegenstück der Telekommunikation, die Entfernungen schrumpfen. Allein in der Hochphase des beginnenden Eisenbahnbaus in Deutschland, 1870-75, kamen zehntausend neue Bahnkilometer hinzu, das entsprach schon fast der Länge des Erddurchmessers von zwölftausendsiebenhundert Kilometern.

Dreißig Jahre später hätten Züge auf dem Schienenweg Gesamteuropas bereits sechsundzwanzig Mal die Erde umrunden können.[13] Bald erkannte man die integrierende Kraft dieses Verkehrssystems, besonders Preußen machte sich seit 1850 an die Aufgabe, die revolutionären Verkehrsmittel wirtschaftlich und politisch zu nutzen, um mit ihrer Hilfe das regionalistische Denken der zahlreichen Kleinstaaten zu überwinden.[14]

Die Landschaft veränderte ihr Gesicht. Was dem Menschen des 19. Jahrhunderts noch Wahrnehmungskrisen heraufbeschwor, wurde dem Menschen des 20. Jahrhunderts zum Selbstverständlichen: die Industrielandschaft. Die Zeitgenossen dokumentierten diesen Prozess in Gemälden, Romanen und Erinnerungen.[15] Schon Gustav Freytag beschrieb in seinem merkantilistischen Entwicklungsroman *Soll und Haben* 1855 das Sterben alter Agrarlandschaften. Er sah diesen Wandel halb als faszinierende Möglichkeit der Zukunft, halb als unheilvollen Eingriff in eine mythische Naturordnung. Die »schwarze Kunst des Dampfes« bleibt für Freytag eine faustische und gefährliche, die sowohl segensreiche wie unheilvolle Kräfte entbinden konnte.[16]

Auch die Linien der politischen Landkarte wurden in rauschhafter Schnelligkeit neu gezogen. Innerhalb von nur sechs Jahren, von 1864-71, führte Preußen nicht weniger als drei Kriege gegen seine Nachbarn Dänemark, Österreich und Frankreich. Diese waren nicht zuletzt deshalb siegreich, weil ein genialer Generalstab es verstand, Eisenbahn und Telegraph strategisch zu nutzen.

Danach war Mitteleuropa nicht mehr das alte. Österreich, seit dem Mittelalter fester Bestandteil Deutschlands, stand plötzlich außerhalb des exakt am Neujahrstag 1871 ausgerufenen deutschen Kaiserreichs. Die Südstaaten Bayern, Württemberg und Baden, lange Zeit habsburgisch, wurden in die kleindeutsche Lösung integriert, wenn auch mit vergleichsweise umfangreichen Partikularrechten. So durfte Bayern weiterhin in eigener Landeshoheit die Biersteuer erheben.[17]

Föderalistische Traditionen prägten den neuen Staat im Herzen Mitteleuropas. Zweifellos erschwerte das die Bildung eines nationalen Einheitsbewusstseins. Ein Erbe, an dem selbst heute noch das wiedervereinigte Deutschland zu tragen hat.[18] Es gab innere Spannungen, die zum Teil in der politischen Form des neuen Reichs begründet lagen. Systempolitisch betrachtet, blieb es ein Bundesstaat mit föderalistischen Strukturen im Rahmen einer konstitutionellen Monarchie eines politisch-territorialen Kaiserstaats. Doch »vor allem war es ein Nationalstaat«[19], und diese dem modernen Staatsbegriff entsprechende Form barg Konflikte. Im Verständnis der Zeitgenossen konnte es zum deutschen Nationalstaat keine Alternative geben: »Daß aber eine Nation auf einen, ihren Staat zielte und daß der Staat eigentlich auf die Nation gegründet sein solle, daß also der Nationalstaat die gegebene Form der Nation und des Staates sei, darüber waren sich im Westen und in der Mitte, im Süden und im Norden Europas alle einig (…).«[20]

Allein, das Bekenntnis zum nationalen Staat setzt voraus, sich mit diesem Staat zu identifizieren. Doch anders als in England und Frankreich waren in Deutschland nicht alle Bevölkerungsgruppen ihrem Staat gegenüber eindeutig loyal. So standen die Katholiken im Loyalitätskonflikt zwischen Papst und einem Reich, das sie grundsätzlich nicht ablehnten, zu dessen offiziösem preußisch-protestantischen Nationalismus sie aber Abstand wahrten. Bekanntlich bewog das Bismarck, die Ultramontanen ebenso erbittert als Reichsfeinde zu bekämpfen wie die Sozialisten. Es ist kaum übertrieben zu behaupten, der protestantisch angefeuerte Reichsnationalismus habe den konfessionellen Gegensatz in einen inneren Religionskrieg ausarten lassen.[21] Das annektierte Elsass-Lothringen im Westen war ohnehin ein ständiger politischer Unruheherd und gab Skeptikern Anlass, in ihm »den Keim einer künftigen Katastrophe« zu fürchten.[22]

Auch die polnische Minderheit im Osten konnte sich mit dem protestantisch-borussisch dominierten deutschen Staat nicht identifizieren und suchte die eigene Identität zu stärken. Die Spannung entlud sich in hasserfüllten Kämpfen um die Durchsetzung des Deutschen als Amts- und Schulsprache in den polnischen Gebieten.[23]

Was den bürgerlichen Leser zudem beunruhigte: Die Unterschichten, die es damals ja noch reichlich gab, begehrten auf. Die Massen, die sich anschickten, eine eigene Klassenidentität zu entwickeln und sich politisch zu organisieren, brachten Unruhe in den neuen Staat. Das Wahlrecht des deutschen Nationalstaats ermöglichte mehr und mehr den Torgelows, den Arbeitern in politische Funktionen einzurücken. Fontane beschrieb das im *Stechlin* mit großer Gelassenheit als kleines Menetekel des kulturellen Niedergangs.[24]

Von außen schienen noch größere Gefahren zu drohen. Sann der gedemütigte Verlierer Frankreich nicht auf Rache? Sein aggressiver werdendes Nationalgefühl,[25] seine Aufrüstung und die Eskalation dieser Entwicklungen in der »Krieg-in-Sicht« -Krise im Frühling 1875 ließen kaum andere Schlüsse zu.[26] Und schließlich die Finanzkrise. Der sogenannte Gründerkrach von 1873 bremste empfindlich den Aufschwung der ersten Jahre nach der Reichsgründung, löste massenhaft Konkurse aus und beraubte zahllose Bürger, die im überhitzten Spekulationsklima ihre Ersparnisse in Aktien investiert hatten, ihrer Hoffnungen auf eine gesicherte Existenz und schnellen Reichtum. War es denn im Angesicht solcher die Haltungen und Handlungen der Zeitgenossen verunsichernder[27] Schwankungen überhaupt möglich, einen beständigen wirtschaftlichen, gesellschaftlichen und politischen Fortschritt zu erwarten?

Das vom Wandel der Zeit im Bürgertum entfachte Krisengefühl steht in engem Zusammenhang mit der Suche nach nationaler Identität und der Steigerung des nationalen Bewusstseins in den Jahrzehnten nach der Reichsgründung. Die Krise trieb den Menschen zurück auf den Boden seiner Kultur, seiner Landschaft und seiner Identität, kommentiert der Philosoph und Soziologe Helmuth Plessner diese Umbruchzeit.[28] Und der englische Sozialhistoriker Eric J. Hobsbawm fasst zusammen: »Das war der Neotraditionalismus, eine defensive oder konservative Reaktion gegen die Zerstörung der alten gesellschaftlichen Ordnung durch die fortschreitende Epidemie des Neuen: des Kapitalismus, der Städte und Industrien, ganz zu schweigen vom proletarischen Sozialismus, der ihr folgerichtiges Ergebnis war.«[29]

Doch konnten alle Zweifel und Vorgefühle künftiger Zusammenbrüche, die von der Finanzkrise mit ihren unabsehbaren Folgen ausgelöst wurden, den vorherrschenden Glauben an die Versprechungen des Fortschritts nicht beseitigen. Mag der Wandel die Zeitgenossen beunruhigt haben, sie sahen mehr noch den Erfolg. »Sie lebten«, sagt Hobsbawm, »einfach in einer wirtschaftlichen Blütezeit.«[30] Die Welt verbesserte sich, das Leben wurde schneller, freier, angenehmer, insbesondere für den gebildeten und besitzenden Leser des bürgerlichen Mittelstandes. Aber nicht nur er profitierte von der Entwicklung, der industrielle Aufbruch eröffnete allmählich auch den unteren Schichten bisher unerhörte Chancen.

Genau in diesen für die Bildung der modernen Welt entscheidenden Jahren zwischen etwa 1870 und 80 debütierte Fontane, der sich als Balladendichter, Theaterkritiker und Historiker der Mark Brandenburg einen Namen gemacht hatte, auch als Romancier. Und der habilitierte Rechtshistoriker Felix Dahn eroberte mit einem spannenden Roman aus der späten Völkerwanderungszeit die Bestsellerlisten.

Nein, zu Pessimismus schien kein Anlass. Gerade in schwierigen Zeiten des Umbruchs und Wandels führen pessimistische Gesinnungen nicht wei-

ter. Was der Leser stattdessen brauchte, waren sinnstiftende Geschichtserzählungen, die ihm Zusammenhänge aufzeigen und aus der Vergangenheit
heraus eine nationale Identität aufbauen konnten. Diese von den Zeitgenossen als historisch wichtig erkannte Forderung sollte die Literatur, insbesondere die historische Literatur, erfüllen.

Es kam in dieser Literatur also darauf an, Zuversicht zu wecken und das
Vertrauen in den unüberschaubaren, doch im Grunde sinnvollen, gleichsam ordentlichen Gang der Welt[31] zu stärken und diesen Gang erkennbar
zu machen. Nicht Resignation, Tatkraft war zu fördern. Dazu bedurfte
es, so sah man es damals, männlichen Verhaltens, realistischer Einstellungen. Gefordert war die Bereitschaft, Einzelinteressen hinter Interessen der
nationalen Gemeinschaft zurückzustellen und an das Gute, Sittliche und
Schöne des Ganzen zu glauben. Es galt, Begeisterung für die Nation und
für das Opfer im Namen der Nation zu entfachen.

Diese Aufgabe indes erforderte auch, die Zeitgenossen zu warnen und
sogar Kritik an ihnen zu üben. War nicht der gerühmte Fortschritt, jene
rastlose Kulturtätigkeit des westeuropäischen entfesselten Prometheus[32]
gerade im Begriff, den Menschen von seinen mythologischen, religiösen
und ethischen Wurzeln abzutrennen? Musste das nicht zwangsläufig zu
einer konsumistischen Sex- und Geldmentalität führen? Eine »alle Nationalkultur nivellierende Entwicklung«[33] schien im Begriff, das Europa
der Nationen in ein »Geschäfts- und Lusteuropa« einzuebnen, beherrscht
von einer »Tango- und Two-Step-Gesittung«,[34] – wie Thomas Mann wenige Jahrzehnte später in seinen famosen *Betrachtungen eines Unpolitischen*
den bösen Geist dessen zu bannen suchte, was er abschätzig »Zivilisation«
nannte. Am Ende würde die Welt womöglich von einer hypertrophen Kultur, eben von Zivilisation überzogen und globalisiert sein. Und das wäre
nicht nur das Ende der nationalen Kultur, es wäre auch das Ende ihrer
natürlichen Lebensgrundlagen, also überhaupt das Ende.

Und falls alle Warnungen diesen Fort-Schritt nicht aufhalten konnten,
so galt es wenigstens, sich seinem unvermeidbaren Lauf zu stellen. Diese
Herausforderung zu bewältigen, dazu sollte nicht zuletzt die Nation verhelfen, die den Einzelnen in einer schützenden Gemeinschaft zu behei-
maten versprach. Es gehörte daher zur Aufgabe des Autors, die Identität
dieser Gemeinschaft zu stärken. Und sei es notfalls nur zu dem Zweck,
den Untergang, falls er kam, aufrecht zu bestehen. Dafür brauchte man
Zuversicht. Was man nicht brauchte, war Pessimismus.

Dieses Buch will am Beispiel der Literatur die Fundamente freilegen, auf denen das nationale Denken der Kaiserzeit ruht, um diese Epoche und ihre Auswirkungen bis in die Gegenwart leichter fassbar zu machen. Wie aber sah der weltanschauliche Bau dieser Gründerzeit aus, was war sein Grundriss?

Der literarisch gebildete Bürger hatte die Vorstellung, er gehöre einer kulturell und ethnisch weitgehend einheitlichen Nation an, gelenkt und organisiert von einem selbstständigen Staat. Das war das Normale, das Natürliche. Ja, zu einem solchen Nationalstaat dränge ein geheimer Wille, der in der Natur des Menschen liege. Es lag auf der Hand, dass die große historische Aufgabe darin bestand, diesen Willen zu verwirklichen, und, wenn das Ziel erreicht sei, den Staat zu bewahren und zu verteidigen. Diese Aufgabe ging jeden an.

Da aber dieser Wille eben jeden Menschen und jede Nation lenkt, sind Konfrontationen mit anderen Nationen unausweichlich. Geschichte ist letzten Endes die Folge von Kämpfen, die die Bildung und Erhaltung des Nationalstaats erfordert.

Dieser Prozess bedingt eine im wahrsten Sinne natürliche Auslese. Wer zu schwach ist, sich im Kampf der Nationen zu behaupten, geht unter.

Am Ende dieser Geschichte wird ein einziges universales Imperium die Welt umspannen. Sie ist globalisiert.[35] Irgendwann aber wird dieser Superstaat seine natürlichen Lebensgrundlagen erschöpft haben. Dann geht auch er unter. Doch ist diese Aussicht kein Grund zu Resignation. Der globalen Katastrophe folgt ein neuer Naturzustand, aus dem sich irgendwann eine neue Zivilisation entwickelt. Das Leben geht weiter.

Die tragende Säule in diesem gedanklichen Bau ist demnach schon in der Gründerzeit ein Begriff, der um die Jahrhundertwende Karriere als philosophischer Leitbegriff machen sollte: das Leben.[36]

Das Material für diesen Befund liefert der Roman der Gründerzeit, literaturgeschichtlich eine dem *bürgerlichen Realismus*, der Zeit zwischen 1848 und etwa 1890, zugehörige Epoche. Ihrer Erkundung dienen insbesondere zwei historische Romane: Fontanes Erstling *Vor dem Sturm* und der Best- und Longseller des Rechtsgelehrten Felix Dahn, *Ein Kampf um Rom*. Warum diese beiden?

Historische Romane waren die beliebteste literarische Gattung der Gründerzeit, an ihnen lässt sich ihr Denken besonders gut ablesen. Auswahl gäbe es genug, von Georg Ebers' 1864 erschienenem Wälzer »Eine ägyptische Königstochter«, von dem noch Feuchtwanger behauptet hat, er sei lesenswert,[37] über die stilbildenden Erzählungen Conrad Ferdinand Meyers, der als Schweizer mit Bewunderung auf das *Deutsche Reich* blickte und gerne Felix Dahns Romane las, bis zu Wilhelm Raabes spätem, damals wenig beachteten und inzwischen als Geniestreich geltendem Roman *Das Odfeld*. *Ein Kampf um Rom* hat aber all diesen Titeln gegenüber den Vorteil, überaus spannend und ideengeschichtlich ergiebiger zu sein als die meisten anderen literarischen Erzeugnisse seiner Zeit. Und wer würde den überragenden Rang des Fontaneschen Romanwerks bezweifeln wollen? Man schlägt mit diesen Titeln zwei Fliegen in einer Klappe: Beide sind typisch für ihre Zeit, der eine aber war populär, der andere gehört zum Kanon. Vor allem aber gilt *Vor dem Sturm* als anständiger, *Ein Kampf um Rom* als anrüchiger Text.

In den Siebziger Jahren, als die Abneigung gegen die gründerzeitliche Kultur ihrem Höhepunkt zulief, prägte ein Germanist den Begriff vom *anderen* historischen Roman, der sich wohltuend unterscheide von der *üblichen* Hervorbringung dieser Gattung. Dieser übliche Historienroman stoße in die Hurra-patriotische Posaune seiner Zeit, verkläre die Weltgeschichte zur Vorgeschichte der Ära Bismarck. Der andere aber, der Germanist sprach vom »Hiatus von Fiktion und Historie«, zerstöre die Illusion einer eschatologischen Nationalgeschichte durch formale Brüche und verweigere so die historische Sinnstiftung. Es versteht sich, dass *Vor dem Sturm* jenen anderen, *Ein Kampf um Rom* jedoch den üblichen Roman vertreten sollte. Dahn schien ein Wegbereiter der völkischen Literatur zu sein, Fontane schon Vorbote des *anderen Deutschland*. Das übliche.[38]

Diese Urteile wirken bis heute. »Entheroisierung durch Perspektivismus kennzeichnet auch Theodor Fontanes historischen Roman ›Vor dem Sturm‹«, heißt es etwa in Hansers Literaturgeschichte.[39] Es wird sich zeigen, dass von Entheroisierung so wenig die Rede sein kann wie davon, es gäbe im *Sturm* keine Feinde, sondern nur Opfer.[40] Auch war Fontane weit entfernt von der Absicht, das in seinem Roman entworfene Geschichtsbild zu verfremden, um dem Leser die Illusion zu nehmen, die Geschichte habe sich genau so abgespielt wie der Autor sie schildert.[41] Das Gegenteil ist der Fall: Diese Illusion soll gerade erzeugt werden, um so zu beglaubigen, Geschichte sei ein zweckgerichteter und sinnerfüllter Prozess. Fontane verfolgt die nämliche Absicht wie Dahn: das jeweilige Geschichtsbild nicht zu relativieren, sondern zu beglaubigen. Auch die stilistischen Unterschiede

18

zwischen beiden begründen keine wesentlich verschiedenen Weltanschauungen. »Kampf« und »Sturm« sind Kinder ihrer Zeit, sie bejahen die Verhältnisse, in die sie gestellt sind.

Wenn inzwischen auch wieder eingeräumt wird, dass Professorenromane wie *Ein Kampf um Rom* eine gewisse heroische Faszination zu entfalten vermögen,[42] so bestätigt das nur die gängige ästhetische und ideologische Abwertung: gute Abenteuergeschichte, doch literarisch minderwertig und weltanschaulich bedenklich. Der Erkenntniswert solcher Urteile ist so mager wie entrahmte Milch. Sie beziehen sich bis heute auf Stalins Propagandisten Georg Lukács, der die gesamte bürgerliche Literatur und insbesondere ihre historischen Romane als »dekadent« in den Gulag seiner dogmatischen Weltanschauung verbannt. Lukács' Monographie *Der historische Roman* erschien erstmals 1937 in Moskau.[43]

Unbestreitbar ist: Wer sich ernsthaft mit der Literatur der Gründerzeit auseinandersetzt, hantiert mit ideologischem Sprengstoff. Gerade die darin entwickelte Vorstellung, die Abstammung begründe die Nation, die Wurzel der Identität flösse aus dem Blut, der Staat sei identisch mit der Nation und nur existenzfähig auf einem über Jahrhunderte hin angestammten Territorium, muss ungeheuerlich anmuten. Sie läuft auf nichts anderes hinaus als auf ein Blut- und Boden-Modell.

Auch wenn man es lange nicht wahrhaben will, die aus *Vor dem Sturm* gewonnenen Befunde lassen keinen anderen Schluss zu: Nicht nur der verdächtige Dahn, auch Fontane nimmt ein Identitäts- und Staatsmodell vorweg, das einige Jahre später Paul de Lagarde und Houston Steward Chamberlain festschreiben.[44] Es zeigt ganz klar den Wandel von einem kulturell begründeten und aus Herders romantischem *Volksgeist* entfalteten zu einem völkischen Nationalbegriff.[45] Deswegen wird es auch aufschlussreich sein, einen Blick auf Thomas Manns *Betrachtungen eines Unpolitischen* zu werfen. Denn eindeutig stützt sich Thomas Mann auf eine Konstruktion nationaler Identität, die schon Dahn und Fontane im Geist ihrer Zeit entworfen haben. Gleichwohl fällt ein signifikanter Unterschied auf: Die Betrachtungen mögen als nationale Erbauungsschrift ihren schlechten Ruf behalten, völkisch sind sie nicht.

*Kampf* und *Sturm* freilich versuchen, die Frage *was ist deutsch?* mit der Rückbesinnung auf Ursprünge zu beantworten, die im mythologischen Dunkel liegen und gerade deswegen faszinieren konnten. Dass ein derartiges *mythobiologisches Modell* einen weltanschaulichen Fundus eröffnet, auf den rassenideologisch begründete Nationalbegriffe des 20. Jahrhunderts zurückgreifen konnten, steht außer Frage. Muss man also die Autoren, muss man insonderheit Fontane als Wegbereiter betrachten?

In jedem Fall führen solche Einordnungen in die Sackgasse einer negativen Geschichtsteleologie, die unterstellt, der Weg vom nationalen Denken der Gründerzeit zu dessen Exzessen im Dritten Reich sei notwendig, gleichsam vorbestimmt gewesen. Dahn als früher Steigbügelhalter Hitlers, dieser Gemeinplatz ist nicht neu. Aber von Fontane zu Hitler? Hans Meyer dachte nicht einmal daran, Gustav Freytag als »Wegbreiter« zu verurteilen, obschon, anders als bei Fontane und Dahn, die antisemitischen Tendenzen von *Soll und Haben* offenkundig sind.

Die negative Geschichtsphilosophie, die eine Linie von der Ära Bismarcks zur NS-Diktatur zieht, ist ahistorisch. Sie ersetzt die ideengeschichtliche Sektion durch den Glauben an die zwingende Kraft schicksalhafter Notwendigkeit und mystifiziert Geschichte, statt sie zu erklären.

In seinem Roman *Erfolg* (1930) lässt Feuchtwanger sein Alter ego, den linksbürgerlichen Schriftsteller Jacques Tüverlin, dessen bewundertem Gegenspieler, dem ehemaligen bayrischen Justizminister Otto Klenk, die Funktionsweise der Aufklärung mit folgenden Worten näher bringen:

> »Ein großer Mann, […], den Sie nicht leiden können, ich übrigens auch nicht, er heißt Karl Marx, meinte: die Philosophen haben die Welt erklärt, es kommt darauf an, sie zu ändern. Ich für meine Person glaube, das einzige Mittel, sie zu ändern, ist, sie zu erklären. Erklärt man sie plausibel, so ändert man sie auf stille Art, durch fortwirkende Vernunft.« (761)

Tatsächlich führt unter anderem die Frage nach dem Verhältnis von Historie und Text, geschichtlichem Ereignis und seiner Verwendung im poetischen Zusammenhang weiter als angstbedingte Mystifizierung. Schon Schopenhauer war kühn genug gewesen, Clio, der Muse der Geschichtsschreibung, das schamhaft umgeworfene Tuch der Objektivität zu entreißen. Der Philosoph nannte Clio eine Hure, die sich jedem hingibt, der sie recht zu handhaben weiß.[46] Während Schopenhauer im folgenden Zeitalter der klassischen Geschichtsschreibung damit eine Außenseiterposition innehatte, nahm spätestens Döblin in seinem 1936 entstandenen Aufsatz *Der historische Roman und wir* eine ähnliche Position ein: »Mit Historie will man was.«[47] Geschichtsschreibung, so Döblin vor 60 Jahren, »ist selber gar nicht die bloße reine Darstellung wirklicher Vorgänge.«[48] Auch die Historie des Historikers ist ein historischer Roman.

Auf unserem ideengeschichtlichen Rundgang betrachten wir deshalb historische Tatsachen und deren fiktionale Umkleidung als gleichwertig, denn beide werden in derselben Weise bedeutungstragende Elemente der zu vermessenden Texte. Ja, es wird sich sogar zeigen, dass das historische Material nichts weiter ist als formbarer Stoff im Dienst der Sache. Den Sieg trägt allemal Kalliope davon, die Muse der Dichtung, von der Döblin nicht anders als Schopenhauer behauptet, sie sei wahrhaftig.

Fontane jedenfalls ließ sich gerne von ihr verführen, als er sich um 1858 herum entschloss, die aus seinen *Wanderungen durch die Mark Brandenburg* fließenden regionalgeschichtlichen Erkenntnisse in einen patriotischen Roman zu gießen. Zwanzig Jahre mindestens[49] plagte Fontane sich mit diesem Werk ab, ehe er Ende Oktober und Anfang November 1878 mit *Vor dem Sturm*, in zwei Bänden vom Berliner W. Hertz Verlag herausgegeben, als Romancier debütieren durfte. Immer wieder hatte er die Feder beiseite gelegt, um in den Krieg zu ziehen. Zwischen 1866 und 1876 waren zunächst seine drei Bücher über die drei Einigungskriege erschienen.[50] Daneben schrieb er seine *Wanderungen* als historisch-topographische Vermessungen des klassischen Preußen fort, aus denen er den kulturgeschichtlichen und personellen Fond für den *Sturm* gewann.[51]

Die beliebte Behauptung, Fontane habe sich während der langen Arbeitszeit an diesem Roman »vom Konservativen zum Preußenkritiker gewandelt«, verflüchtigt sich als Wunschdenken. Die Absicht, Fontane in den wächsernen Rahmen heutiger Sozialkritik einzupassen, aus ihm einen politisch korrekten Kuschel-Moralisten zu machen, ist offenkundig. Wie peinlich hätte das den aufrechten Erzborussen berührt, der sich über Beifall nationaler Leser besonders freute. So teilte er seiner Frau im Mai 1879 begeistert mit, »daß das Prof.v. Treitschke'sche Paar für meinen Roman schwärmt, besonders *er*, was mir natürlich noch um ein Grad lieber ist als *sie*. ›Das sei doch mal ein deutscher Roman, an dem man seine Freude haben könne.‹ Hat mir natürlich sehr wohl gethan. (…) Im Urtheil *solcher* Männer: Droysen, Treitschke, Julian Schmidt, Geibel etc hab' ich bisher am besten abgeschlossen.«[52]

Dass *Vor dem Sturm* kein antimilitaristisches Mahnmal erwarten ließ, war dem zeitgenössischen Leser natürlich klar. Der Untertitel zeigte an, auf welches Ereignis angespielt war: »Roman aus dem Winter 1812 auf 13«. Jedes Schulkind wusste, dass 1813 die historische Stunde des neuen Preußen schlug: Im März begann »der große Krieg«,[53] der Europa von dem verbrecherischen Tyrannen befreien sollte, dem westlichen Dschingis

Khan, Napoleon. Die Handlung musste also kurz vor dem Landsturm spielen, wie man den Aufstand märkischer Freischärler nannte, der die Befreiungskriege einleitete.

»Es war Weihnachten 1812, Heiliger Abend« (7) – die Erzählung kündet, nach Art eines Evangeliums, schon im ersten, Heimeligkeit suggerierenden Satz, Großes an. Wie im klassischen Bildungsroman schickt Fontane seinen jugendlichen Helden am Anfang auf die Straße – nach diesem Muster beginnen noch heute die *Road Movies*. Doch Lewin von Vitzewitz, in Berlin Literatur studierender Sohn des Landjunkers Berndt, bricht nicht frohgemut in die Welt auf wie sein kecker Vorgänger Taugenichts, Lewin kehrt aus der Stadt auf die heimatliche Scholle zurück, auf Hohen-Vietz – ein fiktiver Ort, doch repräsentiert er gleichsam die Idee des ostelbischen Herrensitzes. Als Vorbild hatte Fontane das Gut Friedersdorf am südwestlichen Rand des Oderbruchs gewählt, und in dieser Gegend ist auch sein Hohen-Vietz anzusiedeln, vielleicht ein paar Kilometer nach Osten, zur Oder hin, gerückt.[54] Man fände es also südöstlich von Seelow, etwas nördlich von Podelzig. Nach Frankfurt/Oder wären es zu Fuß rund vier Stunden.

Lewin verbringt die Weihnachtstage im Kreise der Seinen, dem Vater Berndt, der Schwester Renate, der Herrnhutischen, von innerlichkeitsgetränkter Gebrauchsreligiosität durchseelten Hausdame »Tante Schorlemmer« und – der glutvollen, doch sittsamen Tochter des Dorfschulzen, Marie. In anmutigen Genrebildern stellt Fontane dann den weiteren Kreis vor, das Gesinde, die Bauern, den Wirt, den Pastor, den Schulzen, das Dorf, die winterliche Landschaft. Zwischen diesen Porträts, heimelig eingepackt, skizziert er die Familienhistorie derer von Vitzewitz – welchen Zwecken diese gleichsam panoramatischen Miniaturen[55] dienen, während deren die Handlung wie unter einer Schneedecke zu ruhen scheint, werden wir uns später ansehen.

Am 4. Tag nach Weihnachten, am Montag, 28. Dezember 1812, stellen sich Gäste aus Berlin ein: das polnische Geschwisterpaar Kathinka und Tubal von Ladalinski. Natürlich kommen sie nicht nur, um Weihnachten zu feiern. Man ist einander versprochen, Lewin soll Kathinka, seine Schwester Renate Tubal heiraten – eine internationale Mischehe.

Der Plan für diese »*liaison double*« geht, und das ist bezeichnend, auf die »Gräfin« zurück, Berndts Schwester Amelie, die sich nach dem Tode ihres Gatten in der weiteren Nachbarschaft von Hohen-Vietz, auf »Schloß

Guse«, niedergelassen hat. Amelie ist noch ganz der an Versailler Schnallenschuhen orientierten Lebensführung des vorrevolutionären Adels verhaftet. Als Patriot steht Berndt im gegnerischen Lager. Der famose Junker nutzt dann auch die gemeinsame Silvesterfeier auf Guse als Forum einer politischen Kundgebung – der Kampf um Preußen wird vorab auf symbolischer Ebene entschieden. Während Berndt nach Jahreswechsel energisch die Rekrutierung eines schlagfähigen Freikorps in die Wege leitet, kehren die Ladalinski-Geschwister mit Lewin nach Berlin zurück.

Dort präsentiert der Erzähler seinen jungendlichen Helden im Milieu der Geheimräte, Offiziere, Comtessen und Literaten, ohne zu vergessen, in einem spöttischen Seitenblick die heranwachsende Gesellschaftsschicht des städtischen Kleinbürgertums kritisch zu beleuchten.

Unterdessen bereiten sich dramatische Entwicklungen vor. Wie eine Karätsche platzt die Nachricht, Generalfeldmarschall York von Wartenburg, Befehlshaber des preußischen Hilfskorps in Napoleons Grande Armée, habe gegen die offizielle Marschroute Friedrich Wilhelms III. mit den russischen Truppen Neutralität vereinbart, in einen Ball bei Geheimrat Ladalinski – dieser Akt souveräner Insubordination, historisch die berühmte »Konvention von Tauroggen« (30. Dezember 1812), wird allgemein als Ausdruck des nationalen Widerstands gedeutet. So besucht auch Lewin anderntags – nach Roman-Zeit muss es der 5. Januar 1813 sein – das »Kolleg«, wo der Philosoph Johann Gottlieb Fichte seine Vorlesung zu einem flammenden patriotischen Appell umwidmet. Ganz Berlin wird von einer »die Gemüter erhebenden Vorstellung von dem Anbrechen einer neuen Zeit« (401) erfasst.

Noch aber, soviel Zeit muss sein, darf Lewin »Dejeuners« besuchen, wo zwischen Sherry und Champagner patriotische Literatur gereicht wird, noch darf sich der von Hölderlin Bezauberte dem Mitgefühl mit zerlumpten französischen Soldaten hingeben. Doch dann geht alles sehr schnell, und am Ende kehrt ein erwachsen gewordener Held siegreich aus dem Felde zurück, heiratet, entsagt aller Dichtung und wird – Landjunker.

*Vor dem Sturm*, literarisch fein gewoben und für Fontanes Entwicklung zum Romancier entscheidend, war kommerziell nicht gerade ein Volltreffer. Ob er indes »kein Erfolg«[56] war, darüber ließe sich streiten.[57] Die konservative Intelligenz, die Kreise um die »Kreuzzeitung«, wussten seinen patriotischen Wert zu schätzen.

*Ein Kampf um Rom* hingegen war ein Volltreffer. 1876 in Dahns Leipziger Stammverlag Breitkopf und Härtel erschienen, hatte sich die Geschichte um den Untergang der Ostgoten bis weit nach 1900 als Verkaufsschlager behauptet und verzeichnete noch um die Mitte des 20. Jahrhunderts steigende Auflagen.[58] Göring soll den Roman bewundert haben. Allein, auch das *Nibelungenlied* war als Droge für das völkische Selbstopfer verabreicht worden,[59] und Hitlers Leibschriftsteller hieß bekanntlich Karl May, der doch, darf man seinen Anhängern glauben, der friedliebendste Autor des Wilhelminismus war.

Wie Fontane, so kämpfte auch der 1834 als Sohn eines Schauspielerehepaars in Hamburg geborene, in München aufgewachsene Dahn rund zwei Jahrzehnte mit seinem Romandebüt. Und auch er war früh mit Gedichten und Balladen hervorgetreten. So studierte der angehende Jurist zwei Semester, 1852 auf 53, in Berlin und war von dem Kunsthistoriker Friedrich Eggers in die berühmte Dichtervereinigung *Tunnel über der Spree* eingeführt worden. Dort durfte er seine juvenilen Heldengesänge zum ersten Mal öffentlich vortragen. »Als ich zu Ende war«, erinnert sich Dahn 40 Jahre später, »erhob sich gegen das Herkommen (…) brausender Beifall: das freute mich selbstverständlich gewaltig: aber was mich wahrhaft mit Glück berauschte, das war, daß jener prachtvolle Knight, der Knight meiner Liebe, aufsprang, durch den ganzen Sal auf mich zuschritt, mir beide Hände faßte (…) und rief: ›Na, das ist ja armsdicke Poesie!‹ Der Mann hieß Theodor Fontane: ›and blessed be his bonnie face.‹« Selten, »ausgenommen etwa von Rückert und von Bismarck«, natürlich, habe ihn das Lob seiner Dichtung derart beglückt.[60]

Nach der Promotion zum Dr. jur. 1855 in München[61] und der Habilitation 1857 hatte Dahn mit den Entwürfen zum *Kampf um Rom* begonnen und, trotz angestrengter wissenschaftlicher Tätigkeit, bis zum Antritt seiner Professur in Würzburg (1863) etwa zur Hälfte fortgeführt. Dann stagnierte die Arbeit. Der Dichter litt unter seiner 1858 geschlossenen Ehe mit der Malerin Sophie Fries, zudem drückte ihn finanzielle Not und zwang ihn zu journalistischer Lohnschreiberei.

Der Krieg erlöste ihn. Wie Fontane hatte auch Dahn begeistert am Frankreichfeldzug 1870/71 teilgenommen, aber nicht, wie der verehrte Berliner Kollege – »Die leidenschaftliche Begeisterung für Fontane's Balladen hat vorgehalten bis heute«[62] – als Korrespondent, sondern als Sanitäter. Das hielt den kampfberauschten Geisteshelden nicht davon ab, sich in der Schlacht von Sedan unter ein Bayerisches Jägerkorps zu mischen und eine Schanze zu stürmen. Er wollte es, wie er in seinen *Erinnerungen* berichtet, genau wissen: »ich sah die einzelnen, uns geltenden, uns treffenden Schüsse aufblitzen, ich frohlockte! Endlich war ich ›drin‹.«[63] Immerhin lässt sich ihm nicht vorwerfen, er habe den Krieg nur vom Schreibtisch aus gefeiert.

Nachdem Dahn 1873 in Königsberg, wohin er einen Ruf als Professor für Rechtsgeschichte erhalten hatte, Therese von Droste-Hülshoff, eine Nichte der Dichterin, geheiratet hatte, ging die Arbeit am *Kampf um Rom* zügig voran. Angeblich hatte der Autor, von der Stoffmenge erschlagen und verheddert in einer Vielzahl von Handlungsfäden, das halbfertige Manuskript verbrennen wollen, sei aber von seiner ›lieben Therese‹ davon abgebracht worden, nachdem er daraus vorgelesen hatte.

Dahn selbst hat bis zu seinem Tod am 3. Januar 1912 in Breslau die in zwölf Bänden von 1861 bis 1909 erschienene kultur- und rechtshistorische Darstellung der *Könige der Germanen* als sein Hauptwerk bezeichnet. Das dürfte auch als Tribut an den Zeitgeist zu verstehen sein – der *Realist* ist in erster Linie Wissenschaftler, ein Mann der Fakten.[64]

Überdauert hat den fleißigen Gelehrten nur sein *Kampf um Rom*, und auch der bewegt sich, seit die Literatur ihre patriotische Rolle ausgespielt hat, am Rande des Vergessens. Die Fabel dieses für die große Zeit des historischen Erzählens typischen, die Durchschnittsproduktion gleichwohl überragenden Romans erzählt ein Ereignis, das Dahn ein Leben lang fasziniert hatte: Den zwei Jahrzehnte dauernden vergeblichen Kampf, den die in Italien angesiedelten Ostgoten nach dem Tode ihre Königs Theoderichs 493 gegen die Großmacht Byzanz führten. Der Stoff hatte alles, was das Publikum von einem historischen Roman erwartete, Dramatik, tragische Weihe und, so glaubte man damals, nationalgeschichtliche Bedeutung.

Zwei Quellen hatten Dahn mit dem nötigen Material versorgt: Edward Gibbons sechsbändiges »Meisterwerk«[65] zur römischen Spätantike *The history of the decline and fall of the Roman Empire*, das, 1782 bis 86 ediert, auch am Ende des 19. Jahrhunderts jeder Gebildete kannte. Noch als Dahn an seinen ersten Kapiteln arbeitete, 1862, war eine neu übersetzte Ausgabe in 12 Bänden erschienen. Bekannt auch war Dahns zweite Quelle, der von ihm selbst übersetzte *Gotenkrieg* des byzantinischen Chronisten Prokopius von Cäsarea.

Feuchtwanger bemerkte nach dem Zweiten Weltkrieg zum *Kampf um Rom*, er zähle zu jenen Professorenromanen, »die weite Strecken Kitsches enthalten und dennoch bis an die Grenzen der ernsthaften Literatur vorstoßen. (…) Lange maßlos überschätzt, sind diese Bücher heute zu Unrecht mißachtet.«[66] Ausgerechnet Feuchtwanger scheint seinen Lukács nicht gelesen zu haben.

## VOLK, BLUT UND MYTHOS

Die nationale ›Zeugung‹
*Aufmarsch im* Sturm

In einer Welt ohne Fernsehen muss ein farbenprächtiges Historiengemälde wie Ein *Kampf um Rom* eine ähnliche Wirkung entfacht haben wie 1959 William Wylers mit 11 Oscars prämiertes Leinwandepos *Ben Hur*, dessen martialischer Wucht sich auch heute kein Zuschauer entziehen kann. Dagegen erscheint *Eine handvoll Trost* so affig wie Zündeleien infantiler Pyrotechniker.

Den *Kampf um Rom* eröffnen die gleichen zwei Wörter wie den *Sturm*: Es war. So beginnen Märchen. Anders als im Märchen aber kommt es im realistischen Roman darauf an, Ort und Zeit zu bestimmen. Während Fontane den Anfang seiner Geschichte auf Weihnachten im Berlin des Jahres 1812 legt und damit die Geburt eines neuen Preußens verheißt, mit der ein neues, von aller Finsternis erlöstes Zeitalter anbricht, sieht man bei Dahn kaum die Hand vor Augen. Sturm tobt, Blitze flammen vom Himmel und reißen für Sekunden die Umrisse eines halbverfallenen Neptuntempels aus dem tintenschwarzen Dunkel. Die See wütet in schweren Brechern gegen die Steilküste, über deren bewaldetem Saum sich die Ruine der alten Kultstätte erhebt. »Es war eine schwüle Sommernacht des Jahres fünfhundertsechsundzwanzig nach Christus.« (I,3) – der Zeitpunkt lässt das Ende der Sonnentage ahnen und kündigt den Winter weltgeschichtlichen Missvergnügens an.

Den bürgerlichen Leser, der nun, drei Jahre nach der verheerenden Pleite des Gründerkrachs, wieder bequem im Sessel neuen Wirtschaftswachstums sitzt, überrieseln wohlige, mit erregter Erwartung und angenehmer Sehnsucht untermischte Schauder. Er fühlt, dass gewaltige Umbrüche bevorstehen, dass es Krieg geben wird, Untergänge, dass ihn heldenhafte Männer erwarten, skrupellose Verräter, schöne Frauen. Er wird mit den Patrioten kämpfen, die Verräter verabscheuen, die Frauen begehren. Er wird sich hineinziehen lassen in diese Welt und sie mit den Augen ihres Autors betrachten.

Der 1902, Dahn war 68 Jahre alt, in Mühlhausen im Elsass geborene William Wyler schwelgte später in solchen langen, von seinem Kameramann Gregg Toland in einer einzigen Einstellung gedrehten Eröffnungen,[67] deren unheimlicher Hell-Dunkel-Kontrast die Romantik E.T.A. Hoffmanns und die schönste *gothic*-Tradition beschwört. Auch fühlt man sich an Arnold Böcklins *Toteninsel* (1886) erinnert, an seine *Ruine am Meer* (1880).

Jetzt rückt das Auge des Erzählers näher an den Tempel, bald ist ein Mann zu erkennen, der auf den Stufen des Bauwerks sitzt und angespannt ins Dunkel starrt, dorthin, wo Ravenna liegt, die Küstenstadt, in der Theoderich 20 Jahre zuvor seine Residenz aufgeschlagen hat. »Lange saß er so: regungslos, aber sehnsüchtig wartend: er achtete es nicht, daß ihm der Wind die schweren Regentropfen, die einzeln zu fallen begannen, ins Gesicht schlug, und ungestüm in dem mächtigen, bis an den ehernen Gurt wallenden Bart wühlte, welcher fast die ganze breite Brust des alten Mannes mit glänzendem Silberweiß bedeckte.« (I,3)

Plötzlich glimmt ein Licht in der Dunkelheit. Hildebrand springt auf, eilt erregt einige Stufen hinab. »Sie kommen«, murmelt er erleichtert vor sich hin. Drei Männer tauchen aus dem Dunkel hervor und steigen die Tempeltreppe herauf. Als der erste die Mauerreste des Vorraums erreicht, hält er seine Sturmlaterne hoch. In ihrem Schimmer ist ein schlanker junger Mann zu sehen, offenes Gesicht, blonde Haare bis zu den Schultern, etwa wie *Highlander*. Er bemerkt den Mann mit dem Bart. »Heil, Meister Hildebrand«, sagt er fröhlich, »ein schönes Abenteuer muß es sein, zu dem du uns in solch unwirtlicher Nacht in diese Wildnis von Natur und Kunst geladen hast.« (I,4f)

Hildebrand also, bei Odin! Da kann in der Tat nur ein wichtiger Anlass vorliegen, wenn ein Prominenter wie Hildebrand, ein politischer Funktionär aus dem Führungskader, sich mitten in der Nacht an einem Ort herumtreibt, der sicher nicht zu den offiziellen gehört. Aber es passt auch, denn dieser Hildebrand ist ein alter Haudegen, den man sich eher im Feldlager vorstellt als im Kabinett. Im *Nibelungenlied* hat er als oberster Gefolgsmann des legendären Dietrich von Bern, für den ja Theoderich der Große Modell gestanden haben soll, am Ende die Burgunder-Prinzessin Kriemhild eigenhändig mit seinem Schwert in Stücke gehauen, nachdem diese Megäre ihre burgundischen Verwandten ihrer Rachsucht geopfert hatte.[68] Dieser Mann versteht keinen Spaß. Und gewiss ist es alles andere als ein regulärer Termin, zu dem er sich hier einfindet. Theoderich weiß wahrscheinlich nichts davon. Wenn da nichts im Gange ist.

Die anderen beiden treten hinzu. Der eine sieht in seinem zottigen Wolfspelz wie ein Germane aus dem Teutoburger Wald aus, der andere, kurzes braunes Haar, brauner Mantel, wirkt wie ein einfacher Mann von der Straße.

Die Begrüßung fällt knapp aus, wie es sich für Männer gehört, die nicht in Büchern leben und den Umgang mit Tatsachen gewohnt sind. Schweigend treten sie in die *Cella*, den ehemaligen Altarraum, der Blonde steckt seine Sturmfackel in den rostigen Erzring einer Säule und wirkt für einen Moment wie einer der verträumten jungen Römer in den *Rosen des Heliogabal* des Historienmalers Sir Lawrence Alma Tadema.

Erwartungsvoll richten die Ankömmlinge ihren Blick auf Hildebrand. Der fragt:»Wo bleibt der Vierte, den ich lud?«(I,6) Der Blonde wendet den Kopf.»Da kommt er«, sagt er und weist mit der ausgestreckten Hand auf die gegenüberliegende Säulenreihe. Die anderen wenden sich um und folgen seinem Blick. Der Erwartete nähert sich durch die Trümmer der eingestürzten Außenmauer.»Er wollte allein gehen«, erklärt der Blonde und wendet sich Hildebrand zu,»er wies uns alle ab. Du kennst ja seine Weise.« (I,6) Ein junger Mann, bleich, schmal, langes schwarzes Haar, schwarzes Kettenhemd, tritt leise klirrend heran, nickt flüchtig in die Runde, wartet. Er könnte Mel Gibson in *Braveheart* vertreten, noch besser könnte man ihn sich als Hagen in Fritz Langs *Nibelungen*-Film vorstellen. Und an den Hagen des *Nibelungenlieds* dürfte er den Leser des Jahres 1876 auch erinnert haben. Dieser Fünfte im Bunde scheint jedenfalls kein geselliger Mensch zu sein.

»Ich habe euch hierher beschieden«, bricht Hildebrand das erwartungsvolle Schweigen, »weil ernste Worte müssen gesprochen werden, unbelauscht und zu treuen Männern, die da helfen mögen. (…) [W]enn ihr mich angehört habt«, setzt er hinzu, »so fühlt ihr von selbst, daß ihr schweigen müßt von dieser Nacht.« (I,6) Die anderen sehen sich fragend an. »Rede«, sagt der Mann im Mantel.

Da sieht der Leser sie nun beisammen stehen, Hildebrand und die geheimnisvollen Vier, spärlich beleuchtet von der flackernden Sturmfackel, in einer Tempelruine, von Wald umgeben, in dessen windbewegten Wipfeln er das Heulen der Walküren wahrzunehmen wähnt. Heldentum, Heiligtum, Vaterland raunt ihm die innere Stimme zu, die Szenerie durchströmt ihn mit Schaudern gespannter Erwartung. Die Figuren sind ihm auch eigentümlich bekannt, er fühlt sich heimisch unter ihnen.

Außer Hildebrand glaubt er auch dem Blonden schon begegnet zu sein. Er denkt unwillkürlich an Siegfried, den präpotenten Angeber am Hofe

König Gunthers von Burgund, der in den 1870er, -80er Jahren noch als ideale Verkörperung ritterlicher Tugenden galt.[69] Eine Lichtgestalt, ein echter Pop-Star, nicht umsonst lässt Dahn ihn die Fackel tragen. Als er den Tempel betritt, schien »eine jugendliche Göttergestalt« zurückgekehrt zu sein (I,5). Später, wenn er seine schon fast besiegten Landsleute auf die Höhen der Macht zurückführt, erfüllt er die ihm zugedachte Rolle als Erlöser.

Der Leser, wenn er kulturwissenschaftlich interessiert ist, hat vielleicht auch in Dahns populärem Geschichtswerk *Die Könige der Germanen* über diesen Totila erfahren, dass er als fünfter Nachfolger Theoderichs mit Erfolg die in Italien vordringende oströmische Militärmacht bekämpft, als vorletzter König der Ostgoten deren unsichere Herrschaft aber auch nicht halten kann.

Von Totila ist nichts Persönliches überliefert, so wenig wie von den anderen, nicht wie er aussah, nichts von seinem Charakter. Da seiner kurzen Herrschaft aber eine letzte Nachblüte des ostgotischen Versuchs beschieden war, die Tradition des römischen Reiches weiterzuführen, kann Dahn ihn als Erlöser-Gestalt und Zukunftsversprechen auftreten lassen, ein postantiker Obama. Dazu gehört die passende Kleidung, und dass Totila als hoher und gebildeter Offizier in Theoderichs Armee bei guten Herrenaustattern Kunde ist, zeigt seine tadellose medienkompatible Erscheinung. So umhüllt seine »römische Tunika von weicher Seide« ein über die Schulter geworfener weißer »Kriegsmantel von feiner Wolle«, den eine »goldne Spange in Greifengestalt« zusammenhält. Über Kreuz geflochtene Riemen halten die Sandalen fest, die nackten Unterarme sind mit Goldreifen geschmückt. Er hat blaue Augen, angenehme Gesichtszüge, ein Grübchen im Kinn. Totila könnte heute auch in einer *Boygroup* singen oder BWL studieren und später in Brioni-Anzügen Karriere machen.

Dahn lässt ihn sich auf eine Lanze stützen, die linke Hand in die Hüfte gestemmt – wie ein Modell für Christian Daniel Rauch, der an einer Apollo-Statue arbeitet. Die Figur, die Dahn aus dem historischen Totila modelt, ist offenbar doppeldeutig, bivalent, sie lässt an den deutschen Helden Siegfried denken, zugleich an einen griechischen Gott.

Da wirkt Hildebad, der Mann im Wolfspelz, wie das schiere Gegenteil. Riesengroß, derb, stiernackig, erweckt er den Eindruck »bärenhafter Kraft«. Lässig balanciert er auf seiner Schulter eine »wuchtige Keule aus dem harten Holz einer Eichenwurzel« (I,5) So stellte der Leser ihn sich vor, den Urgermanen, der schon über Varus hergefallen war und den Anton von Werner, der offizielle Kriegs- und Hofmaler Bismarcks und Wilhelms II., in ausgreifenden allegorischen Bildern zur populären Stilfigur erhoben hatte, die den Geschmack der Zeit traf – ein früher Archetypus der beginnenden Pop-Kultur.

So auffällig Hildebad und Totila sind, so unscheinbar nimmt sich der dritte der Ankömmlinge aus, der Mann im braunen Mantel. Dahn gibt ihm Eigenschaften, die solides Mittelmaß anzeigen: ein »mittelgroßer Mann von gemessen verständigem Ausdruck«, der »besonnene Männlichkeit und nüchterne Ruhe« verheißt. (I,5) Unauffällig gekleidet, könnte er zahlreiche soziale Typen der Zeit verkörpern, einen seriösen Juristen, einen Kaufmann, einen mittleren Verwaltungsbeamten, einen Handwerker, einen mittelständischen Unternehmer, wie er sich seit den 1840er Jahren etablieren konnte.[70] Er wird niemals Brioni-Anzüge tragen, er kauft von der Stange. Er ist der Durchschnitt, der neue dritte Stand, das Urbild des *Bürgers*, den das 19. Jahrhundert als Norm ausgebildet hatte.

Da aber Dahn seine Geschichte nun einmal in der Zeit zwischen Spätantike und Mittelalter ansiedelt, im Übergang vom römischen zum germanischen Zeitalter, wie es damals gesehen wurde, muss er seinen Bürger zum Bauern machen, auf dessen Hof das Schwert griffbereit neben dem Herd steht. Dem gängigen Verständnis nach war aber genau dieser germanische Bauer der direkte Vorfahr des selbstbewussten deutschen Bürgers, der sich seit dem Hambacher Fest zäh und zielstrebig seine Rechte erkämpft, Versammlungsfreiheit, Freizügigkeit, Pressefreiheit, politische Mitbestimmung.

Den Bürgern selbst galt dieser Bürger als das *Volk*, als soziales Rückgrad, als ethnischer und moralischer Kern der Nation, Träger der wirtschaftlichen Entwicklung. Ein Mann aus dieser Mitte, der Kulturhistoriker Wilhelm Heinrich Riehl, hatte ausgedrückt, was viele empfanden. In seiner beliebten *Naturgeschichte des Volkes* zog er diese Linie, wenn er vom bodenständigen Bauern, wie Witichis ihn darstellt, sagt, er sei »der rohe, aber unverfälschte Kern des deutschen Wesens«.[71] Wenn Witichis auf seinem Hof eine Tuchmanufaktur betreibt, wenn er sich für die Abschaffung der Folter, also eine Liberalisierung des Strafrechts einsetzt, bestätigen er dieses bürgerliche Selbstverständnis. Er hätte auch als Abgeordneter in die Paulskirche entsandt werden können. Darin liegt allerdings auch ein anderes, dem damaligen belesenen Leser durchaus erkennbares Signal: Wenn er den Ostgoten-Band in Dahns *Könige der Germanen* kannte, wusste er schon nach diesen ersten Sätzen des Romans, dass Witichis als baldiger Nachfolger Theoderichs mit seinen politischen Zielen scheitern sollte. Drückte sich darin nicht eine klare Kritik am bürgerlichen Mittelstand aus? Hat er in seiner historischen Stunde, in der Paulskirche, versagt?

In Krisenzeiten, wenn der Gang der Dinge durcheinander kommt, wenn die Entwicklung zu stocken scheint, sich dann überstürzt und das Gewohnte mit sich reißt, ist der Hausvater nicht der Mann der Stunde. Die Verhältnisse erfordern dann ganz andere Charaktere. Die Krise der Ordnung ist auch eine Krise des Mittelstands und der Familie als der kleinsten Einheit bürgerlicher Ordnung. Auch dieses Motiv in Dahns Geschichtssymphonie ist am Anfang angespielt, wenn nach Witichis und von den anderen abgesetzt ein fünfter Mitspieler den Schauplatz betritt.

Der bleiche junge Mann mit den nachtschwarzen Haaren, die ihm »wie dunkle Schlangen wirr bis auf die Schultern« hängen, erscheint als einziger in Rüstung, in Kettenhemd und Beinschienen, beides schwarz, »ein Schlachtbeil an langem lanzengleichem Schaft« in der Rechten, als rückte an der Küste bereits der Feind heran. Sein Gesicht ist ebenmäßig wie das von Totila, seine Züge aber sind scharf, die Adlernase lässt ihn ausgesprochen kühn aussehen. Den Leser dürfte das martialische Auftreten nicht weniger fasziniert haben als der Schwarz-Weiß-Kontrast, der das Martialische betont, zugleich aber diese Erscheinung zerrissen und getrieben wirken lässt, und in dieser gepanzerten Zerrissenheit entschlossen bis zum Fanatismus, explosiv, gefährlich.

Bei ihm erstaunt es nicht, wenn er wie Totila, der Urvater des »Bravo« -Poster-Boys, den gebildeten Leser an Figuren aus verschiedenen Kulturkreisen denken lässt, an Wieland, den Schmied der germanischen Heldensage, und an den griechischen Gott des Feuers, Hephaistos. Spätestens seit der naturmystischen Ganzheitlichkeitstheorie des bedeutenden Arztes und Vaters aller Rohkostfreunde, seit Christoph Wilhelm Hufeland (1762-1836), aber eigentlich schon seit Aristoteles gilt allgemein das Auge als Spiegel der Seele, und bei diesem hier funkelt es »voll verhaltner Glut«. Zudem ist der letzte Ankömmling schwarz wie die Kohlen, in deren brodelnder Hitze der Schmied das Eisen weiß glühen lässt. Er scheint ein feuriges Temperament zu haben, geboren im Zeichen des Mars. Offenkundig aber macht ihn das traurig, das glühende Auge blickt »melancholisch« in die bunte Welt, seinen zart wirkenden Mund umfurcht »ein Zug resignierten Grames« (I,6), was ihm etwas Empfindsames, Träumerisches, Mädchenhaftes gibt. Womöglich sehnt sich dieser gerüstete Mann nach innerer Einkehr, Kontemplation, Ruhe. Macht er nicht irgendwie den Eindruck, als illustriere er leibhaftig Schopenhauers Lehre vom ewig treibenden Willen, der nur im Zustand des Nirwana, in gänzlich zweckfreier Betrachtung von sich selbst erlöst werden könne? Bald wird sich zeigen, dass der erste Eindruck nicht trügt. Mit Tejas Auftreten, historisch der letzte König der Ostgoten, geht die Zeit der apollinischen Harmonie ihrem Ende zu. Er verkörpert etwas ganz anderes als den trotz böser Triebe doch vernunftgeleiteten Menschen, dessen Ideal das christliche Menschenbild über die Jahrhunderte beherrschte. In dieser Figur, die wie alle anderen Hauptfiguren zum Sinnbild stilisiert ist, drückt sich die Vorstellung vom Menschen als eines irrationalen Wesens aus. Seine Anlagen bringen das Gegenteil des bürgerlichen Charakters hervor: den modernen Typus des Künstlers, den Rebellen, den wilden Ästheten, der später bei Ernst Jünger als Dandy des Schlachtfelds mit griffbereiter Feder durch ausgeglühte Landschaften streift. »Er war der erste deutsche Soldat, den ich im Stahlhelm sah, und er erschien mir sogleich als der Bewohner einer fremden und härteren Welt.«[72]

Man liegt daher wohl auch nicht falsch, wenn man in einem der großen Revolutionäre der christlichen Weltordnung, dem »Minnesänger kosmischer Unendlichkeit«, der mit dem Hammer seiner Wortgewalt den »Abbruch der Transzendenz« (Ernst Bloch) betrieb – wenn man also in Giordano Bruno eine der Vorbildfiguren für Dahns beseelten Willens-Ethiker sieht. Der Autor kannte die europäische Ideengeschichte.

So erinnert Teja von ferne gerade an solche literarischen Figuren, die in Deutschland die Anfänge einer Anthropologie des Irrationalen bezeichnen, etwa an Medardus, den abtrünnigen, unerschrockenen, schuldbeladenen Mönch in E.T.A. Hoffmanns Nachtstück *Die Elixiere des Teufels*; aber auch an den überspannten Kleist mit seinem fanatischen Franzosenhass, dessen Penthesilea Teja zu sein scheint. Und liegt es da nicht nahe, in dieser Figur Spuren von Beethoven zu erkennen, von Wagner und Gabriele D'Anunncio, Arnolt Bronnen, bei allen Unterschieden in der ästhetischen und gedanklichen Höhe?

Ja, man darf sogar sagen: Teja, der Feder eines dichtenden, des völkischen Kitsches verdächtigen Professors entflossen, ist der Urahn aller späteren Helden des Zwielichts, die das Kino und die Literatur des 20. Jahrhunderts geboren hat. Er ist Sam Spade, der schuldige Privatdetektiv des amerikanischen Krimipioniers Dashiell Hammett, er ist ein wenig Philip Marlowe, der melancholische Privatdetektiv des amerikanischen Krimipioniers Raymond Chandler, er ist Humphrey Bogart, der Spade und Marlowe gespielt hat. Er ist der somnambule Hagen in Fritz Langs Nibelungen-Film (1924), der traurige *Gunman*, der dem Recht den Weg freischießt, aber niemals die begehrte Frau bekommt und finster bei Sonnenuntergang aus der Stadt reitet. Teja steckt in Dirty Harry, noch mehr in Clint Eastwoods eigenen Schöpfungen wie dem desillusionierten Killer Munny, der in *Erbarmungslos* (1992) im Namen der Moral tötet und am Schluss in der Nacht verschwindet wie im Schlund der Hölle. Und so wild, rebellisch, traurig wie er ist, nicht wissend, ob er mehr an der Welt oder an sich selbst leidet, zählt er zu seinen späten Enkeln auch – Jim Morrison, Jimmy Hendrix, Pete Townshend. Das Schlachtbeil hat sich in die E-Gitarre verwandelt. Dass beide verwandt sind, haben Hendrix und Townshend eindrucksvoll gezeigt, zu schweigen von der Emblematik, die Bands wie *Black Sabbath, Molly Hatchet, Motörhead* pflegen. Die politischen Vorzeichen haben gewechselt, aber nicht erst seit Ernst Jandl ist offensichtlich, dass rechts und links zu vertauschen sind.

Da stehen sie also, Hildebrand, Totila, Hildebad, Witichis, Teja: ein rüstiger Alter, der an einen Förster nicht weniger als an einen Propheten erinnert, ein Dandy, ein Wilder aus dem Föhrenwald, ein Bürger und ein Krieger. Diese Figuren stellen, wie es scheint, ideen- und sozialgeschichtliche Allegorien dar. Gemeinsam aber sollen sie gotisches, sprich germanisches, sprich deutsches Wesen repräsentieren. »Ich sah umher im ganzen Volk, mondenlang: – euch hab' ich gewählt, ihr seid die rechten«« (I,6), beschwört Hildebrand das Gemeinschaftsgefühl. Dass mit diesem offenbar konspirativen Treffen auch die Frage *was ist deutsch?* verhandelt werden soll, war dem Leser klar.

Denn die Germanen galten unbestritten als Vorfahren der Deutschen, Hermanns Sieg im Teutoburger Wald als Gründungsstunde der Nation. Und ebenso sicher nahm man an, dass die Goten Germanen gewesen seien, aus Norwegen und den Osteegestaden stammend. Sie waren, glaubte man, sogar besonders entwickelte Germanen, weil sie eine Bibelübersetzung hinterlassen hatten, weil ein Ostgotenkönig, Theoderich, vor Karl dem Großen versucht hatte, intellektuell und politisch an das römische Imperium anzuknüpfen, weil schließlich auch andere europäische Nationen von Schweden über Russen bis zu Engländern stolz waren, Goten zu ihren mutmaßlichen Vorfahren zählen zu dürfen. Kein Zweifel, die Goten schienen – Kulturgermanen.[73]

Aber was verbindet diese gotischen Mustermänner, die Dahn als verschworenen Zirkel präsentiert und die doch so verschieden, so heterogen wirken? Was hat der Förster mit dem Bürger zu tun, der Bürger mit dem Wilden, der Wilde mit dem Dandy? Und was fesselt den bleichen Finsterling Teja an den blauäugigen Schönling, dessen Vorfahren eher von ägäischen Küsten, von Ithaka zu stammen scheinen als aus den Kiefernwäldern steiniger Ostseeinseln? Aber war nicht auch Menelaos, der Grieche, blond?[74]

## Blutbund und völkische Nation
### Die Verschwörung

Die Antwort liegt bereits in dieser ersten und wesentlichen Sequenz verborgen, in der wie in einer Ouvertüre alle Themen und Motive des Romans anklingen. Was folgt, führt dann auch ohne Umwege ins Zentrum, gleichsam ins Allerheiligste seines gedanklichen Baus. Wie wir uns erinnern, hat, nachdem Teja eingetroffen war, Witichis, der Bürger, Hildebrand aufgefordert: »Rede.«, und verbindlich angefügt: »Wovon willst du uns sprechen?« Und der alte Meister, unschwer als Autorität unter den Figuren erkennbar, umreißt in wenigen Worten die Lage: »Von unserem Volk, von diesem Reich der Goten, das hart am Abgrund steht.« (I,7) Am Abgrund!

Kein Wunder, dass er im ersten Moment amüsierten Unglauben erntet. Der naive, an Wirtschaftswachstum, Fortschritt und Völkerverständigung glaubende Totila widerspricht: »Verzeih dir der Himmel deine Worte. (…) Haben wir nicht unsern König Theoderich, den seine Feinde selbst den Großen nennen, den herrlichsten Helden, den weisesten Fürsten der Welt? Haben wir nicht dies lachende Land Italia mit all seinen Schätzen? Was gleicht auf Erden dem Reich der Goten?« (I,7) Geduldig belehrt Hildebrand den liberalen Schwätzer, ihm, dem Erzieher des Königs, brauche er nichts über Theoderichs Kompetenzen zu erzählen. Damals, als alte Leute selten waren und Altsein als Leistungskriterium galt, war *der Alte* eine Respektsperson.

Bei Hildebrand kommt noch die Autorität als lebenslanger Vertrauter Theoderichs hinzu. So kommt er rasch zur Sache: Die Gefahr gehe, und das ist das Ungeheuerliche an diesem Befund, von Theoderich selbst aus, dem Reichsgründer und Herrscher! Nicht, dass seine epochale Leistung, sein ungeheures politisches Verdienst bestritten werden könnten, keinesfalls, aber: Er selbst bedrohe die eigene Schöpfung durch seine *Assimilationspolitik*. Diese habe das Nationalbewusstsein untergraben. Die Aufgabe sei, das Wir-Gefühl zu stärken.

Schweigen.

Dann wieder die üblichen Einwände. Witichis, der Bürger, weist auf die Bündnisse mit nördlichen Germanenvölkern, mit Byzanz hin. Zu den Franken, hinter Byzanz der größte potenzielle Gegner, bestünden sogar enge Verwandtschaftsbeziehungen. Auch Totila widerspricht, jetzt schon leidenschaftlich: Wirtschaftlich sei das Land noch immer absoluter Spitzenreiter, der einheimischen Bevölkerung gehe es »unter unsrem Schild« blendend. »Ich sehe keine Gefahr, nirgends.« (I,8)

»Du junger Tor!« (I,9) – Hildebrand wird unwillig. Verträge würden zu Makulatur, sobald realistische Aussicht auf Machtgewinn bestünde. »Schmeichelworte sind's«, beschwört er seine Zuhörer, »und bunte Lappen! (…) Diese Schwäger und Eidame schmeicheln, so lang sie zittern, und wenn sie nicht mehr zittern, werden sie drohen. Ich kenne die Treue der Könige! Wir haben Feinde ringsum, offene und geheime, und keinen Freund als uns selbst.« (I,11)

Schweigen.

Wir gehen später der Frage nach, ob der geschichtsphilosophische Pessimismus dieser Figur der Einstellung des Autors entspricht, ob Dahn und mit ihm seine bürgerliche Leserschaft tatsächlich glaubten, die politische Lage Deutschlands lasse den baldigen Untergang des neu gegründeten Staates befürchten.

Zunächst verfolgen wir den Weg zu, den die Versammelten mit ihrer Versammlung betreten, da sie offenbar mit den herrschenden Verhältnissen nicht zufrieden sind. Jedenfalls liegt auf der Hand, dass es sich bei dieser Zusammenkunft um einen hochpolitischen Akt handelt. Tatsächlich zeigt sich bald, dass er den Auftakt einer groß angelegten Aktion bildet, die mit Worten beginnt und mit Blut endet.

Bevor wir uns also dem archaischen Ritus zuwenden, mit dem die Akteure ihre Nation als völkischen Bund symbolisch zu begründen suchen, hören wir uns noch einmal die außerparlamentarische Debatte an. Denn sie legt fest, was ein *Volk*, was eine Nation sein soll, worin deren Aufgabe und Zweck besteht, welcher Ort im System kultureller Werte ihr zukommt. Auch das Verhältnis des Einzelnen zur Nation wird geregelt und schließlich bestimmt, wer zur Nation gehören soll.

Gegen die öffentliche Meinung deutet Hildebrand die wirtschaftliche Prosperität als falschen Glanz. Bald werde die Brüchigkeit der wertelosen Konsumgesellschaft zum Vorschein kommen. Denn Theoderich, dessen Charisma und Geschick bislang die kulturellen Gegensätze austarieren und die Eroberungsgelüste Ostroms eindämmen konnte, kann nicht mehr:

>Wie stark sein Arm gewesen, wie scharf sein Auge, wie klar sein Kopf, wie schrecklich er war unterm Helm, wie freundlich beim Becher, wie überlegen selbst den Griechlein an Klugheit, das hatte ich hundertmal erfahren (...).

Aber der alte Adler ist flügellahm geworden!

(...) –: er liegt krank, rätselhaft krank an Seele und Leib in seinem goldenen Saal dort unten in der Rabenstadt.< (I,7f)

Geeignete Nachfolger sind nicht in Sicht. Der designierte Thronfolger, Theoderichs Enkel Athalarich, ist minderjährig, überdies ein Träumer. Seine Mutter soll als Vormund die Regierung übernehmen. Doch Amalaswintha gilt als Anhängerin eines probyzantinischen Kurses. Hildebrand:»Ja, sie schreibt griechisch an den Kaiser und redet römisch mit dem frommen Cassiodor. Ich zweifle, ob sie gotisch denkt.«« (I,8) Fraglos enthält dieser Befund einen weitere massive Kritik am Königshaus: Das dynastische Prinzip, eine frühmoderne, absolutistische Abkehr vom alten Wahlkönigtum, führt in eine existenzbedrohende Lage.

Leicht war dieser Hinweis für den zeitgenössischen Leser als Forderung der Liberalen nach mehr Demokratie zu entschlüsseln. Nicht die Monarchie selbst steht zur Debatte, wohl aber ihr Modus. Tatsächlich feiert Dahn in einem späteren Kapitel die von der nationalen Revolution erkämpfte Rückkehr zum Wahlkönigtum als Triumph des Volkswillens, der die Rückkehr zu einer natürlichen Gesellschaftsform bedeute.

So meint denn auch Hildebrands Diagnose, die Assimilationspolitik sei umso verantwortungsloser, als sie mit einer dynastischen Thronfolgeregelung einhergehe: In den Händen schwacher Nachfolger müsse sie zum Verlust der Macht führen, da sie die nationale Identität schwäche. Justinian, der designierte Kaiser Ostroms, werde daraus Nutzen ziehen und die Goten von der Erde Italiens tilgen.

Der Autor selbst stimmt dieser Kritik zu. Denn er glaubt mit seinem bürgerlichen Publikum, dass Nation und Staat im nationalen Staat eine ethnisch-kulturelle Einheit bilden sollen. In dem von Theoderich geschaf-

fenen Staat in Italien kann das aber nicht der Fall sein. Von dieser Warte aus betrachtet erscheint der »Gotenstaat« von Anfang an als politische
Phantasmagorie – aber auch als das kühne Wagnis eines Eroberers und
Gründers, wie ihn die bürgerliche Epoche zur Leitfigur erkor. Die europa-
weit bekannteste Figur dieser Art war, wie man weiß, Bismarck.

Selbstverständlich also bewundert Dahn die aus seiner Sicht epochale
kulturschöpferische Leistung, die Theoderich in Italien vollbrachte: »Der
große Mann, der von hier aus ein Menschenalter lang die Geschicke Europas gelenkt, (…), der Heros seines Jahrhunderts, der gewaltige Dietrich
von Bern (…).« (I,36) Die Verehrung für die großen Männer der Geschichte, die in Thomas Carlyles grandiosem Helden-Epos über Friedrich
den Großen[75] epochentypisch gebündelt ist, bedeutet aber keineswegs,
dass nicht Kritik an diesen großen Männern geübt würde. Ja, es scheint
sogar, als sei gerade die Kritik ein Erbe des politischen Liberalismus, das es
allein schon deswegen zu pflegen galt, weil dieses Erbe politisches Interesse
und Urteilsfähigkeit zum Ausdruck bringt. Kritik ist ein Zeichen von Teilnahme am Staat, ein Zeichen von Bürgerlichkeit. Auch dieses Bekenntnis
versucht Dahn schon am Beginn seines Romans zu vermitteln.

Im Visier der Kritik, die nun der Autor des *Kampf um Rom* selbst an
Theoderich äußert, liegt die Trennung von angestammtem Territorium
und Nation – und das ist aus der Sicht bürgerlichen Staatsverständnisses
schlüssig. »Allzu verwegen«, urteilt Dahn, sei dieses Reich »mitten in das
Herz der römischen Bildungswelt gepflanzt« worden, der Glanz Theoderichs habe über die tatsächliche Lage geblendet. (I,61) Gerade darin, in
diesem scheinhaften, also auch irgendwie unseriösen Zug dieses Staats-
gebildes birgt sich sogar Tadel. Denn der Schein, das *Als ob*, zählt zu den
fragwürdigsten Phänomenen der Dekadenz.[76]

Kritik verfolgt stets einen Zweck, und so geht es auch in dieser Versammlung um die Vorbereitung eines politischen Kurswechsels.

Tatsächlich verfehlen Hildebrands eindringliche Worte nicht ihre Wirkung. Bald setzt sich die Einsicht durch, es bestünde Handlungsbedarf.
Allein, die Vorschläge sind dürftig. Hildebad, der Keulenträger, empfiehlt
einen Feldzug gegen Byzanz und das Frankenreich, um »›das Drachennest
der Merowinger‹«, Paris, auszuheben. Der besonnene Abgeordnete Witichis sieht die Lösung trotz allem in bilateralen Verträgen mit den Nach-
barländern, Totila glaubt allen Ernstes, man müsse Theoderich selbst die
Augen über die Fehler seiner eigenen Politik öffnen. »Er ist müde«, widerspricht Hildebrand, »und will sterben.« (I,12)

Wieder Schweigen.

Alle wenden sich Teja zu. Als einziger hat er zugehört, ohne ein Wort zu äußern. Hildebrand:»... so sprich auch du, Teja. Warum schwiegst du bisher?«« (I,12).

Teja:»Ich schweige, weil ich anders denke, denn ihr.«« Die anderen blicken sich befremdet an.»Wie meinst du das, mein Sohn?«, wendet sich Hildebrand an den Mann mit dem Schlachtbeil.

Dieser antwortet:»Hildebad und Totila sehen nicht die Gefahr, du und Witichis, ihr sehet sie und hoffet, ich aber sah sie längst und hoffe nicht.« (I,12) Es zeigt sich, dass außer Hildebrand Teja der einzige in der Runde ist, der die Situation realistisch beurteilt. Was ihn aber von jenem unterscheidet, ist sein philosophischer Standpunkt:»... und hoffe nicht«. Die Zeit des»Gotenreichs« sei vorüber, die Weltgeschichte dabei, andere Nationen auf die Tagesordnung zu setzen.

Wie bitte? Ob er denn, sagt Totila entgeistert, kampflos,»das Schwert in der Scheide«, untergehen wolle? Die Stimmung schlägt sofort in Enthusiasmus um, als Teja versichert, sein philosophischer Blick beeinträchtige nicht seine Handlungsfähigkeit, im Gegenteil:»... kämpfen wollen wir, daß man es nie vergessen soll in allen Tagen...« (I,12)

Es handelt sich also bei dieser Zusammenkunft, die schon durch Ort und Zeit Verdacht erregen muss, um nichts anderes als eine Verschwörung. Fast ließe sich von Staatsstreich sprechen, stellt man dem Ereignis und den Folgen, die es zeitigt, den Begriff der Revolution gegenüber, wie er in der politischen Theorie des Liberalismus nach 1848 entwickelt worden war. Ihr wichtigster Autor, August Ludwig von Rochau, der dem politischen Selbstverständnis des zur Macht strebenden Bürgertums seinen schlüssigen Ausdruck verliehen hat, definiert Revolution weitläufig als das gewaltsame Eingreifen einer neuen Tatsache»in den jeweiligen staatlichen Bestand, in die geltende Regel des öffentlichen Lebens«. Dabei können Recht, Gemeinwohl und Sittlichkeit sehr wohl auch auf Seiten der Gegner der herrschenden Macht liegen, wenn sie den Volkswillen verkörperten und sich gegen ein absolut sich wähnendes Königtum wendeten.»Fast immer« geht der revolutionäre Impuls»von einer rüstigen Minderheit« aus.[77]

Genau das finden wir im *Kampf* bestätigt. Dahn macht seine rüstigen Fünf zwar nicht zu Gegnern der bestehenden Staatsform, doch die Kritik, die sie gegen Theoderichs Politik äußern, ist erheblich. Gerade ihre Kernrichtlinie, die Absicht, Italien,»das Südland«, zur festen Basis eines Vielvölkerstaates zu machen, hält Hildebrand für falsch. Auf Totilas letzten

Einwand, Theoderich selbst behaupte, Italien sei Heimat geworden, wird Hildebrand noch deutlicher: »Ja, ja, ich kenne sie wohl, die Wahnreden, die uns alle verderben werden. Fremd sind wir hier, fremd, heute wie vor vierzig Jahren, (…), und fremd werden wir sein in diesem Lande noch nach tausend Jahren.«« (I,9)

Theoderich erscheint so als Politiker, der bei allem Realismus einem Ideal huldigt, das auch die geschickteste Bündnis- und Heiratspolitik dauerhaft nicht in die Praxis wird umsetzen können. Verräterisch ist das Wort »Wahnreden«. Im Verständnis der Zeit unterstellt das nichts anderes als Realitätsverlust: »Wahnreden«, erklärt das beliebte *Meyers Konversationslexikon*, sind »alle Äußerungen eines Individuums, welche nur diesem selbst als begründet und wahr gelten, während sie dem gesunden Urteil gegenüber als durchaus unmotiviert und der objektiven Grundlage als bar erscheinen.«[78] Hildebrand nimmt kein Blatt vor den Mund:

> Unsre Todfeinde sind die Welschen, nicht unsre Brüder. Weh, wenn wir ihnen trauen! Oh, daß der König nach meinem Rat getan und nach seinem Sieg alles erschlagen hätte, das Schwert und Schild führen konnte vom lallenden Knäblein bis zum lallenden Greis. Sie werden uns ewig hassen. Und sie haben recht. Wir aber, wir sind die Toren, sie zu bewundern. (I,9f)

Man glaubt, in solchen Reden schon die Stimme des Alldeutschen Verbands zu hören, dem selbst der besonnene Max Weber, »die Zierde der unvoreingenommenen deutschen bürgerlichen Gelehrtenwelt«, seiner Abneigung gegen Polen wegen beitrat.[79] Ja, im Rückblick scheint es, als würfe die Umsiedlungs- und Ausrottungspolitik der stalinistischen und faschistischen Staaten ihre Schatten voraus. Doch sind Gewaltmaßnahmen dieser Art Charakteristika einer imperialen Staatsauffassung, die nach dem Ersten Weltkrieg die bürgerliche ersetzt. Zum ideologischen Programm des bürgerlichen Nationalismus gehören sie nicht. Vielmehr billigt der liberale Staatsbegriff des bürgerlichen Denkens jeder Nation das Recht auf Autonomie zu.[80] Daran lässt auch der Autor des *Kampf um Rom* bei aller Begeisterung für die germanisch-deutsche Volksgemeinschaft keinen Zweifel, wenn er über die Abneigung der italienischen Bevölkerung gegen ihre nordischen Besatzer bemerkt: » – und wir wollen uns hüten, solche Gesinnung zu verdammen (…).« (I,59) *Solche Gesinnung* galt als selbstverständlich.

Der Themenbereich der Debatte hat sich entscheidend ausgeweitet. Indem sie versucht, Ursachen für die krisenhafte Lage auszumachen, stößt sie in ideologisches Kernland vor: Entgegen regierungsamtlichen Verlautbarungen behauptet Hildebrand, weder sei Italien zur Heimat der Goten geworden noch die »Italier« zu Verbündeten. Das ist in der Tat ein massiver Einwand gegen das Zentrum von Theoderichs Politik, die ja ihren Impuls nicht allein Machtwillen, sondern aus einer kulturellen Sendung, einer Staatsidee bezieht: auf der Basis »germanischer Kraft« ein neues Westrom zu errichten, sich also in die Tradition der römischen Antike zu stellen. Doch das Ideal der multikulturellen Gesellschaft muss an der Realität scheitern. Der Feind droht nicht nur von außen. Der Feind steht im eigenen Land, das gerade nicht eigenes ist, sondern fremder Boden bleibt. Hier werden die Grundlinien eines Denkmodells gezogen, das angestammtes Territorium als Bedingung für die Existenz einer Nation voraussetzt und davon ausgeht, es gebe eine gleichsam organische, ursprüngliche und somit natürliche Verbindung zwischen Landschaft, Klima und Bevölkerung, zwischen Volk und Boden. Wenn ein derartiger öko-geologisch-ethnischer Gesamtzusammenhang aber angenommen und für gültig erklärt wird, dann ist klar, dass Hildebrand und seine Mitstreiter die Vereinigung der Kulturen als unrealistisch, ja unmöglich einschätzen müssen. Die massiven Integrationsprobleme, die sich in Theoderichs Zweivölkerstaat ergeben, können ihnen dann nur als Bestätigung ihrer Theorie erscheinen. Kurz: Sie setzen als Gegeben voraus, nicht jedes Volk könne auf jedem Boden gedeihen. Auch diese Meinung teilen der Autor wie sein bürgerlicher Leser. Es schien die realistische Sicht der Dinge.

»Wir haben Feinde ringsum (…) und keinen Freund als uns selbst«, hatte Dahn Hildebrand diagnostizieren lassen. (I,11) Das heißt, zuverlässig sind letztlich nur die eigenen Leute. Allein der durch gemeinsame Herkunft und Kultur geprägte Verband verbürgt Stabilität. Das entspricht dem staatstheoretischen Verständnis des liberalen Bürgertums wie es Rochau stellvertretend für seine Epoche beschrieben hat. Die Geschichte selbst schien dem Staatstheoretiker Recht zu geben. Ein Bildungsbürger wie Dahn konnte sich dabei zudem auf anerkannte Autoritäten stützen. So behauptet Machiavelli nichts anderes als das, wenn er zeigt, dass heterogene Verbände in krisenhaften Lagen zerfallen müssen.[81]

»Nur die Goten können den Goten helfen« – der Diagnose folgt der erste therapeutische Schritt. »Man muß sie«, beschwört Huldenbrand seine Männer«, »nur wieder daran erinnern, daß sie Goten sind.« (I,13) Die

Heilung soll also darin bestehen, zur Rückkehr zum nationalen Bewusstsein aufzurufen. Voraussetzung dafür ist, der laut Befund geschwächten Identität aufzuhelfen. Das heißt, die kulturellen Identitätsmerkmale, die Sprache, Lebensformen, die ethischen Leitsätze, die Gesetzesbegriffe und eine Gesellschaftsform zu restaurieren, die als die ursprüngliche gilt. Das heißt auch, an die gemeinsame Geschichte zu erinnern. Und das heißt vor allem: die abstammungsgeschichtlichen Quellen wieder zu öffnen, einen genealogischen Ursprung zu beleben, kurz: den Mythos einer völkischen Urzeugung zu erneuern, ein Mythos, an den die Runde glaubt.

## Der Bund

Nach Hildebrands Befund ist es dafür höchste Zeit: Die Selbstwahrnehmung seiner Nation habe einen Tiefstand erreicht. Die Goten hielten sich nach 20 Jahren Theoderich selbst für Barbaren. Der offiziellen Sprachregelung nach bildeten sie eine Kultur niederen Standes, die an die Philosophie, das Rechtssystem, die zivilisierte Lebensweise der noch immer von antiker Tradition geprägten Bevölkerung Italiens, der Enkel der Quiriten, herangeführt werden müsse.»Vielen«, lässt Dahn mit einem Seitenblick auf Frankreich seinen Chefideologen klagen, »vielen hat der fremde Glanz die Augen geblendet: viele haben griechische Kleider angetan und römische Gedanken: sie schämen sich, Barbaren zu heißen: sie wollen vergessen und vergessen machen, daß sie Goten sind – wehe über die Toren!« (I,16)
Der Autor selbst kommentiert in nämlichem Sinne:

> »Es fehlte dem Gotenreich, das eine geniale Persönlichkeit allzu verwegen (…) in das Herz der römischen Bildungswelt gepflanzt hatte, der unmittelbare Zusammenhang mit noch nicht romanisierten Volkskräften, es fehlte der Nachschub an frischen germanischen Elementen, der das gleichzeitig entstehende Reich der Franken immer wieder verjüngt und wenigstens dessen nordöstliche Teile vor der mit der Romanisierung verbundenen Fäulnis bewahrt hatte (…).« (I,61)

Der völkische Relaunch, so Hildebrand, könne aber nur gelingen, wenn jeder Einzelne im Volk an seine Identität als Gote glaube. Das Zauberwort, das dem homo goticus-teutonicus das Herz für die eigene Kultur und Herkunft öffnen solle, lautet *Volksliebe* – mitnichten irgendein vages

Gefühl von Zugehörigkeit. Leidenschaft muss es sein, Hingabe, höchste Entfaltung aller emotionalen Kräfte. Nur das verleihe ein jeder Krise gewachsenes Selbstbewusstsein.

Wir befinden uns noch immer auf der nächtlichen Szene im Tempel. Hildebrand hat seine vier Gesinnungsgenossen um sich geschart, gespannt hören sie seinen Ausführungen zu.

An diesem Punkt lässt Dahn seinen der Mythologie entliehenen Hildebrand in einem rhetorischen Kraftakt erläutern, was Volksliebe sei – obwohl seine Zuhörer ja eigentlich nicht mehr überzeugt werden müssten. »Hört mich an«, beschwört sie Dahns politischer Kronzeuge, »Ihr alle seid jung und liebt allerlei Dinge und habt vielerlei Freuden. Der eine liebt ein Weib, der andere die Waffen, der dritte irgendeine Hoffnung oder irgendeinen Gram, der ihm ist wie eine Geliebte…« (I,13) Was aber, wenn die Krise keinen Raum mehr für Luxusprobleme lässt?

Der Meister aus der Heldensage weiß es:

Eins aber bleibt dem Mann, dem rechten, wenn alles andre dahin. Ein Gut, von dem er nimmer läßt. Seht mich an. Ich bin ein entlaubter Stamm, alles hab' ich verloren, was mein Leben erfreute: mein Weib ist tot seit vielen Jahren, meine Söhne sind tot, meine Enkel sind tot (…). Dahin und lang vermodert sind sie alle, mit denen ich ein kecker Knabe und ein markiger Mann gewesen, und schon steigt meine erste Liebe und mein letzter Stolz, mein großer König, müde in sein Grab. Nun seht, was hält mich noch im Leben? Was gibt mir Muth, Lust, Zwang zu leben? Was treibt mich Alten wie einen Jüngling in dieser Sturmnacht auf die Berge? Was lodert hier unter dem Eisbart heiß in lauter Liebe, in störrigem Stolz und in trotziger Trauer? Was anders als der Drang, der unaustilgbar in unserem Blute liegt, der tiefe Drang und Zug zu meinem Volk, die Liebe, die lodernde, die allgewaltige, zu dem Geschlechte, das da Goten heißt, und das die süße, heimliche, herrliche Sprache redet meiner Eltern, der Zug zu denen, die da sprechen, fühlen, leben wie ich. Sie bleibt, sie allein, diese Volksliebe, ein Opferfeuer, in dem Herzen, darinnen alle andre Glut erloschen, sie ist das theure, das mit Schmerzen geliebte Heiligtum, das höchste in jeder Mannesbrust, die stärkste Macht in seiner Seele, treu bis zum Tod und unbezwingbar.‹

Der Alte hatte sich in Begeisterung geredet – (…) (I,14)

Es lohnt, diese Predigt – und Hildebrands Rede trägt entschieden den Charakter einer Predigt – nicht nur ihrer epochentypischen Emphase wegen näher zu betrachten. Entscheidend sind die Schlüsselwörter: Drang zu meinem Volk, unaustilgbar in unserem Blute, lodernde Liebe, Opferfeuer, Schmerzen, Heiligtum.

Fügt man die Bedeutungen dieser Begriffe zusammen, so ergibt sich folgendes Gedankenmodell: In einem ganz besonderen Stoff, dem Blut, muss ein ganz besonderes Element verborgen liegen, etwas Magisches, das ein stark gefühlsbetontes Verhältnis des Einzelnen zu einer bestimmten Gruppe begründet, deren Mitglieder offenbar alle dieses integrierende Element besitzen. Sie fühlen sich daher innerlich an jene *Volk* genannte Gruppe gebunden, deren viele Einzelne zusammen eine Größe bilden, die höheren Wert besitzt als die vielen Einzelnen zusammen – das Ganze ist mehr als seine Teile. Diese Bindung ist dauerhaft, solange die Gruppe selbst existiert. Die Zugehörigkeit zu ihr ermöglicht dem Einzelnen die Existenz und verbürgt Sicherheit, ist aber verpflichtender als alle anderen institutionellen und privaten Bindungen. Sie erfordert daher ein Maß an Hingabe, das Grundwerte sozialen Lebens – Frau, Kind, Familie, Haus, Geld – und notfalls auch das Leben selbst umfasst. »Opferfeuer« ist ein Wort von unheimlichem Klang, es erinnert an blutige Rituale, an den Rausch der Gewalt, an Heldentod und Paradies. Tatsächlich klingt hier ein enger Zusammenhang von Opfer, Gewalttat und sakraler Überhöhung an, den der französische Religionsphilosoph René Girard als die entscheidende Triebfeder der abendländischen Kultur benannt hat.[82] Bald wird sich zeigen, dass er auch im Weltbild Dahns und Fontanes eine zentrale Rolle spielt.

Zweifellos hat die soeben gehörte Rede propagandistische Kraft. Nicht zuletzt strömt aus der Bedeutung, die das Wort *Liebe* darin bekommt, ein starker Reiz. Die Liebe ist zwar auch im gewöhnlichen Leben eine Himmelsmacht, neigt aber trotzdem zu Launen. Die Volksliebe hingegen soll ewig sein. Sprich: ein fakultativer und vorläufiger anthropologischer Zustand wird in einen definitiven umgedeutet – ein Versprechen, das, wie sich am historischen Erfolg des Nationalismus ablesen lässt, immer wieder euphorisierend wirkt.[83]

Unterdessen drängt die Rede des Nationalisten zur Aktion. Er fährt fort:

> Dies allein ist, was uns heute retten kann wie dazumal: fühlen erst die Goten, daß sie für jenes Höchste fechten, für den Schutz jenes geheim-

nisvollen Kleinods, das in Sprache und Sitte eines Volkes liegt wie ein Wunderborn, dann können sie lachen zu dem Haß der Griechen, zu der Tücke der Welschen. Und das vor allem wollt ich euch fragen, fest und feierlich: fühlt ihr es wie ich so klar, so ganz, so mächtig, daß diese Liebe zu unserem Volk unser Höchstes ist, unser schönster Schatz, unser stärkster Schild? könnt ihr sprechen wie ich: mein Volk ist mir das Höchste, und alles, alles andre dagegen nichts, ihm will ich opfern was ich bin und habe, wollt ihr das, könnt ihr das!« (I,15f)

Wie ein *Wunderborn* in Sprache und Sitte des Volkes – was soll das heißen? Ein Born ist eine Quelle, ein Brunnen, etwas, aus dem Leben entspringt. Und ein Wunder ist in der christlichen Theologie ein mystisches Ereignis, eine Veränderung der Wirklichkeit, die mit rationalen Mitteln nicht zu erklären ist. Das größte Wunder ist die Schöpfung Gottes, die aus Nichts die Welt entstehen ließ.

Demnach ist Hildebrands *Wunderborn* ein mystischer Ort, aus dessen magischer Quelle jene Volksliebe fließt. Wo er sich befindet, bleibt unklar. Es kann die imaginäre Mitte der Kultur gemeint sein, die Sprache, Sitte, Kunst, Umgangsformen, woraus der Nationalcharakter gespeist wird. Da aber, wie sich gleich zeigen wird, die Nation abstammungsgeschichtlich auf einen Urvater zurückgeführt wird, kann es sich beim Wunderborn auch um eine Art metaphorischen Blutquells handeln, der in jedem einzelnen Angehörigen der Nation sein zu Hause hat. Damit wäre dieser magische Ort dann wohl irgendwo im Herz-Kreislauf-System jedes Einzelnen zu suchen, so dass sich daraus ein kollektives Herz-Kreislauf-System formt, oder aber er wäre in der individuellen und kollektiven Psyche, eben der *Seele* zu suchen oder im Blut und in der Seele. Der magische Ort bleibt vage, er wäre andernfalls auch nicht magisch.

Unschwer ist indessen zu erkennen, dass Dahn Herders romantische Metaphysik des Volksgeistes paraphrasiert – das dürfte der damalige informierte Leser erkannt haben.[84] Bald wird auch zu sehen sein, dass sich Herders Volksgeist zu biologisieren beginnt. Er wandert vom Kopf über die Seele ins Blut. Dort wird er brisant, er wandelt sich vom Denker zum Krieger.

Allmählich ist dann auch genug geredet. »Der Alte«, schildert Dahn die Szene weiter, »stand wie ein hünenhafter Priester unter den jungen Männern, welche die Fäuste an ihren Waffen ballten.« Eindringlich fragt er die Genossen noch, ob sie empfänden wie er, »»daß diese Liebe zu unserem Volk unser Höchstes ist...?«« Ob sie, wie er, behaupten wollen: »...

›mein Volk ist mir das höchste (…), ihm will ich opfern, was ich bin und habe…!«‹ (I,15f)

»Ja, das will ich, ja, das kann ich!‹ sprachen die vier Männer.« (I,16) Rhetorisch wäre die Revolution somit festgezurrt. Als Berater eines Machthabers weiß Hildebrand aber, dass leicht reden ist. Nicht also, dass er seinen Genossen misstraute: »Ich glaube euch, (…), glaube eurem bloßen Wort.‹« (I,17) Allein, die Erfahrung lehrt, dass der Mensch dazu neigt, morgen zu vergessen, was er gestern noch im Brustton der Überzeugung behauptet hat.

Der alte Waffenmeister, noch ganz der Tradition einer archaischen Stammeskultur verpflichtet, weiß um die Kraft des gemeinschaftstiftenden Ritus. Er reiht den Menschen in eine Kette sagenhafter Ahnen ein, die bis zu einem mythologischen Urvater reicht. Das Gefühl, ihr Erbe weiterzureichen, ihnen verpflichtet, ihnen, wer weiß, einstmals Rechenschaft schuldig zu sein, wirkt stärker als jede rationale Entzauberung. Der Mythos strahlt so hell und überwältigt so zwingend wie es trockene Empirie niemals vermag. Er bannt.[85]

Es ist kein Zufall, wenn Dahn den mythologischen Hildebrand mit dem Gepräge eines Priesters versieht. Mit seiner riesenhaften Gestalt, dem grauen, »bis an den ehernen Gurt« hinabwallenden Bart [I,4], steht der Mann, wir zitieren es noch einmal, »wie ein hünenhafter Priester unter den jungen Männern.« (I,14).

Der Augenblick ist gekommen. »Nicht um euch fester zu binden – denn was bände den Falschen?«, kommt er etwaigen Einwänden zuvor, »sondern weil ich treu hange an altem Brauch, und weil besser geschieht, was geschieht nach Sitte der Väter – folgt mir.« (I,17)

Dass mit der »Sitte der Väter« wahrhaftig keine Vertragsunterzeichnung gemeint sein kann, wie es moderne Staatstheorie seit Montesquieu vorsehen würde, lässt sich denken. Die Sitte der Väter verlangt einen Akt ganz anderen Zuschnitts.

Zu diesem Akt bedarf es des Priesters und der Gemeinde, die im vorliegenden Fall von diesem nationalen Quintett gebildet wird, das sich zum eigentlichen Repräsentanten der Nation erklärt. Da sie als Ostgoten nach damaligem Geschichtsbild zur großen Völkerfamilie der Germanen gehören, brauchen sie zudem Wasser, da Wasser in der germanischen Mythologie Symbol für Leben und Heilung ist.[86] Auch darf der Baum nicht fehlen, der die Weltesche repräsentiert. Sie wölbt sich über drei Quellen und dient Menschen und Göttern als Wohnung, als Gerichts- und Opferstätte.

Damit bezeugt die Esche den initialen Schöpfungsakt des Menschengeschlechts.[87] Und schließlich erfordert der Ritus die Zeichen von Macht und Gewalt: den Speer und das Opfermesser.

Vor den Augen des Lesers öffnet sich nun folgendes Szenario:

> Schweigend folgten die Geladenen dem Alten, der sie über die Stufen hinunter ins Freie führte.
>
> Nach einigen Schritten standen sie unter einer uralten Steineiche, deren mächtiges Geäst wie ein Dach Sturm und Regen abhielt. Unter diesem Baum bot sich ihnen ein seltsamer Anblick, der aber die gotischen Männer sofort an eine alte Sitte aus dem grauen Heidentum, aus der fernen nordischen Heimat gemahnte. (I,17)

Der seltsame Anblick besteht in einem schmalen, etliche Meter langen ausgestochenen Rasenstreifen, der auf drei in den Boden gerammte Speere wie eine Zeltbahn aufgespannt ist. »In der so gewonnenen Erdritze stand ein eherner Kessel, mit Wasser gefüllt, daneben lag ein spitzes und scharfes Schlachtmesser, uralt: das Heft vom Horn des Auerstiers, die Klinge von Feuerstein.« (I,17) Gemeinsam mit Hildebrand, dem Priester, treten die gotischen Männer nun schweigend unter den Rasenstreifen, das Gesicht nach Osten gewandt, »und alle fünf reichten sich die Hände zu einer feierlichen Kette«. (I,18)

Das eigentliche Ritual beginnt mit einer Anrufung der Elemente durch den knienden Priester:

> Zuerst raffte er eine Handvoll der schwarzen Walderde auf und warf sie über die linke Schulter. Dann griff er mit der andern Hand in den Kessel und sprengte das Wasser rechts hinter sich. Darauf blies er in die wehende Nachtluft, die sausend in seinen langen Bart wehte. Endlich schwang er die Fackel von der Rechten zur Linken über sein Haupt. (I,18)

Im nächsten Schritt werden die Mitglieder der Gemeinde mit den wie Gottheiten personifizierten Elementen verglichen. Damit sollen die Eigenschaften der Elemente auf die Anwesenden gleichsam übertragen werden:

> Höre mich, alte Erde, wallendes Wasser, leichte Luft, flackernde Flamme! (…): Hier stehen fünf Männer vom Geschlechte des Gaut, Teja und Totila, Hildebad und Hildebrand und Witichis, Waltharis Sohn.

Wir stehen hier in stiller Stunde,
Zu binden einen Bund von Blutsbrüdern,
Für immer und ewig und alle Tage.
Wir sollen sein wie Sippegesellen
In Frieden und Fehde, in Rache und Recht.
Ein Hoffen, ein Hassen, ein Lieben, ein Leiden,
Wie wir träufen zu einem Tropfen
Unser Blut als Blutsbrüder. (I,18)

Nicht nur überträgt Hildebrand damit den Inhalt der Begriffe *Erde*, *Wasser*, *Luft* und *Feuer* auf sich und seine Leute, er bezeichnet jetzt auch den Ursprung dieser Eigenschaften. Dieser trägt den Namen Gaut, und gemeint ist damit der mythische Urvater der sich als Goten bezeichnenden Ethnie. Dem Mythos nach soll also jeder einzelne dieses Volksstamms von Gaut abstammen, mögen die genealogischen Linien auch unübersehbar lange und weit verzweigt sein.

Die Wortwahl ist eindeutig: »Fünf Männer vom Geschlechte des Gaut.« Sie alle gehören also einem mythisch begründeten Familienbund an, mit dem sie fundamentale Gemeinsamkeiten teilen: Gefühle, Ansichten, Begriffe von Recht und Moral, den Glauben an die Herkunft. Auch ist der mythische Stammvater als heidnische Gottheit eine diesseitige Größe, keine transzendente. Selbst Element der Natur, verkörpert er als mythologische Gestalt die Naturelemente. Er ist so stark und gewaltsam wie Wind, Feuer und Wasser, so fruchtbar wie die Erde, so zerstörerisch wie die Naturgewalten, zugleich ordnungstiftend wie sie und, als menschliches Wesen, kulturstiftend. Diese Immanenz geht aus Hildebrands Beschwörungen der Natur selbst und dem im Arrangement des Ritus betonten Bezug zu Erde, Baum und Wasser hervor. Diesen Bezug hatte der Priester bei seiner nationalen Predigt bereits hervorgehoben:

»Die Erde lieb' ich mit Berg und Wald und Weide und strudelndem Strom und das Leben darauf mit heißem Haß und langer Liebe, mit zähem Zorn und stummem Stolz. Von jenem Luftleben da droben in den Windwolken, wie's die Christenpriester lehren, weiß ich nichts und will ich nichts wissen.« (I,13)

So werden im Ritus also erstens die Eigenschaften der Naturelemente auf die Mitglieder der Gruppe übertragen und von einem mythischen aber innerweltlichen Stammvater abgeleitet. Zweitens wird die genealogische Abstammung von diesem Vater behauptet und bekräftigt, die Beziehung zu ihm bewusst gemacht und bestätigt. Schließlich wird, drittens, der Bund unter den Mitgliedern neu geschlossen und bekräftigt.

Ist dieser Bund aber bisher nur mit Worten geschlossen worden, so erhält er im nächsten Schritt, dem Höhepunkt des Ritus, ein handgreiflicheres Bindemittel. Das letzte Wort Hildebrands in der zitierten Formel hatte bereits ein enges verwandtschaftliches, genetisch bedingtes Verhältnis angedeutet:»»Unser Blut als Blutsbrüder‹‹. Und nun folgt der Übergang vom Wort zur Tat, von der zeichenhaften zur gleichsam realen Verbindung:

> Bei diesen Worten entblößte er den linken Arm, die andern taten desgleichen, eng aneinander streckten sich die fünf Arme über den Kessel, der Alte hob das scharfe Steinmesser und ritzte mit einem Schnitt sich und den vier andern die Haut des Vorderarms, daß das Blut aller in roten Tropfen in den ehernen Kessel floß. (I,18)

Blut ist dicker als Worte, und so ist der entscheidende Schritt getan: Das Blut der Beteiligten mischt sich im Medium des Wassers, der kulturelle Bund verwandelt sich in einen Blutsbund. Was hier vor sich geht, ist nichts weniger als ein zwar metaphorischer, doch durch die Tat, den Schnitt und das in reales Wasser real fließende Blut physikalisch beglaubigter Zeugungsakt, in dem sich die mythologische Urzeugung quasi-realistisch wiederholt. Es geht aber nicht um irgendeine Zeugung, vielmehr ist sie auch als metaphorische Zeugung biologisch genau definiert und historisch situiert. Sie ist die Neu-Zeugung des nationalen Bundes, der die Wiedergeburt der Nation im Wasser folgt, die Wiedergeburt der gotischen und also deutschen Nation.[88]

Die Symbolik könnte eindeutiger kaum sein: Wasser gilt in vielen Mythen als zeugendes Element, im germanischen Mythos, den zu seiner Zeit wenige besser gekannt haben dürften als der Gelehrte Felix Dahn, erscheint es als lebensspendendes Element, geschöpftes Wasser galt als heilkräftig[89] – diese Bedeutung fügt sich nahtlos in den Zusammenhang, denn es gilt, die Nation neu zu gründen und ihre im Augenblick dieser Neugründung ethnisch, vor allem aber kulturell vielgestaltige Form zu vereinheitlichen.

So ist auch schlüssig, wenn im Anschluss an den Vollzug des Blutbundes und des Zeugungsakts abermals die enge und nunmehr unverbrüchliche, »ewige« Verbindung des Bundes im Wortsinn beschworen und zugleich die Nation, zunächst noch metaphorisch (bald aber auch real), mit in den Bund einbezogen, der Bund auf die Nation ausgeweitet wird. In diesem Akt also erneuert sich die Nation als Volk. Sie begründet sich als völkische Gemeinschaft. Das gemeinsame Blut, die Herkunft, ist damit zum notwendigen Kriterium der nationalen Identität erhoben und bildet die Hauptquelle, aus der jene gegensätzlichen, doch einander ergänzenden Eigenschaften fließen, die diesem Denkmodell zufolge deutsche Identität ausmachen und einen einheitlichen Nationalcharakter formen.

Damit aber bildet sich in dieser Szene, die effektvoll bekannte romantische Motive arrangiert, sie aber mit neuen Bedeutungen füllt, eine der ideologischen Grundfiguren der Gründerzeit ab: die Geburt der Nation aus dem Mythos des Blutes.[90]

Wesentlich an diesem Modell ist, dass sein mythischer Anteil, die irreale Vorstellung gemeinsamer Abstammung und eines biologisch festgelegten Nationalcharakters, durch ein reales Moment ergänzt und gestützt wird. Denn das Blut fließt ja tatsächlich und wird nicht nur beschworen. So soll der Mythos den Anschein von Wirklichkeit erhalten.

Das ist, wie gesagt, ein Rückgriff auf archaische Riten, in dem sich vielleicht auch ein Rest damals noch lebendiger, heute verlorener Erinnerungen an die Bedeutung solcher Riten ausdrückt. Zugleich aber offenbart diese Verknüpfung mit einem natürlichen Stoff das sozusagen Realistische an der realistischen Literatur, nämlich ihren empirischen Bezug. Im Selbstverständnis des bürgerlichen Realismus ist dieser Bezug notwenig. Gäbe es ihn nicht, wäre, was da geschildert wird, tatsächlich nur Romantik.

Das gilt auch für den Mythos der Geburt aus dem Wasser: Wie Sigmund Freud in seinen »Vorlesungen« bemerkt, kann er sich auf »entwicklungsgeschichtliche Wahrheit« berufen: »Nicht nur, daß alle Landsäugetiere, auch die Vorahnen des Menschen, aus Wassertieren hervorgegangen sind (...), auch jedes einzelne Säugetier, jeder Mensch, hat die erste Phase seiner Existenz im Wasser zugebracht, nämlich als Embryo im Fruchtwasser im Leib seiner Mutter gelebt und ist mit der Geburt aus dem Wasser gekommen.«[91] Die onto- und phylogenetischen Verbindungslinien, die Freud von diesem Mythos zu typischen Traummotiven wie einer Bootsfahrt über einen See zog, waren um 1870 herum durch Darwin längst bekannt und hatten, wie die gesamte Evolutionstheorie, über Ernst Haeckels Werke und Vorträge in Deutschland weite Verbreitung gefunden.[92] Sie mussten fast zwangsläufig einem wissenschafts- und ideengeschichtlich interessierten Autor, der sich wie viele seiner Zeitgenossen bemühte, Möglichkeiten der Identitätsstiftung in einer im Vergleich zu Frankreich oder England kulturell sehr heterogenen Nation zu finden, als tatsächliche Stützpfeiler seines Gründungsmythos erscheinen. Dahn wird im Anschluss an den vollzogenen Blutsbund dann auch äußerst konkret. Er fährt folgendermaßen fort:

> Dann nahmen sie wieder die frühere Stellung ein, und murmelnd fuhr
> der Alte fort:
> ›Und wir schwören den schweren Schwur,
> Zu opfern all unser Eigen,
> Haus, Hof und Habe,
> Roß, Rüstung und Rind,
> Sohn, Sippe und Gesinde,
> Weib und Waffen und Leib und Leben
> Dem Glanz und Glück des Geschlechtes von Gaut,
> Den guten Goten.‹ (I,18f)

Ein weiters Motiv von wesentlicher Bedeutung kommt hier hinzu: das archaische Opfer. Es soll den nationalen Bund erneuern und bestätigten, soll Zusammenhalt, Wir-Gefühl stiften.[93] Der Ritus entspricht damit Schöpfungs- und Gründungsakten, wie sie archaischen Völkern und entwickelten Kulturen bis hin zum Christentum eigen sind. Der Bund zwischen Gott und Gemeinde wie auch zwischen Einzelnem und Gemeinde bedarf regelmäßiger und ritualisierter Erneuerung, um die Gemeinde zu binden. Sie besteht bei heidnischen Völkern im Opferritus, in dem das vergossene Blut die Verbindung zur Gottheit aufs Neue knüpft. Im daran anschließenden gemeinschaftlichen Mahl bekräftig die Gemeinde dann noch einmal ihre Nähe zu ihrem Gott. Auch versichern sich deren Mitglieder abermals ihrer Zusammengehörigkeit. Das Opfer, ob Tier oder Mensch, ist immer auch Repräsentant des Gottes, dessen Lebenskraft im Opfermahl von jedem Einzelnen inkorporiert werden soll.[94]

Ein Blick ins Alte Testament lässt erkennen, dass Opfer und Blut jene unverzichtbaren Baselemente sind, die den Bund nicht nur erneuern, sondern ohne die er völlig undenkbar ist. Opfer und Blut sind die Voraussetzungen der sozialen Gemeinschaft überhaupt, bilden ihr mythisch-mythologisches Fundament. Fraglos zählte diese Mythologie im christlichen Abendland bis zu ihrem politischen Missbrauch im 20.

Jahrhundert zum eisernen Wissensbestand. Und noch dem gebildeten Menschen des späten 19. Jahrhunderts war die Kenntnis der Bibel selbstverständlich. Dahns bürgerlicher Leser wird also bei der Lektüre seines *Kampf um Rom* unwillkürlich daran gedacht haben, dass der am Sinai geschlossene Bund zwischen Moses, der Gemeinde – in diesem Fall der zwölf Stämme Israels – und Gott, der sogenannte Alte Bund, durch einen Blutsbund nach archaischem Opferritus gefestigt wurde. Im zweiten Buch Mose heißt es, nachdem ein Altar gebaut und junge Stiere geopfert worden waren:

> Und Mose nahm die Hälfte des Blutes und goß es in die Becken, die andere Hälfte aber sprengte er an den Altar. Und er nahm das Buch des Bundes und las es vor den Ohren des Volks. Und sie sprachen: Alles, was der HERR gesagt hat, wollen wir tun und darauf hören. Da nahm Mose das Blut und besprengte das Volk damit und sprach: Seht, das ist das Blut des Bundes, den der HERR mit euch geschlossen hat auf Grund aller dieser Worte.[95]

Bei allen Unterschieden zwischen biblischem Original und Dahns Variante fällt sogleich der gemeinsame Kern auf: die Verknüpfung der Gemeinschaft mit ihrem charismatischen Oberhaupt, das wiederum mit dem mythischen Urvater in besonderer Weise verbunden ist. Das Bindemittel ist das Blut. Der Bund ist damit gleichsam biologisch geknüpft, gewinnt aber zusätzliche Legitimation durch seine Überhöhung ins Heilige. Damit soll er sich über seine irdische Vergänglichkeit erheben und für alle Zeiten gelten. Dieser Rang wäre mit Worten allein nicht zu erhalten. So erklärt denn auch ein theologischer Kommentar: »Die Besprengung mit Blut macht nach alten Vorstellungen Kontrahenten gleichsam zu Blutsverwandten und begründet damit die intimste Verbindung, die es gibt. Darum ist ein Bund mehr als ein Vertrag.«[96]

Gewiss, die Angehörigen des Blutsbunds im Roman sind keine Kontrahenten. Gegensätze und Spannungen sind gleichwohl angedeutet. So ist, wie zu sehen war, nicht nur das Erscheinungsbild der nationalen Gründer äußerst verschiedenartig, auch hatten sie durchaus verschiedene Ansichten über die augenblicklichen Lage. Fast kam es darüber zum Streit. Zudem bestätigen die folgenden Ereignisse im Roman, was zwar nicht am Sinai, wohl aber auf einer Anhöhe nahe Ravenna seinen Anfang nimmt: Hildebrand, der Moses der Gruppe, kritisiert eingangs scharf die seiner Meinung nach fatale Vielfalt in den Anschauungen und Gewohnheiten seiner Landsleute. Tatsächlich entlädt sich der Meinungspluralismus nach Theoderichs Tod in schwersten Rivalitäten und führt nicht nur zu Morden, Hinrichtungen und Aufständen, sondern artet gar in einen Bürgerkrieg aus.

Je gewalttätiger indessen die Differenzen aufbrechen, desto weitere Kreise zieht der nationale Bund und verwandelt die Gesellschaft in eine völkische Gemeinschaft mit einheitlicher Identität. Dass diese Entwicklung nur mit Gewalt durchsetzbar ist und entsprechend viel Blut kostet, ist im Rahmen des eben beschriebenen mythobiologischen Gemeinschaftsmodells schlüssig. Der inoffizielle, geradezu illegale Blutsbund der Fünf pflanzt sich so lange fort, bis die traditionsvergessene Gesellschaft wieder zu jener Volksgemeinschaft zusammengeschmolzen ist, die sie dem Geschichtsbild der Gründerzeit zufolge ursprünglich gewesen war.

Dieser Zusammenhang zeigt sich noch klarer, als den Goten die Einigung als nationale Gruppe gelungen ist und sie nun vor der Aufgabe stehen, den Zugriff des oströmischen Imperiums und bald danach auch den Aufstand der inzwischen gestärkten römischen »Nationalbewegung« abzuwehren: Der Zusammenhang zwischen Blutvergießen und steigender kultureller Homogenität, in der sich die nationale Gemeinschaft zusehends ihrer ursprünglichen sozialen Form nähert, ist bezeichnend. Diese Entwicklung steigert sich im verlustreichen Rückzug an den Vesuv und gipfelt in einer letzten Schlacht. Die mit immer größerem Blutvergießen verbundenen Aktionen ermöglichen die Rettung der Goten als nationaler Gemeinschaft und machen sie ihrer authentischen Gesellschaftsform noch ähnlicher, so ähnlich, dass am Ende aus den zur Zeit Theoderichs stark romanisierten und staatlich organisierten Goten wieder ein Stamm geworden ist, die nationale Gemeinschaft damit auch den höchsten Grad ihrer alten Identität erlangt hat.

Den Rückzug schildert der Erzähler als sinnvolle Kette zahlreicher letzter Aufgebote:

> (…) sollte nicht die ohnehin langsame Bewegung des durch so viele Frauen, Kinder, Greise gehemmten Rückzugs völlig gehemmt werden, so mußte fast jede Nacht eine kleine Heldenschar geopfert werden, die an günstig gelegener Stelle halt machte und hier durch zähen, todeskühnen, hoffnungslosen Widerstand die Verfolger so lange hinhielt, bis das Hauptheer wieder großen Vorsprung gewonnen.

Dieses grausame, aber einzig ergreifbare Mittel mußte bald mit Aufopferung einer halben Tausendschaft, bald (…) mit noch größeren Opfern angewendet werden. (…)
Aber es sollte diese Aufopferung und des Königs Feldherrnschaft nicht ohne Frucht bleiben für die Geschicke des Volkes. (II,538f)

Bemerkenswert oft taucht in diesem Abschnitt das Wort *Opfer* auf, an dessen Bedeutung kein Zweifel sein kann. Es bestätigt sich, was auch der abgerufene biblische Kontext zeigt: »Das gemeinsame B.(lut) begründet die verwandtschaftlichen Beziehungen des Menschen (…) und besiegelt auch seinen Bund mit Gott (…).«[97] Diese Zusammenhänge beleuchten noch einmal scharf die Funktion des Blutbundes als der Zeugung der sozialen Gruppe als völkischer Gemeinschaft: Im ersten Buch Mose ist im Zusammenhang mit dem Opferritus vom Blut als dem Träger jenes Lebens die Rede, dessen Schöpfer Gott ist: »Denn des Leibes Leben ist im Blut…«[98] Der Blutritus also, der am Anfang der Geschichte an diesem antiken Tempel vollzogen wird, soll der mutmaßlich zerfallenden Nation neues Leben einflößen, das aus den langen Adern des mythischen Urvater Gaut gezapft ist.

Offenkundig arbeitet Dahn der biologistischen Mythisierung der Nation in die Hände, die sich im letzten Drittel des 19. Jahrhunderts heranbildet. Das macht auch den Rückgriff auf das Alte Testament verständlich: Als humanistisch gebildeter Gelehrter fühlte sich Dahn dem Mythos der Alten Welt und der Germanen verbunden. Gleichwohl sind jene Adern des Gaut noch sehr metaphorisch zu verstehen – eher Sinnbilder als für wirklich gehaltene Verbindungen. Mehr als dem protestantischen Dahn, der sich gerne zum Kritiker jeglicher christlichen Glaubensrichtung stilisierte, vielleicht recht gewesen wäre, lässt sein heidnischer Ritus Spuren des Neuen Testaments erkennen.

Die Aufgabe, die er seinem nationalen Gründerbund zumisst, entspricht der, die im christlichen Zusammenhang dem Abendmahl, der Eucharistie, zukommt. So ist im zweiten Brief Paulus' an die Korinther im Bericht über das letzte Abendmahl »des Herrn« zu lesen: »Das ist mein Leib, der für euch gegeben wird; (…) Dieser Kelch ist der neue Bund in meinem Blut; das tut, sooft ihr daraus trinkt, zu meinem Gedächtnis.«[99] Noch deutlicher drückt sich das später verfasste Matthäus-Evangelium aus: »Nehmet, esset, das ist mein Leib. Und er nahm den Kelch und dankte, gab ihnen den und sprach: Trinket alle daraus; das ist mein Blut des Bundes (…).«[100]

Allerdings fehlt in dem Ritus, den Dahn schildert, das Opfermahl, obwohl gerade das ein wesentlicher Bestandteil des archaischen Opferritus ist. Und es wäre ja möglich gewesen, die Mitglieder des Blutbundes aus dem Kessel trinken zu lassen, bevor Hildebrand seinen Inhalt in die Erde gießt. Sollte Dahn diesen Schritt vermieden haben, um seine Goten als zwar echte, aber auch kultivierte Germanen vorzuzeigen, die sich von barbarischen Stämmen wie den Langobarden abheben, deren König Alboin seinen Wein aus dem Schädel eines erschlagenen Feindes getrunken haben soll? Auch das allerdings fügte sich in die alttestamentarische Referenz des Textes, denn im dritten Buch Mose, das die Regeln des Opferitus festlegt, wird der Genuss von Blut ausdrücklich verboten, um das jüdische Volk gegen barbarische Nachbarn abzugrenzen.[101] Und auch im Neuen Bund des Abendmahls liegt der Akzent in der sozialen Funktion des Ritus: den Zusammenhalt der Einzelnen zu festigen und die Identität der Gruppe zu sichern oder überhaupt erst festzuschreiben. Auch ist es der eschatologische Ausblick der Eucharistie, auf den Dahn Bezug nimmt: Gerade weil die Lage bedrohlich, die Aussicht alarmierend ist, liegt die Hoffnung auf der künftigen Wende.[102]

Der wesentliche Unterschied zwischen der archaisierenden Dahnschen und der christlichen Fassung des Ritus, auf die der Autor gleichwohl zurückgreift, liegt daher im Grad der Abstraktheit: Wenn auch Jesus, das Opfer, tatsächlich starb, sein Blut vergossen wurde, so bleiben alle folgenden Wiederholungen des ursprünglichen Opfers unblutig. Es ist nur noch gedanklich, als Modell, gegenwärtig, Fleisch und Blut sind zu Symbolen abstrahiert.[103] Betrachtet man den Gründungsmythos des Neuen Bundes mit christlichen Augen, die den Blickwinkel des Abendlandes zwei Jahrtausende hin festlegten, einen epochalen zivilisatorischen Fortschritt. Es ist jener Fortschritt, den Nietzsche seit seiner *Geburt der Tragödie* als Entwicklung zur Dekadenz umzudeuten sucht: Er habe die Kultur von ihrem mythischen Urgrund abgelöst und sie damit sich selbst entfremdet. In dieser rationalistischen Überformung müsse sie irgendwann ihre Lebenskraft verlieren. Das Abendland werde also an einem pathologisch vergrößerten Kopf zugrundegehen.

Genau das behaupten auch Hildebrand und seine Genossen, behauptet der Roman selbst, der ihrem Blickwinkel folgt. Der Zeugungsakt, der alle Beteiligten zu Brüdern macht, ihr Verhältnis in den Rang von Blutsverwandten hebt, soll die Verbindung zum Ursprung erneuern, soll den Wiederanschluss an das dionysische Sein herstellen – mit einem beträchtlichen Unterschied zu Nietzsche freilich, der seine Forderung nach Mystifizierung sozialer Welten nicht mit einer nationalisierten Vorstellung von Kultur verknüpft.

Der Vollzug des rituellen Aktes lässt nun auch erkennen, aus welchen Kanälen die gemeinsamen Eigenschaften fließen: Sie stecken als Potenziale im Blut, sind gleichsam in den Genen verschlüsselt, deren Ursprünge zeitlich weit zurück bei einem mythologischen Urvater liegen. So kann aus diesem mythobiologischen Kanal gerade auch die Stärke, Fruchtbarkeit und schöpferische Potenz fließen, die den Goten als Gemeinschaftseigenschaften zugeschrieben sind.

Allerdings kommt ein weiterer Träger hinzu, die Natur selbst. Die Eigenschaften eines *Volkes* liegen wie im Blut so im Klima, in der Luft, im Wasser, im Boden und werden über dieses Elemente gewissermaßen aufgenommen. Auf diesem Wege aber gelangen sie wieder ins Blut, speisen sich gleichsam in die Gene ein.

Der Gedanke dieser ökologischen Osmose stammt ursprünglich aus der Biologie. Lamarck hat als erstes die These formuliert, erworbene Eigenschaften drängen im Lauf der Zeit in die Erbanlagen durch. Spätestens seit Ende der 1860er Jahre war diese ökologische Erbtheorie jedenfalls im gebildeten Milieu Gemeingut. Der Zoologe Ernst Haeckel, der sie aufgriff und zunächst in Vorträgen bekannt machte, hatte die Ergebnisse seiner Lamarck-Studien bereits 1868 veröffentlicht, sein Buch erlebte Auflage um Auflage.[104]

So sieht man sich also einem Modell gegenüber, in dem ein Gesamtzusammenhang festgeschrieben wird, den man, wenn man denn will, einen biogenetisch-ökogeologischen nennen kann. Zunächst besteht eine organische Verbindung zwischen der Landschaft und ihren Menschen, die gleiche Merkmale besitzen. Daher sind ja auch die Goten, sprich die Deutschen so frisch und so stark, knorrig wie die Kiefer, hart wie die Eiche, edel wie die Buche, forsch wie der Ostwind, geheimnisvoll wie der Wald. Dahn bedient sich dieser Metaphern ausgiebig, da erhebt sich das Volk »wie ein tausendstimmiges, brüllendes Meer« (I,15), das »entfesselt über seine Dämme bricht« (I,325) und »die Griechen« wegfegt. Im Süden aber müssen sie notwendig, mit naturgesetzlicher Zwangsläufigkeit verweichlichen, schlaff und sinnlich werden. Sie nehmen mit der weichen, warmen Luft, der lieblichen Landschaft weiche, weibliche Eigenschaften an, werden musig wie die Tomaten, süß wie die Feigen, spitz wie die Pinien.

Zwar bleibt die Frage offen, ob die nationalen Eigenschaften ursprünglich aus dem Blut selbst hervorgegangen oder an irgendeinem Punkt der

Evolution von außen eingedrungen sind, um dann im Erbgut weitergetragen und durch magische Osmose mit der Natur fortlaufend erneuert zu werden; doch ist klar, dass Natur und Blut wechselseitig verbunden sind und dieser Verbindung, der sozusagen biogenetisch-ökogeologischen Einheit, das Volk und seine Kultur entsprießen.

Je enger aber dieser Verbund aus Blut, Luft und Boden ist, umso natürlicher Volk und Kultur. Löst sich die Verbindung zu den mythobiologischen Quellen und zum Boden, etwa weil ein Volk die Landschaft wechselt oder zu sehr über seine Ursprungsmythen nachdenkt und so den Glauben an sie verliert, muss es früher oder später zerfallen. Kurz, Dekadenz kommt aus Reflexion und Mobilität.

So ist es von vitaler Bedeutung, dass diese Verbindung immer wieder neu geschlossen wird. Das geschieht in dem Blutritus, mit dem der *Kampf um Rom* beginnt. Er soll die Einzelnen über das Blut zum *Volk* verbinden.

Dieser Ritus soll aber noch etwas bewirken, was heute ebenso unverständlich bleibt, im Horizont damaliger Erkenntnis indessen plausibel schien: Er soll die Verbindung zwischen Boden und Volk knüpfen, soll nationalpolitisches Territorium schaffen. In zeitgenössischen Worten ausgedrückt: Blut muss die Erde tränken, so wird sie Heimaterde.

Und genau das, ein zweiter Blutbund, ein Bund zwischen dem Einzelnen, seiner Gruppe und dem Boden bildet das dritte wesentliche Element der nationalen (Neu-)Gründung. Ein letztes Mal ist es nötig, auf die Szene zurückzublenden.

## Der geopolitische Raum als völkisch-territoriale Einheit

Nachdem also das Blut der Beteiligten im wassergefüllten Kessel gemischt worden war, wird der Bund durch die Androhung ehrlosen Todes zum letzten Mal mit Worten bekräftigt: »Und wer von uns sich sollte weigern / Den Eid zu ehren mit allen Opfern / (…) Des rotes Blut soll rinnen ungerächet (…).«. (I,19)

Und nun legt Hildebrand das letzte Glied an die Kette des mythobiologischen Nationalmodells: »Er erhob den Kessel, goß sein blutiges Wasser in die Grube (…).« (I,19) Was hier geschieht, ist nichts anderes als eine zweite metaphorische Zeugung, die wiederum eine mythologische Urzeugung wiederholt. Diese zweite Zeugung vervollständigt den typischen und vermutlich wirkungsmächtigsten Mythos der bürgerlichen Epoche: Der Bund verbindet sich mit dem Boden.

Wollte man die Vorstellung, die dieser Vorgang ausdrücken soll, in abstrakte Begriffe bringen, ließe sich das wohl so formulieren: Zwei biologische Systeme, ein humangenetisches und ein ökologisches, werden magisch und gewissermaßen physikalisch zu einem ökogenetischen System verbunden. Im Klartext: Auf dem Hügel mit dem Tempel bauen der deutsche Chefideologe und seine Jünger unter Anleitung ihres mythenkundigen Autors ein Blut-und-Boden-Modell in die Nacht. Sie schaffen gleichsam *geopolitischen Raum*, versuchen, den fremden Boden Italiens zum angestammten Territorium ihrer Deutschen zu machen. Damit aber wäre der moderne Staatsbegriff, der im 19. Jahrhundert in Europa politische Wirklichkeit wurde, im Grunde fertig: der ethnisch gestützte territoriale Nationalstaat in der Form einer konstitutionellen Monarchie.[105] Das Problem der Ostgoten, die im *Kampf um Rom* für dieses Gesellschaftsbild Modell stehen, ist nur, dass sie nun einmal nicht auf heimatlichem, sondern italienischem Boden stehen.

Es ist sozusagen der falsche Standort, der verhindert, dass sie sich als glückliche Erben der römischen Cäsaren in die Geschichte einschreiben dürfen. Denn Italien als eigenen geopolitischen Raum zu begründen, nichts anderes besagt dieses Modell, verhindert die Natur selbst. Die beiden natürlichen Systeme des Nordens und des Südens, das biogenetische und das ökologische, passen schlichtweg nicht zusammen, sie stoßen einander geradezu ab. Zu vereinigen wären sie nur durch einen evolutionären Wandel des nördlichen biogenetischen Systems: Es müsste seine Eigenart so verändern, dass es mit dem südlichen kompatibel ist. Das aber wäre keinesfalls erwünscht, denn das hieße ja den Verlust der Identität, den Selbstverlust.

Mischehen würden diesen Prozess erheblich beschleunigen. Gerade deswegen gelten sie als gefährlich. Und umso gefährlicher, als sie die Qualität des Erbguts herabsetzten – diese Furcht vor Degeneration beherrscht beileibe nicht nur Felix Dahn und sein nationalistisches Personal.[106] Die gleiche Vorstellung drückt sich aus in Fontanes *Vor dem Sturm* aus. Wie sich zeigen wird, nehmen dort die Polen die Rolle der »Italier« ein.

Auf Dauer ist also nur ein Staat existenzfähig, der als Nationalstaat auf eigenem Territorium steht, der territoriale Nationalstaat. Diesen Staatsbegriff zu belegen und den neugegründeten deutschen Staat als seine Verwirklichung zu feiern ist im Grunde der Sinn der ganzen Erzählung vom Untergang der Ostgoten. Deren Staat in Italien war ein naturwidriges Gebilde. Auch wenn es keinen Krieg mit Byzanz gegeben hätte, wäre der Untergang nicht zu verhindern gewesen, denn die Nation hätte sich selbst in der biologischen Assimilation aufgelöst, die zwangläufig der kulturellen folgt. Die zahlenmäßige, taktische und technische Überlegenheit Ostroms ist wie alle anderen in die Niederlage führenden Umstände nur der äußere Ausdruck, die praktische Folge dieser zum Naturgesetz erklärten Staatsidee.

Daran ändert auch das Blutopfer nichts, das die Verbindung zwischen *Volk* und Boden schließen und immer wieder erneuern soll. Man muss sich diese zentrale Funktion des Blutopfers vor Augen führen, will man ein Phänomen begreifen, das heute ebenso unverständlich anmutet wie diese ganze Blut-und-Boden-Konstruktion, dessen Bedeutung für die Bildung der Nationalstaaten im 19. Jahrhundert aber entscheidend war: die Mystifizierung des Krieges. Der Krieg ist demnach eben weit mehr als ein Mittel praktischer Politik. Es gewinnt seine ganze Bedeutung erst als Idee: Durch die Vorstellung, er sei ein gewaltiges Blutopfer, in dem sich das Selbstopfer – wie es im beschriebenen Ritus der Schnitt in den Unterarm symbolisiert – mit dem Opfer des Gegners verbindet. So überhöht sich der Krieg zum archaischen Opferritual, das den nationalen Bund ebenso festigt wie dessen Bindung an das Territorium, das mythische Heimaterde wird. Nur aus dieser Sicht wird die Emphase begreifbar, mit welcher der Krieg in der Kunst, in der Literatur und in der gesellschaftlichen Debatte als kathartisches Ereignis gefeiert wurde. Darauf kommen wir im Zusammenhang mit *Vor dem Sturm* noch zu sprechen.

Ohne diese Funktion des Blutopfers als gewissermaßen biomagisches Bindeglied ist das Geschichtsbild dieses Romans und seiner Epoche nicht zu durchschauen.


## Monarchie und Tyrannis: zum Unterschied von mythobiologisch begründetem Nationalstaat und rassischem Totalitarismus


Der Gründungsakt mit seinem symbolischen Opfer ist schließlich auch deshalb maßgebend für das Gesellschaftsverständnis des Textes, als er in den Formeln, die ihn wie Statuten begleiten, das Verhältnis von Individuum und nationaler Gemeinschaft festschreibt: Der Einzelne ist dem Ganzen untergeordnet und hat Kraft und Fähigkeiten zu dessen Nutzen einzusetzen, und im äußersten Fall nicht nur existenzielle Werte wie Besitz und Ehe, sondern das Leben selbst zu opfern. Das gilt auch für den König, der nicht mehr ist als erster Diener der Nation, primus inter pares. Der Monarch ist dem Gesetz nicht enthoben, das unterscheidet ihn vom Tyrannen. Diesen porträtiert Dahn im byzantinischen Kaiser Justinian. In dieser Figur, so zeitgebunden sie ist, so deutlich sie auf Frankreich verweisen soll (katholisch-abergläubisch, materialistisch, prunksüchtig, feige), sind Züge des faschistischen Führers vorgezeichnet – der dem Gesetz enthobene Herrscher als entarteter Monarch.

Auf den verfassungsrechtlichen Unterschied, der im Tyrann und im Monarchen verkörpert ist, legt Dahn als nationalliberaler Bürger größten Wert. Die Monarchie soll Rechtsstaat sein. Das sucht er in seiner Erzählung dann auch mit Nachruck herauszustellen, insbesondere in der langen Sequenz der »Volksversammlung« und ihrer öffentlichen Königswahl. Diese Wahl schildert Dahn als wichtigen Schritt in Richtung einer natürlichen Gesellschaftsform, von der sich Theoderich schon bedenklich weit in absolutistische Formen entfernt hatte. So habe der Staatsgründer mehr und mehr Herrschaftsrechte an sich gezogen, das Rechts- und Bürgerbewusstsein sei trotzdem nicht ganz verschwunden, gehört es doch mit zum deutschen Wesenskern:

> Und noch immer, auch in dem christlichen Gotenstaat, in welchem der König so manches Recht, das sonst dem Volke zukam, erworben, hatte die Volksversammlung eine höchste feierliche Weihe (…): und die Reste der alten Volksfreiheit, die selbst der gewaltige Theoderich nicht angetastet, lebten unter seinen schwächeren Nachfolgern kräftiger wieder auf. (I,368)

Im Verhältnis des Einzelnen zum Ganzen, wie es hier gefordert ist, offenbart sich das bürgerliche Staatsverständnis, wie es aus der liberalen Nationalbewegung des 19. Jahrhunderts erwachsen ist: Der Staat, die nationale Gemeinschaft in monarchischer Form, ist unbestritten höchster diesseitiger Wert. Er kann aber, soll er diesen Wert real einlösen, nicht absolutistisch, sondern muss rechtsstaatlich-konstitutionell sein. Der Einzelne ist Träger des Ganzen und für das Ganze mitverantwortlich, das ihm Rechtsschutz und die Möglichkeit der persönlichen Entfaltung gibt. Das Recht steht über dem Einzelnen und über dem Monarchen, der selbst Teil dieser Rechtsgemeinschaft ist.[107] Gerade an der Betonung der *Rechtlichkeit* ist Dahn gelegen, und er nutzt, der didaktischen Absicht des Realismus verpflichtet, seine sorgfältig recherchierte Beschreibung der germanischen »Volksversammlung« dazu, das staatsbürgerliche Bewusstsein seines Lesers zu schärfen. So lässt er seinen typischen Bürger, den rechtsbewussten Witichis, während der Verhandlung gegen die mutmaßliche Mörderin der Thronfolgerin Amalaswinta die ungeduldige Volksmenge ermahnen: »Nun (…), man soll nicht sagen, daß im Volk der Goten ein Weib ungehört, unverteidigt verurteilt werde; wie schwer sie verhaßt sei, – sie hat ein Recht auf Rechtsgehör und Rechtsschutz.«« (I,378)

Als ihr Anwalt bringt er den Vertreter der Anklage in Verlegenheit, der statt Beweise nur Mutmaßungen hat. Dahn brauchte diese Konstellation nicht nur als retardierendes Moment; sie verschafft ihm Gelegenheit zu einem Plädoyer für Rechtsstaatlichkeit, das er Witichis an die Versammlung richten lässt: »Wahrlich, der Tag sei fern vom Gotenvolk, da man nach solchem Anschein Urteil spricht. Gerechtigkeit, ihr Männer, ist Licht und Luft! Weh, weh dem Volk, das seinen Haß zu seinem Recht erhebt.«« (I,379)

Setzt man anstelle von Hass Willkür, so wird klar, welche Warnung sich hinter diesem Appell verbirgt: die Warnung vor der Tyrannis. Die führt Dahn am Beispiel Ostroms als degenerierte Form der Monarchie vor, wie es der Vorstellung bürgerlicher Bildungswelt entsprach: Byzanz als Synonym für Dekadenz, Willkür, Grausamkeit, Intrige und enthemmten Konsum, von dem allerdings eine gewisse bösartige Faszination ausgeht. Schon Viktor Scheffel, mit dem Dahn eng befreundet war, skizzierte in seinem 1855 erschienenen *Ekkehard* ein solches Bild von Ostrom und verschaffte ihm breite Popularität im Bürgertum, das unschwer Frankreich dahinter erkennen konnte.

Scheffels mit dem größeren Erzähltalent beglückter Freund gestaltete dann Ostrom als imperiale Diktatur, die ihren Massen ein Maximum an materieller Befriedigung verschafft, deren Herrscher aber die totale politische Macht verkörpert und willkürlich über das Gesetz verfügt. Das genaue Gegenteil soll der Germanenstaat in seiner authentischen Form darstellen: Die Verfassung steht über dem Monarchen und geht vom Volk aus. Es ist leicht einzusehen, dass sich hinter Dahns Entwurf der Diktatur die liberale Kritik der absolutistischen Monarchie verbirgt, freilich weniger eines friderizianischen Preußens, dessen Herrscher sich selbst bekanntlich als erster Diener seines Staates verstand, als vielmehr des französischen Hofes und seiner Tradition. Das »L'État, c'est moi« Ludwigs XIV., das »bereichert euch« des sogenannten Bürgerkönigs Louis Philippe könnte auch Dahns Justinian geäußert haben. Zweifellos war dem Rechtshistoriker daran gelegen, seinen Leser über die Ähnlichkeit Byzanz' mit Frankreich nicht im Unklaren zu lassen, dessen napoleonische Expansion noch tief das Geschichtsbewusstsein der Zeit prägte. Auch nach der Reichsgründung blieb der westliche Nachbar gefürchtet. Zugleich dient die Bestimmung des Gegners immer auch der Bestimmung der eigenen Nation – im Bild des Gegenübers schärft sich die Wahrnehmung des Selbst.[108]

So ist an Dahns Gestaltung der degenerierten Monarchie nicht zuletzt wesentlich, dass sich das Verhältnis zwischen Recht und Herrscher pervertiert hat: Der Herrscher steht über dem Recht, die Verfassung tritt außer Kraft. Hinzu kommt, dass die historische Modellfigur des Autors, eben der oströmische Kaiser Justinian, selbst nicht mehr viel mit den alten Cäsaren Westroms gemein hat. Er ist entscheidungsschwach und abhängig von den Einflüsterungen seiner Frau Theodora – keine charismatische Führerfigur, wie sie die Epoche in Bismarck fand. Gleichwohl liegt in Dahns Version der imperialen Diktatur ein utopistischer Zug, der auf die Gefahr des totalitären Staates mit einem Charisma beanspruchenden Willkürherrscher vorausweist, wie er im Nationalsozialismus Realität wurde.[109]

Man muss immer wieder darauf hinweisen, dass es Dahn, diesem Idealtypus des konservativen Nationalliberalen, darauf ankam, die germanische Rechtsgemeinschaft gegen den konsumistischen Unrechtsstaat abzusetzen. Dass er also, ganz im Sinne der liberalkonservativen deutschen Staatsvorstellung, einen monarchistischen Rechtsstaat mit verfassungsrechtlich garantiertem Parlament – für welches die »Volksversammlung« steht – im Blick hatte, mitnichten aber einen Staat, der ex post als faschistischer oder auch nur präfaschistischer zu bezeichnen wäre. Gerade jene monarchische Tradition, auf die er und seine Zeitgenossen Wert legen, galt den faschistischen Bewegungen als verachtenswert altmodisch, ja, sie war schon von den neuen Nationalisten nach dem Ersten Weltkrieg als Relikt einer verschütteten Epoche, nämlich der bürgerlichen, belächelt worden.[110] Und das parlamentarische Element in Dahns Gesellschaftsmodell, das das Recht über den König stellt, das dynastische Prinzip für überholt und den Herrscher damit für absetzbar erklärt, ist einem liberalem Gedankengut entnommen, das die faschistischen Bewegungen mit beispielloser Gewalt bekämpften – während die neuen Rechten der Weimarer Republik zwar das parlamentarische Element ablehnten, die Absetzbarkeit der charismatischen Führerfigur aber sehr wohl auf ihre Programme setzten. Absetzbar muss der Machthaber sein, weil er in dem Augenblick, in dem er seine Aufgabe, den Machtstaat zu behaupten, nicht zu erfüllen vermag, für die Existenz des Ganzen gefährlich wird. Die Absetzbarkeit gründet in diesem Modell also auf dem Leistungsprinzip. Das ist schon bei Dahn der Fall, Leistung ist ein Grundwert des Liberalismus im 19. Jahrhundert, wenn man ihn nicht, mit Max Weber, sogar an die Anfänge des Protestantismus legen will. Das Leistungsprinzip spielt bei allen Autoren eine entscheidende Rolle, von Freytag und Scheffel über Spielhagen, Raabe und Meyer bis zu Keller und Fontane.[111]

Hätten dann also diese Autoren alle den rechtsnationalen Formationen der ersten Nachkriegsära, also letztlich auch den faschistischen, Vorschub geleistet, und insonderheit den letzteren, die ja die Leistung von aller Moral lösten und zu einem kultischen Prinzip überhöhten?

Fraglos aber bleibt ein Nationalmodell problematisch, das auf Blut und Boden gründet. Wie zu sehen war, bestimmt sich nationale Zugehörigkeit durch die magische Verbindung aller zu einem mythologischen Ursprung, der geopolitische Raum durch den biologischen Zusammenschluss dieser Gruppe mit einem als das ihre geltenden Territorium. Dahn beschritt auf diesem Feld einen anderen Weg als der französische Philosoph und Theoretiker des westeuropäischen Nationalstaatsbegriffs Ernest Renan, der seine eigenen Landsleute vor dem warnte, was allen europäischen Nationalstaaten zur Identitätsfindung diente: der Ethnisierung der Nation und ihrer Sakralisierung zum Ewigkeitsbau.

Renan, »zoologische Vernichtungskriege« vorhersehend[112], bemerkte 1882 an der Sorbonne: »Die Wahrheit ist, daß es keine reine Rasse gibt und daß man die Politik einem Trugbild anheimgibt, wenn man sie auf die ethnographische Analyse gründet. Die edelsten sind jene Länder – England, Frankreich, Italien – bei denen das Blut am stärksten gemischt ist.«[113] Wie aus der Äußerung schon hervorgeht, ist sein Nationalbegriff nicht minder emphatisch als der Felix Dahns, auch Renan spricht vom *Volk* als einer »geheiligten Sache«, der anzugehören dem Einzelnen Verantwortung auferlege. Auch er nennt die Nation »eine Seele«, gegründet auf einem gemeinsamen »Wollen in der Gegenwart« und »heroischer Vergangenheit«;[114] auch bei ihm ist die Nation politische Willengemeinschaft, die ihr Selbstbewusstsein aus ihrer Geschichte und ihren Leistungen bezieht: »Wie der einzelne, so ist die Nation der Endpunkt einer langen Vergangenheit von Anstrengungen, Opfern und Hingabe.« Auch müsse jeder Einzelne, soll die Nation Bestand haben, das Bekenntnis zu ihr laufend erneuern: »Das Dasein einer Nation ist (…) ein Plebiszit Tag für Tag, wie das Dasein des einzelnen eine dauernde Behauptung des Lebens ist.«[115]

All das zeichnet die Nation, wie Dahn sie beispielhaft für ein nationalliberales Publikum formuliert, ebenso aus. Indes verzichtet Renan auf genau das Element, auf das es jenem ankommt: das mythobiologische. Renan sucht Nation allein als »geistiges Prinzip« zu begründen.[116] Damit freilich fehlte ihr in dem zeittypischen Dahnschen Modell der Humus und sie liefe Gefahr, zu einer Abstraktion zu sklerotisieren oder im indifferenten Egoismus der Einzelnen zu verschwinden – diese Entwicklung versucht Dahn in den Kulturen Ostroms und Italiens abzubilden. Was also Renan als Ideal der *Staatsnation* entwirft, erscheint dem deutschen Gegenüber als Symptom beginnender Dekadenz.

Zwischen beiden tritt sichtbar die Linie hervor, die einen deutschen von einem *westlichen* Nationalbegriff scheidet. Das ändert allerdings nichts an der Tatsache, daß das ethnische Element, daß also die Begründung nationaler Identität aus jenem mythobiologischen Modell heraus, nicht ebenso im republikanischen Staat Frankreichs wirksam gewesen wäre. Es ist sogar so, daß die biologische Radikalisierung und sakrale Überhöhung der Nation in den 1870er und -80er Jahren vom westlichen Nachbarn ausging und seinerseits das deutsche Denken beeinflusste – so Maurice Barrès' absoluter und »magischer« Nationalismus.[117] Vor einem solchen historischen Hintergrund von deutschem Sonderweg zu sprechen, entlarvt sich als Ergebnis verzerrender Wahrnehmung, Folge der »postnationalen Aufregung der Spätgeborenen«. So war es denn auch weniger Provokation als eher dringend fällige Korrektur, wenn schon in den Neunziger Jahren ein renommierter Münchner Historiker schrieb: » …da ist kein ›deutscher Sonderweg‹«[118]

Dahns Begriff des völkisch begründeten Nationalstaates entspricht also einer Vorstellung, wie sie im liberalen bis liberal-konservativen Bürgertum nicht nur in Deutschland vorherrschte. Und auch in Fontanes *Vor dem Sturm* ist, so wird sich zeigen, jene »gewaltträchtige Zwangsverbindung von Nation und Territorium«, wie sie den modernen Staatsbegriff prägt,[119] mit Blut geschlossen und so in den Rang der Heiligkeit erhoben. Wie Dahn schildert auch Fontane die Gewalt nicht nur als notwendiges Übel, sondern feiert sie als konstitutives Element des ethnischen Nationalstaats.

Befragt man in diesem Zusammenhang den – nicht eben konservativen – englischen Philosophen Ernest Gellner, der die Nation nicht als Gebilde mit natürlichem Kern sondern als gänzlich kulturelles Konstrukt ansieht, so tritt die zeitbedingte Zweckgebundenheit des beschriebenen Staatsmodells hervor. Laut Gellner habe die Funktion des Nationalismus darin bestanden, die in radikalem Wandel begriffene Gesellschaft jenen Bedingungen einzuformen, auf denen der Wandel beruhte, also dem Komplex von Industrie, Kapitalwirtschaft und Arbeitsteilung, kurz: der umfassenden Rationalisierung. Da die ehemals in Region und Landschaft verankerten, kleinteiligen sozialen Gruppen in eine »anonyme, unpersönliche Gesellschaft aus austauschbaren atomisierten Individuen« verwandelt worden seien, habe eine allgemein durchgesetzte »Hochkultur« (möglich durch das staatliche Bildungsmonopol) die neue Klammer gebildet, die die Einzelnen aneinander band und die Gesellschaft homogenisierte. Sie habe sich damit nach außen klar abgrenzt und konnte im Innern identitätsstiftend wirken. Das Werkzeug dazu war die nationale Idee. Der Bestand der Nation als einheitliches Gebilde erhält vitale Bedeutung für die Gesellschaft, die jede Bedrohung ihrer Identität als Gefahr für ihre Existenz empfinden müsse[120] – das erklärt, weshalb Felix Dahn, und generell die Autoren des Realismus, so überaus großen Wert auf einen authentischen Kern legen und auf jeden Versuch, die als ursprünglich geltende Identität zu verändern, mit größter Empfindlichkeit reagieren.

Ähnlich sieht es Eric Hobsbawm, gleichfalls Engländer und Marxist. In seinem Buch *Das imperiale Zeitalter* stellt er fest, der Nationalismus mit seinem Ideal des nationalen Staates habe, als gesamteuropäisches Phänomen, jene »Leerstelle« ausgefüllt, die der »Niedergang« der alten Gemeinschaften, der Großfamilie, des Dorfes, der Gemeinde und Landschaft, gerissen habe: »Nationalismus und Staat übernahmen die Assoziationen von Verwandtschaftsgruppe, Nachbarschaft und Heimatboden und übertrugen sie auf Territorien und Bevölkerungen von einem Umfang und einer Größe, die diese Begriffe auf reine Metaphern reduzierte.«[121] Ob diese Begriffe reine Metaphern waren, sei dahingestellt, immerhin entfaltete der metaphorische Anteil an diesen Begriffen geschichtsmächtige Kraft. Und als wirksamstes Hilfsmittel, als schärfste Waffe, Einheitlichkeit im Bewusstsein des Einzelnen und auf politischem Feld durchzusetzen, kommt die Biologie als Mythos und Metapher zum Einsatz. Aus ihrem Schoß wird die gemeinsame Kultur geboren, die dann zwangsläufig die Eigenschaften und Eigenheiten des biologischen Stammes und der Natur, in der sie heimisch ist, besitzen muss.

Doch unterscheidet sich auch diese, aus unseren Texten bisher gewonnene Vorstellung einer völkischen Nation, unterscheidet sich dieser *mythobiologische Nationalismus* noch immer wesentlich von der radikalen Form, die der Nationalsozialismus ausprägte. Denn der innerste Kern dieser völkischen Ideologie bestand in der Utopie einer globalen Arisierung, einer Germanisierung der Weltbevölkerung, auf der die absolute Diktatur des imperialen Weltstaats zu errichten sei. Stefan Breuer betont in seiner *Anatomie der Konservativen Revolution*, dass oberster Bezugspunkt dieser Utopie die Rasse war, nicht die Nation, die nur als heterogenes Gefüge von Rassen verschiedenen Wertes galt. Hitler habe Deutschland nicht seiner Sprache und Kultur wegen bewundert, sondern weil er dort eine vergleichsweise geringe »Verunreinigung mit nichtarischen Fremdkörpern« gefunden zu haben glaubte.[122] Davon setzt sich bereits der »Neue Nationalismus« ab, wie Breuer die Konservative Revolution der Zwanziger Jahre nennt, da ihm, noch deutlich der Bildungstradition des 19. Jahrhunderts verhaftet, die Nation als Höchstwert über der Rasse stand.[123]

Der bei Dahn gebildete Begriff der völkischen Nation drückt genau das Ideal aus, das in der zweiten Hälfte des 19. Jahrhunderts allgemein Wunsch und Ziel ist: die »politische und nationale bzw. völkische Einheit zur Deckung zu bringen«.[124] Die Nation steht als höchste diesseitige Instanz, ihr ist der Monarch, ihr ist im Zweifelsfall auch die Verfassung untergeordnet.

Dahns Nationalbegriff bezieht sich, so hat sich gezeigt, auf das etablierte mitteleuropäische Modell seiner Zeit, das von der bürgerlichen Mehrheit getragen wurde: die ethnische, völkisch bestimmte, aber auch kulturell durch Sprache und Geschichte geprägte Nation mit ihrem eigenen und selbstbestimmten Staat, dem Nationalstaat.[125] Die Gesinnung, die sich mit diesem Begriff verbindet, beinhaltet eine grundsätzliche Bejahung des Staates, wenn eben die beiden Einheiten Staat und Nation zur Deckung kommen.[126] Wenn aber nicht, dann gilt es, die Nation gegen den Staat zu mobilisieren. Genau das geschieht im Lauf der Handlung. Doch der territoriale Nationalstaat ist im Falle des von Theoderich geschaffenen Gebildes nicht re-konstruierbar, da er, gemäß dem bürgerlichen Nationalstaatsmodell, unter den gegebenen Bedingungen überhaupt nicht konstruierbar ist. Wiederhergestellt wird indes die zerfallene Form der völkischen Nation. In nichts anderem als in dieser Rekonstruktion der Nation in ihrer als ursprünglich und authentisch geltenden Form besteht die *Aktion*, die der Text in seiner gesamten Handlung schildert und zu der die initiale Gründung den Auftakt bildet.

Wir haben uns lange mit Dahn und insbesondere seiner Eingangssequenz beschäftigt: Sie setzt die Grundpfeiler, auf denen das Gedankengebäude des gesamten Romans aufliegt.

Wir werden uns ebensolange und länger mit Fontane beschäftigen, aber weniger Zeit auf den Anfang von *Vor dem Sturm* verwenden. Fontanes Eröffnung ist schlichtweg langweiliger und besitzt keine vergleichbare Prägnanz. Es findet – anfangs – kein Blutopfer statt, folglich ist auch der Blutbund nur angedeutet. Doch ist das Gesellschaftsmodell dieses Textes, überschaut man ihn ganz, nicht weniger national, nicht weniger völkisch oder auch nur weniger heroisch als das des *Kampf um Rom*.

## Der heilige Herd:
## das völkische Identitätsmodell in Fontanes *Vor dem Sturm*

Auch der *Sturm* beginnt mit einer Rückkehr. Sie bezeichnet den ersten Schritt der nationalen Aktion, so daß auch über Fontanes Roman das Motto steht: Am Anfang war die Tat. Bei Dahn hatte sich eine Handvoll neuer Nationalisten an einen verschwiegenen Ort außerhalb der Stadt, in ländlichen Raum, zurückgezogen. Damit bereits näherten sich die Figuren einer gesellschaftlichen Form an, die der eines *Volkes* mehr zu entsprechen schien und daher als natürlicher galt als die vorhergehende. In gleicher Weise strukturiert Fontane den Beginn wie den weiteren Verlauf seines Romans.

Am Abend vor Weihnachten 1812 kehrt Lewin, der Sohn des Landjunkers Berndt von Vitzewitz und im gleichen Alter wie Teja und Totila, von Berlin in sein Vaterhaus zurück. Er verlässt den urbanen Raum, um mit dem Eintritt in den angestammten ländlichen Raum den ersten Schritt zum Wiederanschluss an die eigene Herkunft, zur Annäherung an den völkischen Kern der Nation zu tun. Bemerkenswert ist, daß auch hier eine Metaphorik des Elementaren ins Spiel kommt, die den Helden in Verbindung mit natürlichen Urkräften bringt. Wieder sind es organizistische Metaphern: Luft, Erde, Wasser (Lewin fährt im offenen Schlitten über verschneites Land), und Feuer. Nachdem Lewin die Stufen zum Hohen-Vietzer Herrenhaus hinaufgeeilt war, heißt es:

Damit trat unser Held in die Halle seines väterlichen Hauses. Ein paar Scheite, die im Kamin verglühten, warfen ihr Licht auf die alten Bilder an der Wand gegenüber. Lewin sah sich um, nicht ohne einen Anflug freudigen Stolzes, auf der Scholle seiner Väter zu stehen. (14)

In dem Augenblick, in dem die Schwelle, die den urbanen vom ländlichen Raum trennt, überschritten ist, ist der Anschluss an jene neonationale Gruppe bereits geleistet, die zum politischen Kurswechsel entschlossen ist. Und von Anfang an ist klar, daß es dazu nur ein Mittel gibt, nämlich Gewalt.

Die Gruppe, das heißt jene rüstige Minderheit, von der der Umschwung ausgehen soll, besteht zunächst in der dörflichen Gemeinschaft, dem Pastor und dem Grundherrn Berndt von Vitzewitz, von dem die Initiative ausgeht. Noch gibt es etliche in der Gemeinde, die zwar keineswegs zweifeln, daß Nation und Staat eine natürliche Einheit auf einem bestimmten Territorium bilden sollen, die aber noch nicht von der Notwendigkeit einer Revolte der Nation gegen den Staat überzeugt sind. Sie gilt es umzustimmen. Man braucht sie für den Aufstand, der die Monarchie zwingen soll, den verlorenen Nationalstaat wiederherzustellen. Auch bei Fontane weitet sich der anfangs begrenzte Anspruch einer neonationalen Gruppe allmählich auf weitere Teile der Bevölkerung aus.

Wie im *Kampf um Rom* bilden also auch hier Zusammentreffen, Beratung und Festigung des Bundes den ersten Schritt jener nationalen Großaktion, die der Text beschreibt. Am Tag nach Lewins Ankunft »auf der Scholle seiner Väter« findet die Weihnachtsfeier statt, auf der der jugendliche Held aus den Händen des Vaters eine Waffe empfängt: »An Lewins Platz lag eine gezogene Doppelbüchse, Suhler Arbeit, sauber, leicht, fest, eine Freude für den Kenner.« (27) Wohlgemerkt, es handelt sich um eine *Büchse*, keine Flinte, und das heißt: Sie ist nicht nur für Flug- und Niederwild bestimmt, sondern für bedeutend größere Wesen. Der Vater: »Das ist für dich, Lewin. (…). Und nun komm und laß uns plaudern.« (28)

Bei dieser Plauderei wird Klartext gesprochen. Ähnlich Hildebrand, dem Waffenmeister, setzt auch der ehemalige Offizier Berndt von Vitzewitz die politische Lage auseinander, die aus der Sicht des brandenburgischen Gutsherrn der natürlichen Ordnung widerspricht: Preußen ist kein nationaler Staat. »… und wir Alten«, beruft er sich auf die große friderizianische Vergangenheit, »die wir noch das Auge des großen Königs gesehen haben, wir schmecken bitter den Kelch der Niedrigkeit, der jetzt täglich an unseren Lippen ist.«« (35) Das ist ohne Frage ziemlich viel Leidenschaft für einen echten Preußen. Doch wenn die Frage der Nation auf der Tagesordnung steht, kommt auch das protestantische Gemüt in Wallung.

Die Kluft zwischen Nation und Staat aber macht die Situation noch schlimmer: König Friedrich Wilhelm III. steht als Bündnispartner der Siegermacht Frankreich gegen die zunehmende nationale Mehrheit der eigenen Bevölkerung. Lewin berichtet über die Stimmung in der Hauptstadt: »Es ist mir, als wäre eine Wandlung über die Gemüter gekommen. Das ganze Fühlen ist ein höheres; wo noch Niedrigkeit der Gesinnung ist, da wagt sie sich nicht hervor.«« (33) Dieser offenkundige Stimmungswandel, den der Untergang Napoleons in Russland begünstigte, ermöglicht allmählich, die Nation zum Kampf gegen die Fremdherrschaft zu mobilisieren. Das Problem aber liegt in der Staatsführung, die sich abwartend verhält. Volkswille und Regierungspolitik sind nicht deckungsgleich.

Es liegt auf der Hand, daß dieser Befund die Äußerung fundamentaler Kritik am offiziellen politischen Kurs bedeutet, der als schwächliche antipreußische Appeasementpolitik verworfen wird. Es wird Zeit für die Revolte. Berndt: »Gott will es, daß wir seine Zeichen verstehen. Lewin, wir alle sind hier entschlossen.«« (33)

Lewin, zwar von der Richtigkeit der nationalen Aktion überzeugt, zweifelt indessen noch an der Legitimität der Revolte, weniger aus staatsrechtlichen als aus moralischen Gründen:

›Das, was du vorhast, und was Tausende der Besten wollen, es ist gegen meine Natur. Ich habe kein Herz für das, was sie jetzt mit Stolz und Bewunderung die spanische Kriegsführung nennen. Alles, was von hintenher sein Opfer faßt, ist mir verhaßt. Ich bin für offenen Kampf, bei hellem Sonnenschein und schmetternden Trompeten. (…) Ja, ich will Krieg führen, aber deutsch, nicht spanisch, auch nicht slawisch.‹(!) (13, 34)

Das sind ritterliche Anschauungen und sie wollen gehört sein. Das heißt aber nicht unbedingt, Fontane würde die Einwände seines jugendlichen Helden teilen. Vielmehr erscheint Lewin im Vergleich zu Berndt, dem heimlichen Helden des Autors, bei aller Sympathie noch als sehr unreife Persönlichkeit, deren zerrissener Charakter die Ursache seiner Unentschlossenheit bildet. Erst später wird er durch männliche Bewährung im Kampf seine psychische Heterogenität überwinden und zur geschlossenen und dadurch handlungsfähigen Persönlichkeit werden.[127] In diesem formalen

Punkt unterscheidet sich Lewin von den jugendlichen Helden im *Kampf um Rom*: Sie sind als Persönlichkeiten schon am Anfang der eigentlichen Handlung fertig. Ihre Entwicklung freilich ist die gleiche wie die Lewins, nur, dass sie vor der eigentlichen Handlung stattfand und in Rückblenden erzählt wird. Fontane ist mehr als Dahn dem klassischen Schema des Bildungsromans verpflichtet, und vielleicht ist auch das ein Grund dafür, dass *Vor dem Sturm* heute vertrauter erscheint als *Ein Kampf um Rom*. Der formale Unterschied im Aufbau des Helden ändert gleichwohl nichts an der Konzeption einer nationalen Neugründung auf der Basis von Blut und Mythos. Er mag höchstens eine leise Akzentverschiebung andeuten: Fontane legt vielleicht etwas mehr Gewicht auf das Werden seines jungen Helden, Dahn etwas mehr auf das Werden der Nation.

Auch im *Sturm* indessen sind Worte nur Worte, die der Bekräftigung bedürfen. Sie fließt aus dem Ritus, der in diesem Fall naturgemäß – wir befinden uns im Preußen der kurz vor Handlungsbeginn gestorbenen Königin Luise, die Theodor Körner den »Schutzgeist deutscher Sache« nannte – im christlichen Gottesdienst mit seiner *Eucharistie* besteht. Berndt zu Lewin am Ende der Unterredung: »Jetzt ist Kirchzeit. Laß uns Gottes Wort nicht versäumen. Wir bedürfen seiner.«« (36)

Dass der archaische Opfer- und Stiftungsritus und die Eucharistie den gleichen Zweck verfolgen (tatsächlich stiftet jener den *Alten*, diese den *Neuen Bund*), daß der formelle Unterschied zwischen beiden den zivilisatorischen Fortschritt vom Altertum zum Christentum markiert, haben wir beschrieben. Beide religiösen Handlungen sind Stiftungsriten, sie gründen die Gemeinde oder wiederholen die erste Gründung. Auch bei Fontane symbolisiert der folgende Gottesdienst eine Neugründung Preußens als eines eigenständigen Nationalstaates.

Allein die Hohen-Vietzer Dorfkirche, wo sich die Gemeinde an diesem Weihnachtstag des Jahres 1812 zusammenfindet, spricht als architektonischer Text von einer über Jahrhunderte herangebildeten Identität, die eng an die Region, an den Boden gebunden ist. Da sind die uralten Feldsteine »aus der ersten christlichen Zeit, aus den Kolonisationstagen der Zisterzienser her« (36), das ist das Grabmonument, sind die Inschriften – all diese Zeichen verweisen auf die regionale und nationale Geschichte. Die Funktion der Kirche, über lange Zeiträume hin ein Gefühl von Gemeinschaft zu stiften und das Wir zu sakralisieren, hebt der Autor, sich selbst in die Gemeinschaft einbindend, ausdrücklich hervor: »Nur unsere Dorfkirchen stellen sich uns vielfach als die Träger unserer *ganzen* Geschichte dar, und die Berührung der Jahrhunderte untereinander zur Erscheinung bringend, besitzen und äußern sie den Zauber historischer Kontinuität.« (37) Man muss diesen herrlichen Worten ihr verdientes Echo geben: der Zauber historischer Kontinuität!

Der Priester nun, im nämlichen Fall kein hünenhafter, sondern ein Dorfpastor mit Namen Seidentopf, beschwört die Heilsgeschichte, um sie metaphorisch auf die reale Geschichte, die politische Lage, zu übertragen: »Er sprach von dem Engel des Herrn, der den Hirten erschien, um ihnen die Geburt eines neuen Heiles zu verkünden.« (41) Mit dieser Operation ist auch die Biologisierung der Nation angedeutet: die Übertragung einer Semantik der Geburt auf die nationale und politische Einheit und ihre Zukunft. Dieser Gedanke wird bekräftigt und erweitert: »Mit Christi Geburt, die wir heute feiern, beginnt das christliche neue Jahr. (…) und die Weihnachtssonne, die uns umscheint, sie will uns verkündigen, daß wieder hellere Tage unserer harren.«« (43)

Die Sonne, die an der Wende der Zeiten hellere Tage verkündet: Fontanes wackerer Protestant organifiziert, wenn dieser Begriff erlaubt sei, in gut Lutherischer Tradition Nation und Staat. Die Sonne scheint als Metapher des Feuers über dem heraufdämmernden neuen Preußen. Und Feuer heißt Energie, elementare Kraft, bedeutet Vernichtung und Leben. So notwendig wie die Sonne ihre Bahn durchläuft, so notwendig wird Preußen neu auferstehen – die Wiedergeburt der Nation, die in der Metapher von Christi Geburt eine heilsgeschichtliche Dimension erhält und zugleich naturgesetzlich festgelegt wird. Mit der Unausweichlichkeit des Tages- und Jahreslaufs strebt Preußen seiner Bestimmung entgegen. Es zeichnet sich das gleiche organizistische und mythobiologische Modell ab wie im *Kampf um Rom*.

Denn auch die Verknüpfung des Bodens mit der völkischen Substanz, dem Blut, fehlt nicht: »Wohl mischt sich ein Bangen in unsere Hoffnung, daß der Sieg nicht einziehen wird ohne letzte Opfer an Gut und Blut.« (43)

Da ist es schon, das Blutopfer für die Nation, noch nicht real – das kommt noch – aber als Metapher, als Verheißung. Seidentopfs folgende Berufung auf Judas Makkabi bekräftigt dann noch die nationsbildende Funktion des Opfers: »Das Wort des Judas Makkabäus sei unser Wort: ›Ist unsere Zeit kommen, so wollen wir ritterlich sterben um unserer Brüder willen und unsere Ehre nicht lassen zuschanden werden.‹« (43) Die Bedeutung des Priester-Worts (und Fontane liebt seinen Seidentopf!) lässt fast nichts zu wünschen übrig: Opfer, Blut und Tod sind *notwendige* Bedingungen des neuen nationalen Lebens.

Und am Ende folgt die endgültige Sakralisierung der Nation, ihre Rechtfertigung aus dem Willen der höchsten religiösen Autorität:

> ›Gott will *kein* Weltenvolk, Gott will keinen Babelturm, der in den Himmel ragt [also keine *Zivilisation*! Anm. d. Verf.], und wir stehen ein für seine ewigen Ordnungen, wenn wir einstehen *für uns selbst*. Unser Herd, unser Land sind *Heiligtümer* nach dem Willen Gottes. Und seine Treue wird uns nicht lassen, wenn *wir* getreu sind bis in den Tod.‹« (43)

Fontane vereinigt in diesem kurzen Abschnitt das gesamte Ensemble jener Elemente, die wir als Bausteine des nationalen Modells aus dem ideengeschichtlichen Marmorbruch des *Kampf um Rom* herausgearbeitet haben: den völkischen Begriff von Nation, das Ideal des territorialen Nationalstaats mit seinem Anspruch auf überzeitliche Geltung, die Forderung nach Nationalismus des Einzelnen mit seiner unbedingten Opferbereitschaft zur Erhaltung des großen Ganzen; dann die Begründung der völkischen Nation aus dem Blut, die bio-genealogische Verknüpfung der völkischen Einheit mit einem bestimmten Territorium, schließlich die Berufung auf eine lange Vergangenheit, auf die historisch-kulturelle Prägung des Volkes und endlich die Heiligsprechung der Nation und ihres Bodens. Sie gelingt in solch angespannter Lage auch einem mittelmäßigen Redner wie Seidentopf, der sich auf die Wirkung der Begriffe Herd, Heiligtum, Treue, Tod, Gott verlassen kann.

Fontanes liebenwerter Pastor Seidentopf und sein Landjunker Berndt von Vitzewitz bekleiden beide die gleiche Rolle wie Hildebrand im Historientheater Felix Dahns: Sie sind Kronzeugen der Weltanschauung ihrer Autoren. Der Unterschied zwischen Figuren und Autor liegt lediglich in den Bezugssystemen. Seidentopf bezieht sich, wie die Kreuzritter, die im *Heiligen Land* mit dem Ruf »deus vult« in die Schlacht zogen, auf Gott. Ebenso Berndt: »›Gott will es…‹! Fontane selbst bezieht sich, *seiner* Zeit gemäß, auf die Natur und damit auf eine Metaphysik der Diesseitigkeit. Seine Referenten sind immanent.

# Geistesheld und Tatmensch: zur Frage deutscher Identität

Die Frage, auf welche Fundamente die nationale Identität eigentlich gebaut sei, ist mit der Analyse des mythobiologischen Modells geklärt. Diese völkische Architektur der Nation wird sich an einem besonderen Heiratsmodell, der *begrenzt exogamen Endogamie* noch einmal bestätigen.[128] Damit hat sich auch die Frage nach dem dominanten Kriterium der Zugehörigkeit beantwortet. Schließlich auch hat sich gezeigt, daß der Zweck der Handlungen gleich zu Romanbeginn darin liegt, mit Hilfe einer rüstigen Gruppe nationaler Revolutionäre eine politische Wende einzuleiten, um eben diese Identität zu bewahren oder neu zu begründen.

So gilt es jetzt, der Frage nachzugehen: Wie beantworten unsere Texte und ihre Autoren die Frage, was es denn eigentlich sei, *das Deutsche*, welche Eigenschaften ihrer Ansicht nach das *Deutschsein* bestimmen. Doch auch diesen, die es zu wissen schienen, war diese Frage insgeheim ein Rätsel. Sie war schlichtweg ein Epochenrätsel, aber was könnte größere Neugierde auf sich ziehen als ein Rätsel? Es kennzeichne, sagt Nietzsche, die Deutschen, »dass bei ihnen die Frage ›was ist deutsch?‹ niemals ausstirbt«. Diese Deutschen in ihrer Widersprüchlichkeit »entschlüpfen der *Definition* und sind damit schon die Verzweiflung der Franzosen«.[129]

Dieser völkerpsychologische Hintergrund lässt um so klarer erkennen, daß auch unsere Romane, daß auch *Vor dem Sturm* und *Ein Kampf um Rom* Versuche sind, diese Definition zu leisten. So leuchtet allmählich auch ein, weshalb Dahn am Anfang mit dem Genauigkeitsbedürfnis des Gelehrten fünf sehr verschieden und sogar gegensätzlich wirkende Figuren vorstellt, die den Charakter des Volkes repräsentieren sollen. Könnte also die Lösung, sofern es überhaupt eine gibt, in einer wundersamen Vereinigung dieser Verschiedenartigkeit und Gegensätzlichkeit liegen, in der semantischen Schnittmenge?

Auffällig an den als deutsche Mustermänner auftretenden Fünf war, daß ausgerechnet die beiden interessantesten, der blonde Totila und der schwarze Teja, einen recht illustren, exotischen, gar exzentrischen Eindruck machten. Auffällig war insonderheit auch, daß Teja mit seiner schwarzen Rüstung und seiner bleichen Gesichtsfarbe, seinen feinen Zügen und melancholischem Blick ungemein ästhetisiert wirkt, wie ein hochsensibler, frühreifer, zu Überschwang neigender Wagnerianer, ein Klaus-Mann-Typ eigentlich. Die aus seinem ganzen Auftreten sprechende Neigung, die

Stimmungen zu wechseln, zwischen dunkelster Schwermut und hochgespanntem Aktionismus jäh zu oszillieren, widerspricht gänzlich der Vorstellung des försterhaften teutonischen Grundcharakters, des biederen, gutmütig-derben, zu Ausbrüchen lautstarker Gemütlichkeit neigenden Bierbankdeutschen. »Wir lieben auch Sauerkraut mit Würsten«, glaubte schon Heine spotten zu können.[130]

Doch in den *Ballermännern* zwischen Palma de Mallorca und Düsburg wird man einen Teja niemals antreffen, kaum kann man ihn sich mit einem Bierglas in der Hand vorstellen. Eher schon mit einem Becher dunkel glühenden Weines, noch eher mit Absinth und Kokain.

All das sind klare Symptome dessen, was wenige Jahre nach Erscheinen des *Kampf um Rom* als *Neurasthenie* in die medizinische Debatte eingeht und von dort aus seinen diskursiven Siegeszug durch alle bürgerlichen Kreise bis in die Familienblätter antritt – ein prä-psychoanalytischer Sammelbegriff für alle Arten psychopathologischer Erscheinungen.[131] Ein derartiges Charakterbild entspricht mitnichten jenem Ideal psychischer Einheitlichkeit und Ausgeglichenheit, wie es der Realismus oftmals fordert.[132] Starke Gefühle, Leidenschaften, Hass gelten sogar als gefährlich, so gefährlich wie zwei Seelen in ein und derselben Brust. Die *Gartenlaube* etwa, das deutsche Familienblatt der Gründerzeit, hätte ihren LeserInnen zu wohltemperiertem Gefühlshaushalt geraten. Von harmonischer Seelenlage indes ist Teja weit entfernt. Was also ist von Figuren zu halten, die eindeutig deutsch aber auch eindeutig überspannt, überspannt und brillant sind? Sind sie Vorboten jenes *Überdeutschen*, den Thomas Mann, dabei sich selbst im Spiegel betrachtend, später in die Welt entlässt?[133]

## Künstler und Bürger

Um es vorwegzunehmen: Der deutsche Mensch, den unsere Autoren nach dem Bilde ihrer selbst und ihrer Zeitgenossen schaffen, muss Staatsbürger, Held und Künstler in einer Person sein. Es geht nicht, daß er als Künstler nicht auch Staatsbürger ist. Ist er aber Künstler in diesem Sinne, ist er auch Held. Und als solcher, als Bürger, Held und Künstler, hat er drei Kardinaleigenschaften. Er ist vital, begabt und national.

Allerdings reicht das nicht aus, um hinreichend genau den Nationalcharakter zu bestimmen, der sich ja von den Nachbarn, vom Franzosen insbesondere, vorteilhaft abheben soll. So differenziert sich das teutonische Merkmalsdreieck in eine Reihe sekundärer, allerdings keineswegs zweitrangiger Eigenschaften aus. Sie entsprechen den bekannten bürgerlich-protestantischen Sekundärtugenden: Fleiß, Tüchtigkeit, Kompetenz, Leistungsbereitschaft, Identifikation mit dem Beruf, Opferbereitschaft. Hinzu kommen Charakterzüge, die vor allem den Deutschen vor dem Franzosen – und dem Italiener natürlich – auszeichnen sollen: Ehrlichkeit, Disziplin und Bodenständigkeit, wobei »bodenständig« wörtlich und metaphorisch gemeint ist, als Bindung an Heimat und Scholle wie auch als seelische Solidität und Geradlinigkeit. Und nicht zu vergessen die Keuschheit, deren religiöse Wurzeln im beginnenden Industriezeitalter allerdings langsam absterben, so daß sie zur *innerweltlichen Berufsaskese* vertrocknet.

Mit diesem Bündel von Eigenschaften, das den Tugendkatalog des neuen bürgerlichen Menschen aufblättert, ist die Merkmalspalette deutschen Wesens keineswegs erschöpft. Es fehlt noch Wesentliches, ein Element, das die Sekundärtugenden veredelt und dem Deutschen das Besondere gibt. Dieses Element besteht in dem, was man Künstlertum, Geistigkeit, kurz *Genie* nennt.

Das sind schillernde Begriffe. Sie werden aber in der Charakterisierung der Hauptfiguren fassbar, vor allem des Überhelden Teja als Muster des modernen deutschen Künstlers.

Aber trat Teja nicht schon in der ersten Szene der nationalen Verschwörung mit seinem Schlachtbeil auf die Bühne? Und doch, dieser Mensch, dieser bleiche und glühende Jüngling, ist durch und durch ein Dichter. Er schreibt heroische Balladen auf die gotische Nationalgeschichte (»Vom fernsten Nord bis vor Byzanz, / Bis Rom – welch Siegeswallen!« [II,603]), düstere schopenhauersche Klagegesänge auf die Unerbittlichkeit des *Lebens* und die Leere des Universums (« Ein Ziel ist gezeichnet den zahllosen Zähren, / Eine Endzeit. / (…) Da endlich der Quell unerschöpflicher Qualen / Verquillt: das letzte menschliche Herz. / Willkommen der Tag!« [II,502]). Seine Bocksgesänge begleitet er mit Saitenspiel, und zum Zeichen seines Künstlertums führt er, so treu wie sein Schlachtbeil, seine »kleine gotische Harfe« (I,287) mit sich.

Künstlertum in dieser Bedeutung ist nur in zweiter Linie ein soziologischer Begriff. Er bezeichnet nicht eigentlich die Zugehörigkeit zu einer bestimmten Berufsgruppe und die professionelle Produktion ästhetischer Komplexe. Vielmehr meint er eine gewisse besessene, emphatische Art, eine Aufgabe zu bewältigen. Er meint emotionale Spannung, eine Frömmigkeit, die der metaphysischen Welt nicht weniger als der weltlichen Aufgabe gilt, die den Abglanz der ideellen Welt trägt. Denn die Aufgabe liegt in Kunst und Politik: im Werk, in der Nation, im Staat. Da aber auch das Werk, sei es Literatur, Musik, Malerei, letzten Endes im Dienst von Nation und Staat steht, ist die Aufgabe des Künstlers eigentlich – Staatsdienst. Diese so idealistische wie pragmatische, eben *realistische* (und von Nietzsche nach der Reichsgründung brillant verhöhnte) Auffassung von Künstlertum kann heute, da der zentrale Bezugspunkt von Kunst der internationale Markt ist, nur Kopfschütteln erregen. Doch nur aus dieser zeittypisch *realistischen* Auffassung heraus erklärt sich, weshalb Künstler nicht nur der ist, der ästhetische Produkte fertigt, und umgekehrt nicht jeder, der Bilder malt oder Romane schreibt, notwendig Künstler sein muss. Künstler ist der schöpferische Mensch überhaupt, leidenschaftlich seiner Aufgabe hingegeben und sie in die Tat umsetzend. Und dieser schöpferische Mensch ist der deutsche Mensch. Auf Deutsch gesagt: In jedem Deutschen steckt – ein Künstler!

Das klingt wie ein Witz aus Frank Wedekinds Feder. Fraglos aber ist dieser Satz bitterer Ernst und bildet ein tragendes Element des Identitätsmodells, das im Tiefengestein unserer Texte wie ein Fossil eingeschlossen ist. Unter den damaligen Zeitgenossen war es lebendig. Kaum einen wohlhabenden Bürger der Gründerzeit – etwa den Fabrikanten, der sich eine Villa im italienischen Stil mit gotischem Entrée errichten lässt – hätte der Gedanke befremdet, auch er sei ein Künstler.

Und umgekehrt ist der Künstler Bürger. Mögen ihn gerne, wie Teja, »Wellen von Schwermut, Vereinsamung, Verzweiflung« schütteln, so hat er doch »die Tendenz«, »sich einzubürgern«.[134] Dahns Helden bestätigen das so gut wie der Lebenslauf des Autors, in dem weder Schwermut und Verzweiflung noch die Einbürgerung ins Establishment fehlten. Und mag auch Fontane sich geweigert haben, eine feste Stellung anzunehmen (womit er sich immerhin der Gefahr einer Kündigung entzog), so wäre ihm niemals eingefallen, auf sein bürgerliches Gepräge zu verzichten. Zur bürgerlichen Lebenswelt gab es keine erstrebenswerte Alternative.

Betrachtet man wiederum das Modell deutscher Identität, das diese Autoren ihren Romanen einzeichneten, so scheint es, als sei der Gegensatz von Künstler und Bürger, den ihr geistiger Sohn Thomas Mann bald darauf zur Lebenshaltung stilisierte, für sie noch eher ein Scheingegensatz gewesen.

Zunächst freilich scheint das Gegenteil der Fall zu sein. Denn das Künstlertum erfordert Eigenschaften, die bürgerlicher Nüchternheit widersprechen: Pathos, Emphase, Glauben, Sensibilität, Phantasie. Dass diese Eigenschaften das Pathologische streifen (und bald auch von der Psychoanalyse als tendenziell pathologisch eingestuft werden[135]), lässt Dahns Held Teja schon bei seinem ersten Auftritt vermuten. Dahn selbst stellt pathologische Züge an sich fest, wenn er seinen fanatischen Fleiß und sein völliges Aufgehen in Arbeit, das lange Zeit den Charakter mönchischer Kasteiung trägt, als »krankhaft« bezeichnet. Er habe, teilt er in seinen Erinnerungen mit, sich selbst für zu sensibel und zu träumerisch gehalten, um im Leben bestehen zu können. So treibt er seine Leistungsfähigkeit an die Grenze des Zusammenbruchs: »Also: Anspannung aller Kräfte im Lernen, alleräußerstes Maß von Fleiß, alleräußerste Pflichterfüllung ...« Er habe sich jahrelang den »bis zum krankhaften Unmaß hetzenden Sporn pflichtmäßigen Fleißes«[136] ins Fleisch gebohrt.

Dieser Zug findet sich in der fortwährenden Anspannung seines Helden und dessen fanatischem Aktivismus wieder. Auch hier weist der Erzähler auf die pathologische Tendenz hin, wenn er berichtet, der fröhliche Totila habe das Einsamkeitspathos Tejas nach anfänglicher Freundschaft »als krankhaft von sich ferngehalten«. (II,315)

Solche Charakterisierungen offenbaren allerdings auch die Nähe der gegensätzlichen Eigenschaften: Die Nüchternheit bürgerlichen Fleißes, bürgerlicher Regelmäßigkeit und Leistungsbereitschaft ist von künstlerisch produktiven und psychopathologischen Zuständen nicht klar zu trennen. Ja, es steckt offenbar in dieser Leistungsbereitschaft, diesem Fleiß ein pathologischer Kern, der sich leistungssteigernd auswirkt. Und wie es scheint, ist eine solche Anlage ebenso deutsch wie Besonnenheit, Nüchternheit, Regelmäßigkeit.

So stehen jeweils zwei als typisch geltende Merkmale einander gegenüber: nüchtern und berauscht, sensibel und solide, natürlich und ästhetisch, artistisch und handwerklich, gesund und pathologisch. Und doch sind die Gegensätze in einem übergreifenden Ganzen integriert und bestimmen im Verständnis unserer Autoren den deutschen Charakter.

Hinter solchen Zuschreibungen verbirgt sich, das ist inzwischen leicht zu erkennen, nichts anderes als das mythobiologische Modell: Das Blut des Stammvaters ist das übergreifende Dritte, das integrative Element, der Trägerstoff der gegensätzlichen Eigenschaften.

Doch erklärt das noch nicht, weshalb es möglich ist, einander eigentlich ausschließende Eigenschaften so zu verknüpfen, daß ihre Synthese etwas ergibt, das mehr ist als nur die Summe der einzelnen Teile – erst die Verbindung von Künstler und Bürger ergibt ja das spezifische *Deutsche*, das sich im einzelnen deutschen Menschen ebenso ausdrücken soll wie in der deutschen Kunst, der deutschen Gesellschaft, der deutschen Politik und überhaupt dem deutschen Staat. Das also eine Form von Kultur hervorbringt, die sich von anderen Kulturformen wesentlich unterscheidet und wertvoller ist als solche anderen Kulturformen, eben weil sie *deutsch* ist.

Richtet man an diesem Punkt den Blick auf die ideengeschichtliche Umgebung unserer Literatur, so stößt man unweigerlich auf Hegels integratives Denkmodell. Denn die beiden Merkmalsgruppen, *das Bürgerliche* und *das Künstlerische*, stehen einander zwar gegenüber, ergänzen sich aber zugleich und steigern sich in dieser Ergänzung. Die Opposition behauptet keinen absoluten, keinen abstrakten Gegensatz, wenn man »abstrakt« im ursprünglichen Sinne, wie Hegel ihn meinte, versteht: als Bezeichnung dafür, daß etwas von einem anderen nicht nur unterschieden, sondern losgelöst, abgetrennt sei. Vielmehr ist das eine zwar unterschieden vom anderen, aber zugleich Teil eines gemeinsamen Ganzen, in diesem Fall einer nationalen Gemeinschaft mit bürgerlichen Lebensformen und Werten.

Das hier erörterte Modell einer integrativen Identität, die relativ gegensätzliche Charaktere in ihr System einzubinden sucht, bezieht sich also auf Hegels Denkmodell: Ein Teil ist immer Teil eines Ganzen, das, als Ganzes, selbst Teil des Ganzen ist; das Ganze ist aber mehr als die Summe seiner Teile.[137]

Dieser Denkfigur liegt eine integrative Absicht zugrunde: Gott, den Kant in einen außerweltlichen, transzendenten Raum verlegt hatte, wieder in die Welt zurückzuholen; so wird die Welt wieder »konkret«. Hegel unterscheidet zwischen Gott als dem Absoluten und der Welt als dem Geschaffenen und Untergeordneten, aber er trennt sie nicht. Der entscheidende Schritt liegt darin, auch als hierarchisch höchster sei Gott selbst Teil des Ganzen, integratives Element jenes Systems, das »Gott und Welt« heißt. Gott wird so von einer abstrakt-transzendenten in eine konkret-immanente Größe umgewandelt, wobei »konkret« wiederum in seiner ursprünglichen Bedeutung, abgeleitet von concrescere, zusammenwachsen, zu verstehen ist. Diese ursprünglich theologische, von Hegel aller Mystik entkleidete Denkfigur[138] übertragen unsere Texte nun auf jene soziale Gruppe, die sie als deutsche identifizieren, sie wird gleichsam sozialisiert. Dieser Schritt macht es möglich, heterogene Teile in ein gesellschaftliches Ganzes zu integrieren, so daß jedes Teil seinen sinnvollen Platz einnimmt und eine bestimmte, dem Ganzen und damit wieder ihm selbst nützliche Funktion bekleidet. Auf den Gegensatz von Künstler und Bürger bezogen, bedeutet das: beide Typen, Bürger und Künstler, sind, rein logisch betrachtet, einander bedingende Elemente der als germanisch/preußisch/deutsch bezeichneten Volksgruppe.[139]

Dass sie auch authentische, im *Blut* liegende Elemente sind, ist leicht zu konstruieren, man braucht nur Hegels Integrationsmodell auf das mythobiologische Identitätsmodell zu übertragen. Dann wird klar: ein Element bedingt, als Teil des Ganzen, das jeweils andere Element und umgekehrt. Denn in jedem Element steckt, da sie Teile des Ganzen sind, das jeweils andere: Gott in der Welt, die Welt in Gott, ein Künstler im Bürger, ein Bürger im Künstler. Beide Elemente steigern sich in ihrer gegenseitigen Bedingtheit zu einem Dritten, dem authentisch Deutschen. So wird aus dem mythobiologischen Identitätsmodell das identitätsstiftende völkisch-nationale Integrationsmodell.

Es mag die dialektische List des Weltgeists gewesen sein, daß diesen ideengeschichtlichen Hintergrund ausgerechnet ein Philosoph durchschaut hatte, der auf die bürgerliche Gesellschaft von der Position des unzeitgemäßen, also sozusagen vaterlandslosen Künstlers hinabblickte – noch einmal Nietzsche in *Völker und Vaterländer*, dem Achten Hauptstück von *Jenseits von Gut und Böse*: »Die Ausländer stehen erstaunt und angezogen vor den Räthseln, die ihnen die Widerspruchs-Natur im Grunde der deutschen Seele aufgibt (welche Hegel in System gebracht, Richard Wagner zuletzt noch in Musik gesetzt hat).« Und es folgt ein boshaftes Exempel dieser Widerspruchs-Natur:»›Gutmüthig und tückisch‹ – ein solches Nebeneinander, widersinnig in Bezug auf jedes andere Volk, rechtfertigt sich leider zu oft in Deutschland: man lebe nur eine Zeitlang unter Schwaben!«[140]

Wenigstens unterliegt es keinem Zweifel, daß ein Autor wie Felix Dahn, bewandert auf allen Feldern des Geistes, seinen Hegel durchgepaukt hatte. Er selbst, der in München auch Philosophie studierte, berichtet von nächtelangen Exerzitien über Aristoteles, Spinoza, Hegel. Vor allem Hegel liest er mit gespannter Sorgfalt, in seinem Zimmer peripathetisch hin und wider wandelnd.[141] Fontane weiß von solchen philosophischen Übungen nichts zu berichten. Gleichwohl hat Hegels »spekulative Grundfigur«[142] eine solche Wirkung auf das Denken des 19. Jahrhunderts, dass es im gebildeten Diskurs schlechterdings präsent war, ob sich nun jeder, der daran Teil hatte, dessen bewusst war oder nicht.[143]

Diese Denkfigur macht es möglich, mit der Vorstellung dessen, was authentisch deutsch sei, eine gewisse nervöse und pathologische Anlage nicht nur zu vereinbaren, sondern sogar zu behaupten, auch das Pathologische gehöre eigentlich und ursprünglich dazu. Sollte es also wirklich sein, dass der Bestseller eines Germanistikprofessors, dass ein geschmähter Professorenroman eine sehr moderne Gestalt des Künstlers entwirft, des neuen nationalen Künstlers, der modern insofern ist, als er einen unruhigen, hyperaktiven, pathologischen Charakter darstellt, der aber dennoch (oder gar deswegen?) hochleistungsfähig ist?

Es scheint so. Teja entspricht in Habitus und Gebaren genau jenem Typus des deutschen Künstlers, den die Gründerzeit als den modernen ansah und der seit der Jahrhundertmitte zusehends zu einer kulturellen Leitfigur wurde. In seiner pathologisch-genialen Produktivität, seiner aggressiv-melancholischen Zerrissenheit, seinem Enthusiasmus löst er den harmonischen, in Symmetrien denkenden Künstler nach dem Vorbild Goethes ab. So resümierte der Publizist Franz Servaes 1897, der »tragischen Heroismus«« verkörpernde Künstlertypus sei der Typus nach Goethe. Der zeitgemäße Künstler sei beherrscht von den »fünf Grundtönen der modernen Gefühlsskala«: »Sehnsucht, Resignation, Spott, Desillusionierung, müdes Lächeln««.[144] Dem fügt der Literaturhistoriker Karl Robert Mandelkow hinzu: »Beethoven, Kleist, Schopenhauer und Nietzsche sind die vier Namen, die für ihn die ›Gegenlinie‹ zu Goethe und der durch ihn bezeichneten Tradition bilden.«[145]

Zur modernen deutschen Identität gehört nunmehr also ein Zug zur Nervosität und Überspanntheit, gehört künstlerische Begabung, gehört ein romantisch-visionäres Moment, gehört Genie.

So steigert sich der klassische Künstler zum bürgerlichen Genius, der die Werte von Tüchtigkeit und Tatkraft, von Willen zu Leistung und Macht, von Nation und Staat teilt – der Künstler wird Tatmensch, heroischer Realist.

Sein Talent, seine Leidenschaft und Ruhelosigkeit, seine Pathologie heben ihn über das Maß solider Bürgerlichkeit hinaus und adeln ihn zum Helden: »… der Künstler, das Genie (…) gehört zu den Heroen der Menschheit.«[146] Und umso mehr, wenn das Genie, der Künstler, ein deutscher Künstler ist. Denn ihn, so wird sich zeigen, umweht die Weihe des Tragischen.


## Der Geist ist ein deutscher Dionysos – Thomas Manns *Betrachtungen eines Unpolitischen* als retrospektiver Versuch nationaler Identitätsstiftung


Es lohnt, für einen Augenblick einen Autor zu betrachten, dessen politische Wandlung als mustergültig in die Literaturgeschichte eingegangen ist, dessen während des Ersten Weltkriegs verfasste Bekenntnisschrift aber als Dokument agitatorischen Nationalismus im Giftschrank des kulturellen Erbes verschlossen wurde. Noch immer gehört es »zum guten Ton«, dieses »umstrittenste seiner Bücher«[147] »dem Zeitgeist von heute zu opfern«[148] In der Tat müssen Thomas Manns *Betrachtungen eines Unpolitischen* unverständlich bleiben, nähert man sich ihnen nicht in umgekehrter Richtung, aus der Perspektive der Gründerzeit, der bürgerlichen Epoche. Sie hat das Denken des 1875, ein Jahr vor Erscheinen des *Kampf um Rom* geborenen Thomas Mann geprägt. »Ich bin«, sagt er selbst in seiner *Vorrede*, »im geistig Wesentlichen, ein rechtes Kind des Jahrhunderts, in das die ersten fünfundzwanzig Jahre meines Lebens fallen: des neunzehnten.«[149]

So sind in den *Betrachtungen*, diesem »Vermächtnis«,[150] auch die Selbstbilder dieses 19. Jahrhunderts bewahrt. Es erweist sich als groß angelegter Versuch, die individuelle Identität zur nationalen Identität fortzuschreiben. Sein kühnes Ermessen, das eigene Selbst zum Maß des nationalen Selbst zu erheben, konnte sich Thomas Mann mit dem Gedanken Nietzsches bestätigen, wonach der Einzelne den Charakter seiner Nation in sich trage, gleichsam deren Monade sei – ein Kerngedanke in den Anschauungen der bürgerlichen Welt.[151] Im Folgenden nun wird sich zeigen, daß Thomas Mann in »diesem Buch des Abschieds«[152], in dem er die Summe »seines« Jahrhunderts ziehen wollte, jenes Identitätsmodell nachformt, das den beiden gründerzeitlichen Musterromanen *Ein Kampf um Rom* und *Vor dem Sturm* eingezeichnet ist.

Aus dieser Sicht entschlüsselt sich manche Behauptung Thomas Manns, die auf den ersten Blick kurios erscheint. So ist zweifellos die Verbindung der Begriffe *Bürgerlichkeit* und *Romantik* immer wieder rätselhaft – man denkt ja von diesen Begriffen zunächst, sie schlössen einander aus. Doch der Satz:»...zur deutschen Bürgerlichkeit aber gehört unverbrüchlich ein romantisches Element: der Bürger ist *romantischer Individualist*, denn er ist das geistige Produkt einer überpolitischen oder doch vorpolitischen Epoche, der Humanitätsepoche«[153] – dieser sozialgeschichtlich geradezu grotesk anmutende Satz, der deutsche Bürger sei romantischer Individualist, erschließt seinen Sinn sofort, wenn man die Verbindung der Merkmale von *Bürgerlichkeit* und *Künstlertum* als gedankliche Basis des nationalen Typus erkennt. Dann nämlich zeigt sich, daß diese Verbindung in Thomas Manns Modell nationaler Identität eine bestimmte Funktion innehat: Sie soll als integrierendes Element für die als originär *deutsch* verstandene Bürgerlichkeit dienen.[154]

Vor dieses Bedeutungsmuster gerückt, erschließt sich auch der Sinn der bei unbedarfter Lektüre zweifellos »etwas komisch« wirkenden[155] Vereinnahmung des Eichendorffschen Taugenichts als »des deutschen Menschen«:[156] Der Träumer, der völlig zweckfrei und aus naivem Weltverständnis heraus musiziert und dichtet – dieser Taugenichts, »ein Künstler und Genie«,[157] erweist seine Tauglichkeit eben darin, daß er für die Kultur unverzichtbare Qualitäten bereitstellt: Geist und Phantasie. Thomas Mann nennt ihn ein »rührendes und erheiterndes Symbol reiner Menschlichkeit, human-romantischer Menschlichkeit«.[158] Diese Charakteristik erhält ihren Sinn erst im semantischen Rahmen des nationalen Integrationsmodells, auf das sich die *Betrachtungen* stützen: Die damit beschriebene Figur bürgt für den Anschluss an die Metaphysik als dem ursprünglichen Sein. Als romantischer Künstler ist der Taugenichts ein Agent dieser metaphysischen, göttlichen Welt. Ihm gelingt es, in der verwirrenden Welt der Dinge den sinnvollen Zusammenhang des Ganzen aufscheinen zu lassen. Damit löst er ein, was Hegel von der Kunst verlangt: die »blinden Stellen« im Naturzusammenhang sichtbar zu machen, die Welt von der Kontingenz zu reinigen.[159] Anders als Hegel freilich reinigt er sie aus intuitivem, magischem Verständnis des Weltzusammenhangs heraus – er gleicht darin Hölderlin, von dem Hegel bekanntlich entscheidende Anregungen für seine integrative Grundfigur erhielt, deren magisch-intuitive Spekulation er indes rational zu begründen suchte.[160] Und sollte Hölderlin etwa nicht deutsch sein?

Jene Eigenschaften also, die *das Künstlerische* bedeuten, ästhetische Produktivität, metaphysische Welterfahrung, mythisch-religiöse Anlage, schöpferische Begabung – dieses Ensemble, sagt Thomas Mann, bilde ein Kernelement deutscher Identität. Nur in diesem integrativ-identitätsstiftenden Sinn wirkt die nationale Vereinnahmung des gegen rationalistisches Nützlichkeitsdenken rebellierenden Taugenichts schlüssig.

Weiter befindet Thomas Mann, es sei dieser Charakter alles andere als ein Künstler im modernen Sinne des Überreizten, Pathologischen, auf Wirkung Bedachten: »Gleichwohl hat sein Wesen nicht den geringsten Einschlag von Exzentrizität, Problematik, Dämonie, Krankhaftigkeit. (…) Er ist gesund, wenn auch keineswegs derb, und kann die Verrücktheiten nicht ausstehen.«[161] Gesundheit, Ausgeglichenheit, Gemäßigtheit: Diese Eigenschaften geben dem vazierenden Genie des Taugenichts wiederum einen grundbürgerlichen Zug, versteht man unter dem Bürger die Verkörperung solider Norm, gesunden Mittelmaßes, arbeitsamer Sittlichkeit. Fügt man beide Teile zusammen, das so verstandene Bürgerliche und das Künstlerische, so bildet das den Grundstock deutscher Bürgerlichkeit, überhaupt des deutschen Wesens: »Mit einem Wort: Der deutsche Mensch ist *bürgerlich* – nicht bourgeois!« Der Bourgeois nämlich, erklärt Thomas Mann, sei die Entsprechung dessen, was die deutsche Romantik mit dem Wort »Philister« bezeichnete: »Der Philister ist Spießbürger, *Staats*bürger und nichts als das, nichts darüber hinaus…‹« Der Bürger, er sei noch so nüchtern, prosaisch, hölzern, hat immer jedenfalls ein Spurenelement Künstlertum im Herzen – das in der Praxis wenigstens als Theaterabonnement in Erscheinung treten mag.

Wie dem auch sei, dieses Modell stammt aus dem Realismus, der darin auch sein Selbstverständnis zum Ausdruck bringt, ein Ideal mit der Realität zu »versöhnen«. Erinnern wir uns an den *Kampf um Rom*: Allein die Zugehörigkeit des nüchternen, soliden, gesunden Witichis, des Ästheten Totila und des pathologischen Künstlers Teja zu einer Gruppe, die sich als Verkörperung des nationalen Charakters begreift, ist dafür bezeichnend.

Wie die Zugehörigkeit eines Charakters wie Teja aber gezeigt hat, ist die Spannweite dieses Identitätsmodells, das ganz offensichtlich unvereinbar scheinende Gegensätze integrieren soll, mitnichten erschöpft. Gerade in diesem Punkt ist der Einfluss der gründerzeitlichen Konzeption auf Thomas Mann mit Händen zu greifen: bezeichnend für die *Betrachtungen* ist ja, auch in exzentrischen Figuren sowohl diese Eigenschaften der Bürgerlichkeit als Persönlichkeitskern herauszupräparieren, wie auch das Exzentrische und Pathologische in das Modell dieser Bürgerlichkeit einzufügen. Es ergibt sich dann ein Charakterbild, das bürgerliche Mentalität und Lebensführung und zugleich auch *Genie* anzeigt und beides als originale Eigenschaften des deutschen Charakters ausweist.

Eine weitere prominente Gestalt deutschen Bürgerlebens, mit deren Hilfe Thomas Mann seine Konzeption zu beglaubigen sucht, ist Schopenhauer. »Man sehe sich Schopenhauers Leben an: Seine hanseatisch-kaufmännische Herkunft; seine Seßhaftigkeit in Frankfurt, die kantisch-pedantische Unwandelbarkeit und Pünktlichkeit seines Tageslaufes; (…) seine Genauigkeit als Kapitalist (er schrieb jeden Pfennig auf und hat sein kleines Vermögen im Laufe seines Lebens verdoppelt); die Ruhe, Zähigkeit, Sparsamkeit, Gleichmäßigkeit seiner Arbeitsmethode (…): – das alles zeugt ebenso stark für die Bürgerlichkeit seines menschlichen Teils, wie es Ausdruck bürgerlicher *Geistigkeit* war, daß er das romantische Mittelalter, Pfaffentrug und Ritterwesen so entschieden verabscheute (…).«[162]

Und danach ruft Thomas Mann als »Urenkelkind deutsch-bürgerlicher Kultur«[163] einen noch interessanteren Kronzeugen vor den Richterstuhl seiner nationalen Identitätsverhandlung, einen Zeugen, der ihm »als der moderne Künstler par excellence« gilt,[164] zu dessen Kunst er ein nur »Passion« zu nennendes Verhältnis hat (»Erkennende Hingabe, hellsichtige Liebe – das ist Passion«[165]) – den Bürger Richard Wagner. Das liegt nahe, angesichts Wagners damaligen Rangs als nationalem Helden. Doch die illustre Merkmalspalette des Begriffs *das Deutsche*, die mit Wagners Anrufung aufgefächert wird, hatte sich im Realismus längst herangebildet.

Den Genius, den besessenen Künstler, kennt die Literatur seit dem Ende des 18. Jahrhunderts. Schon Dahn, selbst ein besessener Künstler, greift mit seinem Künstler Teja in den Schatz der Romantik, die ihm vom Taugenichts bis zu den Erzählungen der Serapionsbrüder etliche Motive beschert. Das Entscheidende aber ist, dass diese romantischen Motive im Bedeutungsgeflecht des Realismus einen ganz anderen Sinn erhalten. Gerade das bürgerferne und religiöse Künstlertum der Romantik lehnt der Realismus ab. Schon dessen großer Theoretiker Julian Schmidt ließ keine Gelegenheit aus, gegen diesen ästhetizistischen Geist zu polemisieren. So ist denn auch der neue Funktionszusammenhang, in den der Realismus die Elemente eines romantischen Künstlertums stellt, ein entschieden bürgerlicher, sofern eben die strikte Bindung des Handelns an wirtschaftliche, gesellschaftliche und staatliche Zwecke zu den Kernmerkmalen der bürgerlichen Gesellschaft nach 1850 zählt. Erst jetzt tritt in der Literatur der Künstler als Kämpfer für die nationale Gemeinschaft auf. Erst jetzt steht er mit seiner Kunst im Dienst ihrer Identitätsbildung. Und erst jetzt muss er auch als Exzentriker und Verzweifelter Staatsdienste leisten. Erst im Realismus wird der romantische Künstler zweckgebundener Tatmensch.

In den *Betrachtungen* nun soll Richard Wagner, dessen *Ring* im selben Jahr, in dem *Ein Kampf um Rom* erschien, uraufgeführt wurde, die Wahrheit dieser neuen Identität bezeugen. Thomas Mann: »Die ungeheure Männlichkeit seiner Seele, sein Antifeminismus, Antidemokratismus, – was wäre deutscher?«[166] Männlich, monarchistisch, idealistisch, künstlerisch – das ist Dahns Teja, der deutsche Bürger. Das ist auch, in kleinerer Form, Fontanes Lewin.

Um seinen Kanon zu runden, lässt Thomas Mann im exemplarischen Komponisten Wagner und im exemplarischen Philosophen Schopenhauer ein weiteres bekanntes Motiv anklingen. Er leitet es aus dem Patriziertum der Hanse her und dem kunsthandwerklichen Milieu im Nürnberg der Frühen Neuzeit, dem Meistersinger- und Hans-Sachs-Nürnberg: Das Motiv ist die Eigenschaft *national*. »War es nicht so: das bürgerliche Zeitalter unserer Geschichte, das auf das geistliche und ritterliche folgte, das Zeitalter der Städte, es war ein reines Kulturzeitalter, kein politisches (…). Dies Zeitalter war jedoch national im höchsten Grade, national mit Bewußtsein, nach Gewand und Haltung; man hat die bürgerliche Kultur die erste rein nationale genannt. Welche Epoche ist es, die den Möser, den Fichte als die eigentliche Glanzzeit deutscher Geschichte erschien? Es ist diese, es ist die Blütezeit der deutschen Hansa. Die Geschichte der deutschen Städte, sagt Treitschke in einem Ton der Verteidigung, sei ›etwas durchaus patriotisches‹ gewesen, und Geschichtsschreiber, die es beklagen, ja, ein deutsches Verhängnis nennen, daß der politische Bund zwischen Monarchie und Bürgertum, die Begründung des Nationalstaates, wie sie sich in andern Ländern damals vollzog, in Deutschland versäumt wurde, rühmen laut die Bedeutung dieser Geschichte für die Ausbreitung sowohl wie für die Vertiefung deutschen Wesens. Ja, die Vertiefung des deutschen Typus – (…)«[167]

Auch das, die historische, über Jahrhunderte zurückgreifende Begründung der nationalen Einstellung als einer den Nationalcharakter bestimmenden ist charakteristisch für den Nationalismus der bürgerlichen

Epoche. Die zeitliche Spanne des Rückgriffs jedoch unterscheidet die *Betrachtungen* von ihren Vorläufern: Anders als sein frühes Vorbild Fontane, und anders als Dahn, geht Thomas Mann nicht weiter als in die frühe Neuzeit zurück. Die Ursprünge nationalen Denkens findet er im städtischen Raum, nicht auf dem Land – die *Betrachtungen* sind, wie man erleichtert zur Kenntnis nehmen darf, urbaner, ziviler als die Werke unserer Gründerzeitautoren. Sie klammern Rittertum und Reckenwesen als historischen und ideellen Ort aus, während Dahn und Fontane gerade diesen Ort in ihren Nationalbegriff einbauen. Thomas Mann wählt als Bürgen für das deutsche Wesen Schopenhauer, Nietzsche, Wagner, Hans Sachs aus, wo doch auch Barbarossa, Friedrich II. und Bismarck zur Wahl gestanden hätten. Er wählt den zivilen Tatmenschen, nicht den politisch-militärischen.

Nun hatte aber insbesondere Schopenhauer die liberale Bewegung und ihr politisches Programm verabscheut. Als geistiger Zögling der Goethezeit stand er auch der nationalen Idee nicht nahe (« Patriotismus ist ihm fremd (…).«[168]) Um aber auch Arthur Schopenhauer als Bürgen der charaktertypischen Verbindung *deutsch* und *national* anführen zu können, führt Thomas Mann auf ein Terrain, auf welchem, wie er sagt,»Schopenhauers Antinationalismus schwach wird, wo ein patriotisches, ja nahezu chauvinistisches Gefühl unversehens zum Durchbruch kommt, – ich meine die *Sprache*. Schopenhauer war ein begeisterter, fanatischer, eifersüchtiger Verehrer und Hüter der deutschen Sprache, und diese Leidenschaft äußert sich unmittelbar in manchem stolzen Wort zu ihren Ehren, heftiger aber noch mittelbar, durch die Wut, mit der er diejenigen anfällt, die diese herrliche, dem Griechischen seiner Meinung nach ebenbürtige Sprache verderben, verhunzen, läßlich, ohne Liebe und Ehrfurcht behandeln, – (…).« Namentlich das Französische habe der Philosoph gehasst: »Es ist kaum zuviel gesagt, wenn man Schopenhauer einen Sprachchauvinisten nennt, und diese Erscheinungsform des Nationalismus ist sicher die geistigste.«[169]

Es gibt demzufolge also einen geistigen und einen weniger geistigen Nationalismus. Da stellt sich die Frage, was eigentlich mit *Geist* gemeint ist. Geist als reflektierende Vernunft, als Rationalität und intellektuelle Anschauung; Geist also im Sinne Hegels als ordnende Macht, als Logos? Oder Geist als Wille, als Irrationales, als ungerichtete, chaotische, ursprüngliche Kraft? Geist als Genius und Leidenschaft oder Geist als Intellekt?

Nun ist klar, daß Thomas Mann Schopenhauer durch die Brille Nietzsches liest, daß er also eine gleichsam vitalistisch aufgeladene Idee dessen hat, was Geist sei.[170] Die *Betrachtungen* selbst bestätigen das. Nicht von ungefähr zieht Thomas Mann gegen »jene ›Vergeistigung‹« zu Felde, »die sich demokratisch nennt«, die »Vergeistigung« des »Zivilisationsliteraten«.[171] Schon das lässt vermuten, er meine mit *Geist* etwas Emotional-Irrationales.

Tatsächlich präzisiert er den Begriff des Geistigen schon unmittelbar nach seiner Bemerkung, Schopenhauers Sprachchauvinismus sei »die geistigste« Variante des Nationalismus, mit der rhetorischen Frage, ob die nationale Einstellung in ihrer »höchsten Vergeistigung« nicht auch ihre »letzte Tiefe und Leidenschaftlichkeit« erreiche?[172]

Demzufolge also meint *Geist* wohl beides, Rationalität und Irrationalität. Doch in einer Hierarchie, die Schopenhauers Willensmetaphysik entspricht: Geist ist in nachgeordneter, akzidentieller Position, Intellekt und Ratio. Primär ist Geist Wille, Irrationalität, also auch Emotion, Rausch, Affekt (als »heftige Bewegung des Willens«.[173]) Von dort ist es nur noch ein Schritt zu jenem Begriff von Geist, wie ihn das bürgerliche Zeitalter kennt: als Lebenskraft, als *elan vitale*, als Energie – ein physikalisch unterfütterter Wille, ein, wenn man denn so will, »materialistisch ausgenüchterter Biologismus«, der »den Willen als Kraft definiert«.[174]

Dass Leidenschaft und »Tiefe« syntaktisch verknüpft sind, bekräftigt diese moderne, nachhegelianische Bedeutung von Geist: Das Irrationale ist immanent, es hat seine Quelle im Innern der Natur, im Innern des Menschen. Und wie beschreibt Thomas Mann seine Begegnung mit Schopenhauers Philosophie? In der Tat als rauschhaftes Entgrenzungserlebnis: »Das kleine, hochgelegene Vorstadtzimmer schwebt mir vor Augen, worin ich, es sind sechzehn Jahre, tagelang hingestreckt auf ein sonderbar geformtes Langfauteuil oder Kanapee, ›Die Welt als Wille und Vorstellung‹ las. Einsam-unregelmäßige, welt- und todsüchtige Jugend – wie sie den Zaubertrank dieser Metaphysik schlürfte (…). So liest man nur einmal. Das kommt nicht wieder.« Und warum wirkt sie derart euphorisierend, diese Metaphysik? Weil ihr »tiefstes Wesen Erotik ist«.[175] Mit einem Wort: Dem nationalen Charakter-Paradigma fügt sich als genuine Eigenschaft *das Dionysische* an.

Dass dieses Element notwendig, unverzichtbar für das *Leben*, für alle schöpferischen Akte des Lebens ist – das erweist das unmittelbar folgende Bekenntnis, in dem sich der rauschhafte Zustand auf gutbürgerliche Art durch produktive Tätigkeit in praktischen Nutzen überführen lässt: »Und welch ein Glück, daß ich ein Erlebnis, wie dieses, nicht in mich zu verschließen brauchte, daß eine schöne Möglichkeit, davon zu zeugen, dafür zu danken, sofort sich darbot, dichterische Unterkunft unmittelbar dafür bereit war! Denn zwei Schritte von meinem Kanapee lag aufgeschlagen das unmöglich und unpraktisch anschwellende Manuskript (...), welches eben bis zu dem Punkte gediehen war, daß es galt, Thomas Buddenbrook zu Tode zu bringen.«[176] Thomas Buddenbrook aber, »dem späten und komplizierten Bürger, dessen Nerven in seiner Sphäre nicht mehr heimisch sind«,[177] wird nicht die Lektüre Schopenhauers selbst zum Verhängnis, die Botschaft der resignierten Überwindung des kampf- und leidschaffenden Willens, um den kontemplativen »Sabbath der Zuchthausarbeit des Wollens« genießen zu können.[178] Nein, Thomas Buddenbrook wird zum Verhängnis, daß sein Wille schon geschwächt, erlahmt ist, bevor er auf Schopenhauers Buch *Die Welt als Wille und Vorstellung* trifft, in dem er Sätze finden kann wie diesen: »... und wenn Wille daist, wird auch Leben, Welt dasein. Dem Willen zum Leben ist also das Leben gewiß, und solange wir von Lebenswillen erfüllt sind, dürfen wir für unser Dasein nicht besorgt sein, auch nicht beim Anblick des Todes.«[179] Wie man weiß, ist Thomas Buddenbrook für sein Dasein sehr besorgt, und dieser Zustand seelischer Erschöpfung macht ihn empfänglich für die gegen den Willen gerichtete Wirkung, die der narkotische »Zaubertrank« eben auch zu entwickeln vermag – so wie jedes Rauschmittel, je nach der Konstitution seines Konsumenten und der verabreichten Dosis, vitalisierend oder tödlich wirken kann. Und wie Thomas Mann an Thomas Buddenbrook zeigt, wirkt allzu viel an Schopenhauerscher Willens-Metaphysik und Verneinungs-Ethik tödlich bei einem, dessen Wille am Boden liegt, aber produktiv anregend auf einen, dessen Wille die rauschhafte Wirkung des »Zaubertranks« zu nutzen versteht. Wille ist Dionysos, unverzichtbarer Gott des schöpferischen Aktes, Wille ist Energie. Die (metaphorisch-metaphysisch gedachte) Kategorie der Energie wird im Weltentwurf unserer Texte zum substantiellen Grund des *Lebens*: Jener ungreifbare Stoff, der die Welt in Gang hält, letzte Ursache jeder Bewegung und Schöpfung.

Doch mit welchem Begriff auch man die Sache versieht, Kraft, Energie, Erotik, Wille: Gemeint ist eine metaphysische Größe als Urantrieb der Natur und der kulturellen Produktivität des Menschen. Den Zugang zu dieser Quelle aber, der irrationalen Ursubstanz, versperrt das auf reflektierende Vernunft gegründete Gesellschaftsmodell des »Westens«, das Ergebnis der Französischen Revolution, versperrt, mit einem Wort: die

»Demokratie«. Sie bildet in der von Thomas Mann gemeinten Bedeutung zwangsläufig eine Gefahr für das, was der Autor mit den Augen der Gründerzeit als *das Deutsche*, als den deutschen Charakter und die ihm entsprechende Gesellschaftsform und Kultur betrachtet: eine Kultur, die ebenso bürgerlich wie dionysisch (dionysisch im Sinne des Treibwerks künstlerischer Tätigkeit) und dabei besonders willensgeleitet und daher den übrigen Kulturen überlegen ist und ihnen gefährlich wird. Betrachtet man die Dinge so, dann wird der Gedanke begreiflich, andere Kulturen, etwa Frankreich, hätten ein vitales Interesse, Deutschland zu »demokratisieren« und dadurch zu schwächen – in dieser Hinsicht stimmen Thomas Manns *Betrachtungen* und unsere gründerzeitlichen Texte gänzlich überein. Nur, daß die Deutschen bei Dahn Ostgoten sind und die »westliche Demokratie« durch den Massenstaat Byzanz und eine poströmische Hedonisten-Gesellschaft ersetzt ist.

Für die Bedeutung des Begriffs *deutsch* gilt also: *Deutsch* ist metaphysische Welthaltung – das ist das seelenhafte Element, das den deutschen Nationalcharakter auszeichne in des Wortes ursprünglichem Sinn: hinaushebe über andere.[180] Der metaphysische Urgrund, dem eben dieses Seelenhafte des Deutschen entströmt, bleibt vage und unbestimmt. Er entspricht etwa dem, was Hildebrand bei Felix Dahn den *Wunderborn* nennt, die magische Quelle des nationalen Wesens und seiner kulturellen Erscheinungen, der Sprache, Sitte, Gesellschaftsform. Dieser metaphysische Urgrund, ursprünglich von Herder als die sakrale Grundlage des Volkes beschrieben, wandelt sich nun in eine immanente, innerweltlich Größe um: Sie ist keine vernunftbestimmte, rationale mehr wie noch im deutschen Idealismus, sondern ein irrational-dionysische. Der Geist ist ein deutscher Dionysos.

## Der übernationale Nationalist

Wenn aber der Geist ein deutscher Dionysos ist, dann bürgt gerade Wagner, den Thomas Mann neben Schopenhauer in sein Ensemble exemplarischer Gestalten einreiht, für diese Eigenschaft originären Deutschtums. Mit Wagner bekräftigt Thomas Mann sein Paradigma und erweitert es zugleich um einen schillernden Zug.

Zunächst die Bekräftigung: »Wagner war national, dies vor allem, ja einzig dies; von Paris heimkehrend hatte sich der arme und namenlose

junge Künstler in feierlicher Gemütswallung am Ufer des Rheins hinge-
worfen, ›seinem deutschen Vaterland ewige Treue geschworen‹; (…)«[181].
Hätte Wagner als Deutscher denn anders handeln können, als mit pathetischer Geste ein vaterländisches Bekenntnis abzulegen? Hätte er nicht, denn
*deutsch, bürgerlich* und *national* sind so eng verwoben (« Der Bürger ist national seinem Wesen nach; (…)«[182]), dass eine kausale Abhängigkeit wenn
auch nicht rundheraus behauptet, so doch eindringlich insinuiert wird.

In erster Linie aber ist Wagner natürlich der Genius, der Künstler. Doch
nicht mehr der handwerklich-solide Künstler nach Meistersinger-Art, »irgendwie altertümlich holzschnitthaft, nürnbergisch-bürgerlich«[183] Das ist
er zwar auch: Gerade Wagner versammelt auf sich alle Eigenschaften des
Künstlers als eines deutschen Bürgers, dessen Berufsverständnis Thomas
Mann als Vereinigung der Eigenschaften von *Bürgerlichkeit* und *Künstlertum* beschreibt: »Ein Artistentum ist dadurch bürgerlich, daß es die
ethischen Charakteristika der bürgerlichen Lebensform: Ordnung, Folge,
Ruhe, ›Fleiß‹ – nicht im Sinne von Emsigkeit, sondern der Handwerk-
streue – auf die Kunstübung überträgt.«[184] Diese auch in Wagner lebende
solide charakterliche Grundlage aber liefert auch den Stoff für etwas, das
über ein bodenständig-solides Künstlertum hinausgeht: der *Inszenierung*
dieser deutschen Art von Künstlertum.

Und an diesem Punkt erweitert sich Thomas Manns Identitäts-Para-
digma ein weiteres Mal um einen schillernden, pretiösen Zug. Dass Wagner als der deutsche Künstler ein Stück historischer Wirklichkeit (oder
das, was dafür gilt) nicht nur auf der Theaterbühne, sondern auch in der
Lebenswelt inszeniert, zeigt, daß das neue deutsche Künstlertum über
seinen traditionellen Kern hinausgreift und bei aller Traditionsbindung
»modern« geworden ist. Und mit eben diesem Modernen sind ganz andere Eigenschaften verbunden: So zum Beispiel ein »geradezu bourgeoiser
und parvenühafter Einschlag, – der Geschmack am Üppigen, am ›Atlas‹,
am Luxus, am Reichtum und bürgerlicher Pracht, (…).«[185] Das sind aus
der Sicht des herkömmlichen Bürgers durchaus zweifelhafte Eigenschaften. Trotzdem sind sie ganz offenkundig deutsch, wie der deutsche Bürger
Wagner beweist. Die moderne Neigung zu prunkhafter (Selbst-)Insze-
nierung muss demzufolge auch ein echter, originär deutscher Wesenszug
sein – Wilhelm II. hätte sich geschmeichelt gefühlt. Thomas Mann: »Aber
wenn Wagner ein wenig bourgeois war, so war er auch *Bürger* in einem
hohen, deutschen Sinn, und seine Selbst-Inszenierung und Kostümierung
als deutscher ›Meister‹ hatte ihre gute innere und natürliche Berechtigung:

man täte Unrecht, über dem Feuerflüssig-Vulkanischen, dem Dämonischen und Genialen in seiner Produktion das altdeutsch-kunstmeisterliche Element zu übersehen – das Treublickend-Geduldige, Handwerksfromme und Sinnig-Arbeitsame ...«[186]

Das Feuerflüssig-Vulkanische, Dämonische, Geniale, die »Begierde« und »Welt-Erotik« des Genies,[187] die Liebe zur Ausschmückung, zur Ästhetisierung des Ich und seiner Welt – all diese Attribute, die ja Umschreibungen des Dionysischen und seiner Funktion des schöpferischen Aktes sind, sind auch auf den gründerzeitlichen Helden versammelt, auf Männern, die so ursprünglich und unzweifelhaft deutsch sind wie nur je ein Friedrich preußisch war: Teja, der moderne Künstler und Totila, der inszenierte Dandy mit Neigungen für das Italienische, sogar in eine Römerin verliebt; und doch schlicht, solide, bürgerlich. Sein Mantel ist aus feinster Wolle statt aus derbem Werk, aber es ist ein Kriegsmantel – Berufskleidung.

Es sieht also ganz so aus, als ob es einen fundamentalen Unterschied zwischen der prunkhaften Selbstinszenierung des Franzosen und der des Deutschen gäbe: die des Deutschen ist bürgerlich, solide und echt, die des Franzosen aber bourgeois, liederlich und verkünstelt. Fontane nannte es *theaterhaft*. Warum aber gibt es diesen Unterschied, der auch die (deutsche) Kultur von der (französischen) Zivilisation abheben soll? Die Antwort liegt jetzt auf der Hand: Weil der Deutsche einen soliden bürgerlichen Wesenskern hat, weil er ein altdeutsch-kunstmeisterliches Element besitzt, etwas Treublickend-Geduldiges, Handwerksfrommes und Sinnig-Arbeitsames. Deshalb hat seine Art der prunkhaften Selbstinszenierung ihre gute innere und natürliche Berechtigung, die des Franzosen aber nicht. Denn die Seele des Franzosen ist luftig wie ein Ballon, frei von der Erdenschwere echt deutscher Bürgerlichkeit.

Die Selbstinszenierung des Deutschen, seine Lust an Üppigkeit und Atlas, hat also immer auch den Charakter des Gediegenen und Bodenständigen, mögen seine Kostümumzüge, die er in der Gründerzeit liebte, auch im halbseidenen Glanz herrlichsten Makart-Stils geleuchtet haben, mögen seine altdeutsches Kunsthandwerk imitierenden, zwischen Zierpalmen aufgestellten Wohnzimmerkommoden noch so theaterhaft gewesen sein. Sie sind immer noch echt und authentisch, die des Franzosen aber falsch und unnatürlich.

Auch diese Denkfigur ist aus dem Identitätsmodell abgeleitet, das der Realismus vorgeprägt hatte. Augenscheinlich war es ein Problem, einander zum Verwechseln ähnliche Kulturphänomene so zu unterscheiden, daß sie die eigene Seite auszeichnet, den Nachbarn aber abwertet. Bunte Selbstdarstellung und prunkende Kostüm-Aufzüge – wie ihn Gottfried Keller im *Grünen Heinrich* eindrucksvoll inszeniert – sind immer *theaterhaft*, sehen immer nach Real-Oper aus, in München nicht anders als in Berlin oder Paris. Schon Dahns Musterdeutsche Teja und Totila könnten 1876 auf der Wagnerbühne gestanden haben. Offenbar schienen sie aber ihrem Autor und seinem Publikum nicht theaterhaft, sondern authentisch, echte deutsche Originalfiguren.

Diesen Eindruck mag ein unauffälliger, doch wirksamer Kunstgriff begünstigen, der für die Ästhetik des Realismus charakteristisch zu sein scheint, fällt er doch schon an Gustav Freytags *Soll und Haben* und Viktor Scheffels *Ekkehard* auf, beide 1855 erschienen. Die prächtigsten Theaterfiguren aber hat Felix Dahn geschaffen. Da sein *Kampf um Rom* überdies die Summe realistischer Literatur darstellt, ist dieser Kunstgriff dort leicht zu erfassen.

Er unterscheidet ganz einfach zwischen einem leistungsfördernden und nützlichen, und einem dekadenten Modus von Inszenierung.[188] Jenen kennzeichnet, die Lust am Schönen auf schlichte, geradlinige Formen zu begrenzen. Auch ist diese Form an eine praktische Form gebunden. Ob weißer Kriegsmantel, ob schwarze Rüstung, Linienführung und Farbgebung sind schnörkellos und tendenziell monochrom. Mithin verpackt Dahn seine nationalen Helden Teja und Totila in eine klassizistische Ästhetik, wobei der *dunkle* Held eine archaisierende Abart verkörpert, wie sie dem preußischen Klassizismus entspricht und architektonisch etwa in Schinkels Neuer Wache oder dem Mausoleum für Königin Luise Ausdruck fand. Die Erscheinung des *hellen* Helden hingegen entspricht einem Klassizismus griechisch-italienischer Prägung, die Dahn von den Bauten Gärtners und Klenzes in München geläufig war. Sein Totila könnte auch als Apollo-Statue in der Antikensammlung am Königsplatz stehen.

Zwar nähert sich der heitere Ästhet Totila der Grenze, von der an die Ästhetisierung der eigenen Lebenswelt den Bereich des Erlaubten und Nützlichen verlässt: Er trägt italienische Mode, Brioni-Anzüge eben, kleidet sich also in den Formen einer fremden Kultur. Akademisch gesagt: Der Referenzrahmen seines äußeren Erscheinungsbildes ist nicht autochthon. Auch trägt er, wie man sich erinnert, Dinge, die der Verzierung dienen, die außer ihrer ästhetischen keine unmittelbar praktische Funktion haben: goldene Armreife. Trotzdem ist er deutsch wie Siegfried und wie dieser überragt er weit den Durchschnitt seiner Landsleute. Sollte also eine gewisse Orientierung an bestimmten fremden Kulturen, eine Übernahme einzelner ihrer Merkmale, die Qualität der eigenen natürlichen Anlagen verbessern?

Thomas Mann hat für diese Art der begrenzten außerkulturellen Referenz einen Begriff geprägt: »Überdeutschtum«.[189] Thomas Mann allerdings erweitert sichtlich den Bezugsrahmen und überschreitet so die aus dem Realismus stammende Vorform des *Überdeutschtums*. Thomas Manns Figur des *Überdeutschen* ist sozusagen europäischer als die der Gründerzeit, verliert aber ihre Aufgabe als Mittel zur Stiftung deutscher Identität keineswegs aus den Augen. Im Gegenteil.

Er selbst sei, bekennt das genialische Urenkelkind deutsch-bürgerlicher Kultur, »kein sehr guter und richtiger Deutscher«![190] Es scheint paradox, aber gerade deswegen sieht er sich als sozusagen wahrhaft deutsch oder: als »überdeutsch«. Denn »ohne einen Zusatz von Fremdem« sei »vielleicht kein höheres Deutschtum möglich«. Gerade »die exemplarischen Deutschen« seien Europäer gewesen und hätten »jede Einschränkung ins nichts als Deutsche als barbarisch empfunden«.[191]

*Das Überdeutsche* – das heißt, eine bestimmte kulturexterne Orientierung steigere die Qualität der eigenen Kultur, verbessere das originale Deutsche. So sei Wagners Kunst, »so poetisch, so ›deutsch‹ sie sich geben möge, (…) ja an und für sich eine äußerst moderne, eine nicht eben unschuldige Kunst: Sie ist klug und sinnig, sehnsüchtig und abgefeimt, sie weiß betäubende und intellektuell wachhaltende Mittel und Eigenschaften auf eine für den Genießenden ohnehin strapaziöse Weise zu vereinigen«.[192] Über Behaglichkeit, solide Selbstgenügsamkeit und handwerklich-zünftige Meistersinger-Innigkeit ist dieser Charakter hinaus: »Dieser deutsche Musiker war ja kein ›deutscher Musiker‹ mehr im alten, intimen und echten Sinne. Er war wohl freilich sehr deutsch (kann man Musiker sein, ohne deutsch zu sein?). Aber es war nicht das Deutsch-Nationale, Deutsch-Poetische, Deutsch-Romantische an seiner Kunst, was mich bezauberte – oder doch nur, insofern dies alles intellektualisiert und in dekorativer Selbstdarstellung darin erschien –: (…).«[193] Die *dekorative* Selbstdarstellung aber gilt als französisch, sie ist keine ursprünglich deutsche Eigenschaft. Sie kommt von außen.

Schon in Schopenhauers sprachlichem Stil diagnostiziert Thomas Mann eine ähnliche, wenn auch noch weniger verfeinerte Aneignung darstellungstechnischer Mittel, die nicht als echt gelten konnten: »(…)

denn dieser deutsche Philosoph war kein ›deutscher Philosoph‹ mehr im herkömmlichen, unzugänglich-abstrusen Sinne – er war wohl freilich sehr deutsch (kann man Philosoph sein, ohne deutsch zu sein?) – sehr deutsch, insofern er zum Beispiel durchaus kein Revolutionär, kein Busen-Rhetor und Menschheitsschmeichler, sondern Metaphysiker, Moralist und politisch, gelinde gesagt, indifferent war ... Aber er war etwas sehr Überraschendes und Dankenswertes darüber hinaus: ein ganz großer Schriftsteller nämlich, ein Schöngeist und Sprachmeister von umfassendsten literarischen Wirkungsmöglichkeiten, ein europäischer Prosaist (...).«[194] Ja, Europäer im Sinne des *Westens*, des *Zivilisationsliteraten*: »er war es als Schriftsteller, als Essayist und mondäner Literat«.[195] Trotzdem: »Es gibt keine nationaleren Persönlichkeiten als die dieser beiden großen Deutschen der spätbürgerlichen Epoche.«[196]

Das nämliche Modell aber, das die Wortschöpfung *Überdeutschtum* bezeichnet, die Aneignung bestimmter Merkmale fremder Kulturen zur Steigerung der eigenen, findet sich vorgeprägt in den gründerzeitlichen Romanen und ihrem Versuch einer begrenzten Assimilation. Auch die Elemente die dafür in Frage kommen, sind die gleichen: technische, artistische, ästhetische und selbst psychische, sofern es sich um Modi der Wahrnehmung, um Apperzeptionsweisen handelt. Von einer Übernahme ausgeschlossen sind politische und weltanschauliche Merkmale. Solche zu importieren und gegen die traditionellen auszutauschen, das eben wäre *undeutsch*, das hieße, die eigene Identität in westliche Demokratie, in *Zivilisation* aufzulösen. Wie hatte doch Heinrich Heine genörgelt: »Ausländer, Fremde sind es meist / die unter uns gesät den Geist / der Rebellion. Dergleichen Sünder / gottlob, sind selten Landeskinder.«

Der Begriff des *Überdeutschen* offenbart freilich einen nennenswerten Unterschied des Mannschen zum gründerzeitlichen Vorgängermodell, das bedeutend enger ist und eine mögliche Assimilation fast völlig auf die griechisch-römische Antike begrenzt. Auch hängt der gründerzeitliche, im *Kampf um Rom* sehr deutlich ausgeprägte Vorläufer des *Überdeutschen* von der mythobiologischen Abstammungstheorie ab. Folglich lässt es eine biologische Assimilation, also Mischehen, entweder überhaupt nicht zu (wie im *Kampf*) oder begrenzt sie zeitlich und regional so eng, dass das *Überdeutsche* auf ein gewisses Überpreußentum begrenzt bleibt (wie im *Sturm*).

Es scheint in der Tat, als sei mit der Konzeption des *Überdeutschtums* Thomas Manns Modell nationaler Identität deutlich weniger nationalistisch als das gründerzeitliche. Die Autoren der Gründerzeit sind, vielleicht zeitgeschichtlich, vielleicht biographisch bedingt, stärker dem *Ethnonationalismus* des späteren 19. Jahrhunderts verpflichtet.[197] Thomas Mann zeigt sich in seinen *Betrachtungen* selbst schon tendenziell *westlich*. Er nähert sich dem Künstlertypus, den er angreift, dem *Zivilisationsliteraten*. Insofern sind seine Bekenntnisse wohl auch »Selbstkritik eines Selbstverständnisses«.[198]

Doch strömt diese Selbstkritik keineswegs aus einem etwaigen schlechten Gewissen, leider noch kein echter *Zivilisationsliterat* wie etwa Feuchtwanger zu sein, die Feder nicht in den Dienst dessen gestellt zu haben, was *westliche Demokratie* bedeutet: eine Gesellschaftsform, die republikanisch und ohne metaphysische Bindung, damit ohne *Seele* ist. Die Selbstkritik der *Betrachtungen* verfolgt einen tieferen Zweck, und Thomas Mann wäre nicht er selbst geblieben, hätte er diesen Zweck nicht verfolgt: das eigene Deutschtum mit Hilfe fremder Elemente, mit nicht-autochthonen Mitteln, mit Mitteln des Westens, der *Zivilisation* über sich selbst hinaus zu steigern. Den *Betrachtungen* gelingt mit dieser diffizilen Konstruktion – hinter dem im übrigen wieder Hegels integrative Grundfigur auszumachen wäre – ein Kunststück, das sie als Spätblüte des Realismus ausweist und aus dem sie, an die Quadratur des Kreises erinnernd, ihre eigentümlich nervöse Spannung beziehen: Sie bleiben ambivalent und versuchen zugleich, die Gegensätze in einem Dritten, eben dem *Überdeutschen*, zu vereinigen. Thomas Mann bereitet die Überwindung dessen vor, was er festschreibt und bleibt doch am Festgeschriebenen. So vollzieht sich jene Wandlung, die ihn zunächst zum Fürsprecher der Weimarer Republik und dann zum Schöpfer einer Künstlerfigur machte, deren ersten Repräsentanten Thomas Mann in niemand anderem als in sich selbst erkannte: des nationaldeutschen Kosmopoliten.

### Der neue Gott

Damit könnte diese Betrachtung schließen, gäbe es nicht ein letztes Merkmal, das, da es alle europäischen Gesellschaften im Aufbruch zur Moderne vorantrieb, gleichfalls dem Entwurf des Überdeutschtums zugehören könnte. Jeder aufstrebende Industriestaat nahm es als Charakteristikum der eigenen Nation in Anspruch. Thomas Mann sieht in ihm die dominante Eigenschaft des Menschen, den er den »neuen Bürger« nennt. Er selbst huldigte ihr ein Leben lang wie einem Gott. Und zu einem Gott ist sie in der modernen bürgerlichen Gesellschaft auch tatsächlich geworden: die Leistungsfähigkeit.

Das sie antreibende Ethos verlangt die unbedingte Hingabe an die sich selbst ständig steigernde Kulturproduktion, sei es die Produktion von Kunst, von Weltanschauung oder Verbrauchsgütern, also von Zeichensystemen oder empirischen Größen. Das Ethos der Leistung ist getragen vom Glauben an den Sinn wachsender Produktion und schafft jene erstrangige bürgerliche Sekundärtugend, die Max Weber an der Schwelle des 20. Jahrhunderts als innerweltliche »puritanische Berufsaskese« bezeichnet hat.[199] Wird diese innerweltliche Berufsaskese wiederum an den Dienst für die Nation geknüpft, bekommt sie etwas von jenem sakralen Charakter zurück, den die Askese ursprünglich hatte. Sie wird innerweltlicher Gottesdienst.

»Wenn ich irgendetwas«, erklärt Thomas Mann, »von meiner Zeit sympathetisch verstanden habe, so ist es ihre Art von Heldentum, die modern heroische Lebensform und -haltung des überbürdeten und übertrainierten, ›am Rande der Erschöpfung arbeitenden‹ *Leistungsethikers*… und hier ist meine seelische Berührung, eine einzige, aber eine wichtige und mich erschütternde, mit dem Typus des neuen Bürgers.«[200]

Das heißt also, der neue Bürger, soweit Thomas Mann selbst ihn verkörpert, ist ein getunter alter. Er vertritt die Werte des alten, er ist national und kennt die Verantwortung für die Aufgabe und das gesellschaftliche Ganze. Auch der Leistungsethiker ist, wie der alte Bürger, ein Verantwortungsethiker. Nur ist der neue Bürger dynamischer, energischer. Er ist ruhelos und zeigt pathologische Züge.

Kein Zweifel, Thomas Manns neuer Bürger wurde um die Mitte des 19. Jahrhunderts, am Beginn des Realismus geboren. Die literarischen Helden ersten Ranges, die Führer, Tatmenschen und Künstler sind bereits am Rande der Erschöpfung arbeitende Leistungsethiker, die von der harmonischen Persönlichkeitsentwicklung eines Wilhelm Meister nur träumen können. Sie sind *neue Bürger*, ob sie in preußischer Uniform oder germanischer Brünne dahineilen. Schon Gustav Freytag schickt in *Soll und Haben* mit dem Unternehmer Traugott O. Schröter den neuen Bürger ins Wirtschaftsleben, der kein Risiko scheut und als sozial denkender Arbeitgeber die Humanität der neuen nationalen Wettbewerbsgesellschaft verwirklicht. Schröter hat Gemüt, »ein gütiges Herz und einen redlichen

Sinn« (41) und schätzt das Behagen eines guten Glases Madeira. Es ist also noch nicht ganz der dauerüberhitzte Leistungsethiker, den Thomas meinte und den schon Felix Dahn mit Teja in den Kampf um Dasein geworfen hatte. Das Wort Muße aber ist auch Schröter bereits fremd, und über seine Firma heißt es gleich zu Beginn:»Aber wie Ruhe sah es in dem Hause nicht aus.« (40) Der Prinzipal Schröter (»…seine erste Frage klang kurz und entschieden« [41]) ist bei allem Komfort seines gutbürgerlichen Hauses bereits der berufsasketische Pflicht- und Tatmensch.[201]

Erst Felix Dahn aber bringt mit Teja diesen Typus in die Form des heroischen Künstlers – ein Charakter, dessen Leistungsethos, Berufsaskese und Opferbereitschaft ihn nahezu als Ebenbild des heroischsten Philosophen aller Zeiten erscheinen lässt, von dem Dahn sicherlich noch nichts gehört hatte. Doch ein gutes Jahrzehnt, bevor Nietzsches Wirkung einsetzte, lässt der literarische Professor einen Überleister auftreten, den ein wahrhaft nietzscheanischer Erkenntnis- und Leistungswille in Bewegung hält. Auch Teja hat keinen festen Wohnsitz, er haust in den Ruinen des Altertums, philosophiert, denkt, dichtet und glaubt an die Wiederkehr des ewig Gleichen. Die Feldzüge, die bald nach seinem ersten Auftreten beginnen, liefern diesem ruhelosen Herzen die idealen Lebensbedingungen. Er würde heute als Manager eines Elektronik-Konzerns rund um die Uhr im Einsatz sein, bis ihn die Symptome des *burn out* in ein tibetanisches Kloster brächten.

Wenn also Thomas Mann Nietzsche als einen»Ethiker« beschreibt, dessen protestantische Prägung die seelischen Bedingungen geschaffen habe, »der unbedingteste und fanatischste Asket der Geistesgeschichte«[202] zu werden und ein unsterbliches Schauspiel»von Selbstüberwindung, Selbstzüchtigung, Selbstkreuzigung« zu geben, so formt sich aus diesem Bild auch der Typus heraus, der in Teja gezeichnet ist. Dahn führt mit ihm den nietzscheanischen Charakter in die deutsche Literatur ein.

Freilich trennt beide ein entscheidendes Merkmal: Die Figur des bürgerlichen Autors ist in die Gesellschaft, den Sozialverband eingebunden. Wie ihr Autor kämpft sie für jene nationale Idee, die Nietzsche ablehnt, und sie zweifelt keinen Augenblick am Grundsatz des klassischen Nationalismus, die Nation sei die»innerweltlich am höchsten rangierende überindividuelle Gruppe«.[203] Gleichwohl führt Dahn mit seinem völkischen Zarathustra einen Grad der Askese, ein Ethos der Leistung, einen Heroismus der Pflicht vor Augen, der an Nietzsche denken lässt. In jedem *neuen Bürger* steckt ein Kern von Nietzsche – wie Nietzsche selbst ein neuer Bürger war und als neuer deutscher Bürger ein geistiger Vater Thomas Manns werden konnte.

Die *Betrachtungen* sind, wie unsere Mustertexte, Versuche der bürgerlichen Epoche, eine Antwort auf die Frage nach der nationalen Identität zu finden. Sie sind intellektuelle Suchbewegungen, dem Bedürfnis nach Selbstvergewisserung erwachsen. Ihren Autoren gilt der Name *Deutsch* fast als liturgisches Wort, dessen Klang erhebt und das nicht durch Kritik profanisiert werden darf – das macht nur der unanständige *Zivilisationsliterat*. Das Muster des in den *Betrachtungen* entwickelten Identitätsmodells hatte, wie die Romane Freytags, Scheffels, Fontanes und Dahns erwiesen haben und weiter erweisen werden, die Literatur der Gründerzeit vorgezeichnet. Thomas Mann, der auch seinen Paul de Lagarde und Houston Steward Chamberlain kannte, formt es allerdings nach seinem eigenen Bilde.

*Deutsch* heißt bei ihm Künstlertum und alte und neue Bürgerlichkeit; heißt seelenhaftes Volkstum und Leistungsvermögen; heißt schöpferischer Wille, dionysisches Daseinsempfinden, Emphase, Lebensenergie, und heißt zugleich Arbeitsamkeit, Disziplin, Kompetenz, Verantwortung für das Ganze. Diesem deutschen Wesen entspricht die konstitutionelle Monarchie, nicht die parlamentarische Republik, die der *Zivilisationsliterat* anstrebt.

Indessen sind zwei Merkmale hervorgetreten, die die *Betrachtungen* von den Romanen Dahns, Fontanes, Freytags unterscheiden. Zu einen ist die Nation historisch in der Frühen Neuzeit verankert, im Zeitalter der Reformation und im städtischen, nicht im ländlichen Raum, im handwerklich-bürgerlichen, nicht im bäuerlich-ritterlich-militärischen Milieu. Außerdem stellt Thomas Mann sein Identitätsmodell nicht auf ein mythobiologisches Fundament, sein Begriff des Deutschen ist weniger völkisch als vielmehr kulturgeschichtlich und geistig begründet, im Sinne eines von Herder stammenden romantischen Begriffs der mythischen Volksseele. Er stützt sich nicht auf Blut und Gene, auch wenn der *Geist* (gegen Schopenhauers Sinn) eine physikalische Gestalt angenommen hat. Zwar kann sich auch Thomas Mann für den Krieg als Katharsis, als Sühneopfer begeistern, sieht aber – und das wäre ein drittes Unterscheidungsmerkmal – den deutschen Nationalstaat nicht als Endpunkt einer naturgesetzlichen Entwicklung.[204]

Sogar noch ein viertes Kriterium ließe sich finden. Das Verhältnis des Einzelnen zu Volk, Nation und Staat bestimmt Thomas Mann anders als die exemplarischen Autoren des Realismus: Ausgerechnet der protestantische Kaufmannssohn nimmt grundlegende geistige Felder und Gesellschaftsbereiche von der staatlichen Verantwortung aus. Kunst, Wissenschaft, Religion, Philosophie sind demnach Reiche eigenen Rechts, in denen der Künstler, gelöst von der Kette der Nützlichkeit, als freier Bürger herrscht. So gesehen, sind die *Betrachtungen* in der Tat »unpolitischer« als ihre gründerzeitlichen Grundmuster.

Man darf diesen Text getrost wieder in den Kanon der empfohlenen Thomas-Mann-Lektüre zurückstellen, und umso lieber, als seine gewundenen Gedankengänge mit literarischen Meisterstücken geschmückt sind.[205]

## Innerethnische Paarungen:
## Das Modell exogamer Endogamie

Die Romane im Realismus haben da mitunter brisanteren Stoff geladen. Jedenfalls stützt sich die Vorstellung von Nation im *Kampf um Rom* und in *Vor dem Sturm* auf ein mythobiologisches Modell: Das Blut des mythologischen Stammvaters ist die Nährflüssigkeit, die alle mit allen verbindet, weil in jedermanns Adern ein Tröpfchen davon glüht. Es bindet die Angehörigen der *völkischen Nation* auf magische Weise zusammen. Ob diese Konstruktion soziologische Plausibilität beanspruchen darf oder nicht, ist für die Frage nach ihrer identitätsstiftenden Kraft ohne Belang. Der Glaube, der Mythos sei Tatsache, ist entscheidend.[206]

Die Forderung nach monoethnischer Herkunft, also nach möglichst *reinem* Blut, die Fontane nicht weniger nachdrücklich erhebt als Felix Dahn – das wird sich im Kapitel über die polnischen Figuren zeigen –, diese Forderung birgt indes ein Dilemma. Denn die biologische Nähe kann größer sein als erwünscht: Je weniger Mitglieder eine Volksgruppe hat, umso größer wird die Gefahr inzestuöser Paarungen. Sie besteht insbesondere für Dorf- und Stammesgemeinschaften und für Sippen, die abseits des Gros ihres *Volkes* leben. Die Lösung läge in ethnischen Mischehen. Sie aber bergen neue Gefahr, sie könnten die Qualität des Erbguts mindern, das Blut verunreinigen. Genau das ist die Botschaft, die in den Fortpflanzungsmodellen zum Ausdruck kommt, von denen nun die Rede sein wird.

Beide Autoren spielen etliche Fälle von Mischehen durch. Dass die scheitern, soll ihre Naturwidrigkeit beweisen. Die Nachkommen sind in jedem Fall geschwächt, es gibt aber Abstufungen. So kann die Degeneration bis zur Lebensunfähigkeit reichen, eine Möglichkeit, die im *Kampf um Rom* in mehren Varianten erscheint. Auch Fontane zeigt sie im *Sturm*, während er in seinen späteren Romanen die Degeneration allein auf die natürliche Abnutzung des Erbgutes in der preußischen Oberschicht zurückführt. Das wird im Kapitel »Fontanes sensitive Spätlinge« angeschnitten. Thomas Mann hat diese Form eines impliziten Degenerationsmodells nicht allzu lange nach Fontanes Tod im Verfall der Buddenbrooks gestaltet.

Eine durch Mischehen bedingte leichte Degeneration indessen kann, da sie die Sensibilität erhöht ohne die Lebenskraft tödlich zu schwächen, zu neuen Qualitäten führen. Der Betreffende ist dann nicht mehr ganz robust, entwickelt aber künstlerischen Sinn und ein gesteigertes moralisches Bewusstsein. Im Verhältnis zur Vätergeneration ist er aber bereits dekadent, so dass seine Nachkommen gefährdet sind, wenn es nicht gelingt, mit der richtigen Frau »unverdorbenes« Blut in die Familie zu pumpen. Diesen Fall zeigt Fontane an seinem jungen Helden Lewin in *Vor dem Sturm*. Hier ist Regeneration noch möglich, doch nur, weil die ursprünglich geplante Mischehe, die Ehe mit einer Polin, nicht zustande kommt.

Auch der gegenteilige Fall ist möglich. Die Verbindung ist dann zwar monoethnisch, aber allzu ursprünglich: Der Verwandtschaftsgrad der Partner ist übernormal eng, er berührt den Inzest. Auch in diesem Fall sind die Nachkommen gefährdet, allerdings aus ganz anderen Gründen. Sie bersten vor Kraft, Energie und Unruhe und sind daher ein Problem für die Gesellschaft, deren Normen sie sprengen. Andererseits aber sind sie extremen Anforderungen gewachsen und daher ideal für Krisenzeiten. Sie sind unverzichtbar, um die Grenzen des Möglichen zu erweitern.

Wieder ist es Dahn, der die erzählerischen Möglichkeiten ausreizt. Am Beispiel seines Überhelden Teja schildert er den so spektakulären wie prekären Fall eines *neuen Bürgers*, dessen Blut gleichsam genetisch getunt ist.

Genetische Nähe, auch das gehört zur die Botschaft, erhöht die Qualität des Blutes. Ab einem gewissen Grad aber zeugt diese Nähe Potenziale von furchtbarer Brisanz. Diesen Fall behandeln wir als erstes, wenn in den nächsten Kapiteln von der *bedingt exogamen Endogamie* die Rede ist, einem Fortpflanzungsmodell, das den Ausweg aus dem Dilemma öffnen soll, das der Entwurf einer völkischen, auf innerethnischen Paarungen beruhenden Gesellschaft aufwirft.

An den Inzest als moralischen Kollaps, in der Goethezeit ein beliebtes Thema, wagt sich keiner der hier betrachteten Romane ganz heran. Von Wagners *Siegfried* abgesehen, nähert sich ihm in der realistischen Literatur vielleicht Conrad Ferdinand Meyer in seiner Novelle *Die Richterin* am weitesten.[207] Den Vollzug aber verhindert auch dort eine warnende innere Stimme, die dem Geschwisterpaar Wulfrin und Stemma Wulf vernehmbar wird, also die Natur selbst. Diese gängige bürgerliche Begründung des Inzesttabus mutet naiv an im Vergleich zu Freuds Befund, der Inzest liege im Gegenteil in der Natur des Menschen, lediglich Konvention verhindere ihn. Immerhin in diese Richtung tastet sich auch Dahn vor.

Allerdings geht er doch auf Nummer sicher. Sein fragliches Paar besteht nur aus Vetter und Base, wenn auch ersten Grades. Diese beiden macht er zu den Eltern seines Helden, und darin liegt das Geheimnis von Tejas phantastischer Leistungsfähigkeit.[208]

Als Cousin und Cousine sind die Eltern Tejas relativ eng verwandt, aber nicht so eng, dass die Verbindung in der eigenen Gesellschaft anrüchig wäre. »Mein Vater«, erzählt Teja, »war ein tüchtiger Kriegsheld, (…), gemeinfrei und arm. Er liebte, schon seit der Bart ihm spross, Gisa, seines Vaterbruders Tochter.« (I,289) Sie hätten »an der äußersten Ostgrenze des Reichs« gelebt, »an dem kalten Ister, wo man stets im Kampfe liegt mit den Gepiden …« (I,289f). In einer natürlichen Umgebung gilt auch diese sexuelle Vereinigung als natürlich.

Sie wird zum Problem, als das Paar den Raum der Zivilisation betritt. Tejas Vater, Tagila, bekommt von Theoderich in der Toskana ein Stück Land zugeeignet. Gisa und Tagila erregen beim Klerus Anstoß, der bereits soviel Einfluss hat, dass nicht einmal Theoderich selbst gegen das Kirchenrecht einzuschreiten wagt. Das zeigt seinen Machtverlust und legitimiert einmal mehr die Kritik der Nationalisten an der liberalen Politik des Königs.

Das Vorgehen der kirchlichen Macht ist zwar formalrechtlich korrekt, doch zeigt es Dahn als Verbrechen gegen eine naturgegebene Moral. Teja: »Kaum war ich geboren, da verklagte ein Elender, ein feiger Schurke, meine Eltern wegen Blutschande beim Bischof von Florentina«.« (I,290) Der Autor ist auf Seiten des Helden, doch lässt er durchblicken, dass die Verbindung auch prekär ist: Erstens ist sie Konflikten mit dem zivilisierten Raum nicht gewachsen, zweitens zeugt die extreme Nähe des männlichen und weiblichen Blutes eine brisante Vitalität, die die Leistungsfähigkeit weit über anthropologische Norm hinaustreibt. Für die lange Krisenperiode, die Theoderichs Tod folgt, ist Teja der Mann der Wahl, in Friedenszeiten wäre Dahns neurasthenischer Held problematisch, schon wegen seiner stark eingeschränkten sozialen Integrationsfähigkeit. Er ist ein Außenseiter, als Krieger und Künstler der Gesellschaft nützlich, doch als düsterer Einzelgänger auch ein Fremdling.[209]

Gerade das, was seine Leistungsfähigkeit bedingt, ist das Problem: die Nähe des elterlichen Blutes, die auch die Voraussetzung für den pathologischen Charakter legt. Dessen konzentrierte Energie würde gefährlich, leitete sie sich nach innen ab. In Kriegszeiten aber wird seine aggressive Vitalität fruchtbar, tatsächlich in biologischem Sinn: Das Töten des Feindes ist eine negativen Form der Zeugung. Aus ihr entsteht, wie später zu sehen sein wird, mittelbar die neue Volksgemeinschaft.

Eigentlich also entspricht die äußerste Möglichkeit der Endogamie, des innerethnischen Heiratsgebots, wie sie im Fall von Tejas Eltern geschaffen ist, einem natürlichen Kulturzustand. Sie bedeutet den Anschluss an eine Art mythischer Urkraft, und nicht umsonst erwähnt der Erzähler ihre Nähe zum germanischen Ursprungsmythos: Die Menschheit sei aus einer inzestuösen Urzeugung hervorgegangen. Danach wäre der Inzest der ursprünglichste Akt des Menschen.

Tatsächlich ist Dahn hier, ohne es wissen zu können, auf einer Spur, die Freud später in *Totem und Tabu* verfolgt: Der ursprüngliche natürliche Impuls sei notwendig ein inzestuöser, die in allen Kulturen vorhandene »Inzestscheu« Folge einer sozialen Regel.[210] Die moralische Norm, auf der die Regel beruht, überführt Dahn in sein mythobiologisches Modell, um sie für sein aktionistisches Konzept des nationalen Kampfes nutzbar zu machen. Teja verkörpert potenzierte Natur, Hypernatur – die Geburt des Übermenschen aus dem Semi-Inzest.


## Die Kraft der Erneuerung: erweiterte Endogamie


Trotz der Gefahr des genetischen Kurzschlusses bedeutet das endogame Modell das allein akzeptable. Die Grenze zieht die jeweilige Nation: Als sexuell vereinigungsfähig gelten alle zum Sozialverband Gehörenden, die das *Blut* verbindet, die aber nicht im eigentlichen Sinne blutsverwandt sind. Exogame Verbindungen, solche zwischen Partnern verschiedener

Nationen, scheitern immer,[211] fast immer sind die Nachkommen ethnischer Mischehen nicht überlebensfähig. Meist liegt es an ihrer Degeneration; falls nicht, wird ihnen ihre Mischidentität zum Verhängnis, wie das Fontane an seinen polnischen Figuren zu belegen sucht.[212] Innerethnische Verbindungen bergen zwar auch Gefahren. Doch sind allein solche Ehen lebensfähig und in der Lage, den Bestand des *Volkes* und seiner Kultur zu gewährleisten. Mehr noch: Die Verbindung ist umso stabiler, je größer die soziale und biologische Nähe ist – bis sie eben, wenn sie sich dem Inzest nähern, gefährlich werden. So wichtig wie die biologische ist allerdings auch die soziale Nähe, die von natürlichen Verhältnissen zeugt. Nähe verbürgt psychische Stabilität und wird damit geradezu zur Bedingung für Leistungsfähigkeit.[213]

So wären für eine Gesellschaft Nachkommen wünschenswert, die aus einer möglichst großen, doch eben nicht extremen biologischen Nähe hervorgegangen und in einer gewissen Geborgenheit aufgewachsen sind, in überschaubaren Verhältnissen, auf dem Dorf am besten oder in kleinen Städten, wo auch noch Bürgermeister, Wirt und Pfarrer den Kleinhäusler kennen. Wenn es Geschwistern schon nicht möglich ist, zu heiraten, so sollten Männer und Frauen, bevor sie das Bett teilen, immerhin schon in den Gärten liebender Eltern oder auf der Straße vor dem Haus miteinander Fangen gespielt haben.

Dass eine solche Kindheit am ehesten ein gelungenes Leben und glückliche Ehen garantiert, lassen zwei dafür entworfene Musterpaare erkennen. Beide Paare allerdings sind aus politisch unsicheren Situationen hervorgegangen – ein weiteres Indiz für die Vermutung, in der Welt unserer Romane sei die Krise Voraussetzung kultureller Entwicklung überhaupt. Nur eine nachhaltige Störung der Ordnung mobilisiert demnach die Kräfte, die im einzelnen Menschen und in seiner Gesellschaft stecken. Eine derartige Hochbewertung der Krise ist freilich ein zentrales Motiv der modernen Literatur bis um die Mitte des 20. Jahrhunderts. Man findet es quer durch die politischen Richtungen, von Feuchtwanger über Oskar Maria Graf bis zu Thomas Mann und Ernst Jünger, und sicherlich hängt es mit den Erlebnissen dieser Generationen zusammen.[214] Zweifellos aber taucht das Lob der Krise bereits im Erzählen der Gründerzeit auf.

Bezeichnend ist, wenn Felix Dahn den Mann dieses seines Musterpaares *Adalgoth* nennt und dessen Gefährtin den Namen *Gotho* gibt. Beide Namen dienen als Attribute. Adalgoth ist der Sohn eines von Theoderich verbannten gotischen Adligen, der wiederum einem mit den herrschenden Amalern konkurrierenden Geschlecht entstammte, den Balten. Sein Sohn wird inkognito in einem abgelegenen Tal in Südtirol versteckt, am nördlichsten Rand des »Reichs«, also einer ganz und gar von der Natur beherrschten Umgebung. Dort wächst Adalgoth, der seine Herkunft nicht kennt, zusammen mit Gotho auf, der Tochter eines Bergbauern. Am Ende werden *der edle Gote* und *die Gotin* vereinigt, das Paar zum Stammhalter eines neuen Gotengeschlechts erhoben – die Erneuerung geht von ländlichen Räumen aus, die Kraft der Regeneration strömt aus der Natur.

Ein ähnliches und in seiner Ähnlichkeit geradezu kostbares Modell exogamer Endogamie ist auch im *Sturm* zu erkennen.

Dort verkörpern Berndt von Vitzewitz' Sohn Lewin und dessen spätere Frau Marie Kniehase die Zukunft des wie Phönix aus der Asche steigenden neuen Preußens. Auch Marie ist, wie ihre germanische Base Gotho, ein Kind aus dem Volk, vital, fruchtbar, tüchtig. Fontane beschreibt sie mit Metaphern, die elementare Kraft ausdrücken und geradezu an Teja erinnern: Er nennt sie die »dunkeläugige Tochter« (45), die in ihrem Wesen »etwas Heftiges« habe, das aber »jedem freundlichen Worte« wich (80).

Mit Marie entwirft Fontane das Muster der natürlichen Frau, deren Rechtschaffenheit in ihrem Wesen vorgebildet ist. Sie verkörpert moralische Weiblichkeit, die alte gute Rolle der Frau. Die Situation, in der Fontane sie dem Leser vorstellt, könnte beredter kaum sein:

> Dem Alten gegenüber, im vollen Fensterlicht, saß die Tochter des Hauses, Marie, (…); und mit derselben Aufmerksamkeit, mit der sie gestern den Erzählungen Lewins gefolgt war, folgte sie heute der Vorlesung ihres Vaters, der zuerst das Weihnachtsevangelium, dann das 8. Kapitel aus dem Propheten Daniel las. (…) Mariens Hände lagen still in ihrem Schoß.« (71)

Stellt man dem die Glut in Maries Innenwelt entgegen, jenes »Feuerflüssig-Vulkanische«, das auf einen energischen, zielstrebigen Charakter schließen lässt (»Phantasie und Leidenschaft« zeichneten sie aus [83]), so offenbart sich die tiefere Bedeutung dieser biedermeierlichen Szene: Das Potenzial an Kraft muss in sinnvolle Bahnen gelenkt werden, soll es nicht über die Ufer sozialer Norm treten und Schaden anrichten. Die Frau braucht traditionelle Leitbilder unter männlicher Führung, am Ende käme sie noch auf den Gedanken, aus eigenem Willen die Grenzen ihrer Rolle zu überschreiten. Bei Marie indessen besteht keine Gefahr des Ausbruchs, anders als bei Kathinka, der Polin.[215] Als natürliche Frau ist Marie zur tüchtigen Gattin bestimmt. Zu den Anlagen muss allerdings die rechte Sozialisation hinzukommen. Gerade Maries ungeklärte Herkunft benutzt Fontane, um dieses Konzept zu erfüllen. Marie kommt als Tochter eines Wanderakrobaten nach Hohen-Vietz. Der »starke Mann« ist jedoch von Krankheit geschwächt und segnet bald nach seiner Ankunft das Zeitliche. Sein Kind erweckt in den sonst xenophoben Märkern väterliche Regungen, zumal Marie nicht nur durch Mut und Intelligenz, sondern insbesondere durch einen anmutigen »Zauber des Geheimnisvollen« (76) zu entzücken versteht.[216] So findet die Heimatlose durch Adoption des Dorfschulzen Kniehase eine Heimstatt in den oberen Rängen der Dorfgemeinschaft.

Weshalb aber nimmt ein in der sozialen Ordnung relativ hochstehender Mann ein Kind von ungewisser Herkunft bei sich auf? Aus Rührung, Mitleid, christlicher Nächstenliebe, wie der Erzähler mitteilt: »Es geschah das, was unter ähnlichen Verhältnissen immer geschieht: dunkle Geburt, seltsame Lebenswege, wie sie den Argwohn wecken, wecken auch das Mitgefühl, und ein schöner Trieb kommt über die Menschen, ein unverschuldetes Schicksal auszugleichen. Der Zauber des Geheimnisvollen unterstützt die wachgewordene Teilnahme.« (76) Doch stehen dahinter noch andere Beweggründe.

Dem Dorfschulzen bietet das Waisenkind Gelegenheit, einen Zustand zu bereinigen, der in der Gesellschaft, die Fontane schildert, erheblichen Makel bedeutet: Seine Ehe ist kinderlos geblieben. Diese Unfruchtbarkeit ist umso auffälliger, als sowohl Kniehase wie auch seine Frau keine Degenerationsmerkmale aufweisen, sondern im Gegenteil gesund und kräftig wirken. Der Text gibt auf die Frage nach den Gründen der Kinderlosigkeit keine explizite Antwort. Er gibt aber Hinweise.

Kniehase ist kein geborener Bewohner der Mark, fast gilt er im Oderbruch noch als Fremder: »Kniehase war ein ›Pfälzer‹« (71), der Sohn einer rheinischen Kolonistenfamilie, die Mitte des 18. Jahrhunderts im Zuge der von Friedrich II. durchgeführten Kulturlandgewinnung in die östliche Mark Brandenburg eingewandert war. Somit ist der spätere Dorfschulze von Hohen-Vietz erst in der zweiten Generation in der Region ansässig, nach traditionellem Verständnis also ein Neuling.[217] In Neu-Barnim am Tag des Hubertusburger Friedens geboren (15. Februar 1763)[218], schlägt er mit seinem Eintritt »in die Grenadierkompanie des Regiments Möllendorf« eine militärische Karriere ein. Sie führt den Unteroffizier in den ersten Koalitionskrieg und auf das Schlachtfeld bei Kaiserslautern. Dort rettet er in dem verwundeten Hohen-Vietzer Großbauern Peter Kümmritz seinen künftigen Schwiegervater vor den französischen Kartätschen: Bei einem Besuch seines alten Kameraden lernt Kniehase Kümmritz' Schwester kennen und heiratet sie.

Die Biographie dieser als Stiefvater der späteren Frau Lewins wichtig werdenden Nebenfigur enthält nun einige anscheinend nebensächliche Einzelheiten, die im Zusammenhang mit dem Problem der Identität und Herkunft allerdings beredt sind. Dass Kniehases Geburt, an eben jenem 15. Februar 1763, auf einen Tag fällt, der Preußens Sieg im Siebenjährigen Krieg besiegelt und damit ein Datum markiert, an dem Preußen schon einmal gleichsam wiedergeboren wurde – das gibt zunächst einen Hinweis darauf, dass ein krisenhafter Zustand Bedingung für die Integration Fremder ist. Preußen war ausgeblutet und brauchte Arbeitskräfte. Unter dieser Voraussetzung kann Eheschließung dann für solche nicht ortsansässigen Personen Zugehörigkeit begründen – diese eingeschränkte Exogamie ist erwünscht und nützlich, da sie auch einer zu großen genetischen Nähe entgegenwirkt.

Der Krieg scheint zudem Vater dieses Prozesses der Eingemeindung zu sein, zumindest steht er Pate und ermöglicht in dieser Funktion die Initiation in die ansässige Gesellschaft. Auffällig ist jedenfalls der ursächliche Zusammenhang zwischen dem Siebenjährigen Krieg, der Schlacht bei Kaiserslautern und Kniehases Ansiedlung in Hohen-Vietz: Ohne diese Kriege wäre »der Pfälzer« niemals an diesen Ort gelangt, wo er rasch ansässig wird und aufsteigt. Man darf seinen Erfolg wohl als Zeichen der Akzeptanz Kniehases ansehen. So wäre also die *exogame Endogamie* verwirklicht: Kniehase ist kein Preuße, stammt aber aus deutschen Landen.

Dennoch scheint diese überregionale Vereinigung nicht ganz einwandfrei zu sein. Kniehases Eltern sind ja noch aus der Pfalz eingewandert, einer Gegend, die nach der Vorstellung eines märkischen Dörflers jenseits der Blauen Berge liegen musste. Zugleich aber ist sie vom damaligen Preußen auch nicht allzu weit weg und liegt im gleichen Sprachraum und sogar im gleichen politischen Großraum: Kniehase kommt aus einem anderen Landstrich, einem anderen Teilstaat, doch immerhin aus einem deutschen Sprachgebiet und einem Staat des Heiligen Römischen Reiches Deutscher Nation.

Dass diese überregionale Ehe zwischen Kniehase und der Schwester des märkischen Großbauern Kümmritz aber trotz solch relativer Nähe nicht ganz einwandfrei ist, darauf eben deutet der Makel ihrer Kinderlosigkeit hin. Was nützt die Exogamie, das Einheiraten Ortsfremder, wenn daraus nicht arbeits- und heiratsfähige Nachkommen entstehen? Ist am Ende das Blut des Pfälzers doch nicht ganz kompatibel mit dem preußischen? Der Text lässt es offen und schickt Marie wie eine dea ex machina.

Maries Ankunft in Hohen-Vietz, die sich ungefähr auf 1800 datieren lässt, traf eindeutig auf eine krisenhafte Situation. Es gibt Anzeichen von Unregelmäßigkeiten im sozialen Gefüge, die die Lebensfähigkeit der Gemeinschaft beeinträchtigen: Die bürgerliche Oberschicht ist unfruchtbar (des Schulzen Kniehases Ehe ist ja kinderlos), und im Adel zeigen sich Symptome fortschreitender Degeneration.

Denn die Nachkommen, die aus der Ehe, die Berndt wenige Jahre vor Maries Eintreffen geschlossen hatte, hervorgehen, lassen deutlich Merkmale psychischer und körperlicher Verfeinerung erkennen, die im selben Maß als geschwächte Tatkraft erscheint. Berndt selbst ist psychisch nicht mehr ganz intakt: Eine in seiner Familie über Generationen weitergetragene Depression dämpft Lebensfreude und Leistungsfähigkeit. Sie ist die seelische Hypothek eines Verbrechens, das seit dem Ende des 30-jährigen Kriegs die Familiengeschichte überschattet und in einem Brudermord besteht: Matthias von Vitzewitz, ein kaiserlicher Offizier, kommt ins väterliche Haus nach Hohen-Vietz zurück, gerät mit seinem Bruder Anselm in Streit, der ihm vorwirft, er als Protestant habe bei den Kaiserlichen, auf Seiten der Gegenreformation gekämpft:»In diesem Augenblick zogen beide. (...), aber ehe noch ein Dazwischenspringen möglich war, hatte des jüngeren Bruders Degen die Brust des älteren durchdrungen. Anselm war tödlich getroffen.«[219] Das Schuldbewusstsein des Täters Matthias geht auf die Nachkommen über:

> Und dieser Zug begann sich fortzuerben. Der Familiencharakter, der in alten Zeiten ein joviales Aufbrausen gewesen war, wich einem Grübeln und Brüten, und ihr Hang zu Festen und Gelagen schlug in einen Hang zur Selbstpein und Askese um. (20f)

In diese Familiengeschichte ist die von Ernst Haeckel verbreitete Theorie eingeflochten, wonach erworbene Eigenschaften ins Erbgut übernommen werden: Der düstere Zug habe sich »fortgeerbt«. Um aber endlich dieses lebensfeindliche Element zu beseitigen, hatte Berndt von Vitzewitz eine gewisse Madeleine de Dumoulin geheiratet: »Es war im Mai 1795...« (28). Frau von Dumoulin war heiter und klug, »eine typische deutsche Schönheit« (28). Sie entstammt aber nicht deutschem, sondern altem französischem Adel und lässt beträchtliche Degenerationserscheinungen erkennen: Ihr dünnes Nervenkostüm zerreißt gerade in dem Augenblick, in dem es seine Belastbarkeit erweisen sollte, im Augenblick der Krise. Sie stirbt kurz nach dem Sieg Napoleons über Preußen (180?), aber lange vor ihrer Zeit. Anlass ihres Hinscheidens ist die Anzüglichkeit eines korsischen Offiziers in der französischen Armee.

Wir werden auf diesen Vorfall noch zu sprechen kommen, hier sei nur gesagt, dass Fontane mit dieser seiner Räuber-Pistole eine Konstellation schafft, die sich auch bei Dahn mehrmals findet: Ethnische und kulturelle Mischehen sind krisenhaften Lagen nicht gewachsen und daher gefährlich. Nicht nur führen sie in der unvermeidlichen Konfrontation der Nationen zu Identitätsproblemen, die unweigerlich mit dem Untergang der Figur enden, sie verändern auch das eigene Erbgut, und meist nicht zum besseren.[220]

So haben Berndt von Vitzewitz' Kinder zwar den »leichten Zug« ihrer Mutter, der sich auch physiognomisch in einer gewissen eleganten Schlankheit äußert. Es scheint, als habe das französische Blut den depressiven Zug im Familiencharakter gelöscht. Indessen zeigt Fontane an *Mdme de Dumoulin*, dass dieses Blut nicht mehr ganz frisch ist: Es stammt aus altem und offenkundig überfeinertem Adel, es ist französischen Ursprungs, es ist fremd – die Dekadenz des alten französischen Adels ist ein Topos des 19. Jahrhunderts, den der Text hier nur abruft. So sind dann auch Berndts Kinder in ihrer *Lebenskraft* geschwächt. Diese Degeneration wirkt sich bei Renate in der Unfähigkeit zur Fortpflanzung aus, einem Mangel an zupackender Tatkraft und lebenspraktischer Begabung. Ein Landgut könnte sie niemals führen, die religiöse Schwärmerin zieht das Kloster vor.

Lewin indes kann die Rolle des tüchtigen Mannes erfüllen, indem er am Ende heiratet, das väterliche Gut bewirtschaftet und Nachkommen zeugt. Auf diesem Weg allerdings hat er durch schwere Krisen seine »innere Schwäche«, seine psychische Labilität, seine Unentschlossenheit und seinen realitätsfernen Idealismus zu überwinden.[221]

Noch also ist die biologische Substanz derer von Vitzewitz regenerationsfähig. Aber höchste Zeit, dass frisches Blut in die Familie fließt.

Vor diesem Hintergrund wird man kaum mehr an Zufall glauben wollen, wenn in Marie eine gesunde, tatkräftige, die ihr zugedachte Rolle untadelig ausfüllende Frau heranwächst. Es passt fugenlos in diesen Rahmen, dass Marie ihrer vielversprechenden Anlagen wegen sogar bei den Vitzewitzens erzogen wird. Bald nach ihrer Ankunft im Dorf, also kurz nach 1800, nimmt sich Berndts Frau Madeleine de Dumoulin persönlich ihrer an. »Das ist ein seltenes Kind«, erkennt sie, und der Autor berichtet: »…und ehe acht Tage um waren, war sie die Spiel- und Schulgenossin Renatens.« (80)

Wie sich die Dinge doch fügen: Marie wächst auf, als sei sie die *Schwester der Vitzewitz-Geschwister*. Sie spielt im Vitzewitzschen Park Fangen mit Lewin. Damit ist die größtmögliche soziale Nähe gewährleistet, aber die Gefahr zu großer genetischer Nähe vermieden, Marie ist ja keine leibliche Schwester ihres künftigen Gatten Lewin.

Die Sozialisation im adligen Milieu aber schafft die kulturelle Bedingung für eine spätere Verbindung, die von Geburt her nicht standesgemäß wäre, wenn auch nicht unmöglich. Immerhin zwingt der gesellschaftliche Umbruch nach 1800 den Adel zur »Partizipation« an der entstehenden Bürgergesellschaft.[222]

Es fügt sich somit wiederum wunderbar, wenn sich herausstellt, dass Maries Herkunft so unstandesgemäß wohl gar nicht ist: Ihre Mutter wenigstens war »eine Tochter aus gutem Hause« (75). Berndt holt sich denn auch von Maries Stiefvater Kniehase die Zusicherung, das Kind, das ihm, Kniehase,

> die Hand Gottes fast auf die Schwelle seines Hauses gelegt habe, sei kein bäuerlich Kind; es sei nicht bäuerlich von Geburt und nicht bäuerlich von Erscheinung (…), nie sähe er seine Marie mit geschürztem Rock und zwei Milcheimern unter dem Zurufe lachender Knechte über den Hof gehen.« (81)

Fast scheint es, als sei ihr ein gewisser Adel angeboren! Dass Fontane aber die Herkunft in den Details unbestimmt lässt, darf man als bestrickend geschicktes Arrangement bezeichnen: Ohne definitive soziale Koordinaten außer der Information über die mütterliche Herkunft bleibt auch die Identität nur soweit bestimmt, dass der Eintritt in den Adel nicht von vornherein ausgeschlossen ist. Marie ist mit Sicherheit kein Bauern- oder Armenkind, das irgendwann vielleicht angeborene Neigungen zu groben Manieren oder gar Sinnlichkeit entfalten würde! Und da sie überdies glänzende Anlagen hat, ist die Aufnahme in den Adel nur noch eine Frage der Kultivierung. Der Diamant lässt sich schleifen, auch wenn der Fundort unbestimmt bleibt.

Man muss allerdings zugeben, dass sich Fontane, der einen Narren an den Junkern Brandenburgs gefressen hatte, mit seiner Marie ziert wie ein Backfisch beim ersten Kuss. Er schlägt historische Volten wie ein Franzose, macht regionale Sprünge, betreibt lebensgeschichtliche Spitzenklöpplerei, bis Marie endlich zu einer regionalen *mater borussiana* aufsteigen darf, einer zierlichen Miniatur der großen Landesmutter Luise. Dahn ist da schlichter, seine Gotho einfach ein gesundes und anständiges Bauernmädchen. Aber am Ende ist alles, alles gut. Lewin und Marie begründen den alten Landadel neu, und ähnlich ihrem germanischen Vetternpaar Adalgoth und Gotho vereinigen sie sich zur Keimzelle einer aufblühenden Nation, die ein Menschenalter später Deutschland in seinen ersten Nationalstaat führen wird.

Vor der Kulisse dieses patriotischen Historienbildes offenbaren die moralischen Beweggründe, die der Erzähler für die Integration Maries anführt, ein handfestes gesellschaftliches und politisches Interesse. Wäre Marie hässlich gewesen, hätte sie nicht zu bezaubern vermocht, sie wäre dort gelandet, wo die Outcasts des Oderbruchs versammelt sind, auf dem Forstacker. Das ist eine abseits des Dorfes gelegene, »aus bloßen Lehmkaten« bestehende Straße, »das Armenviertel von Hohen-Vietz, zugleich die Unterkunftsstätte für alle Verkommenen und Ausgestoßenen, eine Art stabilgewordenes Zigeunerlager« (62). Als Tochter eines fahrenden Gesellen hätte Marie auf den Forstacker gepasst – hätte nicht der Zufall oder eher die Vorsehung der Biologie und des Weltgeists sie anmutig, gesund und begabt, sie also tauglich gemacht für die Frischzellenkur alten preußischen Blutes.

Aus Kriegen geboren:
Fontanes biethnisches Herkunftsmodell

Fontanes Humanitätsidylle lässt also hinter ihrer christlichen Miene die durchaus nüchternen Züge bürgerlich-protestantischen Utilitarismus erkennen. Mitleid ist ein schönes Ideal, Mitleid allein führt indes auf dem

Felde der Realität nicht weiter. Das brauchte der machtbewussten Ära Bismarcks nicht erst Nietzsche zu erklären.[223]

Maries Funktion als Nymphe jenes *Wunderborns*, der *das Volk* mit frischem Blut versorgt und aus dem seine Wesensart fließt, lenkt den Blick auf eine Spur, die an die Wurzeln der Abstammung der Preußen führt. Sie sind, kurz gesagt, aus *zwei* Heldenvölkern hervorgegangen. Hier zeigt sich nun doch ein inhaltlicher Unterschied zu Felix Dahn, der den Deutschen einer einzigen Wurzel entwachsen lässt, eben der, die der Urvater Gaut angelegt hat. An der Wiege des Preußen hingegen standen zwei Väter. Dahns Modell ist monoethnisch und monokulturell, das von Fontane biethnisch. Da kann man ihn ja schon fast als Begründer der multikulturellen Gesellschaftsidee vereinnahmen!

## Zusammenstoß und Vereinigung mächtiger Völker

Das Geschlecht derer von Vitzewitz, das Marie mit frischem, zwar wohl deutschem aber nicht preußischem Blut wieder aufblühen lassen wird, führt als brandenburgisches Mustergeschlecht seine Abstammung in weite Vergangenheit zurück, dorthin, wo die Ursprünge Preußens liegen sollen.

Die Linie der Vorfahren, so teilt der Text uns mit, lässt sich bis zum Beginn des 14. Jahrhunderts verfolgen.[224] Dann verliert sie sich im halb mythologischen, halb historischen Dunkel zweier ethnischer Wurzeln, zweier Völkerschaften, die in den Migrationswirren der frühchristlichen Jahrhunderte ins Gebiet des späteren Oderbruchs gelangten. Um sie entbrennt jener gern als Beleg für Fontanes antinationale Gesinnung angeführte Streit zwischen dem Dorfpastor Seidentopf und dem Hausfreund der Vitzewitzens, dem Justizrat Turgany aus Frankfurt/Oder: Der Streit um die Frage, von welchem dieser beiden Stämme die Bewohner des Oderbruchs abstammten. Sind es die slawischen Wenden oder sind es Semnonen, also Germanen, das heißt, wie der von seiner germanischen Herkunft überzeugte Pastor sagt,[225] »Deutsche«? Aus dem Disput zwischen den befreundeten Kontrahenten Seidentopf und Turgany geht hervor, dass jenseits der Oder, östlich des Oderbruchs, die Wenden siedelten, diesseits aber, auf dem Gebiet des preußischen Dorfes Hohen-Vietz, die Germanen ansässig waren. Turgany: »Die Oder war immer *Grenz*fluß.« (97) Seidentopf entgegnet unbeirrt, es hätten diesseits und jenseits des Flusses »Deutsche« gesiedelt, »nur die Stämme waren verschieden. *Welche* Stämme hüben und

111

drüben, darüber mag gestritten werden; ich betone nur das Germanische überhaupt.« (97)

Ein Blick in Fontanes *Wanderungen*, in denen der gesamte historische und volkskundliche (der schöne altmodische Begriff ist für Fontanes Art der ethnographischen Betrachtung der treffende) Stoff des *Sturm* aufbereitet liegt, ist gerade an diesem Punkt aufschlussreich und ergänzt, vertieft und bestätigt diese Konzeption einer *biethnischen* Abstammung. Fontane widmet im Band über das *Havelland*, zuerst 1872 und dann 1880 in der wesentlich überarbeiteten und von da an gültigen zweiten Auflage erschienen,[226] der Geschichte der Wenden ein ausführliches Kapitel. Er schildert ihre Ansiedlung in der Mark Brandenburg, ihre Kämpfe gegen »die Deutschen«, ihre Kultur und Lebensweise und ihren Untergang. Nicht von ungefähr ist dieses Kapitel den Beschreibungen der havelländischen Regionen vorangestellt. Fontane, der sorgfältige Vorstudien betrieben und über ein Dutzend wissenschaftlicher Werke zu diesem Thema durchgearbeitet hatte, hebt als erstes die Macht, Stärke und Widerstandskraft der Wendenstämme hervor: »Aber das *westliche* Wendenland war doch die Hauptsache. Hier zwischen Oder und Elbe, standen die berühmtesten Tempel, hier wohnten die tapfersten und mächtigsten Stämme.«[227] Wobei die in der späteren Mark Brandenburg Angesiedelten unter den Starken die Stärksten waren:

> Unter diesen drei Hauptstämmen der Westwenden, ja vielleicht der Wenden überhaupt, waren wiederum die *Liutizen*, denen also die märkischen Wenden als wesentlicher Bruchteil zugehörten, die ausgedehntesten und mächtigsten.[228]

Ihr Name werde »in den deutschen Annalen von Karl dem Großen bis zu ihrer völligen Unterwerfung (1157) öfter denn irgendein anderer Volksname genannt.« Mit den Resten der germanischen Semnonen hätten sich die als Eroberer im frühen 6. Jahrhundert eingewanderten Wenden vermischt, um später den eindringenden christianisierten Sachsen, »dem andringenden Deutschtum«, erbitterten Widerstand zu leisten. Diese Kampfbereitschaft habe letzten Endes zu einer Optimierung der natürlichen Eigenschaften dieser Völkerschaft geführt: »... und in dem Mute, den die Spree- und Havelstämme in diesen Kämpfen entwickelt hatten, wurzelt ihre Bedeutung.«[229] Erst als der Anhaltiner Albrecht der Bär (um

1100-1170), von Sachsenkönig Lothar mit der sogenannten »Nordmark« belehnt[230], sein Besiedlungsprogramm in die Tat umsetzte, »gingen die Dinge einer Wandlung entgegen...; empfing das Wendenland zwischen Elbe und Oder überhaupt den Todesstoß«.[231]

Diese Darstellung beruht auf dem Gedanken, die Kultivierung des späteren preußischen Kernlands sei in einem natürlichen Auslese- und Optimierungsprozess vorangetrieben worden. In der Konfrontation zweier Eroberer-Völker, zweier als stark, mutig und zugleich kultiviert geltender Ethnien,[232] verbindet sich einerseits notwendig deren *Blut*, wie andererseits die kulturell, durch Kämpfe und Entbehrungen erworbene Qualität wieder das Erbgut verbessert. Kurz, jene Eigenschaften, denen Preußen schließlich seinen Aufstieg verdankt und die es aus seinem nationalen Zusammenbruch retten, sind seit den Uranfängen vorhanden gewesen, wurden über Jahrhunderte und Generationen weitergereicht und optimiert. Sie liegen dem Preußen im *Blut*, seine führende Rolle auf der weltgeschichtlichen Bühne ist keine Laune der Geschichte, sondern historische Notwendigkeit.

Bemerkenswert ist in dieser Darstellung der Christianisierung oder eben Germanisierung der preußischen Kernlande, dass sie jenen Akt der Identitätsstiftung und Bildung eines geopolitischen Raumes abruft, der überhaupt zum Fundament des Nationalbegriffs unserer Romane gehört: das *Blutopfer*, genauer jene Form des Blutopfers, die in der Schlacht und allgemein im Krieg besteht. Erst wenn Blut fließt und sich mit dem jeweiligen Boden verbindet, ist der politische Raum für die Nation geschaffen.[233] Dass diese Initiation im Falle Preußens aus der Konfrontation und Vereinigung eben der beiden Volksstämme entsteht, die Gegenstand des Streits der Romanfiguren Turgany und Seidentopf sind, bildet und bestätigt die im *Sturm* angelegte biethnische Abstammungstheorie.


### Odin und Mistiwoi

Anlass jener beredten Auseinandersetzung zwischen Pastor Seidentopf und dem Justizrat ist ein kleiner dreirädriger Bronzewagen, ein archäologisches Fundstück, das Turgany seinem germanophilen Gesprächspartner zu Weihnachten schenkt. Auf der gegabelten Deichsel des Wagens sind je drei bronzene Vögel angebracht. »Das Ganze, quadratisch gemessen, wenig über handgroß, verriet ebenso sehr technisches Geschick wie Sinn für Formenschönheit.« (97)

Wenn Turgany dann wie beiläufig erwähnt, das Stück stamme aus der transodrischen Region:»Wegearbeiter fanden ihn zwischen Reppen und Drossen; er steckte im Mergel; Drossen ist *wendisch* und heißt: ›Stadt am Wege‹« – so will er damit Seidentopfs rein germanistische Abstammungstheorie widerlegen. Damit allerdings dringt er bei seinem pastoralen Kontrahenten nicht durch, der gegen Turganys Trojanisches Pferd das Argument ins Feld führt, auch östlich der Oder seien Germanenstämme zu Hause gewesen, so dass der Bronzewagen ohne Frage»den Wagen Odins« versinnbildliche (98). Der Jurist wiederum antwortet mit dem Hinweis auf die technische und ästhetische Qualität des Funds als Zeichen einer hohen kulturellen Entwicklungsstufe: Während die»Deutschen dieser Gegenden (...) Wilde« gewesen seien, hätte die»gesitteten Wenden (...) sich und ihre Götter mit goldenen Spangen« geschmückt. Daher ließe sich ebenso behaupten, der angebliche»Odinswagen« sei schlicht»das Kinderspielzeug eines Lutizischen oder Obotritischen Fürstensohnes, irgendeines jugendlichen Probislaw oder Mistiwoi«. (98f) Weder der Hinweis auf das Material noch die dargestellte Vogelart erbringen einen schlüssigen Beweis.»...diese sogenannten Raben Odins«, fährt Turgany Seidentopf in die Parade, könnten»nicht mehr und nicht weniger als *alles* sein (...), was je mit Flügeln schlug, vom Storch und Schwan an bis zum Kernbeißer und Kreuzschnabel.« (100) Die Frage nach der Herkunft des Wagens muss offen bleiben.

Diese Passage, die Fontane sibyllinisch *Der Wagen Odins* nennt, verrät Entscheidendes über die dem Roman eingeschriebene Vorstellung von Herkunft und Identität. Es lässt sich dieser Auseinandersetzung zufolge nicht entscheiden, ob die Bewohner des Oderbruchs, jener Region, die der Text zur Geburtsstätte eines neuen Preußen erklärt, letztendlich germanischer oder slawischer Herkunft sind; weder auf theoretischem noch auf empirischem, sprich archäologischem Wege. Doch die Hinweise auf die unmittelbar beieinander liegenden und sich überschneidenden Siedlungszonen zeigen eine dritte Möglichkeit an: Die völkische Synthese, die biologische und kulturelle Vereinigung beider Ethnien durch Mischehen, Handel, Raubzüge, Kriege. Fontane führt die Bevölkerung seiner märkischen Region, den ethnischen Kern Preußens, nicht eindeutig auf germanische Wurzeln zurück, er legt sie überhaupt nicht fest, legt aber ihre biethnische Abstammung nahe. Es liegt auf der Hand, dass der aus Neuruppin gebürtige Berliner Autor mit diesem spielerisch anmutenden Kapitel einen zentralen Diskurs seiner Zeit aufgreift, eben den um die Festschreibung der Abstammung, die wiederum die Identität bestimmt.

In dieser für das Selbstverständnis der bürgerlichen Gesellschaft existenziellen Frage repräsentieren die beiden Romane offenkundig zwei unterschiedliche Positionen, die freilich im Rahmen derselben Grundprämisse liegen: Unbestritten ist in beiden Texten, wie übrigens auch in sämtlichen anderen im Umkreis dieser Vermessungen liegenden Romanen, die Identität in der gemeinsamen, biologisch begründeten Herkunft zu verankern; maßgebend sind die *Blutsbande*. Innerhalb dieses ideologischen Feldes gibt es nun radikale und weniger radikale Positionen. Verglichen mit dem *Kampf um Rom* ist die des *Sturm* eine, wenn man so will, gemäßigt völkische: Während Dahn seine gotischen Kulturgermanen mit Hilfe ihres nationalen Gründungsmythos aus ein und derselben ethnischen Wurzel herleitet, stellt Fontane die Möglichkeit in Aussicht, es könnten zwei Ethnien die biologischen Ursprünge dessen bedeuten, was der Roman als typischen märkischen Menschenschlag, als preußisches Kernvolk, präsentiert. Die fraglichen Ethnien wären eben germanische und slawische Stämme. Es wäre dann mit dieser biogenetischen Synthese im Kleinen, im engen historischen Gehege der »Streusandbüchse«, verwirklicht, wovon Dahn in weltgeschichtlichem Zusammenhang seine Gotenkönige Theoderich und Totila träumen lässt: die Verbindung von »Anmut« und »Kraft«, bei Dahn eben die von Italienern und Germanen. Zweifellos blickt Dahn nicht ohne Wehmut auf die Tradition des Heiligen Römischen Reiches Deutscher Nation zurück, die im 19. Jahrhundert noch gegenwärtig war und nach der Reichsgründung in den Vergleichen Friedrich Barbarossas mit dem deutschen Kaiser Friedrich I. Ausdruck fand. Im Scheitern der gotischen Kulturmission in Italien demonstriert Dahn allerdings, dass er mit den Augen des bürgerlichen Nationalisten auf diese Vergangenheit blickt: Der Nationalstaat moderner Prägung, mit seinen völkischen und kulturellen Identitätskategorien und Staatsgrenzen lässt ein polyethisches, polykulturelles und aus territorialen Gemengelagen bestehendes Gebilde wie das alte Reich nicht mehr zu. Es ist historisch geworden und kann gerade deswegen für die Legitimation des gegenwärtigen Nationalstaats in Dienst gestellt werden.

Fontane setzt als selbstverständlich voraus, die Mark Brandenburg als Landschaft habe seit je ein relativ geschlossenes Territorium gebildet, es sei folglich dieses Kriterium des modernen Nationalstaats schon zur Zeit der Wenden und Semnonen erfüllt gewesen. Das entspricht dem Bedürfnis des Jahrhunderts, sich der ethnischen und kulturellen Wurzeln zu versichern und Kontinuitätslinien über Jahrhunderte zu ziehen.

Die Vereinigung von germanischem Barbarentum mit wendischer Kultiviertheit, die Fontane auch in seinen *Wanderungen* konstruiert, konnte aber nur deshalb glücken, weil diese Kultiviertheit noch nicht degeneriert, weil die Wenden selbst noch vital waren. Aus der Sicht des nationalbewussten Preußen kann diese Konstellation nur als historischer Glücksfall erscheinen. Denn dem Herkunftsmodell seines Romans zufolge muss sich aus der Synthese von barbarischen Germanen und kultivierten, aber ebenfalls starken Slawen jenes Geschlecht entwickelt haben, das sich als *Preußen* seit der Schlacht bei Fehrbellin (Juni 1675) anschickte, zu einer beherrschenden Macht Europas zu werden; das unter Friedrich dem Großen den Aufstieg aus der Kulisse in den Mittelpunkt der europäischen Bühne schaffte. Und das sich auch nach seinem selbstverschuldeten Absturz in die staatliche Unmündigkeit der Herausforderung gewachsen zeigte und zur Regeneration aus eigener Kraft fähig war.

So ist also aus Germanen und Slawen das zähe und forsche Volk der Preußen hervorgegangen! Genetisch derart privilegiert, konnte es wohl im Siebenjährigen Krieg der Welt trotzen, konnte mit seinen Eisenwalzwerken die Welt veränderten, mit seiner Politik Deutschland zum europäischen Machtstaat erheben, mit seinen Künsten das Weltkulturerbe bereichern – Athen und Sparta zugleich.

Dieses biethnische Stiftungsmodell besagt aber unausgesprochen, es könne sich aus zwei Volksstämmen dann eine leistungsfähige Nation entwickeln, wenn keines der Ursprungsvölker Degenerationserscheinungen zeigt. Außerdem müsse die Vereinigung nur etliche Jahrhunderte weit zurückliegen, müssten überdies die klimatischen und geologischen Bedingungen günstig sein. Tatsächlich spielen auch in diesem Konzept ökologische Faktoren eine Rolle.

Erinnern wir uns noch einmal kurz an den Wagen Odins. Der findige Justizrat aus Frankfurt/Oder wusste genau, in welcher Bodensorte dieses Dingsymbol der kulturvölkischen Synthese gefunden wurde: im Mergel. (97) Fontane ist nicht eigentlich als Geologe bekannt, wenn er in der fundamentalen Frage der Herkunft ein solches Detail ins Spiel bringt, muss das auffallen. Tatsächlich beweist er als Regionalhistoriker einen scharfen Blick für scheinbar unwichtige Kleinigkeiten. So war ihm, der auf seinen *Wanderungen durch die Mark Brandenburg* jedem Uniformknopf nachspürte, sicherlich auch klar, dass es sich beim Mergel um »einen fruchtbaren, lehmigen, kalk- und tonhaltigen (…) Boden« handelt, der »zu den ergiebigsten Bodenarten gehört, die wir kennen«. Weiter heißt es in Meyers Konversationslexikon, sandiger Kalkmergelboden sei »das Ideal der Zusammensetzung eines Ackerbodens«.[234] Aus solchem Qualitätsboden also ist Preußen hervorgegangen.

*Vergeistigung und Schwäche:*
*die Folgen ethnischer Mesalliancen*

Welche Gefahren indes biethnische Vereinigungen bergen, wenn die biologische Qualität beider Seiten nicht gleichwertig ist, führt Fontane ebenso am Geschlecht derer von Vitzewitz vor, der mergelgeborenen urpreußischen Musterfamilie. Denn auch der beste Boden kann den Verfall nicht verhindern, wenn sich gesundes Blut mit angekränkeltem mischt. Die Verbindung qualitativ ungleicher Erbanlagen mündet unweigerlich in Degeneration.

Im Zusammenhang mit den Fortpflanzungsmodellen war bereits von der geschwächten Verfassung die Rede, welche »die Vitzewitze« am Anfang der Erzählung zu erkennen geben. Wem klar ist, dass in der Literatur des 19. Jahrhunderts die Physiognomie der Figuren auch den sogenannten »inneren« Zustand ausdrückt, in dieser vorfreudianischen Zeit also auch Krankheit oder Gesundheit anzeigt, der wird das Erscheinungsbild der Vitzewitz-Familie nicht allein den Vorlieben eines in landesgeschichtlichen Genrebildern schwärmenden Erzählers zuschreiben.

Der zeigt von Renate als erstes die »schlanke Mädchengestalt« (24), an ihrem Bruder Lewin bemerkt er die »hochaufgeschossene«, »leichte« und »vornehme Haltung« (8). Als die Geschwister am Weihnachtsmorgen, nach Lewins Rückkehr von Berlin, einander begegnen, hebt Fontane sogleich die Gemeinsamkeiten hervor: »Daß es Geschwister waren, zeigte der erste Blick: gleiche Figur und Haltung, dieselben ovalen Köpfe, vor allem dieselben Augen, aus denen Phantasie, Klugheit und Treue sprachen.« (24) Das sind hochwertige Prädikate, die Augen als Botschafter seelischen Befindens bezeugen zudem die Echtheit dieser Eigenschaften.

Zugleich aber deuten sie subtil Mängel an. Phantasie galt, wie der gebildete Leser wusste, als unerlässliche Begabung des schöpferischen Menschen. Aber anders als in der Goethezeit wird sie in der bürgerlichen Welt doppelbödig. Sie kann auch die Neigung zu Romantik, zu Weltflucht und Wirklichkeitsferne begünstigen. In der Tat bestätigt sich das fast die ge-

117

samte Handlung hindurch. Lewin gibt sich poetischen Träumereien hin und dilettiert in der literarischen Gesellschaft »Kastalia« als Pegasusritter. In seinem Urteil über die politische Lage ist er unentschlossen, schwankt zwischen Mitgefühl mit den aus Russland heimkehrenden französischen Elendsgestalten (im Kapitel »Durch zwei Tore«, 429-438) und patriotischem Freiheitsdrang: »Lewin, unpolitisch und seiner ganzen Natur nach abhängig vom Moment, kam zu keiner bestimmten Überzeugung und sah das Kaiserreich sinken und sich wieder heben, je nach den heitern oder tristen Szenen, deren zufälliger Augenzeuge er sein durfte.« (439) Sein Idealismus hatte sich bereits beim ersten Gespräch mit seinem pragmatischen Vater gezeigt. Berndt hätte am liebsten Napoleons Debakel in Russland zum schnellen Losschlagen genutzt: »Es begräbt sich leicht im Schnee. Nur kein feiges Mitleid.« (34) Lewin missbilligt diesen Plan ausgerechnet mit einem Mitleidsappell:

> ›Aber zunächst sind wir unseres Feindes Freund (…); er rechnet auf uns, er schleppt sich unserer Türe zu (…); das Licht, das er schimmern sieht, bedeutet ihm Rettung, Leben, und an der Schwelle (…) faßt ihn unsere Hand und würgt den Wehrlosen.‹ (35)

Nicht, dass Fontane seinerseits diese Haltung geradewegs ablehnte – es äußert sich darin ja ein »schöner« und »edler« Charakter. Gerade das aber lässt, verliert man das zeitgenössische Ideal der unbedingten Tat nicht aus dem Blick, Mangel an Entschlossenheit erkennen. Dieses Willensdefizit zieht sich gleich einem Homerischen Epitheton durch die Persönlichkeitsschilderung Lewins, bis es durch kathartisch wirkende Zusammenstöße mit der Realität verschwindet.[235] Bezeichnend ist, dass der Erzähler, als er Lewin dem Leser vorstellt, dessen hohe Empfindsamkeit erkennbar macht, Eigenschaften des Tat-Menschen aber unerwähnt lässt. Nicht, dass Lewin sie nicht besäße, doch muss er erst eine Reihe von Initiationen durchstehen, um ihr Potenzial aktivieren zu können. Anlage und Entwicklung dieser Figur lassen einerseits eine Veranlagung zur ethischästhetischen Verfeinerung erkennen, andererseits schimmern durch die ätherische Haut noch die robusten Familieneigenschaften hindurch. Dass die Verfeinerung nicht endgültig in Dekadenz umschlägt, ist der starken genetischen Substanz zu danken, die noch soweit intakt ist, dass die Regeneration gelingen kann.

Eine andere, indessen gleichermaßen in der Logik ihrer natürlichen Eigenschaften liegende Entwicklung nimmt die Schwester des Helden, Renate. Ihre romantische Neigung drückt sich früh in einer auffällig religiös geprägten Lebenshaltung aus,[236] die später, je mehr sich die traumatischen Erlebnisse häufen, je heftiger die Zusammenstöße mit der Realität werden, einen steigenden Mystizismus erzeugt und Lewins Schwester schließlich ins Kloster führt:[237] »Es gibt eine verklärte Welt, mir sagt es das Herz, und es zieht mich zu ihr hinauf.« (711) Für das Leben sind solche Charaktere nicht zu gebrauchen.

Der Erzähler, gewiss, tadelt Renates Schritt nicht, moralisch ist daran nichts anzufechten. Doch aus realistischer Sicht wäre ein realitätszugewandter Lebensweg der natürliche: Nachkommen zu erziehen und einen gutsherrlichen Haushalt zu führen, wie es am Ende Marie tut. Die differierenden Lebenswege der Geschwister, der eine in die Ehe und auf die Scholle, der andere in die Stiftskammer, bei gleicher Sozialisation und gleichen Erbanlagen, lässt abermals vermuten, die biologische Substanz der Familie sei angegriffen, doch noch nicht über jenen Punkt hinaus, ab dem die Kräfte frischen Blutes versagen.

Fontane kommt auf diese Zusammenhänge noch einmal zu sprechen, nachdem er Lewin und Renate und deren Vater Berndt vorgestellt hat. So seien die Kinder »als die Ebenbilder der Mutter« herangewachsen: »Schlank aufgeschossen, blond und durchsichtig...« (31) Aufgeschossen und durchsichtig: Kräftig sieht anders aus.

Tochter und Sohn wären denn auch, heißt es weiter, »in jedem Zuge von der äußeren Erscheinung des Vaters«, seiner »gedrungene(n) Gestalt« mit dem schwarzen Haar, abgewichen. (31) Bezeichnender könnte der Gegensatz nicht sein: hier der Gedanken bleicher Schein, dort der robuste Körper als Signal der Lebenskraft. Irgendwann muss es zwischen den Generationen der Väter und diesen Nachkommen zu einer signifikanten Verschiebung im Erbgut gekommen sein. Ausdrücklich weist Fontane auf die Ursache hin: die Mutter.

*Verfeinerungen à la français*

Die vor der Zeit verstorbene Madeleine von Dumoulin besaß zwei auffällige Eigenschaften: Deutsch von Geburt, entstammte sie altfranzösischem Adel, der sich in Preußen militärische Sporen verdient hatte.[238] Soweit ist sie noch als Gattin Berndts von Vitzewitz vorstellbar. Schon ihre Erscheinung aber will nicht recht zu diesem bodenständigen Märker passen: groß, schlank, blond, schön, »wie so oft die Töchter des altfranzösischen Adels«. (28)

Das klingt noch recht schmeichelhaft, wenngleich wirklich handfeste Frauen in den Romanen der Bismarckzeit nicht ganz so schlank sind. Hellhörig aber macht die folgende Bemerkung, Frau von Dumoulin habe sich »ohne Prätensionen, fast [!] ohne Laune (…) vor der Überlegenheit seines Charakters gebeugt«. (28) Sie *beugte sich der Überlegenheit seines Charakters!* Sie ist also doch nicht ganz charakterfest nach deutscher Art, vielleicht ein klein wenig zu prätentiös, zu kapriziös veranlagt.

Die eingedeutschte Madeleine von Dumoulin ist auf verfeinerte Erziehung bedacht und hält sich gar einen Ziergarten, in welchem sie den Heliotrop anpflanzt. (79f) Den sündhaft teuren Heliotrop! Als wäre es Aufgabe des Rittergutsbesitzers, schöner zu wohnen! Hätte die Gattin eines Landjunkers, statt für die sinnlose Schönheit einer südamerikanischen Duftpflanze Geld auszugeben, nicht lieber Saatkartoffeln für den Acker bestellen sollen?

Berndt soll Madeleine abgöttisch verehrt haben. Hatte der Junker in dem berechtigten Wunsch, den düsteren Zug im Familiencharakter aufzuhellen, sich blenden lassen vom Schein der Schönheit, der heiteren Theaterhaftigkeit des altfranzösischen Blutes?

Gewiss, der Brandenburgische Adel hatte stets Geschmack bewiesen und seine kleinen Schlösser mit berückendem Kunstsinn wie Traumgespinste in die meist karge Landschaft gewoben. Kaum jemand im ausgehenden 19. Jahrhundert wusste den Wert dieser Verzauberungen besser zu beurteilen und höher zu schätzen als Theodor Fontane. Gerade deswegen darf man vermuten, der Autor habe mit seiner Beschreibung kleine Signale verstecken wollen. An einem junkerlichen Gutshaus, das in der Regel nicht viel mehr als eine größere Bauernkate war, wirkt der überseeische Heliotrop durchaus exaltiert.

Fontanes mit meisterlichem Fingerspitzengefühl hingetupfte Charakteristik zeichnet ein Bild, auf dem eine hinreißend attraktive, liebenswürdige, menschliche, doch leicht überspannte Frau zu erkennen ist. Den Anforderungen des Lebens, wie sie ein mark-brandenburgisches Landgut Anfang des 19. Jahrhunderts stellt, bedroht von Krieg und politischen Unruhen, mit Einquartierungen und Akquirierungen belastet und erschüttert von den Meldungen des preußischen Zusammenbruchs, ist Frau von Dumoulin nicht gewachsen. Sie hätte besser nach Sanssouci oder in ein Berliner Stadtpalais gepasst.

So liegt sie denn auch nach der verheerenden Niederlage Preußens im Oktober 1806 »von einem hitzigen Fieber« (29) geschwächt zu Hohen-Vietz im Bett. Französische Offiziere nehmen Quartier im Herrenhaus. Um nicht unhöflich zu erscheinen, die *Courteoisie* nicht zu verletzen, begibt sich Madeleine in die Halle, die Herren zu begrüßen. Man sieht ihr an, dass es ihr nicht gut geht, sie ist von der »Blässe der Krankheit« gezeichnet. Tapfer erfüllt sie ihre Pflicht als Dame des Hauses, ihr Charme und ihre Gewandtheit entkrampfen allmählich die frostige Atmosphäre. Die ungebetenen Gäste aus dem Mutterland der Bürgerrechte sind entzückt, der Wein mundet – wahrscheinlich kam er ohnehin aus Frankreich –, man trinkt einander zu. Berndt atmet innerlich auf, schon erscheint der alte Jeetze mit dem Tablett, um den Nachtisch zu servieren. Da schlägt Madeleines Gegenüber, ein »Kapitän von der spanischen Grenze, olivenfarbig, mit dünnem Spitzbart«, an sein Glas, erhebt sich und lallt »in unziemlichster Huldigung« Komplimente, die »der schönen Frau das Blut in die Wangen trieben«. (29) Ein Südfranzose natürlich! Nun, Berndt zeigt dem katholischen Halunken, was ein Junker ist und macht die Sache standesgemäß mit dem Degen ab. Aber was nützt ihm seine Genugtuung! »Die heftigen, von solchen Vorgängen unzertrennlichen Erregungen warfen die schöne Frau aufs Krankenbett zurück, am dritten Tag war sie aufgegeben«. Vielleicht war das ein Fehler, am neunten Tag jedenfalls senkte man sie wunschgemäß ein in »Gottes märkische Erde«. (29)

Die Dekadenz des alten Adels, gleich, welcher Nationalität, ist in der bürgerlichen Literatur des 19. Jahrhunderts natürlich ein Leitmotiv. Der heute nur noch dem Titel nach bekannte Roman »Ruhe ist die erste Bürgerpflicht« (1852) von Willibald Alexis, den Fontane schätzte, baut sogar eine ganze Geschichtstheorie darauf auf. Demnach ist Preußen an der Zuchtlosigkeit seiner überlebten Oberschicht zugrunde gegangen, Napoleon brauchte dem morschen Staatsgebäude nur noch den letzten Tritt zu verpassen. Auch im *Sturm* ist die hinter der Zeit zurückgebliebene Gesinnung, die mentale und körperliche Schwächlichkeit weiter Kreise des Adels ein zentrales Thema. Fontane setzt es mit dem Zirkel auf »Schloß Guse« in sein Geschichtsbild ein – als jenen Teil, dessen falscher Glanz schon im Dämmer des Untergangs liegt. Davon werden wir im Kapitel über »Dekadenz und Zivilisation« berichten.

Dorf und Herrenhaus von Hohen-Vietz, Grundherr und Bauern, bilden das regenerationsfähige und die neue national-liberale Zeitströmung mittragende und sogar mitbegründende Gegenstück. Dennoch lässt Fontane durchblicken, dass in jenen Zeiten der epochalen Umbrüche die gesamte Führungsschicht des eben erst aus der Geschichte verschwundenen alten Reiches auf dem Prüfstein steht, sich politisch neu orientieren und ihr Selbstverständnis neu definieren muss. Das Zünglein an der Waage, so die in dieser Rückblende auf die Familiengeschichte verschlüsselte Botschaft, ist die Erbanlage.

Madeleine von Dumoulin stammt aus einer seit drei, vier Generationen in Preußen ansässigen, kulturell assimilierten Familie. Sie bringt deren Sitten, Lebensstil und Anschauungen mit in das Haus des altpreußischen Landedelmanns Berndt, aber auch französisches Erbgut, das, von altem Adel, offenkundig verfeinert, allzu verfeinert, schon leicht dekadent ist. Die Mitgift ist zwiespältig: Ihr ist, wie die Dinge liegen, die seelische Verfeinerung der Nachkommen geschuldet, aber auch die vitale Schwächung. Es wird höchste Zeit, lässt der Text verlauten, dass eine gesunde und fruchtbare Frau das Erbgut regeneriert. Und das geschieht dann auch, wie beschrieben, mit der Einheiratung Maries.

Und umso dringender schien diese Auffrischung, als Berndt selbst wohl schon leicht angeschlagen war. Auch bei ihm flicht Fontane kleine Unregelmäßigkeiten in das Muster seiner Charakterisierung. Weshalb heiratete der Junker nicht die tüchtige Tochter eines alteingesessenen Gutsbesitzers aus Varzin oder Stendal? Sein Versuch, mit einer bezaubernden, aber wohl etwas zu schlanken Adligen französischer Herkunft die Sonne der Heiterkeit in sein nicht ungemütliches, aber zu Tristesse und Kargheit neigendes Heim zu holen, beleuchtet gerade seine eigene von Resignation angekränkelte Seele. So muss immerhin befremden, dass ausgerechnet ein so glühender Anhänger friderizianischer Tugenden Tendenzen zum Rückzug erkennen lässt. Als Preußen den Basler Frieden schließt, schließt sich Berndt, von »Abscheu gegen die Pariser Schreckensmänner« erfüllt, mit denen zu »Paktieren« ihm als »eine Gefahr wie eine Erniedrigung Preußens« erscheint, »verstimmt« in sein Landgut ein. (28)[239] Er vertauscht aus reiner Enttäuschung die *vita activa* des Soldaten mit seinem märkischen Tusculum, dem allerdings fast alles fehlt, was den italienischen Landsitz auszeichnet.

Darin liegt ein Indiz. Der eigentlich zum Tatmenschen Geborene verabschiedet sich ohne Not aus den öffentlichen Angelegenheiten. Es wundert nicht, wenn dieser Rückzug sowie der spätere Schock des Partnerverlusts die Depression verstärkt. »Berndts Charakter hatte sich unter diesen Schlägen aus dem Ernsten völlig ins Finstere gewandelt.« (30) Eine Neigung zum Ernsten ist stets von Düsternis umwoben. Sie lässt Lebensfreude nicht aufkommen, sie hindert die Entfaltung der Anlagen. Diese Anlagen wären an sich glänzend. Aber die Vitalität des Vitzewitz-Geschlechts ist gedämpft durch eben das Verbrechen, das ihre Familiengeschichte seit beinahe zwei Jahrhunderten überschattet.

## Kains vererbte Schuld

Dieser alle Lebensregung hemmende Schatte ist zwar nicht Folge einer Mischehe, doch er liefert dem Autor ein gewichtiges Argument, Verbindungen dieser Art zu meiden.

Es war schon die Rede von der Schuld eines Brudermords, geschehen in den Wirren des Dreißigjährigen Krieges: Ein Matthias von Vitzewitz sticht seinen älteren Bruder Anselm im Affekt nieder. Anlass der Gewalttat war eine Beleidigung, die der ältere, protestantisch gebliebene Bruder dem jüngeren zufügt, der als Offizier bei den katholischen »Kaiserlichen« gedient hatte.[240]

In diesem Szenarium ist der Grund des Konflikts benannt: der Wechsel der Zugehörigkeit. Die Gegner sind Brüder, sie teilen dieselbe Herkunft. Der jüngere aber, Matthias, weicht von der Familienlinie, von der am Ort und sogar im Staat herrschenden Norm ab. Als »Kaiserlicher« gehört er einer anderen und gegnerischen, sozusagen fremden Kulturformation an – im Rahmen der im Roman geäußerten Weltanschauung muss diese Zugehörigkeit zweifellos als unnatürlich gelten, sie ist nicht von Herkunft und Scholle bestimmt. Anselm hingegen, als Hüter des väterlichen Hauses und Diener des preußischen und reformierten Kurfürsten, bleibt in den Bahnen seiner Herkunft und seines Staates, bleibt also im gewohnten kulturellen Bezugssystem. In dem Augenblick, in dem der jüngere Bruder Matthias seine Heimat wieder betritt, kommt das Fremde, Gegnerische in den bisher einheitlichen Raum seiner Herkunft. Mit anderen Worten: Matthias' Rückkehr schafft einen Zustand kultureller Uneinheitlichkeit. Damit ist die Spannung aufgebaut, die sich in dem Gewaltakt entlädt, in dem der jüngere Matthias den älteren Anselm tötet. Da sie beide das heftige preußische Vitzewitz-Blut in den Adern haben, ist diese Entladung geradezu zwangsläufig, eine Folge der Anlagen. Die verschiedene Zugehörigkeit, der kulturelle Unterschied, löst den Konflikt aus.

Die Episode spiegelt einen im nationalen Weltbild zentralen Gedanken: Kulturelle Verschiedenheit führe zu Konflikten, die im Untergang eines der Gegner enden. Zum anderen aber soll sie dem Leser vor Augen führen, auf welche Weise der uneinheitliche Zustand in einen einheitlichen, homogenen umgewandelt wird: durch einen Gewaltakt. Der ältere Bruder bezichtigt den jüngeren des Verrats, da dieser für die katholische Sache kämpfte. Matthias verteidigt seinen Schritt. Dann sprechen die Klingen. Ein Wortgefecht leitet also den physischen Kampf ein: Auf eine vorbereitende diskursive Phase folgt der eigentliche Zusammenstoß. Dieser Ablauf der kurzen Binnenepisode entspricht, so zeigt sich bald, dem Ablauf der ganzen Handlung. Das Ziel dieser Entwicklungen besteht in der Schaffung eines einheitlichen kulturellen und ethnischen Raumes.[241] Fontane beleuchtet am Beispiel dieser kleinen Familienepisode ein Geschehen, das sich einige Generationen später im Großen, im staatlichen Raum vollziehen wird: den Akt einer sozialen und politischen Gründung. Erst nachdem Matthias, zurückgekehrt auf den Boden seiner Väter, den älteren Bruder getötet hatte, ist dieser Boden für ihn ganz Heimat geworden. Er hat ihn sich gleichsam erobert, mit Kampf und Blutvergießen. »Der Kurfürst«, berichtet der Erzähler, »empfing ihn in ausgezeichneter Weise und setzte ihn unter Innehaltung herkömmlicher Formen in den Vollbesitz des verfallenen Gutes ein.« (20) Er ist der Gewinner, wenn auch zu dem Preis einer Kapelle, die er für den toten Bruder errichten lässt, und täglicher Sühnegebete.

Dennoch schafft die Gewalttat Tatsachen, die Familiengeschichte derer von Vitzewitz spiegelt im Kleinen die Abläufe bei der Gründung geopolitischer Räume überhaupt. Immer gilt: Am Anfang steht die Tat. Mit ihrer Hilfe schafft der Gründer einen kulturell einheitlichen Raum, mit dem er durch Herkunft und Blut verbunden ist. Blut aber muss fließen: Erst dann, wenn der Boden mit eigenem Blut getränkt ist, ist die Identität des Raumes mit ihren Bewohnern begründet. Der Brudermord ist hier eine Variante des Blutopfers. Die Gewalttat geht dem Gründungsakt voraus und ist sogar dessen Bedingung. Davon wird noch die Rede sein.

Die Schuld des Totschlags habe sich, behauptet der Erzähler, »fortgeerbt«. Das kulturelle Ereignis muss sich also irgendwie biologisiert haben. Derart in ein depressives Familiengen umgewandelt, verdarb es den Nachkommen die Stimmung, durch deren Adern ein eigentlich lebhaftes Blut pulsierte. Vermutlich litten sie alle an einer Angstneurose, die von den

Eltern auf die Söhne und Töchter übertragen wurde, aber Fontane konnte das noch nicht wissen. Im Rahmen seines Vererbungsmodells ist es natürlich schlüssig, zu glauben, frisches Blut als biogenetisches Antidepressivum könne »das heitere Licht der Seele« (31) wieder entzünden. Diese Hoffnung hatte Berndt von Vitzewitz bewogen, Mdme. von Dumoulin zu heiraten: »Er träumte von einer Wandlung, die mit ihnen [seinen Kindern] über das Haus kommen werde.« (31) Tatsächlich verfeinerte der französische Einfluss die Erbanlagen, doch um den Preis weiterer Schwächung. Denn Berndt seinerseits konnte noch nicht wissen, was der im Zeitalter Darwins, Ernst Haeckels und des territorialen Nationalstaats lebende Autor zu wissen glaubte: Dass Verbindungen unter Angehörigen verschiedener *Völker* mitunter gefährlich sind.

Würden sich nun also auch Berndts Kinder, die durchscheinende Renate und der hochaufgeschossene Lewin, mit fremdem Blut vermischen, wäre die Wahrscheinlichkeit groß, die Familiengesundheit noch weiter zu schwächen. Heirateten sie gar, wie geplant, polnische Partner, käme das fast einer Katastrophe gleich, es gefährdete den Fortbestand dieses preußischen Geschlechts. Doch das verhindert gleichsam die Natur selbst, oder der Weltgeist, der mit der Natur im Bunde steht. Das ist die Lehre, die der Roman durch das Schicksal seiner polnischen Figuren verkündet.

## Amoralität und Lebensschwäche:
## die polnische Gefahr

Helmut Nürnberger, Herausgeber des *Sturm*, bedauert im Nachwort der dtv-Ausgabe, eine »noch vor dem Ersten Weltkrieg« erschienene und für den Schulgebrauch gekürzte Ausgabe des Romans weise im Kommentar einen »erkennbar abschätzigen Zungenschlag, was die polnischen Figuren (...) betrifft«, auf. Nürnberger: »Lewin und Renate, heißt es da, sei die beabsichtigte Heirat mit Kathinka und Tubal ›erspart‹ geblieben.«[242]

Der Kommentator dieser Schulausgabe allerdings hat die Darstellung der polnischen Figuren schärfer erfasst als spätere Interpreten. Der Erzähler teilt genau das mit: Dass den Vitzewitz-Geschwistern die Ehe mit dem polnischen Geschwisterpaar erspart geblieben sei. Jener »abschätzige Zungenschlag«, von dem Nürnberger spricht, ist nicht nur Ergebnis böswillig

125

in den Text gepflanzter Ressentiments; er wurzelt zumindest ansatzweise im Text selbst. Das ist umso verblüffender, als Fontane diese Figuren mit ausgesuchter Liebenswürdigkeit behandelt und in bewegenden Worten ihr Scheitern bedauert. Doch fordert sein Text auf subtile Weise nichts anderes: Die polnischen Figuren dürfen in einem neu erstandenen Preußen nicht heimisch werden, andernfalls sie die Qualität des preußischen Blutes schwächten.

## Die erotische Tatfrau und ihr Befreiungsschlag

Wir erinnern uns, dass der *Sturm* an Weihnachten beginnt. Nach den Feiertagen, die Lewin von Vitzewitz im Kreise seiner Lieben zu Hohen-Vietz verbringt, trifft aus Berlin ein polnisches Geschwisterpaar ein, Tubal und Kathinka. Sie sind die Kinder des Geheimrats Ladalinski, eines polnischen Altadeligen, der nach der dritten Teilung Polens in den diplomatischen Dienst Preußens trat. Ladalinski war mit einer preußischen Comtesse, Sidonie von Pudagla, verheiratet, die ihn kurz vor dem russisch-polnischen Krieg (1793) und der zweiten Teilung Polens verlassen hatte. Aus dieser Ehe stammen Kathinka und Tubal. Eine Doppelehe zwischen diesem Geschwisterpaar und den Vitzewitz-Geschistern Lewin und Renate gilt als ausgemacht.

Sieht man sich das gemischte Quartett aber genau an, so wird schnell klar, dass die geplante Paarung über die völkische Grenze hinweg nur als Mesalliance enden kann. Der scheiternde Heiratsplan bestätigt nur eine Entwicklung, die im Wesen der Charaktere angelegt ist. Ihre natürlichen, abstammungsbedingten Anlagen sind es, die eine Verbindung zwischen Kathinka und Lewin, Tubal und Renate unmöglich machen. Wenn man so will, verhindert die Natur selbst diese Ehen. Die dramatischen Ereignisse, die die Kinder polnischer und preußischer Väter nicht zueinander kommen lassen, sind nur die ausführenden Organe eines in der Natur liegenden höheren Willens.

Noch eine Figur gibt es, die an diesem bald gefährlich werdenden Heiratsspiel beteiligt ist: Marie, die deutschstämmige Adoptivtochter des Dorfschulzen. Fontane hatte Marie am Familientisch sitzend vorgestellt, wo sie, vom »vollen Fensterlicht« beschienen, umflort beinahe, der Bibellesung ihres Vaters zuhört. (70)

Ganz anders dagegen die Polin Kathinka. Sie setzt sich vom ersten Augenblick ihres Auftretens an in Szene. Als Kathinka mit Tubal in Hohen-Vietz eingetroffen sind, sieht der Leser sie mit Renate und Lewin in der Halle beim Frühstück sitzen. Sie unterhalten sich über einen jungen Dichter, Hansen Grell, der jüngst zur Berliner Literaturvereinigung »Kastalia« gestoßen ist. Tubal lobt den unverkünstelten Realismus der Verse Grells, ihre lebenszugewandte und tatkräftige Einstellung und fügt hinzu, Graf Bninski, ein polnischer Offizier und regelmäßiger Gast der Ladalinskis, habe den Vortrag des Dichters besonders aufmerksam verfolgt. Kaum fällt der Name Bninski, ergreift Kathinka das Wort: »Es will mir scheinen, Tubal (…), daß du dem Grafen deine persönlichen Empfindungen unterschiebst. Er verlangt Schönheit, Form, Esprit, alles das, was dieser nordische Wundervogel, in dem ich schließlich eine *Eidergans* vermute, nicht zu haben scheint.« (189f)

Es will mir scheinen, Tubal – Fontanes Kunst, seine Figuren in wenigen Worten viel über sich selbst erzählen zu lassen, kommt hier wunderbar zur Geltung. Kathinka kennt Hansen Grell nicht, sie hat ihn nie gesehen, nie gehört, nie eine Zeile von ihm gelesen, urteilt aber über ihn mit großer Bestimmtheit. Sie mokiert sich über die angebliche Eidergans und glaubt besser als Graf Bninski selbst zu wissen, was dem Grafen Bninski gefalle – typisch Frau, würde Fontane sagen.

Schon daraus leiten sich einschlägige Charakteristika ab: Hang zur Selbstdarstellung, Narzissmus, Dünkel, kurz: *Theaterhaftigkeit*, allerdings mit Stil. Dass Kathinka in ihrem allerersten Redebeitrag leidenschaftlich die glänzenden Eigenschaften jenes Bninski hervorhebt (Schönheit! Form! Esprit!), obwohl Lewin, zu diesem Zeitpunkt noch ihr designierter Verlobter, ihr gegenüber sitzt – das heißt einen dezenten, doch eindeutigen Fingerzeig. Allerdings kann diesen Wink in diesem Moment weder Lewin noch der Leser verstehen. Bald darauf aber wird es ruchbar: Bninski ist Kathinkas heimliche Liebe. Nicht lange, und sie wird sich willig von ihm entführen lassen.

Gleich nach dieser glänzenden Einführung lässt Fontane seinen Leser Kathinkas erotische Strahlkraft spüren. Die jungen Herrschaften haben sich erhoben, Renate zerkrümelt Brotreste für die Tauben, der Erzähler berichtet:

Kathinka, in einem enganschließenden polnischen Überrock von dunkelgrüner Farbe, der erst jetzt, wo sie sich erhoben hatte, die volle Schönheit ihrer Figur zeigte, war ihr dabei behilflich. Alles, was Lewin für sie empfand, war nur zu begreiflich. Ein Anflug von Koketterie, gepaart mit jener leichten Sicherheit der Bewegung, wie sie das Bewußtsein der Überlegenheit gibt, machte sie für jeden gefährlich, doppelt für den, der noch in Jugend und Unerfahrenheit stand. Sie war um einen halben Kopf größer als Renate; ihre besondere Schönheit aber, ein Erbteil von der Mutter her, bildete das kastanienbraune Haar, das sie (...) in der Regel leicht aufgenommen in einem Goldnetz trug. Ihrem Haar entsprach der Teint und beiden das Auge, das, hellblau wie es war, doch zugleich wie Feuer leuchtete. (190)

Das ist nicht, wie bei Marie, die unbewusste Schönheit der Unschuld. Es ist die Schönheit instinkthafter Amoralität, die Schönheit der Schlange, derer sich Kathinka bewusst ist und die sie gnadenlos einsetzt, um zu wirken. Kathinka ist in wenigen Zügen als charakterliches Gegenstück Maries scharf umrissen. Marie und Kathinka verkörpern den Antagonismus der Weiblichkeit, wie ihn die Literatur im Realismus gerne beschwört, meist allerdings, um die Tugend als leuchtendes Vorbild zu glorifizieren. Hinter diesen Frauenfiguren steht das Urbild christlich-abendländischer Weiblichkeitsmuster, das Bild der Heiligen und der Hure: Hier die Verführerin, die Lockspeise des Satans, dort die Sittliche, die Häuslich-Tüchtige, die Marien-Figur. Kathinka könnte, trotz ihrer blauen Augen, in Gottfried Kellers *Grünem Heinrich* als Judith erscheinen, sie ist die Ahnfrau aller *femme fatales* der Jahrhundertwende. Und schon wenige Jahre nach dem *Sturm* bekommt sie eine bis heute berühmte Schwester: Kundry in Richard Wagners *Parzival*, die der Meister am liebsten, wie eine tizianische Venus, nackt auf die Bühne hingestreckt gesehen hätte.

Woher Kathinkas Charakter stammt, darüber lässt der Erzähler keinen Zweifel: Dieser Charakter ist »ein Erbteil von der Mutter her«. Später sagt Kathinka selbst: »Wir erben alles: erst das Blut und dann die Schuld.« (477) An Schuld hat die Familie, insbesondere die Mutter, etliches vorzuweisen. Es sind Vergehen, die in der Literatur des bürgerlichen Realismus auf Ablehnung stoßen: Kathinkas Mutter verkörpert als spätes Kind der Rokoko-Welt die reine Amoralität. In Rückblenden erfährt der Leser, Sidonie habe dem Kreis um Prinz Heinrich am Rheinsberger Hof angehört. Fontane schätzt ihn nicht, diesen seiner Meinung nach dekadenten Bruder Friedrichs des Großen – ein gezierter Fant aus dem Puder- und Quasten-Milieu, dessen Verkommenheit nach Friedrichs Tod die Schande

Preußens geworden sei.[243] Dass Kathinkas Mutter im Salon des Ministers von Bischoffwerder verkehrte, wo Geheimrat von Ladalinski sie kennenlernt, ist für den gebildeten zeitgenössischen Leser ein klarer Hinweis auf das kommende Unheil. Denn dieser Johann Rudolf von Bischoffwerder (1741-1803), Generaladjutant Friedrich Wilhelms II., galt im bürgerlichen Zeitalter als politischer Scharlatan und frivoler Intrigant.

Den ernsthaften Ladalinski indessen fesselt an der Comtesse gerade der Charakterzug, der eine Verbindung zwischen beiden unmöglich macht: »... der heitere Übermut ihrer Laune, die mit graziöser Rücksichtslosigkeit geübte Kunst, den Schaum des Lebens wegzuschlürfen«. (324). Man kann diese Sidonie von Pudagla für diese ihre Gabe nur beglückwünschen, allein, ihr Hedonismus ist keine gute Voraussetzung für eine gute Ehe. Sidonie geht denn auch heimlich ein Verhältnis mit einem Grafen Mikusch ein, den der Erzähler so glänzend wie gehässig charakterisiert: »... klein, zierlich, mit langem, rotblondem Schnurrbart, eine typische polnische Reiterfigur.« Mit ihm galoppiert die ebenfalls reitkundige Sidonie einige Monate nach Kathinkas Geburt davon, hinaus aus dem polnischen Landgut ihres Gatten Ladalinski und hinein in die große weite Welt. (325ff)

Kathinka erweist sich des Erbteils ihrer Mutter zwar als würdig, ist aber auch wesentlich ernsthafter als diese. Das geht auf den Einfluss ihres Vaters zurück, des korrekten Geheimrats Ladalinski. Auch wächst sie bereits in anderen Zeiten auf, der politische Klimawechsel nach 1800 zieht auch an dieser jungen Frau nicht vorüber. Die Libertinage ihrer Mutter bietet für Kathinka keine Lebensperspektive, sie liebt ihren Grafen Bninski in tiefer Seele und es käme ihr wohl kaum in den Sinn, ihn zu betrügen.[244]

Trotzdem, das sinnliche »Erbteil von der Mutter her« entzieht sie gänzlich dem Lebensentwurf, für den Lewin von Vitzewitz steht. Während der junge Landedelmann nach Häuslichkeit, Arbeit und Pflichterfüllung strebt, lebt Kathinka auf dem Parkett gesellschaftlicher Repräsentanz: »Sie war durchaus unpolitisch und kannte nur Persönliches und Persönlichkeiten.« (363)

Ihre Verführungskraft indessen zieht den noch labilen Lewin in Bann, und dieser Magie ist er nicht gewachsen. Je näher der Zeitpunkt rückt, an dem sie Preußen und seinem zackigen Puritanismus endgültig den Rücken kehrt, umso deutlicher entfaltet Fontane Kathinkas amoralische Vitalität, die das mütterliche Erbgut als ordnungsgefährdende Potenz birgt. So zögert sie nicht, während einer Schlittenfahrt, die sie vier Wochen nach ihrem ersten Besuch in Hohen-Vietz mit Lewin, etlichen Offizieren und

Angehörigen des Stadtadels unternimmt – solche Fahrten in die Natur setzen bei Fontane oft, man denke an *Effi Briest*, verborgene Begierden frei –, sie zögert also nicht, den schüchternen Vitzewitz-Sproß sexuell herauszufordern. Sie tut das keineswegs nur aus lüsterner Gefallsucht heraus. Vielmehr bekommt der junge Verehrer seine letzte Chance, die Frau zu gewinnen, die er laut Plan heiraten sollte.

Lewin freilich sitzt steif im Schlitten und bringt kein Wort heraus. Dann fasst er sich ein Herz und gleich darauf Kathinkas Hand, bedeckt dieselbe mit Küssen und flüstert der Stolzen ins Ohr: »Ich kann nicht ohne dich leben (...).« Und weiter: »Habe Mitleid mit mir; sage mir, daß du mich liebst.« (469) Kathinka schweigt, Lewins Worte lassen sie nicht unberührt. Er spürt ihr Wohlwollen und ergeht sich in romantischen Wunschphantasien: »Ach, daß doch diese Stunde wüchse und mein Leben würde und daß ich so hinführe mit dir über die Welt...« Kathinkas entschlossener Sinn scheint weich zu werden, sie weiß aber sehr wohl, was sie tut, wenn sie ihrem Begleiter leise zuraunt: »Gib mir die Zügel, Lewin.« Das ist in der Tat nicht ohne Symbolgehalt. Weiblich vom Scheitel bis zur Sohle, fühlt Kathinka den Konjunktiv heraus, die in unbestimmte Ferne versetzte Hoffnung. Sie weiß, dass solchen Wünschen die Entschlossenheit fehlt, sie tatkräftig zu Wirklichkeit zu machen, sie spürt die Angst. Dennoch rührt Lewins Leidenschaft sie an. Sie gibt ihm also die eigentliche Prüfung auf indem sie ihn bittet, ihr den »leichten Seidenmantel von Arm und Schulter« zu streifen, um ihren weichen Körper »leicht an seine Brust« zu schmiegen. »Unendliche Sehnsucht erfüllte sein Herz...«, aber leider: »... die Scheu, die sein angeboren Erbteil[!] war, überkam ihn wieder, und es war ein einziger Kuß nur, den er zitternd auf ihren Nacken drückte.« (470)

Das war's. »So vergingen Minuten«. Dann sagt Kathinka: »›Der Wind geht zu scharf, Lewin; hilf mir wieder in meinen Mantel.‹ Es klang fast wie Spott. Er empfand es, aber gehorchte.« (470).[245]

Zweifellos ist Kathinka die interessanteste Frauenfigur des Romans, und gewiss eine der lebendigsten in Fontanes ganzem Werk: schön, vital, selbstbewusst, klug und charismatisch. Solche Eigenschaften wären allerdings für die nationale Gemeinschaft zu gebrauchen. Aber Kathinka ist keine preußische Frau. Ihre sinnliche Vitalität wirkte im sozialen Raum Preußens nicht ordnungsstiftend. Im Gegenteil, sie drängt dazu, Grenzen zu überschreiten. Diese Frau hat Feuer im Blut und zugleich ihren eigenen

Kopf. Sie wäre daher eine Gefahr für die neue gesellschaftliche Ordnung. Sie passt nicht in das protestantische Preußen der beginnenden bürgerlichen Epoche. Als tüchtige Hausfrau und Mutter auf einem Landgut im Oderbruch wäre sie undenkbar. Die Charaktereigenschaften sind aber in erster Linie Ergebnis der Erbanlagen, biogenetisch festgelegt. Im Falle der Ladalinski-Geschwister ergibt sich die Erbanlage aus der Vereinigung zweier Linien, einer polnischen und einer preußischen. Doch sind dem mythobiologischen Modell zufolge die biogenetischen Systeme verschiedener Nationen unvereinbar – ein Grundsatz, den man als *völkisches Differenzprinzip* bezeichnen kann. Vereinigen sie sich dennoch, führt das bereits in der Elterngeneration zu schweren sozialen Integrationsproblemen. Nicht umsonst sorgt Fontane dafür, dass alle kulturellen und völkischen Mischehen ein böses Ende nehmen, sei es aufgrund widriger politischer Umstände, wie im Fall der Ehe von Berndt von Vitzewitz und Madeleine de Desmoulin, oder sei es aufgrund stärkster persönlicher Differenzen wie in der Ehe des Polen Ladalinski mit der preußischen Comtesse Sidonie.

In der Kindergeneration müssen sich der Erbtheorie zufolge die Probleme noch einmal verstärken. Meist verschlechtert sich das Erbgut, in jedem Fall ist es nicht mehr mit sich selbst identisch. Das stellt die Nachkommen vor unlösbare Identitätsprobleme. Sie wissen nicht, wohin sie eigentlich gehören und haben Schwierigkeiten, sich in die eine oder andere Gesellschaft zu integrieren. Schon der Geheimrat Ladalinski ist damit konfrontiert. Nach seiner freiwilligen Expatriierung aus Polen kann er sich im preußischen Staatsdienst etablieren, gleichwohl bleibt seine Stellung unsicher. Er selbst betont das in einem Gespräch mit Kathinka, das etwa eine Woche nach dem Besuch der Geschwister in Hohen-Vietz im Berliner Arbeitszimmer des Geheimrats stattfindet: »Ich bedarf der Gunst des Königs, der Prinzen; wird mir diese Gunst genommen, so bin ich zum zweiten Male heimatlos.« (400) Diese Abhängigkeit von Mächten, denen er nicht genuin angehört, ist einer der Gründe, die ihn auf eine Ehe Kathinkas mit Lewin dringen lassen. Als Schwiegervater eines eingesessenen preußischen Landadligen wäre er der endgültigen Assimilation an seine Wahlheimat einen wesentlichen Schritt näher gekommen. Aus demselben Grund kann er einer Verbindung zwischen seiner Tochter und dem polnischen Grafen Bninski unmöglich zustimmen. Die Ehe seiner Tochter mit einem glühenden polnischen Patrioten und bekannten Preußenhasser spitzte sich für Ladalinski zur »Existenzfrage« zu. Denn trotz seiner hohen Position und seiner Konvertierung zur protestantischen Staatsreligion ist der Geheimrat gesellschaftlich nicht vollkommen akzeptiert: »Ein Mißtrauen gegen mich hat nie geschwiegen, auch nicht nach meinem Übertritt.« (400) Kathinka löst das Problem auf ihre Weise, sie handelt selbst. Rekonstruiert man das Geschehen genau, so erschließen sich die Zusammenhänge: Nach dem Gespräch mit ihrem Vater muss sie entschieden haben, Lewin herauszufordern. Da er, wie sie erwarten konnte, an der Aufgabe scheitert und damit als Partner endgültig ausscheidet, kann sie sich ohne schlechtes Gewissen gegen den Willen ihres Vaters mit Bninski verbinden. Das geschieht prompt, zwei Tage nach der Schlittenfahrt mit Lewin ist sie fort. Der Preis für diesen Schritt ist für die kosmopolitische Tatfrau allerdings eher eine Belohnung: Sie lässt sich mit dem geliebten Mann in Paris nieder.

Kathinka also gelingt es, das Identitätsproblem zu lösen, indem sie die Kraft aufbringt, Preußen zu verlassen. Sie entschließt sich und handelt. Anders Tubal, ihr Bruder.

## Der triebhafte Unzugehörige und sein Opfer

Tubal misslingt der Schritt über die kulturelle Grenze hinweg, und damit der Schritt in die innere Einheit, der Schritt zu sich selbst. Kathinkas älterer Bruder scheitert letzten Endes an seiner eigenen Zerrissenheit, die im Roman wiederum als Folge des gemischten Blutes, der völkischen Heterogenität erscheint. Bevor wir aber der Frage nachgehen, weshalb das eine Geschwister imstande ist, ein Problem zu lösen, das dem anderen zum Verhängnis wird, richten wir den Blick auf den Verlauf dieses Verhängnisses.

Nach der im Roman zwischen den Zeilen formulierten Erbtheorie wundert es nicht, wenn Tubal eine ähnliche Neigung zur Amoralität besitzt wie seine Schwester. Sie ist Äußerung des Dionysischen, Folge der triebhaftlibidinösen, vitalen Anlagen. Kathinka leitet diese Energien in zielstrebige Aktion um, ihre erotischen Provokationen verfolgen ein Ziel, und von Anfang an lässt Fontane durchblicken, dass dieses Ziel in der Verwirklichung ihrer lebenserfüllenden Liebe besteht. Das Objekt dieses Triebes ist Graf Bninski gewesen.

Die Entschlossenheit der Schwester fehlt allerdings ihrem Bruder Tubal. Da er sein Ziel weder privat noch politisch genau kennt, ist er zu einer Entscheidung, wie sie Kathinka trifft, nicht in der Lage. Fontane bewertet diese Entscheidungsunfähigkeit zeittypisch als Charakterschwäche. Er deutet sie früh an, stellt sie aber in dem Augenblick, als sich die politische Lage dramatisch zuspitzt, so plakativ aus, dass kein damaliger Leser daran zweifeln konnte, dass Tubal so wenig wie seine Schwester in ein sich rapide nationalisierendes Preußen – oder Deutschland – passt. Auch ein weicher Charakter wie Tubal würde aus dieser Sicht nur Unruhe gestiftet und die Ordnung gestört haben. Vor allen aber: Er hätte die biologische Substanz, das nationale Erbgut geschwächt. Um das zu zeigen, konstruiert Fontane eine Szenerie, deren Aussage eindeutig ist. Ihren Hintergrund bildet der Rückzug der versprengten napoleonischen Truppen. Die Spitzen der russischen Verfolger tauchen bereits westlich der Oder auf, Friedrich Wilhelm III. erlässt seinen Aufruf »An mein Volk« (historisch am 17. März 1813), der Befreiungskrieg beginnt. Der zum Losschlagen entschlossene Berndt von Vitzewitz beschließt, mit seinem Freicorps die zwei französischen Regimenter in Frankfurt/Oder anzugreifen. Es ist Sonntag, 9. Februar 1813, seit Kathinkas Flucht sind rund zehn Tage vergangen. Wieder, wie schon an Weihnachten, hält Pastor Seidentopf eine von patriotischem Geist getränkte Predigt. Der Erzähler teilt uns mit:

Besonders waren es die Worte, die von der Vaterlandsliebe und der in Zeiten der Gefahr immer am lebhaftesten bewährten Anhänglichkeit an den König sprachen, denen die Versammlung mit sichtlicher Bewegung folgte. (592)

Auch Lewin und Renate lassen sich kein Wort Seidentopfs entgehen: »Ein heiliger Krieg ist es, der beginnt, ein Krieg voll Hoffnung…« (592) Es ist allerdings nicht Tubals Nation, die befreit, nicht sein Staat, der neu gegründet werden soll. Das kommt umso deutlicher zum Ausdruck, als er als einziger der in der Kirche versammelten Gemeinde nicht aufmerksam zuhört. Der Erzähler vergisst nicht, seinen Leser auf diesen Mangel hinzuweisen: »… und nur Tubals Aufmerksamkeit war bald abgeirrt.« (594) Dass Tubal aber an diesem preußischen Freiheitskrieg teilnehmen will, steigert die Signifikanz dieser Mitteilung: Er ist nur halbherzig bei der Sache, ohne Leidenschaft. Und Fontanes völkischem Identitätsmodell zufolge könnte er auch gar nicht mit ganzem Herzen für die preußische Sache streiten: In seinen Adern fließt kein reines preußisches Blut, er gehört nicht eigentlich dazu.

Die folgende Szene verschärft diesen Akzent noch.

Der Erzähler verlässt nun die Ebene der hohen Politik, um Tubals charakterbedingte Untauglichkeit, ein zuverlässiger Preuße zu werden, im Privaten drastisch zu demonstrieren. Die Messe ist noch in vollem Gang, als Tubal Maries Blick zu gewinnen sucht:»Sie fühlte wohl«, erfahren wir, »daß Blicke von dem Chorgestühl sie trafen, aber sie hatte die Kraft, dieser Blicke nicht zu achten oder doch in ihrer Seele sich ihrer zu erwehren, denn sie war reinen Gemüts und ohne Schein und Falsch.« (594) Als der Gottesdienst zu Ende ist, vergisst Marie ihr Gesangbuch in der Kirchenbank. Tubal eilt zurück, sucht aber vergebens. Marie folgt ihm. Das Buch findet sich, beide eilen zum Kirchenportal zurück. Da hören sie, wie von außen zugeschlossen wird:»Der alte Kubalke, von seinem Orgelchor herabkommend, hatte nicht bemerkt, daß noch wer in der Kirche war.« (595) Darauf Tubal:»Und so wären wir denn Gefangene.«

Marie:»Ja, aber in einer *Kirche* gefangen. Und auf alle Fälle, die Fenster sind nicht hoch… und Renate wird unsere Abwesenheit bemerken.«

Tubal:»Gewiß; aber hoffen wir, nicht zu früh.«

Der Erzähler:»Marie hörte, wie seine Stimme zitterte.« (595f)

Was folgt, ist eher komisch als tragisch, erhält aber im Rahmen dieser Situation eine böse Färbung. Nichts anderes liegt in der Absicht des Erzählers. Der Leser nämlich weiß nicht nur, dass eigentlich Lewins Schwester Renate Tubal versprochen ist; er weiß auch, dass Tubal noch am Tag vor diesem Zusammentreffen mit Marie versucht hatte, Renate ein Heiratsversprechen abzuringen:»Er aber ergriff ihre Hand und rief, indem er sie mit Küssen bedeckte: ›O diese deine Hand, daß ich sie halten dürfte mein Lebelang, immer, immer.‹« Renates Antwort ist realitätsbewusst, preußisch: »Es sind«, entgegnet sie,»nicht Zeiten für Bund und Verlöbnis oder doch nicht für uns. Aber andere Zeiten kommen. Und hast du dann das eigene Herz geprüft und das meine vertrauen gelehrt, dann, ja dann!« (571) Tubal also soll sich bewähren.

Stattdessen versucht er in einer ungeschickten Attacke, die dem Leser nicht anders als Marie peinlich erscheinen muss, jene Frau zu gewinnen, die er offenbar wirklich begehrt:

> Aber außer sich ergriff er jetzt ihre Hand und sagte mit rasch sich steigernder Heftigkeit: ›Renate und immer wieder Renate, Wozu, was soll es? Ich bitte Sie, nur jetzt nicht diesen Namen; ich mag ihn nicht hören. Er will sich zwischen uns stellen, aber er soll es nicht. Nein, nein, Marie!‹

Und er warf sich nieder und umklammerte sie, während er sein glühendes Gesicht an ihrem Kleide barg. (597f)

Die Szene streift die Groteske und es scheint fast, als habe Fontane den empfindsamen Roman parodieren wollen. Doch steht dahinter bitterer Ernst: Tubal ist moralisch vollkommen kompromittiert, als Störenfried und Verräter bloßgestellt.

Sieht man genau hin, so fällt auf, dass Tubals Handlungen Reaktionen, keine Aktionen im eigentlichen Sinn sind: Er bittet bei Renate, fleht bei Marie. Wäre er Tatmensch, Handelnder, so hätte er Renate selbst das mitteilen müssen, was er sich mitteilen ließ: Dass er sich erst bewähren müsse, bevor er sie zum Traualtar führe. Das wäre die im bürgerlichen Verständnis realitätsnahe Haltung gewesen.

Der im *Sturm*, der überhaupt im bürgerlichen Roman aufgestellten Handlungsethik zufolge hätte Tubal, wenn er schon heimlich ein Auge auf Marie geworfen hatte, immerhin den Ausgang des bevorstehenden Freiheitskrieges abwarten müssen, am dem er sich mit Lewin beteiligen will. Zum einen wäre das die Gelegenheit für ihn gewesen, seine Mannbarkeit zu beweisen. Zum anderen aber hätte nach dem Feldzug gegen Napoleon eine grundlegend andere Situation vorliegen können. Tubal indessen, diesen Eindruck erweckt ein Tun beim Leser, lässt sich vom Augenblick hinreißen, unfähig, weitgesteckte Entschlüsse zu fassen. So hätte auch die Ehre verlangt, nach dem missglückten Annäherungsversuch an Marie die Flucht nach vorne anzutreten und sich der in Breslau, also mitten im Land seiner Väter, sich sammelnden preußischen Freiwilligenarmee anzuschließen. Das hat er zunächst auch vor, dann aber ändert er seine Meinung wieder.

Fontane zeigt eine Figur, die in den Augen des bürgerlichen Lesers als charakterschwach, unzuverlässig und unehrenhaft erscheinen muss. Die Grundursache dieser Schwäche verlagert er in die Figur selbst, und zwar in deren heterogene Erbanlagen: Tubal ist der Nachkomme einer polnisch-preußischen Mischehe. Diesem »inneren«, sprich biologischen Dualismus entspricht ein kultureller Zwiespalt. Denn Tubal leidet unter der ohne zwingenden Grund erfolgten Expatriierung seines Vaters, er fühlt sich wie im Niemandsland, weder Preuße noch Pole. Darüber lässt Fontane Tubal selbst legt während seines ersten Besuchs in Hohen-Vietz gegenüber Berndt klagen: Der Schritt des Vaters, die Übersiedlung nach Preußen, habe »keinen Segen ins Haus gebracht.« Denn:

›Unser Name ist polnisch und unsere Vergangenheit und zum besten Teil auch unser Besitz, soweit wir ihn vor der Konfiskation gerettet haben. Und nun sind wir Preußen! Der Vater mit einer Art von Fanatismus, Kathinka mit abgewandtem, ich mit zugewandtem Sinn, aber doch immer nur mit einer Liebe, die mehr aus der Betrachtung als aus dem Blute stammt. Und wie wir nicht recht ein Vaterland haben, so haben wir auch nicht recht ein Haus, eine Familie. Und das ist das Schlimmste. Es fehlt uns der Mittelpunkt.‹ (236)

*Mehr aus der Betrachtung als aus dem Blute*, das heißt: Die Zugehörigkeit zu Preußen ist etwas Gemachtes, Erdachtes, ist unnatürlich, ein Konstrukt. Die schwächende seelische Spaltung, die »Zerrissenheit« kommt aus dem Zwiespalt zwischen der Herkunft, die selbst schon nicht eindeutig ist, und dem preußischen Lebensraum. Kurz: Herkunft und gesellschaftliche Umgebung liegen auseinander, Blut und Boden sind getrennt.

Hinter dieser Konstellation steht also wieder nichts anderes als einer der zentralen Forderungen, die aus dem nationalstaatlichen Denken des 19. Jahrhunderts folgt: Dass Herkunft und Lebensraum deckungsgleich sein sollen; dass es existenzielle Probleme aufwirft, den Raum der Herkunft zu verlassen, um sich auf fremdem Boden und in fremder Kultur anzusiedeln; dass es Risiken birgt, über nationale, ethnische und kulturelle Grenzen hinweg zu heiraten. Das muss dem damaligen Leser durch den Kopf gegangen sein, wenn er sich mit Tubals Geschichte befasste. Besonders dann, wenn er ein preußischer Leser war. Denn ihm war klar, dass der Autor am Beispiel der polnischen Figuren die aktuelle politische Situation kommentiert: die Spannungen, die in den von Preußen annektierten polnischen Gebieten die Atmosphäre vergifteten, die erbitterten Auseinandersetzungen zwischen angesiedelten Polen und der preußischen Bevölkerung und Obrigkeit.

Im Einklang mit seinem patriotischen Leser lässt Fontane keinen Zweifel: Die polnisch-preußische Verbindung Ladalinski-Vitzewitz kann für die preußische Familie nur Unglück bedeuten.[246] Stellvertretend für das preußische und nationaldeutsche Publikum gibt er dann auch die Gedanken wieder, die Berndt von Vitzewitz beherrschen, nachdem Tubal ihm sein Herz ausgeschüttet hatte:

Dem alten Vitzewitz war kein Wort verloren gegangen. Er kannte das Leben der Ladalinskis bis dahin nur in den großen Zügen, und das Ansehen, das der Vater in einzelnen prinzlichen Kreisen genoß, sein auch jetzt noch bedeutendes Vermögen (...) hatte ihn eine Verbindung mit demselben stets als etwas in hohem Maße Wünschenswertes erscheinen lassen. Heute zum ersten Male (...) beschlich ihn ein Zweifel, ob es geraten sein würde, das Schicksal seiner beiden Kinder an das dieser Familie zu ketten. (236)

Es ist in der Tat, sagt der Erzähler immer lauter, nicht geraten. Umso weniger, als jene schwierige Lebenslage, die Tubal die Ruhe raubt, letzten Endes Ausdruck der im Blut angelegten Charakterzüge ist. Hinter der gesellschaftlichen Ursache von Tubals Unentschiedenheit steht eine weitere, tiefere Ursache: Die Ehe zwischen dem Polen Ladalinski und der preußischen Comtesse entpuppt sich rasch als fatal. Sie kann auch nur fatal sein, denn sie ist dem im Roman begründeten Identitätsbegriff zufolge gegen die Natur. Demnach ist es folgerichtig, wenn die Natur selbst als jene Schicksalmacht auftritt, die das Problem, das Tubal sich selbst bereitet und den Vitzewitzens zu bereiten droht, beseitigt.

Folgendes spielt sich ab: Am Tag nach Tubals misslungenem Werbungsversuch, es muss Montag, der 11. Februar 1813 sein, sammeln sich in Hohen-Vietz die Landsturmregimenter der Umgegend. Sie brechen um neun Uhr abends auf, um in der Nacht die französischen Truppen in Frankfurt/Oder anzugreifen. Lewin wird bei dem Unternehmen gefangen, Tubal kommt durch. Lewin wird am nächsten Morgen, Dienstag, 12. Februar, in das jenseits der Oder gelegene Küstrin auf Bastion Brandenburg gebracht, einen Ort, den sich Fontane als Kenner der Preußischen Geschichte treffend ausgesucht hat: Dort war am 6. November 1730 Leutnant von Katte hingerichtet worden, Kattes Freund, der spätere Friedrich II., musste zusehen. Um Mitternacht des folgenden Tages soll Lewin befreit werden. Sein Vater Berndt leitet die Rettungsaktion, an der auch Tubal teilnimmt.

Bemerkenswert sind die Umstände dieses Unternehmens. Die Beteiligten fahren mit Schlitten über das verschneite Oderbruch, lassen ihre Fahrzeuge am diesseitigen Ufer der Oder stehen und nähern sich zu Fuß über den zugefrorenen Fluss der Festung. Sie liegt am jenseitigen Ufer. Ringsum ruht schweigend unter ihrer Schneedecke die Natur. Dass sich die Retter über Wasser nähern, ist ein beredtes Detail: Ob bewusst oder nicht, Fontane bezieht sich hier auf einen uralten Mythos, den Mythos des Wassers als Lebensursprung und Symbol der Neugeburt. In vielen Mythen kommt der Held über das Wasser oder wird aus dem Wasser geboren.[247] In diesem

Fall ist der Held die Rettungsmannschaft, die über den gefrorenen Fluss kommt. Und falls die Rettung gelänge, wäre Lewin der Held, der symbolisch wiedergeboren würde.

Die Nerven sind zum Zerreißen gespannt, jeder weiß, dass selbst ein leises Husten die Aktion verraten könnte. Lewins Überlebenschancen würden dann auf Null sinken.

Um es kurz zu machen: Der Coup gelingt, Lewin kann sich über eine Strickleiter aus seinem Turmverlies abseilen. Die letzten Meter lässt er sich in den tiefen Schnee plumpsen:»...ein seeliges Gefühl wiedergewonnenen Lebens durchdrang ihn, als er sich aus den lockeren Schneemassen herauswühlte.« (677) Schon sieht es aus, als ginge alles glatt.

Aber in den endlos scheinenden Momenten zwischen Lewins Ausbruch und der Abfahrt ereignet sich der Zwischenfall. Lewins Hund Hektor, der sich unbemerkt im Stroh des Schlittens verborgen hatte, springt »freudekeuchend« an seinem Herrn empor, der nun durch den hohen Schnee hindurch auf den wartenden Schlitten zuläuft. Und schon kracht die erste Salve der Wachmannschaft in die Nacht, der Hund bleibt getroffen liegen. Lewin wird von Berndt und einem der übrigen Retter, einem Offizier, gepackt, die Drei hasten zum Schlitten. Das Geschehen erreicht seinen Höhepunkt:

›Nein‹, rief Tubal, ›das soll nicht sein.‹ Und wieder umkehrend, bückte er sich und lud das treue Tier, das sich vergeblich fortzuschleppen trachtete, auf seine beiden Arme. Aber lange, bevor er den nächsten Schlitten erreicht hatte, folgte der ersten Salve eine zweite, und Tubal, unterm Schulterblatt getroffen, taumelte und fiel. (678)

Cito mors ruit – die Majestät der Natur hat entschieden. Dem Hund, einem naturhaften Wesen, das seinen Instinkten folgt, indem es sich verbotenerweise im Stroh des Schlittens verbirgt und im entscheidenden Moment gegen das Gebot praktischer Vernunft handelt, kommt die Rolle des auslösenden Moments zu. Auch Tubal, der noch am Abend desselben Tages stirbt, handelte seiner Natur nach. Als ihm Renate auf dem Sterbebett versichert: »Ach, Tubal, um was stirbst du jetzt? Um Lieb' und Treue willen. Ja, ja. Erst galt es Lewin, und dann, als er gerettet war, da dauerte dich die arme Kreatur...«, entgegnet er: »Ja, Mitleid hatt' ich! Das hatt' ich immer, Mitleid und Erbarmen.« (684f) Dem bürgerlichen Leser, insonderheit dem reichsdeutsch-protestantischen, konnten diese Worte als Zeichen des Vitalitätsverlustes und der Selbstaufgabe gelten. Sie benennen

Werte der Bergpredigt, die der aufgeklärte Bildungsbürger der Gründerzeit als das Gegenteil einer Ethik zielstrebigen utilitaristischen Handelns
lesen konnte. Mitleid schwächt demnach die Tatkraft, und wenn Tubal
eines Hundes wegen das eigene Leben riskiert, spricht das für einen gebro-
chenen Lebenswillen.

In der Tat liegt es auf der Hand, den Tod Tubals als eine neue Variante
des archaischen Blutopfers zu deuten. Zunächst scheint es, als würde Lewin geopfert. Der Sohn des Junkers entspricht dem Sohn des biblischen
Patriarchen, er ist Isaak, den zu opfern Gott Abraham befahl. Der Rückgriff auf den biblischen Text ist unübersehbar, bei allen Änderungen im
Einzelnen. Im ersten Buch Mose, Kapitel 22, heißt es, Gott habe Abraham
»versucht«, indem er ihm befahl:

> Nimm Isaak, deinen einzigen Sohn, den du lieb hast, und geh hin in das
> Land Morija und opfere ihn dort zum Brandopfer auf einem Berge, den
> ich dir sagen werde. (…) Und als sie an die Stätte kamen, die ihm Gott
> gesagt hatte, baute Abraham dort einen Altar und legte das Holz darauf
> und band seinen Sohn Isaak, legte ihn auf den Altar oben auf das Holz
> und reckte seine Hand aus und faßte das Messer, daß er seinen Sohn
> schlachtete. (1. Mose 22,2 u. 9-10)

Eben das geschieht nicht. Es ging nur um den Beweis des Gehorsams,
im äußersten Fall alles für Gott als der obersten Macht zu opfern. Kaum
hat Abraham diese Bereitschaft gezeigt, wird ihm befohlen, den Sohn zu
schonen: »Da hob Abraham seine Augen auf und sah einen Widder hinter
sich in der Hecke mit seinen Hörnern hängen und ging hin und nahm
den Widder und opferte ihn zum Brandopfer an seines Sohnes Statt.« (1.
Mose 22,13)

Dem Tausch entspricht, dass an die Stelle des seine Hinrichtung er-
wartenden Freischärlers Lewin in letzter Sekunde Tubal tritt. Von Anfang
an war er als unzugehöriges Individuum gezeichnet, das zu schwach ist,
sich durch einen Gewaltakt Zugehörigkeit zu verschaffen, ob in Preußen
oder anderswo. In die Opferrolle wird er durch die beschriebene Abfolge
*scheinbar* zufälliger Ereignisse gedrängt, die sich tatsächlich aber zu einem
notwendigen Ablauf zusammenfügen. Die Notwendigkeit, die Teleologie
des Geschehens, folgt aus den unabänderlichen Gesetzen der Natur. Die
Natur nimmt als höchste Macht des Lebens die Stelle Gottes ein, ihr wird
eigentlich geopfert.

Doch gilt im nationalen Denken des späten 19. Jahrhunderts die Natur auch als die Instanz, deren Wille mit Hilfe des handelnden Menschen den Nationalstaat erschafft. Ein solcher Staat ist gleichsam der kulturgewordene Naturwille. Genau dieser Zusammenhang bildet den ideengeschichtlichen Resonanzraum, in dem Fontane die Geschichte der Rettung Lewins abspielen lässt. Tubal wird dem Gott der Nation zum Opfer gebracht.

Das entspricht der bürgerlichen Vorstellungswelt, in der die Nation zum höchsten Wert im Diesseits aufsteigt. Als »Letztwert« des irdischen Daseins wird sie noch metaphysisch überhöht, denn sie soll dauern, gleichsam für die Ewigkeit geschaffen sein. So gewinnt sie sakralen Rang. Zum ersten Mal in der Geschichte stehen Nation und Nationalstaat zumindest gleichrangig neben Gott und über der Autorität der Religion. »Überall fügten sich die Kirchen (...) in Zeiten existenzieller Gefährdung der eigenen Nation letztlich dem Ersten Gebot des Nationalismus: Du sollst keinen anderen Gott haben neben Deiner Nation.«[248]

Dass das Opfer wie auf magische Weise ausgetauscht wird und an die Stelle des Preußen Lewin, des künftigen Gründers und Zeugers, der als lebensunfähig gezeichnete polnische Exilant tritt, entspricht sehr genau der Struktur archaischer Opferriten. Fontane ruft sie nur in einer abgeänderten und sublimierten Form ab. Darf man René Girards eindringlicher kulturanthropologischer Studie zu Opfer und Opferkult glauben, so kann an die Stelle des eigentlichen Opfers jederzeit ein Ersatzopfer treten, sofern dieses als geeignet erscheint. Das kann, wie in der biblischen Erzählung von Abraham und Isaak, ein Tier sein.[249] Es kann aber auch ein Mensch sein. Das Kriterium, das dann über die Opferfähigkeit entscheidet, besteht in Nichtzugehörigkeit: »Wir haben es also bisher nur mit außenstehenden oder randständigen Kategorien zu tun, die mit der Gemeinschaft niemals Bande knüpfen können, die analog zu jenen wären, die zwischen den Gliedern dieser Gesellschaft bestehen. Einmal ist es ihr Status als Fremder oder Feind, einmal ist es das Alter oder der Stand des Sklaven, die es den künftigen Opfern verunmöglichen, sich voll in diese Gesellschaft zu integrieren.«[250]

Gewiss, Tubal ist weder alt noch Sklave. Als in Polen geborener Sohn eines polnischen Vaters aber gilt er in einem national erwachenden Preußen nicht unbedingt als ganzer Freund, fast schon kann man ihn als halben Feind ansehen. Letztlich bleibt er fremd, weder hier noch dort zu Hause. Als wankelmütiger und unehrenhafter Charakter, als den ihn Fontane vorführt, bleibt er auch seinem Wesen nach dem echten Preußen fremd. Er bietet sich ideal als Eratzopfer an. Im Blickwinkel des aufrechten preußischen Patrioten, als welcher sich der Autor und Erzähler präsentiert, ist Tubal als Mann zu nichts zu gebrauchen. Als Opfer aber wird er wertvoll. Denn in dieser Funktion trägt er zur Festigung der Gemeinschaft bei. Die Signale, die der Erzähler dafür setzt, könnten wegweisender kaum sein: Nach der geglückten Rettung trifft der Schlitten mit Lewin und seinem Vater mitten in der Nacht in Hohen-Vietz ein, und augenblicklich – der zweite Schlitten mit dem tödlich verwundeten Tubal ist noch unterwegs – verloben sich Marie und Lewin:

> Und ein Verlöbnis, wie Menschenaugen kein schöneres gesehen. Denn es war nur gekommen, was kommen sollte; das Natürliche, das von Uranfang an Bestimmte hatte sich vollzogen, und Berndt selber, tiefbewegt in seinem Herzen, hatte sich des Glückes der Glücklichen gefreut. (679)

Und die Natur selbst, im Bunde mit der sich neu stiftenden nationalen Gemeinschaft, gießt ihren Segen über Haus und Hof aus. Es wäre nicht ganz fern gelegen, hätte Fontane den neuen Tag in Düsternis getaucht. Er macht das Gegenteil und überglänzt den neuen Tag mit Sonnenschein: »Es war zwölf Stunden später; die helle Mittagssonne stand über Hohen-Vietz, und es taute von allen Dächern. (...) Alles war licht und heiter, und ein erstes Frühlingswehen ging durch die Natur.« (679) Ist das nicht herrlich?

Dass sich unmittelbar nach dem Eintreffen des Todgeweihten die Stimmung im Herrenhaus noch einmal kurz verdüstert hatte, lässt das Glück der Lebenden nur umso heller strahlen. Die Trauer ist substantieller Teil des Opferrituals, sie ehrt den Toten wie die Lebenden, jenen als Erlöser, diese als Erlöste. Indessen folgen der Trauer das Fest und die neue Einheit der Gemeinde. In Fontanes Erzählung besteht, wie bei Dahn, das eigentliche und höchste Fest in den dionysischen Exzessen der kommenden Schlachten. Lewin nimmt daran teil und zeichnet sich in ähnlicher Weise aus wie Dahns Helden.

Dem Fest der Geburt des neuen Preußens folgt das Fest der Heirat, folgt der private, doch mittelbar auch nationale Gründungsakt: Marie und Lewin bilden das neue Gründerpaar. Es bedurfte auch dringend des frischen, gesunden deutschen Blutes für Preußens Gedeihen. »Und eines weiß ich, sie wird uns freilich den Stammbaum, aber nicht die Profile verderben, nicht die Profile und nicht die Gesinnung. Und beides ist das Beste, was der Adel hat.«, sagt Berndt zu Lewin im vorletzten »Und eine Prinzessin kommt ins Haus« überschriebenen Kapitel. Das Leben feiert seinen Triumph.

## Vaterländische Pflichtübungen
### im Räderwerk schematisierter Administration:
### der Geheimrat

Die »Profile« der Polen aber sind schon in Tubals Vater, dem alten Geheimrat Ladalinski, verdorben. Wodurch, bleibt offen. Doch fällt auf, dass Fontane dem Charakter des Wahlpreußens polnischer Herkunft einen Grundzug eingeschrieben hat, der zwingend auf geschwächte Lebenskraft schließen lässt. Das aber darf man im Zusammenhang mythobiologisch begründeter Wesensarten wohl als Hinweis auf schlechte Erbanlagen verstehen.

Ladalinski ist der Spross alten polnischen Adels – im Kontext des bürgerlichen Nationalismus liegt bereits darin ein Verdachtsmoment. So wundert es nicht, wenn der Erzählerbericht den Verdacht sofort erhärtet: Nachdem Ladalinski den Ende des 18. Jahrhunderts für seine Kreise üblichen gesellschaftlichen Schliff in Wien und Paris erhalten hatte und eben dabei war, seine polnischen Güter zu übernehmen, wird er »in die politischen Kämpfe« Polens »hineingezogen«. »So wenig er diese Kämpfe liebte, so gewissenhaft führte er sie durch, nachdem er erst in dieselben eingetreten war.« (323)

Wie bitte? Man muss sich in die Empfindungswelt des bürgerlichen Lesers in den Jahren von Bismarcks politischem Zenit versetzen, um verstehen zu können, wie verräterisch die Worte sind, die Fontane hier wählt. Auf dem Spiel steht nichts Geringeres als die Existenz des *Vaterlands*, der heiligen Nation – eine Sache, die Gefühle entfesseln sollte wie keine andere! Und wie verhält sich Ladalinski? Er lässt sich in den Kampf um die Nation »hineinziehen«, und einmal drin, entledigt er sich der Aufgabe »gewissenhaft« als handle es sich um einen Verwaltungsakt. Dass hier ein mangelhafter Charakter gezeichnet wird, erscheint umso wahrscheinlicher, wenn man diesem polnischen Charakter Berndt von Vitzewitz gegenüberstellt. Als an den Preußen die nationale Aufgabe herantritt, heißt es: »Er wurde rührig, regsam, er hatte Ziele, er lebte wieder.« Napoleons

Sieg habe »einen großen Haß in ihm gezeitigt«. (30) Das sind Regungen starker Gefühle, gesunder Affekte, vitaler Impulse! Scharf stechen sie gegen Ladalinskis steife Persönlichkeit ab. Sollte der Geheimrat ein gefühls- und triebgehemmter, zum Passiven neigender Charakter sein? »Etwas Pedantisches« sei Ladalinski grundsätzlich eigen gewesen, bemerkt der Erzähler. Diesem erscheint auch merkwürdig, dass sich in dem polnischen Adligen früh »eine bei mehr als einer Gelegenheit hervortretende Hinneigung zu Preußen« zeigt (324). Das ist in diesem Fall ein verdächtiger Zug: Das Preußen des späten 18. Jahrhunderts ist nicht das vitale und siegreiche Preußen Friedrichs II. und nicht das reformierte und triumphierende Preußen der Jahrzehnte nach den Befreiungskriegen. Ladalinskis Preußen ist das Preußen der Bischofwerders und der Gräfin Lichtenau, eine der Mätressen Friedrich Wilhelms II. Es ist ein Preußen, das in bürgerlicher Wahrnehmung ein Niedergangs- und Dekadenzpreußen war, ein Preußen des frivolen Hedonismus, des schematisierten Verwaltungsapparats und zivilisatorischer Überformung. Unmittelbar nach seinem *Sturm* hat Fontane im *Schach von Wuthenow* dieses Preußen porträtiert.

Dieses kulturhistorische Bild, von dem er sicher sein konnte, dass es seinen Lesern geläufig war, muss er im Kopf gehabt haben, wenn er seinen Ladalinski an den preußischen Hof und in Bischofswerders Salon demissioniert, wo der polnische Ausgewanderte seiner künftigen Partnerin begegnet, eben der fatalen Comtesse Sidonie von Pudagla. Wieder trifft das Schicksal mit Hilfe seines unerbittlichen Werkzeugs, der Natur, seine tragischen Dispositionen. Denn was folgt, sind zwei tiefgreifende traumatische Erlebnisse, die Ladalinski verändern – leider nicht zum Besseren. Er wird nur noch steifer, formeller, verschlossener.

Zuerst verlässt ihn Sidonie kurz nach Kathinkas Geburt. Was geschieht?

Er war niedergeschmettert, und doch konnte er die kurze Forderung, die sie stellte: › Vergiß mich‹, nicht erfüllen. Zu eigner bitterster Beschämung gestand er sich, daß er sie, wenn sie zurückkehrte, ohne ein Wort des Vorwurfs oder der Erklärung, freudigen Herzens wieder aufnehmen würde. Der rätselhafte Zug der Natur war mächtiger in ihm als alle Vorstellung. Er verfiel in Trübsinn (...). (327)

Als Adliger weiß Ladalinski, was die Ehre verlangte: den Entführer und Liebhaber seiner Frau stellen, fordern, erschießen, die Treulose verstoßen – oder selbst erschossen werden. Wie ein *preußischer* Edelmann in einer derartigen Sache verfährt, das hat Fontane etliche Jahre später am Beispiel Baron Innstettens in *Effi Briest* vorgeführt.

Ladalinski indessen wünscht sich die Partnerin auch noch zurück. Er zeigt sich handlungsunfähig, wo er nach den Gepflogenheiten seiner Gesellschaft handeln müsste. Später hängt Ladalinski gar ein Porträt Sidonies in seinem Berliner Arbeitszimmer auf – um so mit jedem Blick darauf den Schmerz zu erneuern. Wäre er Mann, Tatmensch, hätte er das Bild wutschnaubend vernichtet oder als bösartiges Vitalisierungsobjekt solange aufbewahrt, bis seine Rache vollzogen wäre. Was aber bewegt ihn zu einem Verhalten, das der Leser des 19. Jahrhunderts, anders als der heutige, augenblicklich als Fehlverhalten erkennen musste? »Der rätselhafte Zug der Natur…«

Wäre seine Natur vital, reagierte Ladalinski auch auf das bald folgende Erlebnis, sein nächstes Trauma, anders. Es besteht in der als »dritte polnische Teilung« bekannten Auflösung des autonomen Polen nach dessen Niederlage gegen Russland und Österreich. Wieder kämpft Ladalinski für Nation und Staat, der Erzähler hebt sogar seine ausgesuchte Tapferkeit hervor. Der Gedanke an ein von Russland beherrschtes Polen aber sei ihm »unerträglich« gewesen. »Es gab kein Polen mehr; so beschloß er, sich zu expatriieren.« (328) Über die Vermittlung Bischofswerders tritt Ladalinski in das preußische Auswärtige Amt ein.

In diesem Schritt drücke sich laut dem preußischen Erzähler Fontane das »Rätselhafte« in der Natur Ladalinskis aus. Als polnischer Patriot und Tatmensch wäre Ladalinski, statt in den Dienst einer fremden und sogar feindlichen, an der Entmündigung des eigenen Staates beteiligten Macht zu treten, gerufen, sein Leben für eine mögliche Wiederaufrichtung des *Vaterlandes* einzusetzen. Das wäre aus nationalistischer Sicht die natürliche Regung. Fontane zeigt sie kontrastiv an Graf Bninski. Der lebt als Exilant vorübergehend in Berlin, hasst aber die Preußen und denkt nicht daran, seine natürliche polnische Identität gegen eine künstliche preußische einzutauschen. Eben das versucht Ladalinski, der in einem Akt der Überidentifizierung sein Polentum verleugnet: »Er war bald preußischer als die Preußen selbst.« (329) Dem patriotischen Erzähler erscheint diese Assimilation so seltsam, als würde Berndt von Vitzewitz in französische Dienste treten.

Was immer das letzte Motiv Ladalinskis gewesen sein mag – am Ende vielleicht der geheime Wunsch, in das Land seiner Frau zurückzukehren –, der Autor lässt es offen. Klar ist, dass der »Zug« in seiner »Natur« auf einem Mangel an vitalen Antrieben beruht, woher immer dieser Mangel kommt. Dass bereits die Erbanlagen der Ladalinskis in einem natürlichen Verfallsprozess geschwächt sind, ist zu vermuten. Es entspräche dem Modell des degenerierenden Altadels, wie es dem *Kampf* zugrunde liegt und wie es auch Fontanes Roman aufbaut. Jedenfalls treten jene Charakterzüge, die Ladalinskis Verhalten von Anfang an prägen, nach den traumatischen Erlebnissen verstärkt hervor. Fontane beschreibt sie am Beginn seines Ladalinski-Kapitels (»Geheimrat von Ladalinski«, 321-333) so subtil wie deutlich, indem er sie zunächst nicht explizit benennt, sondern aus der Umgebung und den Handlungen des Geheimrats hervorgehen lässt.

Hatte der mit Ladalinski befreundete Berndt von Vitzewitz mit seinem funktionalen und fast militärisch anmutenden Arbeitszimmer beim Leser einen sozusagen preußischen Eindruck hinterlassen, so rückt Fontane mit dem Arbeitsraum des polnischstämmigen Geheimrats einen Ort hermetischer Abgeschlossenheit ins Bild. Der erste Blick fällt auf die Längswand gegenüber der Tür, die »von zwei hohen, eine ganze Registratur bildenden Aktenrealen eingenommen wurde«. Die Registratur: ein Zeichen abstrakt gewordener, vom *Leben* abgelöster Ersatzrealität. Zwischen diese beiden »Aktenreale« und genau seinem Schreibtisch gegenüber hat Ladalinski das Bild seiner untreuen Comtesse gehängt, so, »daß das Auge des Geheimrats, wenn er aufsah, das schöne Frauenporträt treffen mußte.« (322) Ladalinski ist unfähig, die Vergangenheit zu beenden, um in der Gegenwart zu leben. So fährt der Erzähler fort: »Die halb herabgelassenen Rouleaux dämpften das ohnehin nur mäßig einfallende Licht; alles war Wärme und Behagen.« (322) Das klingt gut, doch ist diese Behaglichkeit doppelbödig. Ein preußisches Arbeitszimmer sollte gut gelüftet und zweckdienlich eingerichtet sein. Dass offenbar auch die Sonne zu diesem Raum keinen Zutritt hat, darf man getrost als Metapher verstehen: Licht und Leben müssen draußen bleiben.

Da lohnt doch ein kurzer Seitenblick auf das nach dem Prinzip von *form follows function* ausgestattete Büro Berndts von Vitzewitz: »Von Luxus keine Spur. Nur für Bequemlichkeit war gesorgt, für jenes Alles-zur-Hand-Haben geistig beschäftigter Männer, denen nichts unerträglicher ist, als erst holen, suchen oder gar warten müssen.« Es gibt keine Akten. »In den Ecken standen Stöcke umher, eine Entenflinte und ein Kavalleriedegen, während an den Paneelen der Fensternische mehrere Spezialkarten von Rußland, mit Oblaten und Nägelchen (…) befestigt waren.« (32) Der

Mann, der sich hier aufhält, verfolgt die aktuellen Ereignisse, weil er die Aktion sucht.

Aufschlussreich also, wenn Geheimrat Ladalinski seinen Arbeitstag mit einem Ritual einleitet, das Vitzewitz unerträglich wäre: mit Holen und Warten. Als erstes füttert er seine Goldfische:

> er verweilte minutenlang dabei und nahm dann Platz an seinem Arbeitstisch, auf dem amtliche Schreiben, auch mehrere Zeitungen, darunter englische und französische, ausgebreitet lagen. Er pflegte zunächst alles Geschriebene zu erledigen; heute hielt er sich zu den Zeitungen und nahm den ›Moniteur‹. (323)

Man darf die heutige Meinung, die vorrangige Lektüre der Zeitungen bereichere das Wissen, nicht ohne weiteres auf Fontanes Text übertragen: Wenn Ladalinski seine Arbeit mit »Geschriebenem« beginnt, insbesondere dem offiziellen Organ der französischen Regierung,[251] soll damit der *rezeptive Charakter* als Gegenteil des produktiven angezeigt werden. Ein solcher Charakter nimmt Wirklichkeit bevorzugt in übertragener Form wahr, als Abbild und Buchstabe, als ein System abstrahierender Zeichen. So merkt denn auch der Erzähler medisant an, Ladalinski vertiefe sich »in Empfangsfeierlichkeiten und Loyalitätsadressen« (323) – während draußen der Sturm einer Zeitenwende heraufzieht.

Noch immer aber steht die Frage nach der auffälligen Verschiedenheit von Ladalinskis Nachkommen im Raum: Weshalb ist Kathinka handlungsfähig, Tubal nicht? Darüber gibt Sidonie von Pudagla Auskunft.

### Amoralische Vitalität:
### die Comtesse

Fontane lässt wenig Zweifel daran, dass das vitale Element aus dem preußischen Teil der Erbanlagen stammt. Sidonie von Pudagla, die fatale Frau des Geheimrats, verstößt zwar gegen alle guten Sitten, aber sie verstößt immerhin, sie handelt. Sie ist entschlossen genug, ihren Mann zu betrügen und die liebende Frau zu spielen, schließlich mit ihrem Liebhaber während einer Fuchsjagd auf dem Rücken eines schnellen Pferdes das Weite zu suchen. Überraschend und dreist kehrt die preußische Comtesse Polen den Rücken; genau das macht zwanzig Jahre später ihre Tochter Kathinka mit

Preußen. Und beide lassen sich an einem Ort nieder, der im gewöhnlichen bürgerlichen Leser gemischte Gefühle hervorrief, Neid und Bewunderung, Angst und Neugierde. Beide gehen nach Paris.

Wenn Fontane als richtender Erzähler auch die hedonistischen Lebenszwecke Sidonies missbilligt, so lässt er hinter ihren Handlungen doch den vitalen Impuls erkennen. Die verantwortungslose Comtesse bekundet ihren Willen zur Tat und erfüllt sich ihre Wünsche. Eines also muss man der frivolen Preußen-Gräfin lassen: Sie ist vital und hat Schneid. Auch Kathinka trägt in ihrem Charakter einen Zug dieser amoralischen Vitalität. Sie allerdings setzt ihre Kraft am Ende doch für ein anständiges Ziel ein, indem sie sich mit dem Mann verbindet, den sie wirklich liebt. Die Unentschlossenheit und Weichheit ihres Bruders Tubal können somit schwerlich aus preußischem Blut geflossen sein. Das scheint dem polnischen Erbe geschuldet.

Weshalb aber wird das vitale Erbteil in Kathinka wirksam, das degenerierte in Tubal? Darüber gibt der Erzähler keine eindeutige Auskunft. Auffällig ist immerhin, dass er für seine Zeit ungewöhnliche Einblicke in die früheste Kindheitsphase beider Geschwister gibt. Sie erlauben es, einen möglichen Zusammenhang zu konstruieren.

Man sollte glauben, als Geschwister müssten Tubal und Kathinka einander irgendwie ähnlich sehen, so, wie die Vitzewitz-Geschwister bei aller Verschiedenheit grundsätzliche Ähnlichkeit zeigen und zudem vertraut und herzlich miteinander umgehen: »Daß es Geschwister waren, zeigte der erste Blick: gleiche Figur und Haltung, dieselben ovalen Köpfe, vor allem dieselben Augen, aus denen Phantasie, Klugheit und Treue sprachen.« (24)

Bei Tubal und Kathinka fehlen solche Zeichen der Nähe. Ihr Umgang miteinander unterscheidet sich deutlich von dem der Vitzewitz-Geschwister. Lewin und Renate erweisen einander ihre Anteilnahme, Tubal und Kathinka begegnen sich formell, nach Etikette. Möglicherweise wirkte sich die erheblich unterschiedliche Erziehung der beiden prägend auf die Bildung ihres jeweiligen Charakters aus.

So führt die Fährte, die der Erzähler auslegt, zurück in die Zeit von Tubals Geburt. Tubal kommt ein Jahr nach Ladalinskis Heirat zur Welt:

Die Geburt eines Sohnes, während alle Welt Glückwünsche aussprechen zu müssen glaubte, wurde von seiten der Mutter wenig anders als störend empfunden, die denn auch, als man ihr den Säugling reichte, von ihrem Lager aus erklärte, daß sie kleine Kinder immer häßlich gefunden habe und ihrem eigenen zuliebe keine Ausnahme machen könne.« (325)

Die Folge dieser Abneigung ist, dass die Mutter ihren Sohn im eigenen Haus verstößt:

> Das Kind erhielt eine polnische Amme mit einem roten Kopftuch und einem noch röteren Brustlatz und wurde samt dieser, seiner Pflegerin, in den oberen Stock verwiesen; kaum aber, daß die Mutter ihren ersten Kirchgang gemacht hatte, so begann der ausgelassene Gesellschaftsverkehr auf neue, den das ›freudige Ereignis‹ nur auf Wochen unterbrochen hatte. (325)

Es entsprach zwar den schichtspezifischen Gepflogenheiten, die Erziehung zum Teil in die Hände von Ammen und Kindermädchen zu legen. Gleichwohl hieß das nicht zwangsläufig, die Eltern müssten ihre Kinder mit Ablehnung behandeln, umso weniger, als sich seit Ende des 18. Jahrhunderts ein bürgerliches Erziehungsideal durchsetzt, das von sentimentalen Gefühlswerten geleitet ist und Kindern Individualität zuspricht. Zweifellos legt Fontane dieses zu seiner Zeit längst etablierte Erziehungsmodell als Maßstab an Sidonies Verhalten an, dem sie nicht zu entsprechen vermag.

Nicht so im Falle Kathinkas. Ladalinski, berichtet der Erzähler, sei »glücklich« gewesen,

> als Kathinka geboren wurde, doppelt glücklich, als er wahrnahm, daß seine Freude von seiner Frau geteilt wurde. In der Tat sah die junge Mutter anders auf dieses zweitgeborne Kind, als sie auf Tubal geblickt hatte; es wurde nicht in das obere Stockwerk verwiesen, blieb vielmehr in ihrer unmittelbaren Nähe, ja sie liebte es, an seine Wiege zu treten und sich, ohne daß ein Wort über ihre Lippen gekommen wäre, seines Anblicks zu freuen. Sah sie sich selbst in ihm? (326)

Weshalb geht die Mutter mit diesem Kind liebevoll um, während sie den Sohn ablehnt? Der sonst allwissende Erzähler scheint sich selbst nicht sicher zu sein, doch lässt er die Möglichkeit offen, Kathinka könne einen anderen Vater haben, eben jenen flotten Gutsnachbarn Graf Mikusch, mit dem sie bald danach durchbrennt. Damit wären die charakterlichen Unterschiede zwischen Kathinka und Tubal biologisch erklärt: Graf Mikusch ist vital wie Sidonie, Ladalinski, zweifelsfrei Tubals Vater, ist es nicht.

Trotz dieser angedeuteten Biologisierung der unterschiedlichen Charaktere bleiben noch immer die genauen, für die Literatur des Realismus eher ungewöhnlichen Hinweise auf die frühkindliche Phase im Leben der Geschwister. Wenn sie vielleicht auch den Unterschied zwischen Tubal und Kathinka nicht begründen, so lassen sie ihn zumindest akut werden. Damit knüpft der Autor fraglos einen ursächlichen Zusammenhang zwischen frühkindlicher Traumatisierung und späterer Charakterbildung. Mit anderen Worten: Fontane geht hier über die zu seiner Zeit übliche physiologische und mythobiologische Erklärung von Persönlichkeitsmerkmalen und Verhalten hinaus und nähert sich deutlich einer eigentlich psychologischen, das heißt psychoanalytischen Begründung. Erstaunlich, dass diejenigen, die in Fontane den bedeutendsten Vorläufer der literarischen Moderne sehen, nicht auf dieses präpsychologische Modell verweisen.

An seiner Beurteilung der polnischen und halbpolnischen Figuren ändert das freilich wenig. Das polnische Personal, man kommt um diesen Befund nicht herum, besteht aus ziemlich unsicheren Kantonisten. Die Polen, teilt der Erzähler hinter den Bildern und Ereignissen mit, können zwar vital, schön, mutig, handlungsfähig sein; dafür aber heben etliche schlechte Eigenschaften diese guten wieder auf. So neigt ihre Vitalität zur Amoralität, ihre Moralität aber zu Handlungsunfähigkeit. Allerdings zeigt sich damit auch, dass Fontanes polnische Nationaltypologie differenzierter ausfällt als die stereotype, die sein erfolgreicher und mit ihm befreundeter Kollege Gustav Freytag in *Soll und Haben* anführt. Dort erscheinen die Polen durchweg als versoffen, verkommen, faul und bösartig.

Doch hebt Fontane, auch darin Kind seiner Zeit, scharf den Unterschied zu den Preußen hervor, bei denen die verschiedenen Wesensmerkmale so verteilt sind, dass sie einander verstärken oder zumindest keine negativen Kombinationen bilden. Im typischen preußischen Menschen fallen Vitalität und Moral zusammen. Im schlimmsten Falle, wie bei Renate von Vitzewitz, sind sie gehemmt und unvital, dafür aber fromm und sittsam.

In keinem Fall aber sind die Polen für die neue nationale Gesellschaft Preußens brauchbar. Ihre Integration brächte die Ordnung durcheinander oder schwächte diese Gesellschaft biologisch. Kurz: Die Polen können zwar schön und charmant sein, zwischen Oder und Havel aber haben sie nichts verloren.

So schickt sie der Autor dann auch zurück nach Polen (Ladalinski), ins Jenseits (Tubal) und ins Herz der Zivilisation, in die Hauptstadt des Feindes, ins kosmopolitische Sündenbabel Paris (Kathinka, Bninski).

## DEKADENZ UND ZIVILISATION

### Die inszenierte Gesellschaft

Kommen wir endlich mit Kathinka und der Comtesse nach Paris. Das heißt: nicht direkt nach Paris, doch an Orte, die mehr oder weniger für Paris stehen, die das, was Paris im Verständnis der Zeit bedeutet, zum Ausdruck bringen sollen.

Wir haben bisher das Modell nationaler Identität rekonstruiert, wie es unsere gründerzeitlichen Musterromane aufbauen. Demnach wächst die nationale Identität aus dem Boden des mythobiologischen Gedankens, sie ist völkisch begründet. Die Menschengruppe, die sich als Nation zusammenfasst, soll ethnisch und kulturell, soll in Herkunft, Sprache, Sitte und Gesellschaftsform möglichst einheitlich sein. Dieses Konzept von Nation – man kann es auch ethnonationalistisch nennen – genügt sich natürlich nicht selbst. Es verfolgt einen Zweck, der in einem umfassenden Geschichtsbild begründet liegt: Eine Nation ist demnach nur dann lebensfähig, wenn sie ethnisch und kulturell weitgehend homogen ist. Das ist ein Naturgesetz – so lautet eine der Prämissen, auf der dieses geschichtstheoretische Gebäude ruht. Demnach ist der Nationalstaat naturnotwendig, eine nationalstaatlich organisierte Gesellschaft auf völkischer Basis ist folglich eine natürliche Gesellschaft. Sie ist Kultur.

Nun ist aber auch, besagt das geschichtliche Modell weiter, eine natürliche Gesellschaft eine Gesellschaft in der Zeit. Früher oder später ist sie dem Verfall preisgegeben, wenn es ihr nicht gelingt, sich fortwährend zu regenerieren. Sie muss daher bemüht sein, solche Personen und Gruppen, die ihr – und dem Autor – degeneriert erscheinen, von sich fernzuhalten. Das war am Beispiel des polnischen Personals in *Vor dem Sturm* bereits zu beobachten; ferner ließen sich an ihm etliche Merkmale erkennen, die der Text degenerierten Gruppen zuschreibt: Sie teilen keine gemeinsame Herkunft, ihre Gesellschafts- und Lebensformen sind pluralistisch, teils polnisch, teils preußisch, aber nicht mehr authentisch. Identität und Zugehörigkeit bleiben unentschieden. Derart entsprechen die Polen im *Sturm* bereits zu einem guten Teil den naturfernen, degenerierten Gesellschaften, die in beiden Romanen den authentischen Volks- und Gesellschaftsgruppen gegenüberstehen. Wir können also vorerst bei Fontane bleiben, wenn wir jene Gruppen vorstellen, die als degeneriert gelten. Es liegt nahe, bei den Polen anzuknüpfen.

## Education contre nature:
### *der alte Adel als Relikt des* ancién regime

Damit tritt eine Figur auf den Plan, die als Repräsentant einer anachronistischen Zivilisation gelten darf, die dennoch eng an Fontanes Hauptvertreter echten Preußentums gebunden ist, oder jedenfalls gebunden scheint: Amelie von Pudagla, die Schwester des Musterpreußen Berndt von Vitzewitz.

Die »Gräfin« ist Urheberin jenes polnisch-preußischen Heiratsplans, der sich als wirklichkeitsfremd und unzeitgemäß herausstellen sollte. Selbst wenn Fontane sich nicht die Mühe, oder das Vergnügen, gemacht hätte, die Schwester seines Kernpreußen Berndt, ihr Schlösschen und ihren »Hofstaat« bis zur Morchelzucht eines Kammerherrn vom Medewitz zu porträtieren und nach dem Vorbild des Schillerschen Hofmarschalls Kalb zu karikieren, wären allein aus der fixen Idee einer »Doppelheirat« die leitenden Merkmale dieser Figur und ihrer Lebenswelt zu erschließen.

Der eigentliche Charakter von Amelies Planspiel mit zwei gemischten Paaren besteht darin, nach dem Muster einer anachronistischen Ehepolitik im Stil des *ancién regime* gestrickt zu sein. In einem Brief an Ladalinski, der den Geheimrat ungefähr am 1. Januar 1813 erreicht, knapp vier Wochen vor Kathinkas Flucht und rund sechs Wochen vor Tubals Tod, teilt Amelie mit: »Mon cher Ladalinski! Tubal und Kathinka haben mich erst vor einer Stunde verlassen, (…). Je mehr ich mich ihrer freute (et en effet ils m'ont enchantée), desto lebendiger wurde mir wieder der Wunsch jener liaison double, die wir so oft besprochen haben.« Allein im Gebrauch der französischen Floskeln, ahnungslos in die Ruhe vor dem Sturm gesprochen, liegt ein Signal für die wirklichkeitsfremde Einstellung Amelies; auch hinterlassen sie den Eindruck der Affektiertheit einer abgelebten höfischen Existenzform. Dass Amelie in Rastern, in abstrakten sozialen Formeln denkt, geht zudem aus der Bemerkung hervor, sie habe sich »in die Vorstellung hineingelebt«, Tubal werde als Ehemann von Renate auf Schloss

Guse »schalten und walten«, wo stets die »schönen Frauen verschiedener Nationalität« heimisch gewesen seien. (330) Ausgerechnet die religiöse, von pietistischer Innerlichkeit durchdrungene Renate soll elegante Salondame spielen!

Auch im Hinblick auf Lewin irrt Amelie: »Bleiben wir in guten Beziehungen zu Frankreich, comme je souhaite sincèrement, so würde ich einen einjährigen Aufenthalt in Paris als ein Glück für ihn ansehen. Er würde das Weltmännische gewinnen, das ihm jetzt fehlt und auf das Kathinka einzig und allein Gewicht legt.« Es wäre dies aber eine *education contre nature*, Lewins tendenziell introvertierter Charakter kennt gerade nicht jene *Theaterhaftigkeit* Kathinkas, die Fähigkeit, sich zu inszenieren und im gesellschaftlichen Auftritt zu glänzen. Der Wunsch nach guten Beziehungen zu Frankreich und einer französisch orientierten Sozialisierung Lewins kann sich angesichts der zunehmend von nationalen Werten beherrschten politischen Lage nur als naiv erweisen und widerspricht dem Gesellschaftsmodell des Textes selbst, das auf der Idee der homogenen Nationalkultur aufbaut.

Statt in Paris Boudoires und Bälle zu besuchen, müsste also Lewin die *Reden an die deutsche Nation* lesen, die Fichte im Winter 1807/1808 in Berlin als Vorlesungen gehalten hat – tatsächlich lässt ihn Fontane zwei oder drei Tage, nachdem er Amelies Brief präsentiert hatte, fast demonstrativ in Fichtes Vorlesung gehen, in der der Philosoph seine denkwürdige Rede *Über den Begriff des wahren Krieges* hält.[252] Der historische Fichte hatte diese Rede, mit der er auf das folgenreiche Bündnis General Yorks mit den Russen reagierte und zum nationalen Kampf aufrief, am 19. Februar 1813 gehalten. Im Roman findet diese Rede bereits am 3. Januar statt – ein Detail mehr, das zeigt, dass es auf historische Korrektheit nicht ankommt, dass auch Anachronismen erlaubt sind, sofern sie der Wirkung dienen.[253]

So kommt es auch Fontane darauf an, nicht nur in, sondern auch mit seinem Text nationale Identität zu stiften. Dazu dient unter anderem, Amelie sich allein durch ihre Heiratsphantasien bloßstellen zu lassen. Die Botschaft ist eindeutig: Vom Zug der Zeit, der immer schneller in Richtung Ethnonationalismus fährt, hat Berndts Schwester nicht einmal mehr die Rücklichter wahrgenommen. Ihr Ideal der »Liaison double« stellt die Realität gleichsam auf den Kopf: Es leugnet die natürlichen Eigenschaften und setzt die sozialen, die mehr oder minder beliebig formbar zu sein

153

scheinen, als die relevanten. Auch wäre der Zweck einer derartigen Ehe auf private Konsolidierung und Repräsentation beschränkt, wäre also abgelöst von der nation- und staatsbildenden Funktion, die ihr nunmehr auch zukommt. Sie verfehlte eine ihrer Hauptaufgaben im modernen Nationalstaat: Das *Bekenntnis zur Nation* auch in die Wohnzimmer, in die Kirchen und Kontore zu verlagern.[254] Amelie lebt in einer realitätsfernen ästhetizistischen Scheinwelt. Das dem Leser klarzumachen ist die Absicht des Erzählers, wenn er »die Tante« und ihre Umgebung genussreich entfaltet, ja entblößt.

*Die Welt als Bühne:*
*Selbstinszenierung und Virtualität*

Wer sich heute Schloss Gusow nähert, dem leuchtet sofort ein, weshalb Fontane sich gerade diesen Bau als Schauplatz für eine Gesellschaft ausgesucht hat, die wie der Wurmfortsatz verblichener Rokoko-Pracht im Seidenkokon frankophilen Lebensstils sinnlos vor sich hinwelkt. Gusow liegt am Rande des Oderbruchs in der Region Lebus, etwas westlich der seit den erbitterten Kämpfen Ende des Zweiten Weltkrieges bekannten Seelower Höhen. Es liegt also mitten in karger Mark, in einem ehemals sumpfigen und im Zuge des von Friedrich II. angestoßenen Meliorisierungsprogramms in Agrarland umgewandelten Gebiet. Fontane hat es schon in seinen *Wanderungen* als urpreußisches Gebiet vermessen.[255]

Gusow aber, um es salopp zu sagen, französelt allzu sehr. Das reale Vorbild für das fiktive »Schloß Guse« im Roman ist unbestreitbar hübsch und entzückend. Gerade diese Prädikate geben Anlass, es im Rahmen einer nationalisierenden Kunst, wie sie der Realismus fordert, auch ein wenig peinlich und fast anstößig zu finden. Die Anleihen an der französischen Renaissance, die neckischen Türmchen und verspielten Zinnen, die keinen militärischen Zweck haben und reine Zierart sind, geben dem Bauwerk den Charakter eines Marzipan-Modells. Das hat femininen Reiz, passt aber nicht in die Schlichtheit der Mark Brandenburg; die im architektonischen Zitat hergestellten Bezüge nach Frankreich haben in einem Preußen, das sich als moderne Nation zu formieren im Begriff ist, ihren Sinn verloren – das ist der Schluss, der aus diesem Handlungsstrang des Romans und seiner Schilderung Guses zu ziehen ist. Der zeitgenössische Leser Fontanes, der noch ganz die Verachtung des Bürgers für die *Zopf-*

*zeit* und Aufklärung kannte, der vielleicht auch Thomas Carlyles populäre Friedrich-Biographie gelesen hatte, darin der Autor das 18. Jahrhundert als »Lügen- und Affenjahrhundert«[256] verspottet – ein solcher Leser dürfte diesen Schluss auch gezogen haben.

## Narzissten in der laterna magica: Rheinsberg und Guse

Schon der süffisante Titel, den Fontane der auf Guse versammelten Gesellschaft gibt, verweist auf den karikierenden Zweck: *Allerlei Freunde*. Ein Kennzeichen dieses aus dem Landadel der Umgegend gebildeten Kreises, dem Amelie von Pudagla als *maitresse de plaisier* vorsteht, ist die Fremdorientierung des Lebensstils und der Einstellungen. Zwei Bezugspunkte sind maßgebend: Frankreich, genauer: die Kultur Versailles als Idealtypus des absolutistischen Hofes; und der auf Schloss Rheinsberg etablierte Hof des Prinzen Heinrich, des abtrünnigen Bruders Friedrich II. Dieser Hof aber ist selbst nur Abbild und Kopie des Versailler Hofstaats Ludwigs XIV. Das Rheinsberg des »Prinzen Heinrich« erscheint bereits wie ein Realmuseum abgelebter höfischer Sitten und Gestalten, »Schloß Guse« wiederum als dessen Imitation.

Analog zu Hohen-Vietz stellt Fontane seiner Beschreibung Guses dessen knappe Vorgeschichte und eine Kurzbiographie Amelies voran. Dieser historische Abriss dient natürlich nicht nur der Orientierung des Lesers; es kommt vor allem darauf an, aus der Vergangenheit Traditionsstränge einer preußischen Geschichte zu flechten, die ihrerseits am Bewusstsein der Nation mitwirken. Im Falle von Guse ist das augenscheinlich schwieriger als es mit Hohen-Vietz war: Das Gut Guse, wie Fontane historisch genau berichtet, wurde »erst« Ende des Dreißigjährigen Krieges, zwei Jahre vor dem Osnabrücker Friedensschluss im Oktober 1648, »in unsere Landesgeschichte« eingeführt (132). Der noch in Schwedischen Diensten stehende General Georg von Derfflinger hatte es erstanden: »Zunächst war die Erstehung des Gutes wenig mehr als eine Kapitalanlage, vielleicht auch ein Versuch, sich im Brandenburgischen territorial und politisch festzusetzen (…).« (132f) Derfflinger, der bald in das Heer des Großen Kurfürsten eintritt und zum Brandenburgischen Generalfeldmarschall aufsteigt, macht aus dem Gut »eine Musterwirtschaft« und errichtet das Schloss –

der Vergleich mit Hohen-Vietz zeigt, dass Guse nicht ganz ursprünglich ist, es führt sich nicht auf ein alteingesessenes Geschlecht zurück, es gehört nicht den mittelalterlichen Gründern an. Derfflinger allerdings ist am Sieg des Großen Kurfürsten in der Schlacht bei Fehrbellin im Juni 1675 entscheidend beteiligt: eine Art Initiation in die unmittelbare Vorgeschichte Preußens. Fontane, mit der preußischen Geschichtsschreibung vertraut, sieht in der Schlacht von Fehrbellin, die den Schwedischen Einfluss in der Mark Brandenburg beendete, das Gründungsereignis eines neuzeitlichen und modernen Preußen – ein nicht landesstämmiger Georg von Derfflinger ist damit noch als späte Gründerfigur des vorfriderizianischen Preußen zu vereinnahmen. Es ist wohl kein Zufall, dass Fontane den Zyklus seiner preußischen Heldenballaden mit dem Hymnus *Der Alte Derffling* eröffnet, mit dem sich der junge Dichter in der Literaturvereinigung *Tunnel über der Spree* etabliert hatte.[257] Anders als das autochthone Gut Hohen-Vietz aber ist Schloss Guse zunächst eine Fremdschöpfung, die in die nationale Geschichte integrierbar ist und so wiederum selbst traditionsbildend wirken kann; die gleichwohl einen nationalgeschichtlichen Grenzfall bildet.

Dieser Hintergrund erst offenbart ganz, weshalb Fontane seine Figur der Gräfin und ihren Kreis in ausgerechnet diesem Bau der Mark Brandenburg installiert. Obwohl Amelie als gebürtige Vitzewitz ähnlich ihrem Bruder den Durchschnitt überragt und vital ist (»Sie war ein sehr schönes Kind, früh reif, der Schrecken aller nachbarlichen, in Wichtigkeit und Unbildung aufgebauschten Damen ...« [135]), entwickelt sie nicht zuletzt einer an Frankreich orientierten Erziehung wegen eine antinationale Einstellung:

> Um die Mitte des Jahrhunderts, also zu einer Zeit geboren, wo der Einfluß des friderizianischen Hofes sich bereits in den Adelskreisen geltend zu machen begann, empfing sie eine französische Erziehung und konnte lange Passagen der ›Henriade‹ auswendig, ehe sie wußte, daß eine Messiade überhaupt existiere. Übrigens würde schon der Name des Verfassers sie an der Kenntnisnahme des Inhalts gehindert haben. (135)

Gewiss ließe sich behaupten, Voltaires Epos auf den französischen König Heinrich IV., der mit dem Edikt von Nantes im April 1598 Frankreich den Religionsfrieden beschert hatte, sei gefälliger und moderner als die gedankenschwere, schon Ende des 18. Jahrhunderts als deutsches Nationalepos geltende Passionsgeschichte des Dichters Friedrich Gottlieb Klopstock. Wir befinden uns aber in den Siebziger Jahren des 19. Jahrhunderts, und in diesem ideengeschichtlichen Klangraum ist der tadelnde Unterton dieses auktorialen Zwischenspiels nicht zu überhören. Der Vorwurf kultureller Fremdorientierung wie der *Theaterhaftigkeit*, der Präferenz der Form, schwingt mit. Auch ein leiser Beiklang kulturkämpferischen Ressentiments wird vernehmbar, bedenkt man, dass König Heinrich IV. nach der Pariser Bartholomäusmacht (1572) zum Katholizismus übergetreten war.

In dieses Charakterbild passt, dass der Erzähler Amelie gleichsam über ihren Stand hinaus verheiratet: Mit einem aus Ostseeregionen stammenden, reich begüterten Grafen Pudagla bringt sie »eine glänzende Partie« (135) ein. Man darf das Prädikat, das der Erzähler hier vergibt, wörtlich nehmen: Die Ehe ist, höfischem Kodex folgend, weniger auf natürliche, als auf soziale Eigenschaften gegründet und dient in erster Linie der Repräsentation. Das Verhältnis erscheint distanziert und förmlich, ja, Amelie weiß »in Hochmut und Caprice (…) den Wert seiner edelmännischen Gesinnung« (140) nicht voll zu würdigen und behandelt »die Frage nach der Fortdauer des Hauses Pudagla« mit »niegestörter Gleichgültigkeit« (137). Dass die Verbindung weder kulturell produktiv noch biologisch fruchtbar wird, ist für ihren Zustand wie für das Milieu, das sie repräsentiert, bezeichnend. Hatte sich Graf Pudagla noch im Siebenjährigen Krieg derart bewährt, dass er eine »glänzende militärische Laufbahn« (135) erwarten durfte, so zieht er sich bald wegen eines ungerechten Tadels Friedrichs II. auf seine Landgüter zurück.

Der Rückzug aus der Welt der Taten ist indessen im Realismus stets ein ungutes Zeichen. Fontane bestätigt es einmal mehr: Statt, wie das dem Tatmenschen angemessen wäre, beim König mutig das erlittene Unrecht einzuklagen, reagiert der aussichtsreiche Graf beleidigt und schließt sich ausgerechnet dem Rheinsberger Hof des »Prinzen Heinrich« an, dem Sammelpunkt der Frustrierten und Zu-Kurz-Gekommenen. Ähnlich wie Ladalinski weicht auch dieser Altadlige seiner eigentlichen Aufgabe aus. Fraglos ist Fontane daran gelegen, einen heterogenen und so bei aller edelmännischen Gesinnung unreifen Charakter zu zeichnen. Das kommt umso deutlicher zum Ausdruck, als Pudagla »eine Abneigung gegen den Prinzen« hegt und den ästhetisch überhöhten Hedonismus des Rheinsberger Kreises ablehnt. Er handelt nicht aus Überzeugung, sondern aus Trotz: »Er *wollte* zu den ›Frondeurs‹ gezählt sein (…).« (136) Eine derartige Handlungsweise missbilligt der Realismus stets als unmoralisch, noch mehr als Zeichen psychischer Schwäche, die wiederum immer Zeichen mangelnder Vitalität ist. So wirkt es wie maliziöse Ironie des Erzählers, wenn er den

Schwager seines Helden Berndt von Vitzewitz mit einem Blitzschlag aus der Welt schafft: Nach dem Tod Friedrichs II. hofft Pudagla, »aus einem engen und aussichtslosen Kreis in den öffentlichen Dienst zurücktreten zu können« und geht in diplomatischer Mission in sein geliebtes England (139). »Anno 1789 war der Graf auf kurzen Urlaub zurück. Er erkrankte, von einem Schlaganfall getroffen, im Vorzimmer des Königs; am anderen Tage war er tot.« (140) Im Vorzimmer des Königs: eine topographische Nebensächlichkeit, doch wie beredt in diesem Zusammenhang!

Fiktive Historien dieser Art verfolgen andere Zwecke als den der Unterhaltung. Es geht darum, die universalistische höfische Kultur des *ancién regime*, zu der Friedrich II. und sein Staat in der Sicht des Erzählers gerade nicht gehören – wer hätte auch Maria Theresia erbitterter bekämpft als dieser preußische Held! –, als Dekadenzkultur aus der nationalen Traditionsbildung auszuschließen. Sie passt nicht in die Linie der nationalen Helden und ihrer Taten. Es gilt, ihre Untauglichkeit zu belegen.

Nichts anderem als diesem Zweck dient die Schilderung des Rheinsberger Hofs. Nichts anderem auch dient das buntfarbene und strichweise grotesk wirkende Porträt, das Fontane von »Schloß Guse« entwirft.

Friedrich Heinrich Ludwig, Prinz von Preußen, bekannt als Prinz Heinrich (1726-1802), galt dem 19. Jahrhundert als negative Gegenfigur zu Friedrich II. Am Ende des Jahrhunderts, ein Jahr vor Fontanes Tod, resümiert ein populäres Konversationslexikon: »Von Anfang des Krieges an war H.(einrich) mit der seiner Meinung nach allzu genialen, d.h. tollkühnen Kriegführung seines Bruders unzufrieden und stand an der Spitze einer weitverbreiteten Opposition im Offizierkorps. Er fügte sich oft nur ungern, obwohl pünktlich den Befehlen desselben. Es kam daher wiederholt zu Misshelligkeiten, und im April 1762 forderte H., durch Vorwürfe Friedrichs gekränkt, seine Entlassung. Mit Mühe versöhnte ihn der König. (…) Er starb in Rheinsberg, wo er einen kleinen Hof mit ziemlich lockern Sitten hielt und allen von Friedrich II. verkannten oder mit Undank belohnten Offizieren des Siebenjährigen Krieges ein Denkmal errichtet hat.« »Die Mißverständnisse zwischen ihm und dem König« hätten schon früh begonnen, hervorgerufen »durch Heinrichs allzu große Empfindlichkeit und verschiedene politische Anschauung (H. war ganz Franzose) [...]«.[258]

Der gebildete Leser fand sich bestätigt, wenn er im *Sturm* den Rheinsberger Hof als Ort einer frankophilen Gegenkultur abgebildet sah, an dem eine Gesellschaft intriganter Höflinge fern von den Forderungen der

Politik *Versailles* spielt und der erotischen Zerstreuung frönt. Diese Züge treten umso schärfer hervor, als die militärischen Leistungen Heinrichs (auf die das objektivere Lexikon ausführlich eingeht) in den Hintergrund geschoben werden. Sie ergeben nicht mehr als die Kulisse einer ästhetischen Scheinwelt, einer gleichsam virtuellen Welt, die sich selbst inszeniert. Heinrich fingiert die Tat im Kunstwerk und schafft eine Art künstlicher Realität. Die Bemerkung, am Rheinsberger Hof hätten »die Frauen« geherrscht (137), obwohl der Prinz »die Frauen haßte« (136), weist auf die Unfruchtbarkeit der Gesellschaft hin und betont ihre Natur- und Wirklichkeitsferne. Auch breitet der Erzähler süffisant die »Tableaux vivants« aus, mit denen Heinrich jeden 6. Mai den »Jahrestag der Prager Affaire« feiert, seinen entscheidenden Erfolg in der Schlacht bei Prag 1757. Von der Beliebtheit solcher Tableaus künden schon die *Wahlverwandtschaften.* Fontanes Beschreibung der Prinz Heinrichschen »Tableaux« freilich ist ganz anders gemeint, abwertend nämlich: »Mars und Minerva«, heißt es da, würden, »sich überholt fühlend, vor der höheren Rheinsberger Gottheit ihr Knie« beugen. (138) Auch seien »Dialoge« aufgeführt worden, »ganze Stücke, mit Griechen- und Römerhelden, mit Myrmidonen und Legionen, die sich dann schließlich immer als Prinz Heinrich und das die Prager Höhen erstürmende Regiment Itzenplitz entpuppten«. (138) Hier inszeniert eine Figur allein sich selbst, indem sie sich mythologisch überhöht und mittels bildhafter Zeichen auf sich selbst verweist. Sie benutzt ihre Umgebung als Spiegel ihrer Selbststilisierung. Gelehrter gesagt: Sie instrumentalisiert ihre Umwelt als Medium hermetischer Selbstreferenzialität. In diesem Vorgang wandelt sich die Tat – sonst nach außen und auf ein bestimmtes, außerhalb der eigenen Person liegendes Ziel gerichtet – zur virtuellen Handlung, die nach innen gerichtet und deren Ziel die eigene Person ist. Das Zeichen wird Zeichen des Narzissmus seines Produzenten.

In diesen Raum leerer Scheinaktivität tritt Amelie von Vitzewitz als junge Frau des Grafen Pudagla ein. Sie steigt, wie es der Vitzewitzschen Herkunft angemessen ist, rasch an die Spitze der Hierarchie auf: »Sie war in kürzester Frist die Seele der Gesellschaft und beherrschte wie den Hof, so auch die Spitze desselben, den Prinzen…« (136) 16 Jahre bleibt sie dort, von 1770 bis 1786, als der Rheinsberger Hof mit dem Tod Friedrichs II. seinen eigentlichen Existenzgrund verliert. 1770 ist Amelie etwa zwanzig Jahre alt, sie verbringt also gerade jene Lebensphase im virtuellen Raum, in dem die *natürliche Frau* heiratet, einen Haushalt führt – in Amelies

Fall müsste das ein Rittergut sein – und Nachkommen großzieht. Im Verständnis der bürgerlichen Welt wie des konservativ-revolutionären Adels, den ihr Bruder Berndt repräsentiert, verfehlt Amelie in ihrer auf Repräsentation abgestellten, ästhetizistischen Lebensweise den eigentlichen Zweck weiblicher Existenz. Deutlicher könnte der Hinweis auf Unproduktivität und Unfruchtbarkeit, auf Vitalitätsdefizite kaum noch sein.[259] Amelie verkörpert die Degeneration des alten universalistischen und antinationalen Adels. Diese Schicht ist für die nationale Erneuerung, für die Konsolidierung einer selbstbewussten, an politischer Partizipation interessierten, fortschrittsorientierten nationalen Gesellschaft unbrauchbar. Sie ist überflüssig. Genau das führt Fontane am Schicksal des auf »Schloß Guse« versammelten Zirkels vor.

In der Auflösungsphase des Rheinsberger Hofs übernimmt Amelie das von Graf Pudagla geerbte Schloss und reinstalliert dort einen Sandkasten-Hofstaat *a lá Rhinsbourgh*. Analog zum Rheinsberger Ort der Virtualität dient auch in Guse die Gruppe der Zugehörigen als Medium der Inszenierung ihres Oberhaupts, als Element narzisstischer Selbstbespieglung. Der Erzähler stellt das von Anfang an klar heraus:

> Die Gräfin, selbstisch[!] in all ihrem Tun, verfuhr nicht nach allgemeinen Gesichtspunkten, sondern nach allerpersönlichstem Geschmack. Ihr Umgangskreis, den Berndt ziemlich spitz als ›allerlei Freunde‹ bezeichnete, war nicht darnach gewählt worden, ob er anderen, sondern lediglich darnach, ob er *ihr* gefiele. Was sie am meisten verachtete, waren herkömmliche Anschauungen; (…). Wer ihr ein Lächeln abnötigte, ihr Gelegenheit zu einem Sarkasmus bot, war ihr ebenso unterhaltlich als derjenige, der ihr eine Fülle von Esprit, einen Schatz von Anekdoten entgegenbrachte. (143)

Worauf es Fontanes antagonistischer Modellfigur ankommt, ist, *unterhalten* zu werden, nicht informiert; ist das Amüsement von Esprit, Anekdoten und Sarkasmen. Sie will gehobene Zerstreuung – ein geistiges Vergnügen, das im Verständnis des Tatmenschen das Gegenteil einer intellektuellen Leistung ist, die diszipliniertes Arbeiten verlangt und zu einem *Produkt*, einem Buch, einem Gemälde, einer philosophischen Theorie, also zu einem sinnvollen System von Zeichen führt.

Schließlich ist auch die Innenausstattung für eine Selbstinszenierung konzipiert, die wirkliche Kommunikation verhindert. So wirft Fontane einen Blick ins Schlafzimmer, um zunächst in dessen Lage ein Zeichen für die scheinproduktive Untätigkeit der Bewohnerin zu erkennen:

Ein stiller Raum, hoch und geräumig, die Fenster nach Norden zu. Unter gewöhnlichen Verhältnissen hätte man diese Lage tadeln dürfen; hier aber, wo die Neigung vorherrschte, sich erst durch die Mittagssonne wecken zu lassen, gestaltete sich, was anderen Orts ein Fehler gewesen wäre, zu einem Vorzug. (182)

Während der aktionistische Bruder einem naturnahen Zyklus gemäß früh aufsteht, heißt es von Amelie, sie hätte »ohnehin die Nacht am liebsten zum Tag gemacht« (185). Ebenso widerspräche es der Echtheit eines Herrenhauses wie dem von Hohen-Vietz, einen »Trumeau«, einen »großen Stehspiegel« zu platzieren, wie in Amelies Schlafzimmer der Fall. Dieses Möbelstück ist nur scheinbar harmlos. In diesem Schloss postiert, dem Sinnbild eines inszenierten Raumes, wird er zum Zeichen der eitlen Selbst-Bespiegelung seiner Benutzerin. Schon zuvor hatte der Erzähler nicht den geringsten Zweifel daran gelassen, dass die Innenarchitektur des von Amelie umgebauten Schlosses eine hochbrisante Botschaft enthält:

Die neuen Räume lagen sämtlich auf der rechten Seite und bestanden aus einem Billard-, einem Spiegel- oder Blumenzimmer- und einem Empfangszimmer, woran sich dann, in den entsprechenden Seitenflügel übergehend, der Speisesaal und das Theater schlossen. Denn ohne Vorhang und Kulissen konnten sich Personen, die aus der Schule des Rheinsberger Prinzen kamen, eine behagliche Lebensmöglichkeit nicht wohl vorstellen. (141)

Wohin der Betrachter sich wendet, er sieht illusionäre Räume, Scheinrealität. Diese Virtualität der Lebenswelt, ihre Realitätsferne und Naturfremdheit, ist alles andere als harmlos. Sie bedeutet, wie es Fontane an Ladalinski und dem Rheinsberger Hof gezeigt hat, ein erhebliches, die nationale Gemeinschaft gefährdendes Defizit an fruchtbarer Vitalität. Die Existenz im illusionären Raum ist zukunftslos.

In dieser Botschaft liegt der eigentliche Sinn des von Fontane trickreich installierten Stehspiegels. Nicht umsonst erhebt er ihn zum blendenden Instrument eines konsequenten Schicksals: Er stattet seine gottlose Amelie mit einer saftigen Portion Aberglauben aus. Das ist glaubwürdig. Denn wer die faktische Realität gegen eine imaginäre eintauscht, hält auch Gespenster für reale Phänomene. Diese Überlegung bildet die Voraussetzung für die Mitteilung des Erzählers, die sonst aufklärerische Amelie glaube an die Existenz einer »schwarzen Frau«, die in Guse umgehe und deren Erscheinen »jedesmal Tod oder Unglück bedeute«. (185) Fontanes hinterhältiger Kunstgriff – bekanntlich ist im Krieg jedes Mittel erlaubt – besteht darin, die Gräfin seit dem Tode ihres Mannes »sich schwarz tragen« zu lassen.[260] Somit bildet der Stehspiegel im Schlafzimmer eine Gefahr: »Die Gräfin, sonst eine beherzte Natur, lebte in einem steten Bangen vor dieser Erscheinung; was ihr aber das peinlichste war, war der Gedanke, daß sie möglicherweise einmal einem bloßen Irrtum, ihrem eigenen Spiegelbilde zum Opfer fallen könne.« (185)

Das geschieht rund fünf Wochen später, obwohl Amelies Zofe strikte Anweisung hatte, jeden Abend den Spiegel zu verhüllen. Gewiss bleibt der Erzähler den expliziten Beweis schuldig. Doch streut er die Indizien so auffällig, dass kein anderer Schluss möglich ist. Nachdem Berndt von Vitzewitz den Nachlass geregelt hatte und nach Hohen-Vietz zurückkommt, empfängt ihn seine Tochter Renate mit den Worten: »Ich werde den Gedanken nicht los, daß es ein Schreck war, der sie tötete.« Darauf Berndt:

›Und du triffst es. Der Tod muß sie plötzlich überrascht haben. Ich sah sie noch in der Stellung, in der sie Eve denselben Morgen gefunden hatte. Sie saß in dem großblümigen Lehnstuhl zu Füßen ihres Bettes, ihre noch offenen Augen auf den Stehspiegel gerichtet.‹ (545)

Auf Renates Frage nach Amelies Kleidung entgegnet Berndt: »»Schwarz««. Und weiter: »»Der Spiegel, als ich in das Schlafzimmer trat, hatte seinen grünen Vorhang. Aber Eve wurde rot, als ich danach fragte, und widersprach sich einmal über das andere.«« (545f) Die Bedeutung der knappen Groteske ist leicht zu erfassen: Die natürliche Gewalt der Nationalisierung beseitigt die unbrauchbaren Elemente, sei es durch Krieg, sei es durch Zufälle. So aber verliert der Zufall das Zufällige und erweist sich als treuer Gehilfe historischer Notwendigkeit.

Denn dass Guse als gesellschaftlicher Ort, wie ihn Amelie etabliert hat, einem nach nationaler Einheit strebenden Geschichtslauf weichen muss, liegt auf der Hand. Er ist so wenig lebensfähig, ja, so hinderlich wie es der Rheinsberger Hof war, den »Schloß Guse« nachahmt. In ihm herrscht das gleiche Prinzip ästhetizistischer Inszenierung: Anekdoten und Historisches, Mitteilungen, die sich auf irgendeine für die Unterhaltung geeignete Wirklichkeit beziehen, werden sprachlich und bildhaft vermittelt. Diese Worte und Bilder fügen sich aber nicht zu einem halbwegs sinnvollen Werk zusammen, sondern bilden einen lose geknüpften Flickenteppich der Bedeutungen, ein buntes Programm mit Talkshow und Schlemmermenü zur Zerstreuung ausgedienter adliger Rentiers. Im Reinsberg des Prinzen Heinrich gelangten immerhin noch Versatzstücke wichtiger historischer Ereignisse wie der »Prager Affaire« zu Aufführung. Auf Amelies Schlösschen aber schränkt sich die Inszenierung auf den privaten *Talk* unbedeutender Figuren ein. In den Augen des Erzählers ist Guse eine minderwertige Abbildung von Rheinsberg, Inszenierung der Inszenierung. Als postmodernes *Readymade* aus der Hand eines Jeff Koons hätte es heute große Chancen auf dem Markt.

Auch das milde Lächeln, mit dem Fontane die Belegschaft auf Guse am Beginn seines Kapitels *Allerlei Freunde* vorstellt, spricht Bände. Er präsentiere diese Figuren, teilt er augenzwinkernd mit, wie eine *Porträtgalerie*, die allerdings weniger »um der Bildnisse selbst als um des *Ortes* willen« (144) sehenswert sei. Wie die eben beschriebene Ikonographie der Innenarchitektur lassen auch die darin auftretenden Figuren Ähnlichkeiten mit dem Rheinsberger Personal erkennen. Und auch sie verweisen zugleich auf das qualitative Gefälle zwischen diesen beiden geschichtsfernen Orten.

Fontane führt die Guser Herren wie eine Sammlung ausgestorbener Tierarten vor, an denen die Phänomene der Degeneration mustergültig zu demonstrieren sind. Bereits die vornehmste Erscheinung des Zirkels, Graf Drosselstein, mutet beispielhaft an, wenn auch Fontane an dieser Figur noch seine grundsätzliche Sympathie für den preußischen Adel durchschimmern lässt. Zweifellos hängt das mit Fontanes Ansicht zusammen, der Adel habe trotz all seiner offenkundigen Mängel noch immer eine wichtige Funktion als Träger der Kultur.

Bereits in seiner Rezension zu Gustav Freytags Roman *Soll und Haben*, dessen nationaler Botschaft er begeistert zustimmt, kritisiert er Freytags seiner Meinung nach ungerechte Abwertung des ehemaligen Ersten Standes: »Es läßt sich über den Beruf und die Aufgabe des Adels in unserer Zeit verschieden denken (wir persönlich zählen zu seinen wärmsten Verehrern und haben unsere triftigen Gründe dazu), zu welcher Ansicht man sich aber auch bekennen mag, man wird einräumen müssen, daß, neben einem gewöhnlichen Bauschquantum von militärischem Mut, die bloße Kunst würdevoller Repräsentation und feinen Takts zu wenig

Zugeständnis ist für den Adel, wie er – Gott sei Dank – noch immer existiert.«[261]

Dass der Adel auch jetzt noch mehr sein kann als nur geschliffene Form und tadellose Erscheinung, eben das beglaubigt Fontane an Berndt und seinen Nachkommen, denen die Regeneration gerade noch gelingt. Im Gegensatz zu diesem Teil des Adels ist die dekadente Adelswelt auf Guse zwar verloren, doch liegt dem Autor daran, Abstufungen und Übergänge aufzuzeigen, als wolle er vom alten Adel retten, was noch zu retten ist. So hebt er denn auch am Grafen Drosselstein untadelige Gesinnung und Loyalität zur Monarchie hervor (145) – um dann doch dessen Degenerationserscheinungen aufzuzeigen.

Drosselstein habe dem Staate treu gedient, doch leider »nur kurze Zeit«. Nach einem Jahr militärischer Ausbildung sei er gesundheitshalber ausgeschieden, »froh…, den Anblick des Potsdamer Exerzierplatzes mit dem der Marine von Nizza vertauschen zu können«. (145) Damit nicht genug, habe Drosselstein sich dann fast zwei Jahrzehnte lang in Rom und Paris »ganz dem Studium der Kunst hingegeben«. (145) Ausgerechnet in jener Lebensphase zwischen Adoleszenz und reifem Mannesalter, in dem die robuste Natur des Tatmenschen Feldzüge mitmacht, auf Schlachtfeldern ihre spezielle *education sentimentale* erhält und anschließend Kinder zeugt oder brauchbare Werke schafft, patriotische Gemälde, Dichtungen, wissenschaftliche Systeme – ausgerechnet in jener Phase, in der sich der Tatmensch als biologischer und kultureller *Produzent* hervortut, verharrt Graf Drosselstein in *rezeptiver* Haltung. Er bleibt Flaneur in den künstlichen Paradiesen der zeichenhaften Welt.

Entsprechend setzt Fontane seinen Drosselstein in eine künstlich reproduzierte Natur, stets ein untrügliches Zeichen für die Avitalität von Gesellschaften, die dem Untergang geweiht sind. Im Park seines Schlosses habe der Graf »eine große in Stein und Erde ausgeführte Alpenreliefkarte« errichten lassen. (147)

Dieses Motiv einer regionfremden Kunstlandschaft als Zeichen der Dekadenz taucht in der bürgerlichen Literatur bis weit ins 20. Jahrhundert hinein auf. So platziert Feuchtwanger in seiner historischen Romantrilogie *Die Füchse im Weinberg* den alten französischen Hochadel um Marie Antoinette, den »Fliederblauen Klüngel«, mitten in den Miniaturnachbau Schweizer Alpenregionen hinein. Am Vorabend des Bastille-Sturms tummeln sich verkünstelte Gestalten in einer zur Kulisse entleerten Modellnatur, blind für den Abgrund, der auf sie zukommt.[262] Mit den landschaftsarchitektonischen Künsteleien Drosselsteins prägt Fontane ein Dekadenzmodell der klassischen Moderne vor, das wirklichkeitsfremde Lebensformen mit unproduktivem Ästhetizismus verbindet.

Die übrigen Figuren dieser *Porträtgalerie* vorzustellen, ist unnötig, da sie fast alle blasser werdende Replikationen des gleichen Grundtypus sind. Jenseits individueller Vorlieben und Eigenheiten ist ihnen wirklichkeitsferne und narzisstische Selbstbezogenheit gemeinsam. Produktive Handlungen ersetzen sie durch simulative Handlungen. Sie verwandeln das Schloss in eine laterna magica der verlöschenden höfischen Kultur, in deren künstlichem Widerschein letzte Abkömmlinge wie Schemen auf einer illusionären Bühne umhergeistern.

## *Kostüm, Pose und Kulisse:*
## *die Freiheit als Spiel und das Ende des Theaters*

Dieses Kabinett der Überlebten kann ohne Frage einen gewissen nostalgischen Zauber entfalten. Sobald aber das nationale Thema im Inszenierungsraum angespielt wird, nimmt Fontanes spöttische Kritik einen ernsthaften, latent aggressiven Ton an. In der Schilderung der auf Guse stattfindenden Silvesterfeier wird er unüberhörbar.

Als Gäste erscheinen der nationale Freiheitskämpfer Berndt von Vitzewitz, Lewin und das polnische Geschwisterpaar Kathinka und Tubal. Weiterhin findet sind der als *Allerlei Freunde* vorgestellte Kreis ein, erweitert um den Dorfschullehrer, Romantiker-Exegeten und Gelegenheitsdichter Dr. Faulstich. Nicht von ungefähr hat ihm Fontane einen Namen gegeben, der auf Eigenschaften hindeutet, wie sie das Soziotop Guse prägen: *faul* und *Stich*. Schon vor der Silvesterfeier wurde dieser Dorfschullehrer in den Kapiteln »Kirch-Göritz« (191-198) und »Dr. Faulstich« (198-206) so eingeführt, wie die Kritik des literarischen Realismus die typische genialische Dichterfigur der Romantik karikiert. Faulstich ist ein liederlicher Geselle, begabt zwar, doch willensschwach, disziplinlos, unbürgerlich, antinational, handlungsfähig nur im abstrakten zeichenhaften Raum. Er stellt den Gegenentwurf zum hoch bewerteten *realistischen* Dichter dar, der sich nicht als Klippschullehrer zu verdingen braucht und es nicht nötig hat, einem bedeutungslosen Hof als Unterhaltungsdichter zu dienen. Der realistische Dichter schafft wirklichkeitsbezogene Werke.[263]

Zu Faulstich gruppiert Fontane noch zwei weitere Figuren, die den heterogenen und weltfremden Charakter der Veranstaltung hervorheben. Zum einen den Dorfkantor, »Herr Nippler mit Namen« (289), ein »nach Tante Amelies Meinung« verkanntes Genie. (288) Nippler verwirklicht sich indessen als Kapellmeister eines kärglichen Kammerorchesters, das »die musikalischen Kräfte von Selow und Kirch-Göritz« zusammenfasst. (288). Zum anderen Demoiselle Alceste, eine ehemals am Rheinsberger Hof engagierte französische Schauspielerin, die Fontane mit galanter Bissigkeit wie eine opulente, appetitlich in Gelatine gepackte Gänsepastete serviert: »Sehr groß, sehr stark und sehr asthmatisch«, werde ihr »anziehendes Wesen« durch »Anfälle von Künstlerwürde, denen sie ausgesetzt war«, erhöht. (284) Noch bevor das für den Abend anberaumte Theaterstück beginnt, präsentiert der Erzähler bereits Raum und Gesellschaft als Theater: amüsierte Heuchelei, Inszenierung und vorgetäuschtes Schauspiel. Wobei er sicher sein konnte, dass der damalige Leser auch den brisanten politischen Hintergrund – den Vorabend vor dem Sturm – vor Augen hatte.

Der Silvesterabend wird zum Prolog für den bevorstehenden nationalen Kampf, die heitere Geselligkeit, in die Fontane ihn einrahmt, darf über diese Absicht nicht hinwegtäuschen. Bereits das versammelte Figurenpersonal zieht die Frontlinie, die die reale politische Situation kennzeichnet. Der Gruppe der Franzosen, Polen und dem frankisierten Guser Kreis steht die Fraktion der nationalen Preußen gegenüber. Erstere umfasst die Schauspielerin Alceste, Kathinka, Tubal, Amelie und den »Zirkel«, letztere besteht zunächst nur aus Lewin und Berndt von Vitzewitz. Wie später auf dem politischen Schauplatz, so wandeln sich bereits an diesem hochsymbolischen Silvesterabend von 1812 auf 1813 die Verhältnisse. Das Gewicht der Gruppen verschiebt sich, indem Teile aus der antinationalen Front in die preußische wechseln und diese den Sieg über die nichtpreußische davonträgt. Das Schloss und sein Theatersaal werden zum metaphorischen Kampfplatz, die Silvesterfeier zur symbolischen Schlacht um Preußen. Die Theateraufführung bildet das Vorspiel.

Die Inszenierung bündelt jene Merkmale, die Rheinsberg und Guse zu wirklichkeitsfremden und künstlichen Räumen zusammenfügen. Schon die in französischer Sprache, doch nur beim »Fibelverleger P. Nottebohm in Kirch-Göritz« gedruckte Einladung wirkt entlarvend. Das gleiche Missverhältnis von Anspruch und Wirklichkeit, von Schein und Sein kennzeichnet den Programmzettel, der das Theater als »Théâtre du Château de Guse« vorstellt. (289) Was die *eigentliche* Bedeutung des Wortes Château betrifft, ist der Begriff korrekt verwendet. Doch wirkt er unfreiwillig komisch: Guse bleibt eine kleine französelnde Kopie, während das altehrwürdige Wort Château Vorstellungen von stattlichen Loire-Schlössern wachruft. Wieder ist Fontane daran gelegen, den Schein ironisch zu entlarven.

»Die Theaterszenen auf Schloß Guse sind den Aufführungen in Rheinsberg am Hofe des Prinzen Heinrich nachgebildet.«[264] Wahrhaftig, das sind sie, bis hin zur Stückauswahl. Gegeben wird pikanterweise der »Guillaume Tell. Tragédie en cinq actes« des damals schon vergessenen französischen Dramatikers Lemierre. Die vormalige *Actrice* am Rheinsberger Hof, Demoiselle Alceste, bringt in wechselnden Szenen etliche Strophen zum Vortrag. Auf dem dramatischen Höhepunkt zeigt Tell »auf den eben getroffenen Geßler« und spricht die von Fontane selbst übersetzten Schlussworte des Dramas, die

> (...) als ein allgemeiner Hymnus auf die Befreiung der Völker gedeutet
> werden konnten:
> ›Tot der Tyrann! Er schändet uns nicht mehr / (...) / ...es fiel die
> Tyrannei, / Geßler ist tot, und unser Land ist frei.‹ (293)

Diese Worte wirken zunächst wie ein Aufruf, sich der französischen Hegemonie zu entledigen. Eine naive Sicht freilich, denn sie übersieht, dass das Ganze im Grunde nur die narzisstische Pose einer apolitischen Klientel im Freizeitpark Preußisch-Oderland ist.

Dafür gibt es genügend Signale. Der Spielort selbst bildet als ausgewiesener Ort für Selbstinszenierung und Realitätsferne das erste Signal. Das zweite besteht in eben jener Analogie zu Rheinsberg, wo selbst Kunst mit historisch-politischem Inhalt zum Medium der Selbstbespiegelung überhöht oder besser degradiert wurde. Der Intendantin Amelie liegt, und das ist das dritte Signal, alles an der ästhetischen Wirkung und nichts an der Vermittlung gültiger politischer Botschaften, so dass auch das politische Thema zu einem Vehikel der Selbstinszenierung wird. Amelie, die den *Guillaume Tell* genau kennt, »versprach sich gerade von diesen Zornesalexandrinern einen allerhöchsten Effekt«, kommentiert ironisch Fontanes Erzähler. (293)

Es liegt auf der Hand, dass, wer mit Kunst etwas vermitteln will, die Gefühle seines Publikums bewegen muss. Doch wird hier der hohe politische Inhalt selbst als Effekt genutzt, in den Augen des Erzählers also als

Effekt missbraucht. Das ist der Wahl des Stücks und der Art seiner Aufführung abzulesen, dem vierten Signal. Statt eines Schillers, dessen *Tell* als Manifest nationaler Autonomie verstanden worden ist, kommt ein schon 1812 in Vergessenheit geratener französischer Dichter der Spätaufklärung zu Wort. Diese kulturelle und zeitliche Ferne schwächt die Verbindlichkeit der Botschaft. Worauf es der Intendantin ankommt, ist erstens die nationale Zugehörigkeit des Dichters – es muss ihrer Einstellung gemäß ein französischer sein – und zweitens das Thema Freiheitskampf, der als Abfolge heroischer Posen und pathetischer Ausrufe die Möglichkeit eines effektvollen Events bereitstellt.

Dieser Eindruck entsteht umso deutlicher, wenn man sich vergegenwärtigt, dass Schiller zu der Zeit, als der *Sturm* erschien, in ganz Deutschland als nationaler Dichter umarmt wurde und sein *Tell* weit präsenter war als heute. Der zeitgenössische Leser Fontanes muss die Aufführung eines erloschenen französischen Dichters, der einen als deutsch empfundenen nationalen Stoff bearbeitet, als affektiert, geradezu als Verhöhnung empfunden haben. Heute ist das nur noch schwer nachvollziehbar.

Die Aufführung bestätigt Amelies Absicht: Ihr geht es um Kostüm, Pose und Kulisse. Inhaltliche wie dramaturgische Schlüssigkeit ist nebensächlich. So ist dem Stück ein von Dr. Faulstich verfasster *Prologue* vorangestellt, in dem Kathinka als Melpomene auftritt. Ihre Kostümierung macht sie allerdings »einer Klio ähnlicher«. Ein vielsagender Verweis, denn der Regionalhistoriker Fontane war sich sehr wohl bewusst, dass Klio von Haus aus eine schillernde Gestalt in wechselnden Kostümen ist. Ebenso ist es nicht ohne Bedeutung, wenn die in Selbstinszenierung und Rollenspiel versierte Polin anstelle der zunächst dafür vorgesehenen Renate als Muse auftritt und der Erzähler dazu anmerkt, sie bewege sich auf der Theaterbühne, »als ob die Bretter ihre Heimat wären« (291). Von diesen Brettern herab ruft sie Schloss Guse als letztes Refugium der vom politischen Zeitgeist vertriebenen Musen aus – und das im Jahre 1812, zu einem Zeitpunkt, an dem in Weimar, Jena und Berlin Theater, Philosophie und Literatur zu bisher unerreichten Höhepunkten geführt werden. Auf Guse hingegen wird der französische *Tell* noch nicht einmal im Ganzen, nur in besonders effektvollen Einzelszenen aufgeführt. Gewiss, die Gusener Inszenierung ist nur ein Silvestervergnügen, aber eben der Charakter dieses Vergnügens ist bezeichnend für die dort herrschenden Anschauungen und Einstellungen.

Dass bei dieser scheinbar harmlosen Kurzweil ideologische Sachverhalte auf die Tagesordnung kommen, bei denen Fontane wenig Spaß versteht, tritt – das fünfte Signal – beim anschließenden Streitgespräch zwischen Berndt von Vitzewitz und Amelie unverhohlen zu Tage. Berndt kritisiert mit unüberhörbarer Polemik die Auswahl des Stückes, das nur leere Deklamation eines akademischen Regelpoeten sei:

›Sie mögen ihm, was ich nicht weiß, einen Sitz in der Akademie gegeben, ihm Kränze geflochten, ihm in irgendeinem Ehrensaal ein Bild oder eine Büste errichtet haben, es bleibt doch bestehen, was ich sagte: er kam und ging. Er hat keine Spur hinterlassen.‹ (297f)

Den Einwand Amelies, soeben sei man doch den Spuren dieses Dichters gefolgt, »›hingerissen durch die Schönheit seiner Worte‹«, wischt Berndt mit dem Hinweis auf die Beliebigkeit jener Worte beiseite:

›Seiner Worte, ja; aber nicht durch mehr. Er mag das Herz seiner Nation berührt haben, aber er hat es nicht *getroffen*. Nach solchen Balsam- und Trostesworten, wie sie der Schillersche Tell hat:
*Wenn der Gedrückte nirgends Recht kann finden,*
*Greift er getrosten Mutes in den Himmel*
*Und holt herunter seine ew'gen Rechte,*
wirst du den Tell deines Lemierre, dessen bin ich sicher, vergeblich durchsuchen. (…) Dieser ›Herr Schiller‹, wie du ihn nennst, ist eben kein Tabulaturdichter, er ist der Dichter seines *Volkes*, doppelt jetzt, wo dies arme, niedergetretene Volk nach Erlösung ringt.‹ (298)

Mit dieser scharfen Attacke ist die Grenze des Informellen überschritten, die Unterhaltung nimmt die Form eines Kampfdiskurses an. So kommt Berndt im nächsten Satz auf das zu sprechen, worum es gerade bei dieser Silvesterfeier hätte gehen sollen: »Aber verzeih, Schwester, du weißt nichts von Volk und Vaterland, du kennst nur Hof und Gesellschaft, und dein Herz, wenn du dich recht befragst, ist beim Feinde.« (298)

Berndt spricht endlich offen aus, was der Erzähler und mit ihm Fontane in ihrer gesamten Schilderung der Silvesteraufführung auf »Château de Guse« bereits vermitteln wollten: Guse ist ein Ort der westlichen Zivilisation, deren gottlose Kunst noch jeden Inhalt bedenkenlos auf dem Altar der Wirkung opfert. Auch das Bühnenstück dient nur als Impulsgeber für den grellen Blitz des theatralischen Effekts.[265] Und das ist, Berndt darf es der Gastgeberin unverhohlen vorwerfen, Verrat.

So endet die am Silvesterabend auf Guse sich zuspitzende Konfrontation mit einem harten Schlagabtausch zwischen dem kämpferischen Junker und seiner als gesinnungslos bloßgestellten Schwester Amelie. Berndt repräsentiert die neue nationale Strömung, Amelie den noch an einer französisch dominierten Kultur orientierten Adel. Was ein Triumph der Selbstinszenierung hätte werden sollen, endet mit einer symbolträchtigen Niederlage Amelies, die das altaristokratische Lebens- und Gesellschaftskonzept verkörpert. Der Erzähler schließt die Szene mit der Bemerkung ab:»Der Augenblick behauptete sein Recht über sie.« (299)

Dass Amelies Lebenswelt historisch geworden und der Erneuerungsprozess notwendig und gut ist, weil er dem natürlichen Lauf der Dinge entspricht, zeigt Fontane dann gleich in der nächsten Szene. Er greift ein *organizistisches* Geschichtsmodell auf, das politische und soziale Wandlungsprozesse mit naturgesetzlichen Abläufen gleichsetzt, in diesem Fall mit dem jahreszeitlichen Wechsel. Als es Mitternacht schlägt, öffnet Berndt eine Flügeltür im Saal,»um das alte Jahr hinaus-, das neue hereinzulassen« und ruft,»während die frische Luft einströmte« mit Schillerschem Pathos:

>Ich grüße dich, neues Jahr; oft hab' ich dich kommen sehen, aber nie wie zu dieser Stunde. Es überrieselt mich süß und schmerzlich, und ich weiß nicht, ob es Hoffen ist oder Bangen. Wir haben nicht Wünsche, wir haben nur einen Wunsch: Seien wir frei, wenn du wieder scheidest!‹ (300)

Nach dieser Demonstration ist die Aufgabe des Junkers auf Guse getan: »Berndt empfahl sich zuerst.« (300)

Auch Felix Dahn liebt solche theatralischen Szenen. Seine Helden freilich pflegen bei Ausrufen dieser Art statt des Sektglases die blanke Klinge zu erheben.


## Die Kluft zwischen Volk und König: der Berliner Hof


Trotz allen Anachronismus aber bleibt der Adel letztlich Träger der Kultur und wesentliche politische Säule des Staatsgebäudes, sofern es ihm gelingt, seine Degeneration zu überwinden, sich zu nationalisieren und liberales

Gedankengut anzueignen. Dieser widerstandsfähige Adel ist vor allem der landsässige und in friderizianischer Tradition stehende, den Fontane, den modernen Nationalbegriff seiner Zeit auf das Preußen des 18. Jahrhunderts übertragend, als national vereinnahmt.

Aus diesem Blickwinkel ist auch die dritte der im Roman porträtierten Gesellschafsgruppen zu betrachten. Sie besteht aus altadliger politischmilitärischer Elite und umfasst den Berliner Hof mit seinem Monarchen, Friedrich Wilhelm III., die führenden politischen Funktionäre und militärische Oberbefehlshaber. Diese Gruppe bleibt überwiegend heterogen, das heißt, in zwei weltanschauliche Lager gespalten, in ein antifranzösischnationales und ein antinational-profranzösisches. Diesem gehört der König an. Friedrich Wilhelm III, verhält sich zunächst abwartend. Er und sein Stab blockieren die nationale Bewegung und bleiben beim Bündnis mit Napoleon. Es liegt auf der Hand, dass ihre an Frankreich orientierte Politik der Kritik Fontanes anheim fällt, der diese Elite den entscheidungs- und handlungsunfähigen Gruppen im Roman beigesellt. Wie der Hof in Rheinsberg und seine Kopie Schloss Guse krankt auch die politische Elite dem Erzähler zufolge an Künstlichkeit und Wirklichkeitsferne.

Ihre Dekadenz zu diagnostizieren ist der alleinige Zweck der Audienz, zu der Prinz Ferdinand, letzter noch lebender Bruder Friedrichs II. und Onkel des Königs Friedrich Wilhelm III., den künftigen Freischärler Berndt von Vitzewitz empfängt.

## Der weiße Revolutionär und das Schaf im Mimikry des Wolfs

Das Kapitel »Im Johanniterpalais« (301-309) führt den stürmischen Junker, den die Erzählung zusehends als treibende Kraft der Geschichtsläufte zeigt, in den Vorhof der Macht. Weshalb sich Fontane allerdings mit dem Vorhof bescheidet und aus der Führungselite nur eine relativ unbedeutende Figur, eben den nur der Repräsentation dienenden Prinzen Ferdinand, auftreten lässt, kann man mit Walter Scotts *Waverley-Novels*, deren Form auch den *Sturm* beeinflusst hatte, nur teilweise erklären.[266]

Der Kunstgriff, den Erzähler nicht aus der Perspektive der höchsten Befehlsebene berichten zu lassen, sondern seinen Blickwinkel auf einer mittleren Ebene zu justieren, hat weitreichende darstellungstechnische Konsequenzen. Der Erzähler bleibt beweglich und kann zum einen diejenigen, die unterhalb der mittleren Führungsebene liegen und von den Beschlüssen der Elite abhängen, die als Volk bezeichnete Bevölkerungsmehrheit, erreichen und mit einbeziehen. Zum anderen bekommt er Einblick in die Vorgänge, die sich auf der obersten Führungsebene abspielen, was die Möglichkeit zu einer differenzierten Kritik eröffnet – nicht um die Institution der Monarchie in Frage zu stellen, sondern um falsche Einschätzungen und Handlungsweisen zu korrigieren. Diese Möglichkeit nutzt der Erzähler mittels seiner Figur Berndt von Vitzewitz, der als Landadliger begrenzten Zugang zum Machtzentrum hat, zugleich aber das Volk kennt und dessen Gefühle, Anschauungen und Interessen besser einzuschätzen weiß als die davon isolierte Funktionselite. Genau auf diesen Punkt ist Vitzewitz' Aufgabe gerichtet, die ihm mit der erzähltechnischen Zentrierung auf die mittlere Ebene der Gesellschaft und einen durchschnittlichen Helden zuwächst. Vitzewitz übernimmt die Rolle eines Vermittlers und Beraters, der funktionsorientierte Kritik an der Elite leistet, im Zweifelsfall aber auch zu eigenmächtigem Handeln fähig ist und das Volk im Sinne einer nationalen Politik zu mobilisieren vermag.

Mit dieser Perspektivierung versucht Fontane, dem in eine Legitimationskrise geratenen Landadel ein neues Aufgabenfeld zu erschließen. Der Krise, ausgelöst durch die beginnende Industrialisierung, die sich intensivierende Nationalidee und die voranschreitende administrative und rechtliche Beschränkung des Landadels,[267] begegnet der Autor mit einer *praxisorientierten* Stärkung der traditionell kulturtragenden Schicht. Er verzichtet dafür auf eine Beschwörung des Gottesgnadentums und der alten, eifersüchtig verteidigten Privilegien dieser Adelsschicht.[268] Das bedeutet dann auch eine Liberalisierung des gefährdeten Landadels. Liberale Kernideen – die Bildung einer nationalen Identität, die Forderung nach nationaler Politik und die Herrschaftslegitimation durch Leistung und Fachkompetenz – bindet er ganz einfach an den traditionellen Adel an.

So verbürgerlicht sich der Adel, ohne seine ursprüngliche Identität preiszugeben und legitimiert sich neu als Träger der nationalen Idee, des Leistungsprinzips und der modernen Staatsbildung. Er beweist sich als geschichtbildende Kraft genau in jenem Moment, in dem seine traditionelle theologische Legitimation brüchig geworden ist. Dieser Verbürgerlichungsprozess entspricht einer Bewegung zurück zu natürlichen Ursprüngen: Die Renaturalisierung der Gesellschaft bildet ein wesentliches Motiv in dem Geschichtsbild, das Fontane mit seinem Roman vermittelt. Er selbst bündelt sein realistisches Erneuerungsprogramm in einem prägnanten Satz über den bewunderten Walter Scott: »Er reiht sich jenen

Auserkorenen an, zu denen die Decadencezeiten zurückzukehren haben, um sich Gesundheit zu trinken.«[269] Das hätte so inbrünstig auch Felix Dahn schreiben können.

So formuliert Fontane im *Sturm* eine Geschichtsauffassung, die im Prozess der Verbürgerlichung des Landadels versucht, zeitgemäß zu sein und dennoch die kulturtragende Kraft des Adels herauszuheben. Auch diese Bindung liberaler Werte an die alten Herrschaftseliten entspricht sowohl der realgeschichtlichen Entwicklung wie ihrer Darstellung in der Literatur, mag sie historisch oder gegenwartsbezogen sein. Ein Blick auf Freytags *Soll und Haben* kann das nur bestätigen. Auch dort ist der mit bürgerlichen Kompetenzen ausgerüstete Adel, verkörpert in dem Überhelden Baron von Fink, mit dem Bürgertum die geschichtsmächtige Kraft. Während jener Teil des alten Adels, dem die Aneignung standesübergreifenden Leistungsdenkens und bürgerlicher Arbeits- und Kapitalorganisation nicht gelingt, untergeht. Auch bei Freytag bleibt die traditionelle Adelskultur in neuer Form neben der Kultur des bürgerlichen Unternehmers als Führungselite erhalten. Repräsentativ für diese Vereinigung der gegensätzlichen gesellschaftlichen Kräfte ist die Heirat des Heros Fink mit Lenore Rothsattel, Tochter jenes Landadligen, der die Zeichen der bürgerlichen Zeit nicht erkennt und seine Familie in den Ruin führt.

Der Blick des vitalen Junkers von Vitzewitz in den Vorhof der Macht und seine Kritik verfolgen den Zweck, die traditionelle adlige Elite als dringend reformbedürftig auszuweisen. Er selbst bekräftigt seine Rolle als Träger der Reform.[270]

Abermals ist die Topographie der Räume als subtiler Text zu lesen, der auf seelische Zustände und Einstellungen verweist. Es handelt sich diesmal um das Johanniterpalais, das Domizil des Prinzen Ferdinand. Sofort fällt ein Merkmal auf, das der Arbeitsraum des Prinzen Ferdinand, das Arbeitszimmer des Geheimrats Ladalinski und die Amüsierplätze Guse und Rheinsberg gemeinsam haben. Bei allen wird die Außenwelt fast hermetisch abgeschirmt, die Einrichtung mutet allzu gemütlich an und ist mit dem Ideal funktionsbewusster Kargheit nicht mehr zu vereinbaren. Über das Zimmer des Prinzen Ferdinand teilt der Erzähler mit:

> Es war von größerer Bequemlichkeit, als sonst prinzliche Zimmer zu sein pflegen. Dicke türkische Teppiche, halb zugezogene Damastgardinen, Portieren und Lambrequins verliehen dem nicht großen Raume

das, was er bei vier Fenstern und zwei Türen eigentlich nicht haben konnte: Ruhe und Geschlossenheit, und das Feuer im Kamin, indem es zugleich Licht und Wärme ausströmte, steigerte den wohligen und anheimelnden Eindruck. (303)

Die Öffnung zur Außenwelt wäre – vier Fenster, zwei Türen – zwar durchaus möglich, aber es dominiert eine realitätsferne Geschlossenheit. Statt Sonnenlicht, die natürliche Lichtquelle, einströmen zu lassen, bevorzugen die Besitzer Kaminfeuer. Gewiss, es ist Winter, doch die Heimeligkeit geht über die Notwendigkeit des Heizens deutlich hinaus. Diese dubiose Behaglichkeit eines Arbeitszimmers ließ sich schon bei Ladalinski beobachten. Auch in späteren Romanen Fontanes sind geschlossene, gegen natürliches Licht abgeschirmte und künstlich beleuchtete Räume Zeichen von Wirklichkeitsfremdheit und gedrosselter Tatkraft.

Ein anschauliches Beispiel liefert Fontane in seinem Folgeroman *Schach von Wuthenow*, wenn er Prinz Louis Ferdinand, Sohn des Prinzen Ferdinand aus dem *Sturm*, am Vorabend des preußischen Zusammenbruchs porträtiert. Die Szene spielt in der Moabiter Villa Louis Ferdinands, und sie bietet ein erweitertes Analogon zur Episode im Johanniterpalais. Prinz Louis und einige illustre Gäste, darunter der idealistische Schach und sein realistischer Gegenspieler von Bülow, haben sich in einem Salon versammelt. Obwohl draußen der Sommer heizt, prasselt innen ein Kaminfeuer, um den von dicken Portieren abgedunkelten Raum zu erleuchten:

Es war heller Tag noch, aber in dem Speisesaal, in den sie von dem Vestibul aus eintraten, brannten bereits die Lichter und waren (übrigens bei offenstehenden Fenstern) die Jalousien geschlossen. Zu diesem künstlich hergestellten Licht, in das sich von außen her ein Tagesschimmer mischte, stimmte das Feuer in dem in der Mitte des Saales befindlichen Kamine.« (in: HF I,1, 594)

Während des Abendessens diagnostiziert Bülow den Zustand Preußens als realitätsfern und naturentfremdet (»Der Geist ist heraus, alles ist Dressur und Spielerei geworden... Alles Unnatur«. 597) und benennt damit die Gründe für den bevorstehenden Untergang Preußens. Anschließend treten der Prinz und seine Tafelrunde auf den von einer Markise verhängten Balkon (vgl. 609f) wie in eine Theaterloge und betrachten die Bäume und

Schwäne des Tiergartens. Die Natur wandelt sich zur Bühne und sämtliche Ereignisse in ihr werden zum Schauspiel. Der Blick auf diese zum Kunstwerk geronnene Natur bekundet einen Ästhetizismus, der bereits im *Sturm* ein Merkmal von Dekadenz ist.

Wenn Preußen kurz darauf unter den Schlägen der Naturkraft Napoleon zusammenbricht, entspricht das einer naturgesetzlichen Notwendigkeit, der alles Geschehen unterworfen ist. *Schach* und *Sturm*, beide Romane, sind leicht aufeinander zu beziehen. *Schach* zeigt Preußen vor dem Zusammenbruch, *Sturm* die Regeneration danach. In ihrer sozusagen rousseauistischen Diagnose stimmen beide überein: Die kulturell bedingte Entfremdung von der Natur erzeugt jenen Vitalitätsverlust, der die Tatkraft lähmt und das Nationalbewusstsein auslöscht. Diese Mängel sind die eigentliche Ursache des Untergangs, Napoleon nur das Instrument, der Handlanger des Weltgeists.

So rückt auch im *Sturm* die Audienz bei Prinz Heinrich eine inszenierte Wirklichkeit als Merkmal naturferner Räume in den Blick. »Von Natur unbedeutend«, durchdrang den Prinzen »doch das Gefühl von der hohen Mission seines Hauses und gab ihm eine Majestät, die, wenn er (was er zu tun liebte) die Stirn runzelte, sich bis zu dem Ausdruck eines donnernden Jupiters steigern konnte.« (304) Ferdinand imitiert gleichsam den großen Bruder Friedrich. Er ist ein Schaf im Wolfspelz: »Wer aber schärfer zusah, dem konnte nicht entgehen, daß er, im stillen lächelnd, den Donnerer bloß tragierte und allen ablehnenden Stolz, den er gelegentlich zeigen zu müssen glaubte, nur nach Art einer Familienpflicht erfüllte.« (304) Wie bei Ladalinski handelt es sich hier nur um die formale Erfüllung einer heroischen Pflicht, der eigene Trieb dafür fehlt. Echte Vitalität wird ersetzt durch deren *Inszenierung*. Berndt von Vitzewitz weist auf dieses Symptom hin, wenn er sagt, der König sei von einer Wirklichkeit aus zweiter Hand umgeben:

›Er sieht Freund und Feind, die Welt, die Zustände, sein eigenes Volk durch die Brille seiner Minister. Der Wille des Königs, wie er aus Erlassen und Verordnungen zu uns spricht, ist längst zu einer bloßen Fiktion geworden.‹ (306)

Die Möglichkeit des Missbrauchs durch bequeme und auf ihr eigenes Wohl bedachte Minister ist offenkundig und wird auch von Berndt, der in altfriderizianischem Geist auf das Gemeinwohl bedacht ist, angesprochen: »Weil ihm [dem König] die Dinge derartig vorgelegt werden, daß er zu keinem anderen Entschlusse kommen kann«, (306) muss der amtierende König Friedrich Wilhelm die Entscheidung zum Bruch mit Napoleon, die Entscheidung zum *autonomen* Handeln, hinauszögern.

Zeichenmissbrauch, Inszenierung, Leben in einer gleichsam virtuellen Welt – das sind Merkmale verkünstelter und naturferner Kultur. Hinzu kommt, dass mit der politischen Autonomie und der Möglichkeit eigenmächtigen Handelns auch jeglicher *Ermächtigungwille* verloren ging. Berndt:

>Der Wille des Königs – wer will jetzt sagen, wie und wo und was er ist. Unter dem Großen König, (…) lag es den Ministern ob, den Willen Sr. Majestät auszuführen, jetzt liegt es Sr. Majestät ob, die Vorschläge, das heißt den Willen seiner Minister zu sanktionieren. Was sonst beim Könige lag, liegt jetzt bei seinen Räten; noch entscheidet der König, aber er entscheidet nicht mehr nach dem Wirklichen und Tatsächlichen, das er nicht kennt, sondern nur noch nach dem Bilde, das ihm davon entworfen wird.< (306)

Friedrich Wilhelm III. wie die gesamte Elite fliehen vor der historischen Herausforderung in Passivität und die Ersatzwelt vorgegebener Ordnungen, in einen quasi-virtuellen Raum. Prinz Ferdinand verteidigt diese Haltung und beruft sich auf die Ehrwürdigkeit der Tradition. Berndt – auch als Sprachrohr des Erzählers – verwirft sie als realitätsfremd. Sie hatte schon den jungen Nietzsche veranlasst, leidenschaftlich gegen eine überkommene Vergangenheitsorientierung anzuschreiben, die Handlungen, Verhaltensweisen und Werte starr auf die Gegenwart überträgt.

Der »große König« Friedrich II, die Leitfigur des Prinzen, wäre nun freilich das beste Vorbild, das sich ein Preuße wählen könnte. Doch mit der Wahl des rechten Vorbilds ist es noch nicht getan. Mag sich Ferdinand gerne über den Mentalitätswandel beklagen:

>Der Gehorsam ist aus der Welt gegangen, und das Besserwissen ist an die Stelle getreten, selbst in der Armee. Ich frage Sie, wäre bei Lebzeiten meines erhabenen Bruders der Austritt von 300 Offizieren möglich oder auch nur denkbar gewesen, ein offener Protest gegen die Politik ihres Kriegs- und Landesherrn?< (304f)

Er gibt doch nur zu erkennen, dass er die Lage nicht durchschaut und ein überkommenes Schema von Befehl und Gehorsam, Autorität und Loyalität übernimmt, ohne die veränderten Umstände zu berücksichtigen. Er denkt ahistorisch und in den Kategorien einer alten Welt, die als von Gott geschaffen galt und auch in ihren weltlichen Machtverhältnissen unveränderbar schien.

Damit ist klar, Ferdinand hat seinen Hegel nicht gelesen und nicht mitbekommen, dass die Welt mehr und mehr historisch zu denken ist. Die alte »Metaphysik des Ganzen, des Seins« beginnt in einer »Metaphysik der Gesellschaft und der Geschichte« zu verschwinden.[271]

Die Verhältnisse sind nicht mehr die alten, sie sind wandelbar geworden. Doch fehlt jetzt jene Persönlichkeit, die hinreichend handlungsfähig und realitätsbewusst wäre, die Charisma und Autorität genug besäße, um den strikten Gehorsam zu rechtfertigen, den Friedrich der Große beanspruchen durfte. Solcher Gehorsam beruht gerade nicht ausschließlich auf sozialem Machtgefälle, sondern auf einer inneren, seelischen und weltanschaulichen Übereinstimmung von Machthabern und Volk. Loyalität in diesem Sinne ist nicht nur eine Frage der dienstrechtlichen Verpflichtung, sondern fließt aus einem Gefühl der Verbundenheit.

Diese Übereinstimmung aber, die bei Friedrich II. auf die Überzeugungskraft einer charismatischen Führerpersönlichkeit gestützt war, ist im Falle Friedrich Wilhelms III. nicht mehr gegeben. In seiner Entgegnung auf Ferdinands Klage spricht Berndt diesen Unterschied an. Zum einen, sucht er den alten Prinzen zu beschwichtigen, habe auch Friedrich II. Widerspruch hinnehmen müssen. Zum zweiten aber, gewiss, da habe der Prinz recht, sei solcher Widerspruch sehr selten gewesen. Das aber, erklärt Vitzewitz, hatte seinen besonderen Grund:

Wenn solcher Widerspruch selten war, so war es, weil sich Fürst und Volk einig wußten. Und in der bittersten Not am einigsten. Jetzt ist ein Bruch da: es fehlt der gleiche Schlag der Herzen, ohne den selbst der Große König den opferreichsten aller Kriege nicht geführt haben würde, und die Maßregeln unserer gegenwärtigen Regierung, indem sie das Urteil des Volkes mißachten, impfen ihm den Ungehorsam ein. Das Volk widerstreitet nicht, weil es will, sondern weil es muß. (305)

Damit wird ein Aspekt angesprochen, den der Erzähler für so bedeutsam hält, dass er ihn zu einem Kernproblem der rekonstruierten Geschichtsperiode erhebt: Die Elite hat sich von der Mehrzahl der Bevölkerung entscheidend entfremdet. Doch ohne den notwendigen Zusammenschluss der Kulturträger mit einer Naturkraft, wie sie ein Volk repräsentiert, kann der moderne Staat in der Konkurrenz mit den übrigen Staaten nicht bestehen. Das zeigte bereits die Konfrontation mit dem postrevolutionären Frankreich. Mit dieser Entzweiung von Elite und Volk ist die Unmittelbarkeit verloren, hat sich Nähe in Distanz verwandelt, Anschaulichkeit in Abstraktheit. So zeigt Fontane am historischen Beispiel des preußischen Zusammenbruchs und der staatlichen Neugründung ein Problem kultureller Entwicklung auf, das ihm ein grundsätzliches zu sein scheint: der Verlust der natürlichen Grundlagen einer Kultur. Mit der Verbindung zur Natur gehe aber auch ihre Vitalität, ihre Lebenskraft verloren.

Von dieser, Fontanes und Vitzewitz' Warte aus gesehen, stellt sich die von Prinz Ferdinand kritisierte Insubordination führender Militärs ganz anders dar. Zwar verstoßen sie formal sehr wohl gegen ihre Gehorsamspflicht. Tatsächlich aber dient dieser Akt der Gesundung des Staates. Der Pflichtverstoß ist damit legitim.

Auch diese Auffassung entspricht bürgerlichem Denken und greift auf einen staatstheoretischen Grundsatz zurück, den neben anderen der Liberale August Ludwig von Rochau formuliert hat: Dass nämlich Umstürze dann nicht nur erlaubt, sondern geradezu Bürgerpflicht sind, wenn die Funktionselite ihrer nationalen Aufgabe nicht mehr gewachsen ist. Wie Rochau denkt auch Fontane in modernen Kategorien und überträgt dieses Denken auf seinen Kronzeugen in der dargestellten Welt, auf Berndt von Vitzewitz. Deutlich wird hinter diesem staatstheoretischen Gedanken eine politische Ikone der Gründerzeit erkennbar, die auch Fontanes fiktive Musterfigur von Vitzewitz prägt: Bismarck als Verkörperung des in der Geschichte handelnden, Geschichte machenden Individuums. Der zur Aktion, zum nationalen Re-Gründungsakt drängende Landjunker wandelt sich unter dem Druck der Verhältnisse zum Revolutionär – zum weißen Revolutionär.

Genau wie der Reichskanzler, teilt Fontane unterschwellig mit, zeigt sich auch Vitzewitz als einziger dem Gebot der Stunde gewachsen:»Ein jeder Tag hat seine Pflicht und seine Forderung. Der eine fordert Unterwerfung, der andere Bündnis, ein dritter Auflehnung. Ich möchte glauben, königliche Hoheit, der Tag der Auflehnung sei angebrochen.« (307)

## Biogenetischer Verfall:
## Die Dekadenz der Hohenzollern

Dieser Tag, davon ist Fontane überzeugt, könnte längst in sieghafter Morgenröte aufgegangen sein, wäre nicht der König derart geschwächt, dass er nicht mehr die Kraft besitzt, die Potenziale der Natur zu nutzen. Mit diesen Potenzialen ist nichts anderes gemeint, als die im *Volk* liegenden Kräfte. Fontanes Sprachrohr Berndt weiß natürlich um diese Reserven. Doch auf seinen Hinweis »aber wir haben das Volk«, entgegnet Prinz Ferdinand nur, dass der König diesem Volk misstraue. Mehr noch als dessen Gewaltpotenzial misstraue der König aber »dem neuen Geiste, der jetzt in den Köpfen der Menge lebendig ist«. Der neue ist der nationale Geist, weswegen Berndt beschwörend entgegnet: »Und gerade in diesem Geiste liegt das Heil, wenn man ihn zu nutzen und ihm in Klugheit zu vertrauen versteht.« Und nun äußert Prinz Ferdinand ein Bekenntnis, das aus Berndts wie Fontanes Sicht kaum weniger enthält als den regierungsamtlichen Offenbarungseid: »Ich widerspreche nicht; aber dieser Aufgabe fühlt sich der König nicht gewachsen, sie widersteht seiner Natur... Erwarten Sie von dieser Seite nichts von ihm.« (307)

Der nach Gottes geltendem Recht stärkste Mann im Staat ist zu schwach, die potenziellen Kräfte dieses Staates für den Kampf um die Autonomie zu nutzen! Das offizielle Preußen vor dem Sturm ist, so sieht es der im Sinne des bürgerlichen Realismus empfindende Autor, ein dekadentes Preußen.

Die Frage ist, ob der Roman Erklärungen für diese mutmaßliche Dekadenz bereithält. Es gilt daher wie immer, die Spuren zurückzuverfolgen. Sie führen in die Tiefe der Vergangenheit und ins Innere der Figuren.[272] Und wie schon im Fall der »Vitzewitze« zieht Fontane auch hier genealogisch-biologische und ereignisgeschichtliche Linien.

Zunächst gibt der Text in seiner Einführung des Prinzen Ferdinand einen knappen, doch aufschlussreichen Hinweis. Der Erzähler bemerkt, Ferdinand sei »von Natur unbedeutend« (304). Die sich in mangelnder *Vitalität* messende Bedeutungslosigkeit scheint in erster Linie keine Folge der Erziehung zu sein, sie ist offenbar natürlich gegeben, genetisch determiniert, im Augenblick der Zeugung schon festgelegt.

Bereits über Friedrich Wilhelm III. war zu erfahren, dieser König sei zu schwach, um sich gegen Naturkräfte wie Napoleon und das Volk zu behaupten, er habe Angst vor diesen Kräften. Sein Mangel tritt umso stärker hervor, wenn man, was Fontane ja nicht unterlässt,[273] den hochproduktiven Friedrich II. zum Vergleich heranzieht. Offenbar hatte mit ihm die Leistungsfähigkeit der Hohenzollern einen Höhepunkt erreicht. Der auch nur gymnasial gebildete Leser wusste damals: Friedrich Wilhelm III. war der Großneffe Friedrichs II., der Verwandtschaftsgrad zwischen beiden somit eng. Friedrich Wilhelm III. stammt aus derselben Familie und demselben Geschlecht wie Friedrich II., er stammt sogar in direkter Linie von dessen nächstjüngerem Bruder August Wilhelm ab. Diesen aber hatte schon Friedrich II. für verweichlicht gehalten und ihn seiner Liebschaften wegen einen Weiberknecht gescholten. Man muss sich diesen für Fontane selbstverständlichen genealogischen Zusammenhang bewusst machen, auf den sich ja der Text deutlich bezieht. Richtet man aus dieser Perspektive noch einmal den Blick auf Friedrich II., so erscheinen die auf eine absteigende Linie weisenden Unterschiede im Licht eines familiengeschichtlichen Gesamtporträts. An der Spitze steht der »große König«, Friedrich II., als Tatmensch von optimaler Schaffenskraft, der nicht nur keine Angst vor der Gewalt des Volkes hatte, sondern sie für maßstabsetzende Produktionsleistungen zu nutzen wusste. Darüber hinaus verstand er sich selbst als Teil dieses Volkes. Auch er als König gehörte zur Naturkraft, er fühlte sich ihr keinesfalls entfremdet.

Ergänzt wird diese Aufstellung von zwei Komplementärfiguren: von Friedrichs zweitjüngeren Bruder, Prinz Heinrich, und vom jüngsten, eben dem Prinzen Ferdinand. Heinrich ist ein gespaltener Charakter, einerseits Tatmensch und darin dem großen Bruder ähnlich, andererseits empfindlich, narzisstisch und zur Realitätsflucht geneigt, also psychisch weniger stabil. Die gleiche Gespaltenheit charakterisiert Prinz Ferdinand, allerdings mit einer deutlichen Verschiebung der Eigenschaften. Überwiegt bei Heinrich immerhin noch die Stärke seine Schwäche, so hat sich dieses Kräfteverhältnis bei Ferdinand bereits umgekehrt: Bei ihm sind Schwäche und mangelnde Leistungsfähigkeit die dominanten Eigenschaften, er vermag nur noch repräsentative Aufgaben zu erfüllen.

Damit werden hinter der genealogischen Konfiguration und den ihr zugeordneten Merkmalen die Umrisse eines Erbmodells sichtbar. Die genealogische Abfolge geht mit steigender Degeneration einher. Im Erbgut der Hohenzollern muss, diesen Schluss nötigt der Erzähler geradezu auf, ein Potenzial der Schwäche liegen, ein Degenerationselement, das schon im »Weiberknecht« August Wilhelm und im sensiblen Prinzen Heinrich seine Zerstörungsarbeit beginnt. Offenkundig verschafft es sich umso größere Dominanz, je weiter sich die Linie zeitlich und genealogisch von Friedrich II. entfernt, der auch genetisch den Höhepunkt in der Geschichte Brandenburg-Preußens markiert – wobei nicht zu übersehen ist, dass Fontane diesen preußisch-hohenzollernschen Degenerationsprozess nicht mit wachsender Neigung zu sexueller Reizbarkeit verbindet, wie das bei anderen Nationen sehr wohl geschieht.

Das kann nur heißen, dass die Fähigkeit zur Askese und der wahrhaft kantianische Widerstand gegen alle Sinnlichkeit, dass, psychologisch gesprochen, die Fähigkeit zur Sublimierung und damit zur Steigerung der kulturellen Produktivkraft zu den spezifischen Merkmalen des preußischen Herrschergeschlechts zählt. Und nicht nur der Hohenzollern natürlich, sondern der Preußen überhaupt, wie das Beispiel der Vitzewitzens derart nachhaltig zeigt, dass der Erzähler eigens Amelies Enthaltsamkeit inmitten einer libertinen Rheinsberger Hofgesellschaft erwähnt.[274] Fraglos dient diese Charakterisierung Amelies der Abgrenzung eines preußischen Nationaltypus gegen andere Nationalitäten wie die polnische. Denn gerade den Polen dichtet der Autor eine besonders libidinöse Veranlagung an. Figuren wie der Frauenfreund August Wilhelm verändern diese Charaktertypologie nicht. Sie bleiben Ausnahmen, rätselhafte Abweichungen von der Norm, wie die Natur sie immer wieder produziert.

Die Preußen als das bessere, tüchtigere, moralisch höherstehende, auserwählte und zur kulturellen Sendung berufene Volk – das ist nichts Neues. Fontane ruft eine Typologie ab, die sich seit den Befreiungskriegen ausgebildet hatte und zu deren wortmächtigstem Urheber Johann Gottlieb Fichte mit seinen 1807/08 an der Berliner Universität gehaltenen *Reden an die deutsche Nation* geworden war. »Ihr sehet im Geiste durch dieses Geschlecht den deutschen Namen zum glorreichsten unter allen Völkern erheben, ihr sehet diese Nation als Wiedergebärerin und Wiederherstellerin der Welt«, hatte Fichte an seine Hörer, zu denen Beamte, Militärs, Studenten, Handwerker und Geschäftsleute zählten, appelliert.[275]

Ebenso entspricht das Merkmalsmuster, das Fontane für Friedrich II. und Friedrich Wilhelm III. entwirft, dem bekannten und noch bis in die Mitte des 20. Jahrhunderts geltenden Zuschnitt. Schon als politischer Journalist hatte sich der Autor entsprechend geäußert. In einem Brief vom September 1848 schrieb er an seinen Freund Bernhard von Lepel: »Das Jahr 13 kam; das Volk, und *nochmals* und *nur das Volk* befreite sich und seinen König mit. Friedrich Wilhelm III. bekundete damals seine ganze Schwäche und Unbedeutendheit.«[276]

Diese aus liberaler Sicht erwachsene Bewertung bringt Fontane drei Jahrzehnte später im *Sturm* auf den Punkt. Sie ist allgemein akzeptiert, aus ihr konnte die nationale Bewegung nach 1848 politische Partizipationsforderungen ableiten. Sie findet sich auch im bewährten Konversationslexikon von Meyer wieder, das 1897, ein Jahr vor Fontanes Tod, Friedrich den Großen und Friedrich Wilhelm III. in die gleiche Deszendenzlinie stellt, wie sie im *Sturm* und im bürgerlichen Bewusstsein besteht. So heißt es über Friedrich den Großen, nachdem seine militärischen, staatspolitischen und intellektuellen Leistungen gewürdigt sind: »Eine so vielfältige Thätigkeit war nur möglich bei außergewöhnlicher Arbeitskraft und peinlicher Ausnutzung der Zeit. Bis in sein spätestes Alter widmete er den ganzen Tag vom frühen Morgen an den Geschäften.«[277] Als Herrscher von merklich geringerer Leistungsfähigkeit wird ihm der zweite Nachfolger Friedrich Wilhelm III. gegenübergestellt, dem aber immerhin noch an Friedrich II. anknüpfende Eigenschaften wie Loyalität, Sittenreinheit und Pflichttreue zugeschrieben werden. »Seine Erziehung war aber eine pedantische und entwickelte weder seinen Charakter zur Festigkeit und Entschlossenheit noch seinen Geist zu selbstständigem Denken; eine angeborene [!] Bescheidenheit schlug oft in Schüchternheit und Mangel an Selbstvertrauen um, die Beschränktheit seiner Kenntnisse machte ihn von seiner Umgebung abhängig, und beides war um so bedenklicher, da er auf seine königliche Würde sehr eifersüchtig war und jeden offenen Versuch eines ehrlichen Ratgebers, ihn zu leiten, als eine Beeinträchtigung seiner Unabhängigkeit zurückwies.«[278]

Auch diese Charakteristik hebt eine von Fontane benannte Eigenschaft hervor, die Pedanterie. Die damalige lexikalisch festgeschriebene Bedeutung dieses Wortes lautet: unzeitgemäßes Verharren in vorgeprägten Formen.[279] Dieser Handlungsmodus kann aber nur als verfehlt gelten im Rahmen eines modernen Realitätsbegriffs, der Wirklichkeit als Werden und dynamischen Prozess auffasst. Preußens Sturz, der Verlust staatlicher Eigenständigkeit, die Hegemonie Napoleons, so der unausgesprochene Schluss Fontanes, bildet die geschichtliche Quittung dafür.

# Friedrich II. als nationale Integrationsfigur

Die graue Eminenz vormaliger Größe, die Fontane subtil aber wahrnehmbar in den Text einzeichnet, ist dann auch Friedrich II. Keine andere Gestalt der preußischen Geschichte wäre für diese Rolle geeigneter. Friedrich erwies sich nicht nur als Realist härtesten Grades, die schöpferische Potenz dieses *Geisteshelden* konnte auch Zeichenkomplexe hervorbringen, sprich, Kunstwerke schaffen. Schon bevor sich Fontane mit ersten Plänen zu *Vor dem Sturm* trug, waren in Berlin Friedrichs gesammelte Schriften in einer dreißig Bände umfassenden und von Adolph Menzel illustrierten Ausgabe erschienen. Man kann darin ein Indiz für das Bedürfnis nach nationaler Selbstbestätigung sehen. In der *Geschichte des Siebenjährigen Krieges* jedenfalls findet sich ein Satz, der nahtlos in die Konzeption des realistischen *Sturm* passt: »Denn es ist eine Eigentümlichkeit des menschlichen Geistes«, so Friedrich der Große, »daß Beispiele keinen bessern. Die Torheiten der Väter sind für ihre Kinder verloren. Jede Generation muß ihre eigenen begehen.«[280] In Friedrich Wilhelm III. aber, wie ihn Fontanes Zeitgenossen sahen und wie Fontane ihn im Roman auftreten lässt, hat sich diese Einsicht zum Versuch gewandelt, die Beispiele der Väter aus Angst vor eigenen Torheiten starr zu übernehmen.

Sein eigenes Degenerationsmodell wirft Fontane allerdings ein gewisses Problem für seine historische Lieblingsfigur auf. Auch der Hof seines exemplarischen Preußen unterlag der Dominanz französischer Sprache und Mode, gepflegt wurden frankophile Literatur, Malerei und Philosophie. In seiner Kronprinzenzeit hatte Friedrich den Geistesgelehrten Voltaire schätzen gelernt. Bis an sein Lebensende schrieb Friedrich seine Briefe, Traktate, geschichtlichen Betrachtungen, politischen Essays und Gedichte in der geliebten Sprache der Franzosen. Sein Korrektor und Vorleser war der ehemalige Sekretär der französischen Gesandtschaft in Berlin, Étienne Darget.[281] Philosophen und Dichter der Antike las Friedrich nicht im Original, wohl aber in französischen Übersetzungen. Fontanes exemplarische Herrscherfigur hielt sich also keinesfalls an das Postulat realistischer Literatur, in erster Linie solche Werke zu hören, zu lesen und zu schaffen, die ihre Figuren und Ereignisse aus der nationalen Kultur schöpfen. Gewiss hätte es Fontane betrübt, wäre ihm ein Urteil wie das des englischen Historikers George Peabody Gooch begegnet, der »Friedrichs völlige Unfähigkeit, mit der deutschen Sprache fertig zu werden« anhand erst 1926 bekannt gewordener deutschsprachiger Briefe an seinen Kammerdiener Michael Fredersdorf konstatiert.[282]

Friedrichs kulturelle Ausrichtung am feindlichen Nachbarn retuschiert Fontane auf leichte, wenn auch nicht unbedingt leichtsinnige Art: Er unterschlägt den französischen Teil des Monarchen und hängt diesen unliebsamen Part dem Bruder, Prinz Heinrich, an. So verschwindet der kunstsinnige Philosoph von Sanssouci, der, seiner sprichwörtlichen Frauenfeindlichkeit zum Trotz, Gärten und Laubengänge mit romantischen Skulpturen nackter Frauen schmücken ließ, wie ein Phantasma hinter der knorrigen Gestalt eines unbeugsamen Patrioten, asketischen Pflichtmenschen und autokratischen Staatsdieners. Fontane vermittelt dieses Bild über seine Figur Berndt von Vitzewitz. In einem Streitgespräch mit der Schwester Amelie zeichnet Berndt ein eindeutiges Porträt König Friedrichs, den er selbst als junger Offizier bei einem Besuch in Berlin erlebt hatte:

> Ich seh' ihn vor mir wie heut', er trug einen dreieckigen Montierungshut, die weiße Generalsfeder war zerrissen und schmutzig, der Rock alt und bestaubt, die Weste voll Tabak, die schwarzen Sammethosen abgetragen und rot verschossen. Hinter ihm Generale und Adjutanten. So ritt er auf seinem Schimmel, dem Condé, durch das Hallesche Tor, über das Rondell, in die Wilhelmsstraße ein, die gedrückt voller Menschen stand, alle Häupter entblößt, überall das tiefste Schweigen. Er grüßte fortwährend, vom Tor bis zur Kochstraße wohl zweihundertmal. Dann bog er in den Hof des Palais ein und wurde von der alten Prinzessin an den Stufen der Vortreppe empfangen. (…) Alles wie eine Erscheinung. Nur die Menge stand noch entblößten Hauptes da, die Augen auf das Portal gerichtet. Und doch war nichts geschehen: keine Pracht, keine Kanonenschüsse, kein Trommeln und Pfeifen; nur ein dreiundsiebzigjähriger Mann, schlecht gekleidet, staubbedeckt, kehrte von seinem mühsamen Tagewerk zurück. Aber jeder wußte, daß dieses Tagewerk seit 45 Jahren keinen Tag versäumt worden war, und Ehrfurcht, Bewunderung, Stolz, Vertrauen regte sich in jedes einzelnen Brust, sobald sie dieses Mannes der Pflicht und der Arbeit ansichtig wurden. (181)[283]

Friedrich zieht vorüber wie eine national-liberale Ikone, er ist ganz in seiner Aufgabe aufgehender Pflichtmensch. Der Monarch geht voran als erster Arbeiter, geleitet von einem unerschütterlichen Ethos der Verantwortung. Er scheint von Dämonen oder dem Weltgeist gesandt: »Alles wie eine Erscheinung.« So groß ist Fontanes Ehrfurcht vor der historischen Leistung seines Herrschers, dass er auch Friedrichs Fehlentscheidungen und Willkürakte positiv umdeutet, indem er sie aus dessen Pflicht- und Verantwortungsethos heraus motiviert. So kommt Fontane in seinen Erinnerungen *Von Zwanzig bis Dreissig* auf den berühmten Prozess des Müllers Johann Arnold zu sprechen, den Friedrich, die Rechtslage verkennend, eigenmächtig zu Gunsten des Klägers, eben des Müllers, entschieden hatte: »Nichts gibt es auf den Blättern der Geschichte, das mich so ergriffe, wie die nicht seltne Wahrnehmung, daß bedeutende Menschen oft gerade da, wo sie fehlgreifen, ihren eigentlichen Charakter in das schönste Licht stellen. Unser Großer König ist beispielsweise nirgends größer als in dem Irrtum, den er bei Gelegenheit des Müller Arnoldschen Prozesses beging und wenn er in diesem Irrtume befangen einem in allen Lebenslagen erprobten Ehrenmanne wütend seinen Krückstock nachschleuderte, so war das keine Tat tyrannischer Laune, sondern das Aufbrausen eines empörten Rechtsgefühls. Daß er schließlich Unrecht hatte, hebt das schöne Gefühl, aus dem heraus er handelte, nicht auf.«[284]

Fontanes Schilderung enthält die typisierten Züge des schlichten, spartanischen, unbeugsamen, gerechten und aufopferungsvollen Königs, wie er in der volkstümlichen Vorstellung gegenwärtig war. Selbst Thomas Mann bediente sich später dieses Klischees, allerdings psychologisch ungleich differenzierter, das Bild um rätselhafte, undurchschaubare Züge erweiternd. Mann beschrieb den Heros Preußens als skurrile, dämonische, tragische, sogar komische Figur, ohne ihn im Geringsten zu beschädigen. Im Gegenteil, der Heros tritt in seiner mythischen und tragischen Größe erst aus dem Klischee heraus und wird erkenn-, wenn auch nicht durchschaubar. In seiner Betrachtung *Friedrich und die Große Koalition*, einem literarischen Historienstück ersten Ranges, schreibt Thomas Mann: »Nicht nur, daß er, der bei Roßbach die Scharen des Marschalls Soubise zu Paaren trieb – eben jene Franzosen, die das Elsaß gestohlen und die Pfalz ausgebrannt hatten –, den Deutschen zum gemeinsamen Helden wurde, zu einem Symbol, in dessen Verehrung ihr zerrissenes Gefühl sich zum ersten Mal wieder einigte. Sondern seine Taten und Leiden erwarben ihm die Teilnahme, die populäre Begeisterung aller Völker. Ja, seine Niederlagen nicht weniger als seine Siege beschäftigten nah und fern die Herzen der Menschen, das Groteske, das Donquijotehafte seines Daseins trug dazu bei, seine Figur zu vergrößern und volkstümlich zu machen, sein Bild mit dem hinuntergezogenen Mund, den glanzblauen Augen und dem dreieckigen Hut, mit Krückstock, Stern, Fangschnur und Kanonenstiefeln hing in Hütte und Haus; er wurde legendär bei lebendigem Leibe.«[285]

Diese 1915 geschriebenen Passage erhellt, warum Fontane seinen Friedrich stilisieren, entfrankisieren und vorab in einen Nationalbegriff, den eigentlich erst das 19. Jahrhundert nach den Befreiungskriegen entwickelte, einpassen musste. Fontanes Ziel ist das Bündnis der Herzen in einer zum Symbol erhöhten nationalen Heldenfigur. Um die von unterschiedlicher Herkunft und verschiedenen Traditionen beeinflusste Gemeinschaft der Preußen in einer übergreifenden Ideologie zu vereinigen, bedarf es einer integrierenden Gestalt. Friedrich steht auch als literarische Fiktion ganz im Dienste der Nation.

Aber hat Fontane denn tatsächlich so arg gemodelt? War es nicht so, dass Friedrich politisch ganz im nationalen Sinne handelte, als wäre seine sprachliche Bindung ans Französische im Aktionsfall bedeutungslos?

Der literarische Friedrich ist so betrachtet vollkommen »realistisch«, denn Fontane bildet nur quellenkundlich gesicherten historischen Sachverhalt ab, den er auf seinen Recherchefahrten durch die Mark Brandenburg sogar noch in Resten mündlicher Überlieferung beglaubigt sehen konnte. Dann aber erhöht er dieses Datenmaterial poetisch: Er verklärt die historischen Tatsachen im Sinne seines Ideals, er vermengt empirische Daten mit fiktiven. Dass im Zuge dieser Literarisierung die französischen Züge Friedrichs unleserlich werden, fügt sich bruchlos in die mythobiologische Konstruktion der nationalen Gesellschaft ein.


Die ungesunde Stadt


So haben wir folgende Verhältnisse vor Augen: Der dekadenten Elite und dem dekadenten Stadtadel steht ein vitaler Landadel gegenüber, dem wiederum das Volk nahesteht, das ebenso vital ist und national gesonnen handelt. Daraus zeichnet sich die berühmte Stadt-Land-Dichotomie konservativer Kulturkritik ab: Das Land ist gesünder als die Stadt. Hatte sich nicht auch der Große König vorzugsweise im ländlicheren Potsdam aufgehalten?

In diese Konstellation scheint sich der landsässige dekadente Adel in Rheinsberg und Guse nicht zu fügen. Aber es scheint eben nur so. Denn dieser Adel hat sich – von wenigen Ausnahmen abgesehen — nur auf das Land *zurückgezogen*, ohne über Generationen hin dort ansässig zu sein wie der echte Landadel. Selbst wenn Einzelne, wie Berndts Schwester Amelie, aus landsässigen Familien stammen, so sind sie doch durch die überregionale und kosmopolitische Sozialisierung des »Lügenjahrhunderts« soweit urbanisiert, dass sie sich dem ländlichen Raum entfremdet haben. Das Land selbst wird zur Kulisse, und die nur scheinbare Landsässigkeit zum Zeichen der Dekadenz. Diese Adelsgruppen sind genau betrachtet Fremdkörper in ihrer Umgebung. Trotz der mutmaßlich prägenden Kraft des Blutes ist es also wohl möglich, dass *als Übel geltende kulturelle Einflüsse die als angeboren geltenden Eigenschaften überformen*. Und zwar dann, wenn das Blut, also die Natur, bereits geschwächt ist. Nur zu folgerichtig müssen diese Fremdkörper im Lauf der nationalen Wiedergeburt, die ja auch biologische wie moralische Re-Vitalisierung bedeutet, aus dem ländlichen Raum verschwinden.[286]

Trotz dieser Land-Stadt-Dichotomie aber muss die Stadt in die nationale Gesellschaft integriert werden, denn mit dem Land alleine ist der autonome Staat nicht zu leisten. Das gilt gleichermaßen für die unteren Schichten des urbanen Raumes. Allerdings sind nicht die Arbeiter damit gemeint, die aus der Literatur des Realismus ausgeschlossen bleiben und die in einem 1812 spielenden Roman vielleicht auch als allzu deutlicher Anachronismus empfunden worden wären. Gemeint sind die vehement nach oben drängenden unteren Mittelschichten. Jene Kleinbürger, die Fontane in den glänzenden Kapiteln »Auf dem Windmühlenberge« und »Bei Frau Hulen« vorstellt.[287]

Diese Schichten, so schwer sie auch nach Ansicht der Historiker dank ihrer zunehmenden sozialen Mobilität auseinanderzuhalten sind, lassen sich grob in neue und alte untere Bürgermilieus einteilen, also in das »alte Kleinbürgertum der Handwerksmeister und kleinen Ladeninhaber, deren Existenz bedroht war durch den Fortschritt der kapitalistischen Wirtschaft, sowie die rasch anwachsende neue untere Mittelschicht der Angestellten und Beamten«.[288]

Beide Gruppen wiederum standen einander nicht eben herzlich gegenüber, das alteingesessene Kleinbürgertum verspürte begreiflicherweise wenig Neigung, »die Angehörigen der unteren Mittelschichten als ihresgleichen willkommen zu heißen«.[289] Andererseits aber gehörten beide, die untere Mittelschicht bildend, in Lebensweise und Erscheinungsbild zusammen und waren sich ihrer Gemeinsamkeit bewusst. »Wenn man vor 1914 vom ›neuen Mittelstand‹ sprach, dann setzte man ihn erstens dem alten Mittelstand der Handwerker und kleinen Einzelhändler, der ›Krämer‹ (und manchmal der Bauern) gegenüber; der entscheidende neue Punkt war die Unselbständigkeit. Zugleich betonte man zweitens das Gemeinsame, das ›Mittelständische‹ in Lebenslage, Lebensführung, Mentalität und Ideologie, die Abgrenzung gegenüber Arbeitern, Bauern und wohlhabenderen und gebildeten ›Bürgern‹«.[290]

Nun schreibt Fontane seinen Roman in den Sechziger und Siebziger Jahren des 19. Jahrhunderts, und erst in dieser Zeit beginnt sich tatsächlich der neue Mittelstand herauszubilden. Fontanes Geschichte aber spielt bereits 1813, als es nur den alten, aber noch keinen neuen unteren Mittelstand gab. Wie immer projiziert Fontane zeitgenössische Erscheinungen und Konfliktfelder zurück und vermischt sie mit den Verhältnissen, wie er sie für 1813 recherchiert hatte oder wie sie ihm aus Erzählungen der Elterngeneration und fast noch aus eigener Anschauung bekannt waren.[291] Das Gesellschaftsbild, das Fontane in seinen dem Kleinbürgertum gewidmeten Kapiteln entwirft, bildet also bis zu einem gewissen Grade die wirkliche Gesellschaft seiner Gegenwart ab. Man darf vermuten, Fontanes gebildeter und gutbürgerlicher Leser wird sie bis zur Kenntlichkeit karikiert wiedererkannt haben.


Ehrgeiz, Eigensucht und Eitelkeit:
das neue Kleinbürgertum und der integrative Nationalismus


Das Kleinbürgertum zerfällt in drei Segmente. Sie bilden zwar eine gemeinsame Untergruppe in der Gesamtgesellschaft, sind aber jeweils gegeneinander abgesetzt. Immer zwei dieser Segmente bilden eine Einheit gegen ein drittes.

Die ersten beiden Segmente umfassen das eher traditionelle Kleinbürgertum sowie eine Gruppe von Figuren, die zum *neuen* Kleinbürgertum tendiert. Das dritte Segment besteht aus einer einzelnen Figur, die sich in einem wesentlichen Merkmal absetzt. Sie ist antipreußisch, profranzösisch, nichtnational - und damit unzugehörig. Dieser vaterlandslose Geselle trägt den spöttischen Namen Feldwebel Klemm. Die Sympathien des kultivierten Erzählers für die kleinbürgerlichen Schichten sind geteilt. Im Großen und Ganzen erscheinen sie als recht zweifelhaft. Die alte untere Mittelschicht ist von der neuen durch ihre Solidität zwar positiv abgehoben, beide zusammen aber ergeben ein heterogenes, schwer durchschaubares Milieu. Beide sind einerseits gutmütig, andererseits grob, latent aggressiv, neidvoll und bösartig. Kurz gesagt: Es gibt ein besseres und ein schlechteres Kleinbürgertum, aber kein gutes.

## Der Feldwebel vom Windmühlenberge

Am schlechtesten ist jener Feldwebel Klemm. Ihm fehlt, was die anderen Kleinbürgerschichten verbindet: das Bekenntnis zur Nation als Grund- und Endwert. Klemm stünde auf der Skala moralischer Wertigkeit am unteren Rand, würde er ernst genommen. Ein launiger Erzähler aber führt ihn als lächerliche Figur vor wie ein Zirkusdirektor seinen Tanzbären – er ist eigentlich gar nicht würdig, mit dem Maßstab der herrschenden Moral gemessen zu werden. So soll er jenem kleinen Strauchdieb entsprechen, den man nicht hängt, weil er den Strick nicht wert ist. Überhaupt trennt eine nadelfeine Ironie, einer Demarkationslinie gleich, das ganze Kleinbürgermilieu von Fontane und seinen Lesern ab, die wie der Autor selbst der Ober- und oberen Mittelschicht angehören. Auch dieser Distanzierungsgestus mag zu den Selbstversicherungen gehören, mit dem sich die zugleich selbstbewussten wie beunruhigten etablierten Schichten unterhalb der großbürgerlichen Industriellen und Bankiers nach unten abgrenzten.

Seinen Feldwebel Klemm schickt Fontane als Narren, Prahlhans, Feigling und Verräter auf den Schauplatz der nationalen Erweckung. Schon das betont soldatische Äußere Klemms wirkt grotesk, er »trug zu seinem langen blauen Rock und schwefelgelber Weste ein Paar Reiterstiefel, die bis zum Knie hinauf blitzblank geputzt waren. Der hagere Hals steckte in einer steifen Binde«. (316) Klemm behauptet, er habe in der Schlacht bei Torgau am 3. November 1760, dem verlustreichen Sieg Friedrichs gegen die Österreicher, als junger Grenadier die zerstreuten preußischen Linien gesammelt. Diese Geschichte verspottet ein solider und geschäftstüchtiger Handwerker, einer der besseren Berliner Kleinbürger, als Soldatenlatein. »Er ist nicht einer von den Grenadiers, die bei Torgau gesammelt *haben,* sondern einer von denen, die gesammelt worden *sind*. Und das mit des Alten Fritzen eigenhändigem Krückstock... Er ist ein schlechter Kerl durch und durch. Eine Memme, ein Großmaul und ein Schnurrer.« (319f) Im Zweifel ist diesem Zeugen zu glauben. Im »Wieseckeschen Saale auf dem Windmühlenberge« nahe der Prenzlauerstraße, einem Treffpunkt des Kleinbürgertums, der mit seinem angesäuerten Weißbierdunst den olfaktorischen Feinsinn des aristokratisierenden Erzählers offenkundig beleidigt (310), tritt Klemm als selbsternannter strategischer Experte auf. Mit Kreide wirft er eine stilisierte Landkarte auf den Tisch und prognostiziert auf ihr den Untergang der russischen Armee und den endgültigen Sieg Napoleons. Diese Darbietung, die die Lage verkennt und Patrioten als ausgesprochen defätistisch erscheinen muss, wiederholt Klemm bei jeder Gelegenheit. Er posiert als Kriegsheld und Stratege, ohne diesen Rollen je gerecht geworden zu sein. So entsteht der Eindruck, er überhöhe sich wie ein schlechter Schauspieler, der den Tell geben darf. Schon durch seine Kleidung – sie zitiert Friedrich II. – aber noch mehr durch das Wort entwirft er eine Fiktion seiner selbst, die seiner wirklichen sozialen und psychischen Lage nicht entspricht. Klemm wird zum Vorfahr des Bajazzo Thomas Manns – ein inszenierter Charakter, unfähig zur Tat, unproduktiv.

Zu dieser Selbstinszenierung kommt ein noch schlimmerer Makel. Der ehrbare Bürstenmacher Stappenbeck weiß zu berichten, Klemm habe »die Herrschaft gewechselt. Das tut kein Hund nich... keine acht Tage, daß die Löffelgarde durchs Hallesche Tor gezogen war, so war er schon liebes Kind mit all und jedem, drängte sich an die Generals und machte den Komplä-santen.« (320/21) Der Erzähler selbst bekräftigt das: »Feldwebel Klemm, der keine Gelegenheit vorübergehen ließ, seine Franzosenfreundlichkeit zu betonen...« (345) Klemm ist, mit einem Wort, ein Opportunist und Kollaborateur, ein Mann ohne Gesinnung.

Fontane macht diese aufschlussreiche Nebenfigur zum Exponenten einer heranziehenden städtischen Massengesellschaft. Dass Klemm im Kleinbürgerviertel der Stadt auftritt, ist deshalb kein Zufall. Diese Kleinbürger ersetzen alte traditionelle Bindungen an Herrscherhaus, Herkunft, Heimat und Vaterland durch materielle Interessen. Dahn schildert eine solche urbane Gesellschaft am Beispiel seines Massenstaates Byzanz. Bemerkenswerterweise ähnelt Klemm, so profranzösisch, antinational, inszeniert und realitätsfremd wie er geschildert ist, dem abgeblühten Adel der Rheinsberger und Gusener Gesellschaft. Er ähnelt sogar der städtischen

Funktionselite, bei allen sozialen und charakterlichen Klüften, die zwischen beiden liegen.

Eines aber trennt ihn, lautet die Botschaft des Autors, von all diesen anderen Milieus fundamental ab: Er hat keinen Funken Patriotismus im Leib. Das gilt zwar auch für eine Figur wie Berndt von Vitzewitzens Schwester Amelie. Diese aber stammt aus altem Adel, hat Sitte, Umgangsformen, Schliff. Ein vaterlandsloser Geselle wie Klemm hat aber zudem noch den Makel, Kleinbürger zu sein. Dem Autor ist das zuviel, er stempelt Klemm zum Paria einer sich nationalisierenden Gesellschaft.

Alle übrigen Kleinbürger aber zeigen, wenn auch sonst vor allem Schlechtes an ihnen zu finden ist, zumindest eine gute Eigenschaft, sie sind Patrioten. So zeichnet sich die nationale Gesinnung als soziale Grenzen übersteigendes Element ab, das Oben und Unten, Stadt und Land verbindet.

## Echte Berliner

Dafür spricht auch die Schilderung einer anderen Kleinbürgergruppe, die in derselben Weißbierdiele an einem der »etwas wackeligen Tische mit den vier Stühlen drum herum« sitzt (309) und die der Erzähler als »Berliner Bürger« (310) anspricht. Sie heißen Rabe, Stappenbeck, Niedlich und Schnökel und sind, altem Handwerk entstammend, selbstständige Schornsteinfegermeister, Bürstenmacher und Posamentier, wie früher der Polsterer hieß. Sie erörtern die politische Lage, geben sich ihrer »patriotischen Freude« hin (312) und kaufen in dieser Stimmung die Fliegenden Blätter mit Spottversen auf Napoleon: »Warte / Bonaparte; / Warte nur, warte, Napoleon, / Warte, warte, wir kriegen dich schon.« (315)

Diese alteingesessene Runde besitzt eine Geschichte und kommt aus zünftigen Berufen. Vom Schornsteinfegermeister Rabe wird gesagt, er stamme aus »einer alten Berliner Familie..., bei denen das Geschäft von Vater auf Sohn geht« und die »wirklich eine Art Bürgeradel bilden«. Und Stappenbeck ist sogar ein »echter Berliner« (310). Die Vier also tragen Merkmale, die das traditionale Kleinbürgertum auszeichnet: aus zunftgebundenem Handwerk hervorgegangen, lange ansässig und selbstständig. Auch sie werden in Charakter und Gesinnung dem patriotischen Landadel angenähert. Ihren förderlichen Eigenschaften – lange mit Landschaft und Boden verbunden, eigenständig, selbstbewusst, tüchtig – gesellt sich die nationale Einstellung hinzu. Wieder verbindet die Idee der einheitlichen Nation Stadt und Land, Oben und Unten, Adel und Kleinbürgertum zur Gemeinschaft. Und wieder sehen wir jene Kardinaleigenschaften aufleuchten, die als Trias der Tugend dem realistischen Roman fast durchgängig eingeschrieben sind: Vitalität, Tüchtigkeit, nationale Gesinnung.

## Im Jahrmarkt der Truthähne

Wenn es ein Element gibt, das in der nächsten, weniger einheitlichen Gruppe von Kleinbürgern so etwas wie Gruppenidentität zu schaffen vermag, dann ist es dieses patriotische Empfinden, das Denken in nationalen Bahnen.

Diese andere den unteren Mittelstand verkörpernde Gruppe ist gegen das Quartett der Berliner Bürger deutlich abgesetzt. Maliziös, treffsicher und voller Lust an kränkenden Karikaturen, die auch vor körperlichen Gebrechen nicht haltmachen, schildert Fontane sie im Kapitel »Bei Frau Hulen« (333-352). Es zählt zu den lebendigsten des Romans, man sieht Wilhelm Buschs Kleinbürger-Pandämonium vorübergleiten.

Mit dem überlegenen Spott des gutsituierten Grandseigneurs beschreibt Fontane in der Wohnung von Frau Hulen, Lewins Berliner Vermieterin, die Topographie eines kleinbürgerlichen Lebensraumes:

> An demselben Abend war Gesellschaft bei Frau Hulen. Sie konnte damit, wenn sie standesgemäß auftreten und die ganze Flucht ihrer Zimmer öffnen wollte, nicht länger zögern, da Lewin für den nächsten Tag schon seine Rückkehr von Hohen-Vietz angezeigt hatte. Gleich nach Eintreffen dieses Briefes waren denn auch (…) die Einladungen ergangen und ohne Ausnahme angenommen worden.
>
> Um sieben Uhr brannten die Lichter in der ganzen Hulenschen Wohnung, die neben einer kleinen, schon im Seitenflügel befindlichen Küche aus zwei Frontzimmern und zwei dunklen Alkoven bestand. Die Hälfte davon war an Lewin vermietet, der indessen (…) nicht das geringste dagegen hatte, seinen Wohnungsanteil in die Festräume hineingezogen zu sehen.
>
> Und Festräume waren es heute, ganz abgesehen von den Lichtern und Lichterchen, die bis in den Flur hinaus nicht gespart waren. In beiden Öfen war geheizt (…), während alle Kunst- und Erinnerungs-

gegenstände, auf die Frau Hulen die besondere Aufmerksamkeit ihrer Gäste hinzulenken wünschte, noch eine besondere (...) Beleuchtung erfahren hatten. Unter diesen Gegenständen standen die Papparbeiten ihres verstorbenen Mannes, der Werk- und Küpenmeister in einer kleinen Färberei, in seinen Mußestunden aber ein plastischer Künstler gewesen war, obenan. (...) Außer einem offenen und figurenreichen Theater, das die Lagerszene aus den ›Räubern‹ darstellte, hatte er seiner Witwe einen dorischen Tempel und einen viereinhalb Fuß hohen, in allen seinen Öffnungen mit Rosenpapier ausgeklebten Straßburger Münster hinterlassen, der nun mit Hilfe kleiner Öllämpchen bis in seine Turmspitze hinauf erglühte.« (333f)

Dieser auf der Kommode postierte Münster verdeckt gewöhnlich einen kleinen Spiegel, »nicht aber heute, wo derselbe, um nicht den Verdacht aufkommen zu lassen, als ob es der Zimmereinrichtung an irgend etwas Standesgemäßem gebräche, um drei Handbreit höher hinaufgerückt worden war.« (333)

Die Wortwahl ist allzu auffällig: Da ist die Rede von Gesellschaft, standesgemäßem Auftreten, Festräumen und illuminierten Kunstgegenständen aus Pappe. Auch an den Spiegel wurde gedacht. Die kleinbürgerliche Lebenswelt orientiert sich an der Welt der Oberschicht. Fontane, der dieses Sich-nach-der-Decke-Strecken seiner Figur Hulen noch mit ironischem Wohlwollen schildert, verändert seinen Ton beim Auftreten ihrer Gäste. Sie beschreibt er als lächerlich, unangenehm in ihrer aufdringlichen Beflissenheit, abstoßend in ihrer gespielten Wohlanständigkeit. Unter angelernten, dem Parkett abgeschauten Manieren funkeln Eitelkeit, Neid, Begierde. Da ist etwa

Demoiselle Laacke, Musik- und Gesanglehrerin (...): ein Mädchen von vierzig, groß, hager, mit langem Hals und dünnem rotblonden Haar. Ihre wasserblauen Augen, beinahe wimpernlos, hatten keine selbstständige Bewegung, folgten vielmehr immer nur den Bewegungen ihres Kopfes und lächelten dabei horizontal in die Welt hinein, als ob sie sagen wollte: ›Ich bin die Laake; ihr wißt schon, die Laake, mit reinem Ruf und unbescholtener Stimme.‹ Von der Königin Luise hatte sie, bei Gelegenheit eines Wohltätigkeitskonzerts, eine Ametystbrosche erhalten. Diese trug sie seitdem beständig. Im übrigen waren Armut, Demut, Hochmut die drei Grazien, die an ihrer Wiege gestanden und sie durch das Leben begleitet hatten. Sie verneigte sich artig, wenn auch etwas steif und herablassend... (336)

...um die Gastgeberin zu fragen: »Wen darf man denn noch erwarten?« (336).

Herrn Nuntius Schimmelpennig zum Beispiel, einen Kammergerichtsboten in gespielter Chefpose. »Er konnte an Aufgeblasenheit und Wichtigtuerei mit jedem Truthahn streiten und sah in die Welt hinein, als ob er wenigstens sein Vater oder gar das Kammergericht selbst gewesen wäre. Er glaubte auch so was.« Eitel wie er ist, blickt er prompt in den höhergerückten Spiegel, »bei welcher Gelegenheit ihn wieder seine Ähnlichkeit mit dem alten Präsidenten überraschte«. (338f)

Dann tritt das Ehepaar Ziebold ein, als Pfandleiher auf anrüchige Weise zu kleinem Wohlstand gekommen und darauf in Kleidung und Auftreten verweisend: »...er an seinen Löckchen und seiner goldenen Brille, sie an ihrer theaterhaften Haltung und einem ebenso eng anliegenden wie tief ausgeschnittenen Seidenkleid erkennbar.« (339f) Auch Ulrike, die Stieftochter eines Deckenflechters, passt in die Runde: »Beinahe häßlich, mit großen, nichtssagenden und zum Überfluß auch noch weit vorstehenden Augen, hatte sie doch die feste Überzeugung: schön und durch ihre Schönheit zu etwas Höherem berufen zu sein.« Obwohl ihr der Umgang mit Frau Hulen »unter ihrem Stande, mehr noch unter ihren persönlichen Ansprüchen« zu liegen scheint, pflegt sie ihn dennoch, »weil sie wußte, daß ein adeliger, junger Herr bei der Alten zu Miete wohnte«. (340)

Die Atmosphäre ist denn auch meistenteils frostig, man betrachtet einander »mit einem Ausdruck von Geringschätzung« (341), und in den Dialogen liegen die Widerhaken verletzender Subtexte verborgen. Am Ende, als die Gäste auf dem Heimweg sind, denunziert jeder jeden. Die Bemerkung eines Gastes, »aber das weiß ich, ich gehe nicht wieder hin«, kommentiert der Erzähler mit dem Satz: »So dachten auch die andern«. (352)

Fontane hat solches Benehmen gerne als »Renommisterei« bezeichnet, als plumpe Zurschaustellung kleiner Erfolge und unfreiwillige Entlarvung großer Minderwertigkeitsgefühle, bösen Neids und eingeübter Bildungsattitüde. Hier findet sich keine Verankerung in der identitätsstiftenden Tradition alten Handwerks. Die Berufe der Figuren zeigen das an: Musiklehrerin, Pfandleiher, Kammergerichtsbote. Der verstorbene Mann der Gastgeberin sei »Werk- und Küpenmeister in einer kleinen Färberei« gewesen. All das deutet auf untere Beamte, Angestellte, Arbeiter, Kleinunternehmer und Dienstleister hin, auf Angehörige neuer Schichten. Auffällig verzichtet der sonst ahnenfreudige Fontane, der sogar bei einem der Handwerker dessen lange Familiengeschichte erwähnt, bei dieser Gruppe auf genealogische Verankerungen.

Sicherlich hatte der Schriftsteller grundsätzlich keine Lust, sich mit diesen Leuten eingehender zu befassen. Beredt ist da etwa ein Brief, den er Ende Mai 1860 an seine Mutter schrieb. Fontane besuchte gerade die Schlösser Gusow, das Vorbild seines Guse, und Friedersdorf, um in der Familiengeschichte derer von der Marwitz Stoff für seinen *Sturm* zu finden: »Es verlohnt sich doch eigentlich nur noch, ›von Familie‹ zu sein. Zehn Generationen von 500 Schultze's und Lehmann's sind noch lange nicht so interessant wie 3 Generationen eines einzigen Marwitz-Zweiges.«[292]

Der Autor zeichnet mit dem Kreis um Frau Hulen eine Gesellschaft, in der jeder ein Rollenspiel treibt und vor sich und den anderen als seine eigene Wunsch- und Idealprojektion auftritt. Aus Mangel an echter Identität greifen diese Figuren auf Surrogate zurück. Es fehlt ja nicht von ungefähr das wichtigste identitätsstiftende Element, der Anschluss an mythobiologische Wurzeln. Und doch identifizieren sich die Angehörigen auch dieser kleinbürgerlichen Gruppe mit der Nation.

Denn der nationale Diskurs ist es, der sie für Augenblicke eint. So sagt Frau Hulen:»Bäcker Lehweß, als ich heute das Frühstück holte, sagte zu mir: ›Hören Sie Hulen, Preußen kommt wieder auf‹. Und der alte Bäcker Lehweß sagt nicht leicht was, was er nicht verantworten kann.« (347)

Darin scheint dann doch eine gewisse Identität auf, etwas, das über die schichtspezifischen Ähnlichkeiten hinausreicht, die sich aus aufgesetzten Gesten und einstudierten Posen zusammensetzen. Diese Identität fließt aus der Erinnerung an eine gemeinsame Geschichte, auch wenn diese Erinnerung nur bis zu Friedrich dem Großen zurückreicht. Vor dem verklärten Bild dieser Erinnerung wird der Einmarsch Napoleons in Berlin doppelt als Trauma empfunden. Beides, die Erinnerung an die Zeit Friedrichs und die Erfahrung der napoleonischen Hegemonie, wirkt auf das kollektive Gedächtnis ein und formt jenes Bewusstsein gemeinsamen Schicksals, das Zusammengehörigkeit stiftet und nationbildend wirkt.

Diesen Vorgang sucht Fontane in jener Szene besonders anschaulich zu machen, in der sein Feldwebel Klemm bei Frau Hulen erscheint. Die Runde kommt sich eben in der Unterhaltung über die kleinen Beispiele zivilen Ungehorsams gegen die französischen Besatzer näher, Klemms Äußerungen erregen Unwillen. Einer der Gäste bringt die Stimmung auf den

Punkt: »Eins aber ist meine Sache, Ihnen zu sagen, daß ich alles, was Sie tun und sprechen, unpatriotisch finde.« (349)

Der Angegriffene steht nun gegen eine für Augenblicke geeinte Gruppe. Hier wiederholt sich im privaten Kreis, was sich in ganz Preußen vollzieht: Der nationale Gedanke entfaltet seine verbindende Kraft, schließt die, die sich einig sind, zusammen und grenzt die dagegen ab, die anders denken.

Offenbar, scheint Fontane sagen zu wollen, hat sich auch das neue Kleinbürgertum einen Rest des alten Glaubens an eine gottgegebene Gesellschaftsordnung zu Eigen gemacht, in der die Königstreue des Volkes und die Liebe zum Vaterland selbstverständliche Grundlagen des Lebens sind.[293]

Bei alledem bleibt auffällig, dass in diesem städtischen Kleinbürgermilieu der Urquell nationalen Empfindens nicht zu fließen scheint. Es fehlt der Anschluss an Blut und Mythen, an die mythobiologischen Wurzeln. Fontane zeigt die neuen unteren Bürgerschichten als herkunftslos und abgetrennt von der Scholle. Immerhin aber deutet er dann doch eine kulturelle Tradition an, wenn er erwähnt, es komme »echtes Berliner Essen« (342) auf den Tisch.

Aber auch wenn der Autor nicht eindeutig festlegt, welche soziale, religiöse, mythologische, biologische und psychische Grundlage die nationale Einstellung und das nationale Gefühl haben, wenn es ihm auch Probleme macht, eine genealogische, biologische und kulturelle Legitimationsbasis für die Einbindung des Kleinbürgertums in die patriotische Gemeinschaft zu finden, so zeigt er diese neue Schicht doch als national eingestellt und als eingebunden in die nationale Gemeinschaft. Auch die neue untere Mittelschicht, bei allen Vorbehalten, ist *das Volk* – vielleicht auch, weil ihre aggressive Energie für den Kampf um den Nationalstaat gut zu gebrauchen ist.

Klar ist: Die nationale Ideologie verbindet die unterschiedlichsten Gruppen, die Land- und die Stadtbevölkerung, die Bauern, Halb- und Kleinbauern, den Landadel, die alten Handwerker und das neue Kleinbürgertum, die Krämer, Kleinunternehmer und Angestellten, die städtische Bildungsschicht, den etablierten Mittelstand, die Akademiker, die Offiziere, endlich sogar die städtische Oberschicht, die Generale und Beamten bis hinauf zum König. Sie alle verbindet die nationale Ideologie zur Nation. Mit dieser Erweiterung des nationalen Gedankens, der ursprünglich eine Idee allein der Gebildeten, der Intellektuellen war,[294] spiegelt Fontane in seinem Roman den Prozess der geistigen, ideellen und sozialgeschichtlichen Nationsbildung wider, der sich in Deutschland von der Zeit an, in der sein Text handelt, bis zu der Zeit, in der sein Text erscheint, vollzieht.

Der angehende Romancier zeigt damit eine bürgerlich-liberale Vorform des Begriffs von *Volk*, den die Nationalkonservativen nach dem Ersten Weltkrieg radikalisieren, indem sie ihn um die Arbeiterschichten erweitern und die *völkische* Einheit als Identitätsmerkmal stärker hervorheben. In dieser Radikalisierung aber liegt eine neue Qualität. Das bürgerliche Modell galt dem neuen Nationalismus der Zwanziger Jahre als hoffnungslos veraltet.[295]

# Aktion und Ästhetik

Unter dem Titel *Totem und Tabu* erschienen im Jahr 1913 vier Aufsätze Sigmund Freuds, seine ersten kulturhistorischen Arbeiten auf psychoanalytischer Grundlage. Das war genau siebenunddreißig Jahre nach *Ein Kampf um Rom* und fünfunddreißig Jahre nach *Vor dem Sturm*. Freuds Sammlung endet mit den Worten:»Im Anfang war die Tat.«[296] Die Tat ist das menschheits- und kulturgeschichtliche Initialereignis. Freud verknüpft seine Behauptung, der symbolische Vatermord stehe am Beginn der individuellen Identität, mit der evolutionistischen Theorie Darwins, wonach die Söhne einer angenommenen Urhorde den übermächtigen Vater beseitigt und sich an dessen Stelle gesetzt hätten. Egal, ob man sich dieser geschichtstheoretischen Spekulation anschließen will oder ihrer Kritik,[297] in unserem Zusammenhang ist entscheidend, dass aus ihr vernehmlich der Aktionismus bürgerlichen Leistungsethos und Erfolgswillens spricht: Am Beginn aller Geschichte steht der Gewaltakt. Freud selbst hob immer wieder stolz seine Eroberer-Mentalität, sein *Conquistador*-Temperament, sein »herrisches Ungestüm« hervor.[298]

Dieser für das Denken der Epoche fundamentale Satz, am Anfang aller Geschichte stehe die Tat, ist den Romanen Dahns und Fontanes nicht minder klar eingehämmert. Der initiale Gewalt- und Gründungsakt besteht dort im Aufstand einer Gruppe neonationaler Revolutionäre gegen die herrschenden Verhältnisse. Man kann diesen Akt, wollte man Freud folgen, als symbolischen Vatermord auffassen. Beide Male ist er gegen die herrschende Autorität eines Königs gerichtet. Auch der Text selbst begreift sich als nationale Tat, da er nach außen hin wirken und zum Handeln im Sinne seiner Botschaft aufrufen will.

Was nun gibt den unmittelbaren Anlass zum nationalen Aufruf? In *Vor dem Sturm* ist Preußen kein selbstbestimmter Staat mehr, es hat seine Autonomie an Frankreich verloren. Die Nation steckt als Volksgemeinschaft in einer Krise. König und Volk sind verschiedener Meinung über den politischen Kurs und stehen weltanschaulich wie politisch in unterschiedlichen Lagern. Das *Volk* ist national gesinnt, die monarchische Elite in der Stadt steht auf französischer Seite, und sei es auch nur formell.

Diese offizielle politische Position offenbart einen weiteren Gegensatz, der das zerklüftete Preußen noch tiefer zerreißt. Die Elite selbst ist uneins, da sie einerseits nicht eigentlich antipreußisch, andererseits aber auch – so sieht es der Erzähler mit den Augen seiner Hauptfigur Berndt von Vitzewitz – unfähig ist, sich offen gegen Napoleon und auf die Seite der sich bewusstwerdenden Nation zu stellen. Diese Haltung lässt, wie Fontane lange vor dem *Sturm* äußerte,»den Servilismus und die Indolenz jener Zeit« erkennen. Das Urteil, das er über Friedrich August Ludwig von der Marwitz fällt[299] (Marwitz‹ ehemaliges Gut Friedersdorf im Oderbruch diente mit als Vorlage für das Hohen-Vietzer Herrenhaus) entspricht genau jenem Bild, das Fontane im *Sturm* auch von der gesellschaftlichen Elite zeichnet:»Aber nicht jeder in preußischen Landen war damals ein Marwitz. Viele wurden durch Furcht und selbstsüchtige Bequemlichkeit in ihren Ansichten bestimmt, andere trieben das traurige Geschäft der ›Staatskünstelei‹«.[300] Diese Vielen zeigten mithin nichts anderes als Mangel an Gesinnung und Charakter.

Die Situation im *Kampf* ist die gleiche, nur ist sie dort dramatischer gestaltet. Die Goten besitzen keinen territorialen Staat und der exterritoriale, den sie haben, ist ein Vielvölkerstaat. Statt eines einheitlichen Nationalstaats, wie er dem bürgerlich-liberalen Ideal des modernen Staates entspräche, existiert ein multiethnischer gotischer Verfassungsstaat auf fremdem Boden. Es liegt auf der Hand, dass der nationalliberale Dahn in diesem heterogenen Gebilde nur eine dekadente Abweichung von der wahren, allgemein als natürlich geltenden Staatsform sehen kann.

Dieser krisenanfälligen Gesellschaftsform entspricht eine im eigenen, dem gotischen *Volk* weit verbreitete Dekadenz der Gesinnung und des Willens zur Macht. Die beherrschte Nation, die im Roman sogenannten »Italier«, sind ohnehin egoistisch, ökonomistisch, hedonistisch und politikverdrossen. Diese »Italier« gleichen also recht genau den Franzosen, wie sie Fontane in seinen *Wanderungen* schildert, wenn er»die Verworfenheit, Keckheit und dämonische Zuchtlosigkeit der Volksmassen und ihrer Führer« zur Zeit der Revolution anprangert.[301]

Diese hochprekäre Lage gilt es zu ändern. Einheitlichkeit im Sinne des autonomen territorialen Nationalstaats muss geschaffen, die Gesinnung wiederhergestellt werden. Das Bewusstsein des Einzelnen ist zu renationalisieren und der Staat als Letztwert in der diesseitigen Welt neu zu etablieren. Eine Einstellung ist gefordert, die den Einzelnen in der Verantwortung für den Staat und nicht nur den Staat in der Verantwortung für den Einzelnen sieht – so entspricht es dem liberalen Verständnis des 19. Jahrhunderts. Um Fontane zu zitieren:»...der Egoismus sollte ausgefegt, die Zugehörigkeit zum Staat und das Bewußtsein davon neu geboren werden. An die Stelle des Schlendrian und der Laxheit sollten Umsicht, Pflichtgefühl und Rechtsbewußtsein, an die Stelle der Frivolität eine frische Glaubenskraft treten.«[302] Das Volk soll wieder Volk werden, der Bürger Bürger im Sinn des nationalen Gedankens. Anders gesagt: die ethnische, kulturelle und ideologische Heterogenität soll sich in Homogenität, die politikferne Versorgungsmentalität in nationale Verantwortung umwandeln. Am Ende steht der territoriale Nationalstaat mit politisch mündigen, an den öffentlichen Angelegenheiten partizipierenden Bürgern. Diesen Zielen dient die Aktion, die am Beginn beider Rome eingeläutet wird und die solange andauert, bis eine neue Ordnung in Kraft getreten ist.

Die ethnische Kulturgruppe, das *Volk*, findet zurück zu einer als natürlich betrachteten Gesellschaftsform. So betrachtet, sind diese historischen Romane auch Texte der Selbstfindung, das heißt: Initiationsromane. Sie unterscheiden sich indes vom klassischen Entwicklungsroman, dessen teleologisches Erzählmuster noch den historischen Roman der Goethezeit prägt,[303] nicht zuletzt darin, dass der Initiationsprozess nicht nur einen einzelnen Menschen, sondern das Kollektiv der nationalen Gemeinschaft betrifft. Hauptfigur ist also *das Volk*.

Zudem vollzieht sich dieser Entwicklungsprozess in einer Rückwärtsbewegung: Es werden weniger im Inneren der Figur oder des Volkskörpers angelegte Eigenschaften entwickelt (wie im klassischen Entwicklungsroman) als vielmehr verloren- oder untergegangene Eigenschaften wiederbelebt. Das Mittel für diese Wiederbelebung ist Gewalt. Bluteide, Kämpfe und Schlachten bilden die Initiationsriten auf dem Weg zu einer neuen, aber als natürlich und authentisch angesehenen Kulturform.

Diesen Weg zu schildern ist Sinn der Handlung. In einem ersten Schritt ist es notwendig, die Bindungen der eigenen Ethnie an die fremden Kulturen zu lösen. Zugleich gilt es, die ideologische und lebensweltliche Orientierung wieder auf die eigene Kultur einzuschwören und diejenigen abzugrenzen und zu eliminieren, die nicht mehr für die nationale Sache zu gewinnen sind – sei es, weil ihre schon zu weit vorangeschrittene Degeneration eine Regeneration ausschließt, sei es, weil die Berührung mit der fremden Kultur zu einem Identitätswechsel und der Entscheidung geführt hat, die eigene Volksgruppe und Kultur zu verlassen und sich der fremden anzuschließen.

In einem zweiten Schritt ist der äußere Feind zu bekämpfen, je nach Lage die Besatzungsmacht oder der angreifende Gegner. Diese Aktionen folgen aufeinander und steigern sich in ihrer Radikalität. Der politische, ideologische und psychische Regenerationsprozess ist dementsprechend auch in zwei Hauptphasen geteilt: in eine diskursive und eine eigentlich kriegerische Phase. Dem kalten Krieg folgt der heiße. Beide Phasen sind Etappen des großen Kampfs um den autonomen Nationalstaat, womit gemeint ist: des Kampfs um Deutschland.

## Das Wort vor dem Sturm oder der agonale Diskurs

Diesen Ablauf hat Fontane in *Vor dem Sturm* beispielhaft nachgezeichnet. Der wesentliche Unterschied zum *Kampf um Rom* liegt somit in der Lautstärke. Dahn schreibt plakativ und gleichsam im Breitwandformat, bei ihm besteht die Handlung über lange Strecken aus Wortgefechten, Schwertgeklirr und Hufgewittern, wie man das von einem guten Abenteuerroman auch erwarten darf. Fontane gestaltet seinen Roman in angenehm temperierten Tönen, darauf bedacht, Miniaturen aus der alten Welt brandenburgischen Landlebens zu zeichnen. *Vor dem Sturm* ist auch ein antiquarischer Roman, *Ein Kampf um Rom* monumentale Geschichts-*Action*. Um aber die weltanschaulichen Analogien zwischen beiden hervortreten zu lassen, wollen wir die nationale Aktion hauptsächlich im *Sturm* verfolgen.

Diese Aktion beginnt bereits mit dem Weihnachtsbesuch des jungen Lewin von Vitzewitz im väterlichen Haus in Hohen-Vietz. In dem Augenblick, in dem Lewin Berlin Richtung Oderbruch verlässt, ist die *diskursive Phase* des nationalen Kampfes eingeleitet.

Kaum in Hohen-Vietz angekommen, erwartet den jugendlichen Helden eine Unterredung mit seinem Vater Berndt. Dieser will Lewin auf die nationale Revolution einschwören.[304] Auch der folgende Gottesdienst dient mit seinem Rückgriff auf den Freiheitskampf der Makkabäer demselben Zweck. Der nationale Kampf-Diskurs wird vom privaten in den öffentlichen Raum erweitert. Seine Adressaten sind nun alle Bewohner der Region. Das Wort richtet sich an die Gemeinde.[305]

Bevor aber Berndt und der Pastor, bevor die weltliche und die geistliche Autorität der Gemeinde zu Wort kommen, eröffnet der Erzähler selbst den diskursiven Kampf um Berlin, indem er Lewin »die Halle seines väterlichen Hauses« betreten lässt und dabei die Geschichte dieses Hauses erzählt. Er verfolgt sie zurück bis zu ihren Urahnen und bindet so diese märkischen Sippe genealogisch an die Anfänge der Nation. Das verschafft Berndts von Vitzewitz zunächst eigenmächtig vorangetriebenem nationalem Kampf die historische Legitimation.

Auch die weiteren Abschnitte dienen dem nationalen Kampf in seiner ersten, seiner diskursiven Phase, entweder ausdrücklich in der Figurenrede oder im Erzähltext selbst. Der Erzähltext ergänzt und erweitert die Figurenreden mit biographischen und historischen Rückblenden, die stets mit der regionalen Geschichte als preußischer Geschichte verknüpft sind. So im Kapitel über die Bauern »Im Kruge« (53-61), welche zuerst »den Franzosen« als Inkarnation des Bösen bestimmen, um dann ihre Entschlossenheit zum Krieg zu beschwören: »... wenn der König ruft, wer von uns noch Kraft hat zu mähen, der mähe mit... Das Letzte für Preußen und den König.« (61) So auch im Kapitel über Herkunft und Biographie des Dorfschulzen Kniehase (69-76) und seiner Adoptivtochter Marie (76-83) oder in den Kapiteln über die Versuche Seidentopfs, auf archäologischem Weg eine mythobiologische Traditionslinie bis ins frühe Mittelalter zu ziehen (in »Prediger Seidentopf« [83-88] und »Der Wagen Odins« [95-101]).

Auch in jenen Abschnitten, die das Thema des nationalen Kampfes nicht zu berühren scheinen, ist er doch als Hintergrund gegenwärtig. So dient etwa der Besuch Lewins und Tubals in dem Oderbruch-Dorf »Kirch Göritz« (191-198) und bei »Doktor Faulstich« (198-206) der Abgrenzung. Faulstichs antinationaler Ästhetizismus und seine auf Inszenierung angelegte Lebensweise läuft auf die Mahnung hinaus, eine derartige gesinnungslose, von ferne an Heinrich Heine erinnernde Bohème-Existenz sei nutz- und freudlos. Faulstich gibt das selbst zu und appelliert damit an seine Besucher wie an die Leser, nicht in seine Spuren zu treten: »In dieser meiner Einsamkeit aber, deren friedlicher Schein Sie bestrickt, ist alles Widerspruch und Gegensatz. Was Ihnen Freiheit dünkt, ist Abhängigkeit; wohin ich blicke, Disharmonie...«[306]

Ebenso beziehen Textpassagen erbaulichen Inhalts, die augenscheinlich in keinerlei Beziehung zum Kampf um die Nation stehen, ihren Sinn erst aus der Bestimmung für die diskursive Kampfphase. Ein einprägsames Beispiel liefert die kurz auf »Kirch-Göritz« folgende Erzählung über die Bekehrung eines grönländischen Eskimos durch herrnhutische Missionare (»Von Kajarnak, dem Grönländer« [245-261]). Sie dient jenem Zweck, dem alle zur Aktion gehörenden Handlungen unterworfen sind: Sie soll den Zusammenhalt der Gruppe festigen, ihre Mitglieder stärker integrieren.

Der Inhalt dieser anscheinend unbedarften Geschichte, den Tante Schorlemmer, die herrnhutische Haushälterin im Hohen-Vietzer Herrenhaus, Lewins Schwester Renate erzählt, ist in dieser Hinsicht äußerst beredt. Das Mitglied eines Eskimostammes verfällt der Jenseitsverheißung des Evangeliums während einer Bibellesung, die im abgelegenen Gebetshaus einer Herrnhuter Missionsgemeinde an einem Küstenstrich Grönlands gehalten wird (257f). Mit ihrer transzendenten Heilsbotschaft bewirkt die christliche Lehre bei dem Ureinwohner den missionarisch beabsichtigten Loyalitätswechsel. Er löst sich von seiner angestammten, ethnisch durch Herkunft und Blut bestimmten Stammesgemeinschaft, um sich einer religiösen Gruppe, eben der Herrnhuter Gemeinde, anzuschließen (»Kajarnak erhielt den Namen Samuel« [258]). Das aber kann im Kontext des realistischen Weltbildes nur die fatale Lösung der natürlichen Zugehörigkeit zugunsten einer nur erworbenen und somit naturwidrigen bedeuten. Die Konsequenz bleibt nicht aus, der Bekehrte erkrankt an Lungenentzündung und stirbt. Seiner natürlichen Zugehörigkeit entfremdet, ist er auch der Natur seiner angestammten Umgebung nicht mehr gewachsen.

Zunächst dient diese Episode dazu, Lewins kränkelnde Schwester Renate zu erbauen. Doch wäre der *Sturm* kein Text des Realismus, schriebe er dem christlichen Rührstück eine ausschließlich für seine Figuren Renate und ihre Pflegemutter Tante Schorlemmer bestimmte Funktion zu. Renate ist ja von weltflüchtigen Neigungen und Realitätsangst beherrscht, die Kajarnak-Episode, so der Wink des Erzählers, mag also gerne ihren therapeutischen Zweck erfüllen.

Dem Tatmenschen indessen sagt die unmittelbare Aufeinanderfolge von christlichem Erweckungserlebnis, Krankheit und Tod noch etwas anderes: Sie beweist, dass eine pietistisch-sentimentale, innerlichkeitsorientierte Auffassung des Christentums handlungsunfähig macht, weil sie vom Boden der Tatsachen in die Transzendenz willensschwacher Schicksalsergebenheit führt. Das bedeutet den Verlust der Innenleitung und zieht einen Tod in seliger Selbstaufgabe einem Tod in heroischer Selbstbestimmung vor. Es liegt auf der Hand, dass eine solche Einstellung für die Zwecke des Realisten untauglich ist.

Tatsächlich also verfolgt dieses Kapitel eine scharfe theologische Differenzierung: Nur jene pragmatisch ausgenüchterte, sentimentalitätsfreie Fassung der christlichen Mythologie, die als Staatsreligion Preußens obrigkeitlich verordnet wurde, ist für die Aktion brauchbar. Damit ist der calvinistisch reformierte oder zumindest lutherische Protestantismus gemeint, dem nicht nur Berndt, der Dorfprediger, die Bauern und der Schulze anhängen, sondern auch der König, der für seine neurotische Steifheit bekannte Friederich Wilhelm III.

So offenbart die Geschichte vom pietistisch bekehrten Grönländer einen eindeutigen Zweck: Zunächst übt sie auf die empfindsame, mystischen Stimmungen aufgeschlossene Renate psychotherapeutische Wirkung aus. Gerade die Mischung aus missionarischem Eifer, kolonialer Tüchtigkeit und Gefühlsfrömmigkeit, die Schorlemmers Grönland-Episode ausströmt, mildert Renates neurotische Symptome: »Renate ergriff die Hand ihrer alten Freundin und sagte: ›Ach wie ich dir danke, liebe Schorlemmer. Es ist nun alle Furcht wie verflogen, und ich fühle mich, als hätt' ich nie von Spuk und Gespenstern gehört. Und nun will ich schlafen.‹« (260)

Diese Wirkung ist aber nur das Mittel zu einem weiter gesteckten Zweck, eben dem des nationalen Kampfes. Als Narkotikum für schreckhafte Seelen kann auch das sentimentale Element einer Religion der Aktion dienlich sein. Es schafft Ruhe im Haus, und dem Tatmenschen Berndt die dringend benötigte Bewegungsfreiheit. Das Kapitel »Von Kajarnak, dem Grönländer« zeigt mithin die wirklichkeitsnahe Einstellung des Realismus: Jedes Mittel ist recht, wenn es der nationalen Sache dient. Im *Kampf* lässt Dahn den römischen Tatmenschen Cethegus sagen: »Wer den Zweck will, muß das Mittel wollen.« (I,26) Und sei es herrnhutische Frömmigkeit.

Zoll um Zoll zirkelt der Erzähler den märkischen Boden ab, untersucht Schicht um Schicht der Gesellschaft Preußens auf ihre Tauglichkeit für die Aktion. Die von Fontane im *Sturm* beschriebenen Lebenskreise entsprechen genauen Grenzen zwischen Zugehörigkeit und Ausgeschlossenheit, Brauchbarkeit und Nichtbrauchbarkeit. Es geht in diesen nach außen hin so ruhigen Wanderungen durch Berlin und Brandenburg um die ideologische Vermessung, die Identifizierung und Traditionalisierung des Heimatbodens, der um so mehr Heimat und umso verteidigungswürdiger ist, je mehr Geschichte er trägt und je tiefer seine Bewohner mit ihm verwurzelt sind. Erst in zweiter Linie geht es darum, die Landschaft und ihren Reiz zu zeigen. Mögen aber selbst die Kiefern karg, die Ebenen öde sein – wenn sie mit preußischem Blut befruchtet wurden, stehen sie in der Blüte heimatlicher Erde.

Genau das ist das Modell, das Heimat als geopolitischen Raum begründet. Es ist nicht nur im *Sturm* etabliert, sondern zuvor schon in den *Wanderungen* vorgeprägt, deren Funktion als ideologischer Vermessung der historischen Mark Brandenburg umso deutlicher hervortritt, je eindringlicher Fontane auf wichtige Ereignisse hinweist. Das ist immer dann der Fall, wenn er auf die »Großtaten unserer Geschichte« zu sprechen kommt, wie etwa 1864 im Vorwort zur zweiten Auflage des ersten Bandes seiner *Wanderungen* mit dem Titel *Die Grafschaft Ruppin*.[307] Die Kenntnis entscheidender Schlachten verleiht dort der sperrigen Mark poetische Qualität: »...wer aber weiß, hier fiel *Froben*, hier wurde das Regiment Dalwigk in Stücke gehauen, dies ist das Schlachtfeld von *Fehrbellin*,[308] der wird sich aufrichten im Wagen und Luch und Heide plötzlich wie in wunderbarer Beleuchtung sehn.«[309]

Noch aber bewegt sich im *Sturm* die Handlung auf diskursiver Ebene. Doch schon dieser in den Figurenreden wie in den Aussagen des Erzählers geführte Diskurs ist kein informeller, sondern ein agonaler. Der Zweck steht von Anfang an fest, das Argument ist nur die Klinge im rhetorischen Kampf. Es geht nicht um Vermittlung von Wissen, sondern darum, eine Grenze zwischen zugehörig und nichtzugehörig in die soziale Landkarte zu schneiden. Es gilt, die eigene nationale Position ebenso wie die Position des Gegners zu bestimmen, um diesen Gegner erst mit Worten, dann mit Waffen zu bekämpfen. Zudem sollen die Zögerlichen, die durch Herkunft dazugehören aber zum Kampf noch nicht entschlossen sind, auf die eigene Seite gezogen – oder zu Gegnern gemacht werden. Und endlich sollen diejenigen, an deren nationaler Position kein Zweifel besteht, die aber in der Wahl der Mittel noch unentschieden sind, überzeugt werden, dass der schnellstmögliche bewaffnete Kampf ungeachtet seiner Illegitimität das wirksamste Mittel sei.

Nun gibt es zweifellos auch einen informellen Diskurs. Er gilt allerdings nur den eigenen Leuten und steht im Dienst des agonalen Diskurses. Naturgemäß verschwimmen die Grenzen beider und bilden einen einzigen Kampfdiskurs, der den Nationalisierungsprozess vorantreibt und ihn in seine heiße Phase führt. Dieser Prozess durchläuft verschiedene Etappen in unterschiedlichen Schärfegraden. Die Etappen überschneiden sich, doch lässt sich im Ganzen eine Reihenfolge ausmachen: Als erstes müssen die unentschiedenen Zauderer und Legitimisten, die eigentlich dazugehören, auf ihre Tauglichkeit geprüft werden. Sie sind von der größeren Wirksamkeit eines entschlossenen Vorgehens zu überzeugen. Dann ist der Feind im Innern zu bestimmen und abzuspalten, schließlich der Feind nach außen hin abzugrenzen, so dass das Profil des Freundes im Innern umso schärfer hervortritt. Das entspricht einem Handlungspragmatismus und einer Wahl der Mittel, die ganz dem Realismus der Epoche verpflichtet ist. Es ist strategisch sinnvoll, zuerst die eigene Gruppe zu stärken, um dann den Gegner anzugehen.

So stellt Fontane nicht von ungefähr eine Unterredung zwischen Berndt von Vitzewitz und seinem Sohn Lewin an den Anfang der Handlung. Berndt will seinen Sohn davon überzeugen, dass sofort und mit größter Härte zu handeln sei. Anschließend folgt die Sakralisierung von Nation und Kampf im Gottesdienst: Seidentopf, der Priester, führt den gleichen Diskurs wie Berndt zuvor mit Lewin, nur, dass seine Rede die Verbindung zum Heiligen knüpft und der ganzen Gemeinde gilt. Damit festigt die nationale Kerngruppe ihre Identität, erweitert sich, stärkt ihre Moral und erhöht so ihre Schlagkraft.

Betrachtet man also die Handlung von diesen ersten Kapiteln an bis zum Zeitpunkt unmittelbar vor der militärischen Phase der Aktion, von »Am Kamin« bis »Die Revue« (44-626) unter der Perspektive dieses nationalen Bildungsprozesses, so offenbaren sie fast sämtlich ihre Funktion als agonaler Diskurs. Sie sind die propagandistische Waffe im nationalen Kampf.


## Das »Rote Feld« der Heimaterde

Diese wie eine Fieberkurve ansteigende Phase der Identitätsbildung erreicht im Kapitel »In der Amts- und Gerichtsstube« (212-222) ihren ersten Höhepunkt. Darin versucht Berndt, den zögernden Dorfschulzen Kniehase für sein vaterländisches Unternehmen zu gewinnen. Nicht, dass am Patriotismus des Schulzen Zweifel bestünden. Er ist nur der Meinung, man müsse mit dem Sturm warten, bis er offiziell angeblasen werde.

Für den Schulzen von Hohen-Vietz ist der Kampf um Autonomie natürlich keine Frage, zumal er als »Pfälzer«[310] gut daran tut, besonderes

Engagement für die Heimat zu zeigen. Der Konflikt besteht in einem juristischen und moralischen Problem. Die Gewissensfrage lautet: mit königlichem Befehl oder auf eigene Faust. Berndts Haltung ist klar: »Also vorwärts! Und je eher, je lieber (…) Landsturm, Dorf bei Dorf.«« (215f) Der Schulze hingegen beharrt: »Es geht nicht ohne den König.« (216) Er begründet seine Haltung mit der von Gott gestifteten monarchischen Tradition: »Ich habe meinen Eid geschworen (…) um ihn zu halten, nicht, um ihn zu brechen (…) Die Obrigkeit ist von Gott«. (220)[311] Diesen beiden kulturellen Aspekten, einem theologischen und einem formaljuristischen, hält Berndt als natürliches Faktum die biologische, zugleich aber sakrale und hochemotionale Verbindung von Scholle, Bauer und Edelmann entgegen. Zunächst erinnert Berndt an einen Vorfall aus der jüngsten lokalen Geschichte, der unausweichlich bei seinem Gegenüber starke Gefühle wecken muss. Ein offenkundig unbescholtener Kämmerer eines in der Nähe gelegenen Dorfes war von französischen Besatzern erschossen worden. »Kniehase nickte. Er entsann sich des Hergangs, der damals alles mit Entsetzen erfüllt hatte.« (218)

Nun steigert Berndt die Wirkung seiner Erzählung, indem er beschreibt, wie er den Ort der Hinrichtung besucht:

Es war vor einem der Tore, eine Pappelallee und ein wüstes Feld daneben. Da schickt' ich das Kind wieder fort, das mich hinausbegleitet hatte, und als ich nun allein war, da warf ich mich nieder an den Hügel und riß eine handvoll Erde heraus und hob sie gen Himmel. Und mein Herz war voller Haß und voller Liebe. Da hab' ich zum *anderen*mal erfahren, was Erde ist, Heimaterde. Es muß Blut drin sein. Und überall hier herum ist mit Blut gedüngt worden; bei Kundersdorf ist eine Stelle, die sie das ›Rote Feld‹ nennen. Und das alles soll preisgegeben werden, weil ein König nicht stark genug ist, sich schwacher Ratgeber zu erwehren? Nein Kniehase, *mit* dem König, solange es geht, *ohne* ihn, wenn es sein muß. (218)

Die Vereinigung von Blut und Erde begründet, das hat schon der Bund im *Kampf um Rom* erwiesen, Heimat im emphatischen Sinne. Sie besitzt stärkere Relevanz als kulturelle Größen wie etwa Wort oder Vertrag.[312] Folglich ist auch der König, erster Diener seiner Heimat, im Zweifelsfall noch eher zum Kampf verpflichtet als der Untertan. Versagt die Führung, so tritt die Autonomie des königstreuen, aber selbstbewussten Individuums in Kraft, sei es Adel, Bürger oder Bauer. Berndt zu Kniehase:»Und um Haus und Hof willen soll er jetzt die Waffe in die Hand nehmen.« (217) Eine Revolution ist erlaubt und aus Gründen des gemeinsamen Wohls und der nationalen Verantwortung des Einzelnen sogar gefordert, wenn die Elite das nationale Interesse nicht hinreichend verfolgt.

Doch überzeugt wird der Legitimist Kniehase erst, nachdem Konrektor Othegraven aus Frankfurt/Oder eingreift. Dieser theologisch geschulte Protestant, ein Oberlehrer, bei dem die Prinzipien die Phantasie ersetzten, argumentiert radikal liberal, also leistungsethisch und etatistisch. Er verlangt Tat wie individuelle Autonomie und bindet beides in die Verantwortung des Einzelnen für das Ganze ein: Das Ganze stehe als Prinzip höher als der König, der ja diesem Prinzip selbst unterworfen sei. Othegraven verlangt die Insubordination des selbstverantwortlichen Individuums aus dem Geist bürgerlichen Herrschaftsverständnisses.»Sehen Sie sich um«, beschwört der Theologe den Schulzen,»das Ganze versagt den Dienst; überall fast ist es der einzelne, der es wagt.« (221)

Erst beide Argumentationsstrategien zusammen, die völkisch ausgerichtete Berndts und die leistungsethisch-etatistische Othegravens, erbringen den Erfolg. In ihnen ist das Ensemble der Merkmale gebündelt, die individuelle und nationale Identität vollends begründen: Herkunft aus dem Stamm, biologische Verbindung mit dem Heimatboden, gemeinsame Geschichte und Kultur, eigenverantwortliche Leistungsethik, Tatkraft, Innenleitung, Dienst am Ganzen vor Eigenwohl. Dieses argumentative Streu-Geschoß, in dessen sprachlichem Mantel die als natürlich geltenden Grundelemente einer Nation mit ihren kulturellen Ausformungen zu einer brisanten Ladung gemischt sind, muss zwangsläufig den Widerstand des Quasi-Fremden und Wahl-Preußen Kniehase brechen. Wenn auch der Erzähler jede Gelegenheit nutzt, dessen Tüchtigkeit, Tatkraft und Willensstärke zu preisen, fehlt dem *Pfälzer* doch eine Winzigkeit noch zum Preußen: die blutsmäßige Verbindung mit der märkischen Erde, die ihm nur ein Feldzug bringen kann. Die Gelegenheit, den ideologischen *missing link* zu schließen, winkt mit Berndts Plan, im Oderbruch den Landsturm zu entfesseln.

Den loyalen Schulzen für den eigenmächtigen Landsturm zu gewinnen, muss auch im ureigenen Interesse des Junkers liegen. Dass er überhaupt gezwungen ist, den Schulzen mit derart großem rhetorischem Aufwand zum Freischärler zu machen, rückt ja wieder die Funktionskrise des Landadels ins Bild, der seine Vorrechte zugunsten der monarchischen Zentralmacht mehr und mehr beschränkt sieht. Der Junker kann nicht mehr schlicht befehlen. Die Bauernbefreiung im Zuge der preußischen Reformen hat seine Stellung geschwächt. Auch brachte die aus der städtischen Intelligenz strömende Nationalbewegung dem Landadel Machtverluste. In den Jahren nach 1800 ruht auch in Deutschland das universalistische Gottesgnadentum nicht mehr sicher in der Selbstverständlichkeit des christlichen Weltgefüges. So bedarf der Junker der Schützenhilfe des bürgerlichen Intellektuellen, er ist auf dessen Know How angewiesen. Der Erzähler lässt daran wenig Zweifel, wenn er den Einstellungswandel des Schulzen schildert:

> Kniehase war jetzt aufgestanden. Er streckte Berndt seine Hand entgegen. ›Gnädiger Herr, ich glaube, der Konrektor hat es getroffen. Sich entscheiden ist schwerer als gehorchen. Ich *habe* mich entschieden. Wir machen uns fertig hier herum, und wir schlagen los, ohne nach ›ja‹ oder ›nein‹ zu fragen. Denn fragen macht Verlegenheit. (221)

Berndt gibt zur Antwort:»Das dank' ich *Ihnen*, Othegraven (…), ich allein hätte meinen Schulzen nicht bezwungen.« Nun aber ist die aus Bürgertum und Landadel, aus Dorfbevölkerung und städtischer Intelligenz gebildete nationale Befreiungsfront geschlossen.

Noch aber bleibt jener Teil der Aristokratie, der dem überholten vorrevolutionären Prinzip der Adels- und Klerikernation anhängt und in den alten Kategorien des Gottesgnadentums denkt, auch wenn sich einzelne seiner Angehörigen in atheistisch-revolutionären Attitüden gefallen. Es bleibt der Kreis um Amelie. Und es bleibt die politisch-militärische Elite, es bleibt der König selbst.

*Aide-toi même et le ciel t'aidera:*
*Abgrenzung und Einbindung*

Im rhetorischen Schlagabtausch Berndts mit seiner frankophilen Schwester Amelie, der an Silvester 1812 genau zwei Tage nach dem Gespräch mit Kniehase gehalten wird, blitzt der agonale Diskurs unter der gesellschaftlichen Etikette noch schärfer hervor.[313] So dient beider Wortwechsel über den nationalen Wert von Schillers *Wilhelm Tell* im Gegensatz zum aufgeführten *Guillaume Tell* von Lemierre nicht dazu, mit Argumenten für die

Sache der nationalen Revolution zu gewinnen. Das wäre bei Amelies vornationaler Einstellung auch nicht möglich. Vielmehr soll mit der Sprengkraft aggressiver Rhetorik eine klare Grenze zum Gegner gezogen werden, um die Identität der eigenen Gruppe zu festigen. Das Duell, gleichzeitig Stellvertreterkampf des patriotischen Preußen gegen den französischen Eindringling, endet dann auch mit einem totalen Sieg Berndts.[314] Schon wenige Tage zuvor hatte Berndt mit seiner Schilderung einer Berliner Visite Friedrichs II. seine Schwester in die Schranken gewiesen und sich ihren Unmut zugezogen.[315] Wenn Amelie bald nach diesen Streitgesprächen stirbt und mit ihrem Tod »Schloß Guse« als provinzielle Inszenierung einer überlebten Rokokowelt zerfällt, so ist das ein Signal dafür, dass allmählich die physische, die heiße Phase der Aktion anbricht. In ihrem Verlauf verschwinden jene Personen, Gruppen und Räume vom heimatlichen Boden, die dort nicht angestammt sind und ihre Lebenswelt zugleich an Frankreich ausgerichtet haben. Bemerkenswert an der makabren Geste, mit der Fontane die Gräfin entfernt, ist vor allem der hinter dem Geschehen verborgene Gedanke: Die schwarzgekleidete und abergläubische Amelie wurde genau in jenem Augenblick das Opfer ihres eigenen Spiegelbildes, als sie zu Bett gehen wollte. So schafft sich der alte unpatriotische, in den Mustern des *anción regime* befangene Adel mit Hilfe seiner narzisstischen Selbstinszenierung selbst ab. Die dekadente Welt geht an ihrer eigenen Dekadenz zugrunde.

In dieser Gleichzeitigkeit von Abgrenzung nach außen und Integration nach innen, also einer ideologischen, sozialen und kulturellen Vereinheitlichung mittels eines diskursiven Waffengangs, werden schließlich auch jene Mitglieder des Guser Kreises auf die Seite der nationalen Sache gezogen, die ihre Brauchbarkeit erweisen. Dank Berndts Beredsamkeit zeigt sich »Hauptmann von Rutze (…) seinen auf rücksichtsloses Vorgehen gerichteten Plänen geneigt«. Der anfangs unentschlossene Graf Drosselstein wird unter dem Einfluss der junkerlichen Rede »anderen Sinnes (…) und hatte schließlich nicht nur einer allgemeinen Volksbewaffnung, sondern auch, wenn kein regelrechter Krieg erklärt werden sollte, dem Plane eines auf eigene Hand zu führenden Volkskrieges zugestimmt.« (212) Endlich auch lässt sich der Generalmajor a.D. Bamme rekrutieren. Zwar schildert ihn der Erzähler als einen Mann von zweifelhafter Moral und bedenklichen Motiven: »Ohne Grundsätze und Ideale, war sein hervorstechendster Zug das Spielerbedürfnis; er lebte von Aufregungen.«

(287) Doch bleiben Bammes Motive sekundär, solange die Forderung nach Gesinnung, Tatkraft und Entschlossenheit erfüllt ist. Der Generalmajor, »soldatisch vom Wirbel bis zur Zeh« (151), zudem stolz auf seinen altmärkischen Adel – »*wir* waren *vor* den Hohenzollern da« (287) –, ist mit diesen Eigenschaften für den Volkskrieg fast unabdingbar. Man sieht an dieser nicht unwichtigen Nebenfigur: Sobald die heilige Sache der Nation auf dem Spiel steht, vergibt der Realismus im Einzelfall auch schwere charakterliche Mängel und stellt Zweckmäßigkeit über Moral. Selbst sexuelle Verfehlungen werden dann geduldet, sofern sie noch als Sünden jugendlicher Leichtfertigkeit zu verbuchen sind. So heißt es über Bamme: »Seine eigene Jugend war hingewüstet worden...« (150)

Wie Dahns altrömischer Held Cethegus, so gewinnt auch Fontanes Bamme neuen Lebenssinn, sobald er sich mit der nationalen Aufgabe konfrontiert sieht. Ohne zu zögern opfert er sein hedonistisches Dasein der nationalen Sache. Am denkwürdigen Silvesterabend bekennt er Berndt: »Es kann uns den Kopf kosten; aber ich für mein Teil finde den Einsatz nicht zu hoch. Ich bin der Ihre, Vitzewitz.« (288)

Diese prompte Zusage muss auf den ersten Blick überraschen, nicht anders als die Bereitschaft von Drosselstein und Hauptmann Rutze, sich am Landsturm zu beteiligen. Immerhin gehören diese Drei zum Kreis um Amelie auf Schloss Guse, dem wirklichkeitsfernen Ort, dem Sammelpunkt des abgehalfterten, die Zeit in tatenloser Selbstbespiegelung vertändelnden Adels. Sobald aber der rührige Junker ihnen eine neue Aufgabe als Freiheitskämpfer anbietet, vollzieht sich an den übersättigten Pensionären der gleiche seelische Wandel wie schon bei Berndt selbst: Sie treten wieder in den Raum der Aktion ein, kehren damit aus einem reduzierten in ein gesteigertes Leben zurück. Das bedeutet Regeneration, Genesung. So gleicht die individuelle Biographie dem Lauf der nationalen Geschichte.

Und auch im Fall dieses altadligen Trios Bamme, Rutze, Drosselstein, das auf dem gesellschaftspolitischen Abstellgleis gestanden hatte, wird das biologistische Fundament erkennbar, auf das sowohl die Lebensläufe wie alle Geschichtsläufte gestellt sind. Denn die Regeneration der schon Degenerierten bedarf nicht nur der neuen Aufgabe. Voraussetzung ist auch, dass die betreffenden Herren sich noch hinreichender Gesundheit erfreuen. Weder die biologische noch die seelische Substanz darf angegriffen sein. Über ein gewisses Mindestmaß an *elan vital* müssen sie noch verfügen, sonst wäre die Aufgabe nicht zu erfüllen, die Genesung bliebe aus. Dies zu zeigen ist der Sinn der Hinweise auf die Gesundheit, die Fontane gibt. Vor allem Bamme scheint unverwüstlich, der säbelbeinige Mann steht so knorrig im Leben wie die Kiefern im sandigen Boden Brandenburgs.[316] Auch Jahre gesundheitsschädlichen Nichtstuns und Wohllebens haben seine Konstitution nicht angegriffen – ein echter Preuße eben. Die Rekrutierung der altadligen Drei offenbart Fontanes Absicht: vom Adel retten, was zu retten ist.

»Ich bin der Ihre, Vitzewitz« – die kalte Aktion läuft sich warm und findet ihren nächsten Höhepunkt in Berndts Audienz beim Prinzen Ferdinand.[317] Wenn er auch an der Position dieses Vertreters des politischen Establishments scheitern muss, so kann ihn seine Niederlage doch nur in seinem Vorhaben bestärken. Sie bestätigt den Handlungsbedarf. So kann sich der Wille zur eigenmächtigen Tat weiter entfalten. Unmittelbar nach dem Gespräch mit Prinz Ferdinand bemerkt Berndt gegenüber Geheimrat Ladalinski: »Es ist eine Torheit, auf die Fehler oder Nachsicht eines Gegners rechnen zu wollen, wenn man die Macht in der Hand hat, ihm die Gesetze vorzuschreiben. Die Hände in den Schoß legen, heißt ebenso oft Gott versuchen, als Gott vertrauen. Aide-toi même et le ciel t'aidera«« (309)

Von nun an verschärft sich der Diskurs erneut. Er zentriert sich auf den Kreis der Handelnden und wird nun informell. Zusehends müssen solche Mitteilungen weitergereicht werden, die der Aktion dienen, ihrer ideellen wie logistischen Vorbereitung. Dazu gehören Berichte über die fortschreitende Auflösung der napoleonischen Armee und die wachsende Sturmbereitschaft der Landbevölkerung.[318] Knapp drei Wochen nach Silvester kann Berndt dem wieder in Berlin weilenden Lewin per Brief mitteilen, »unsere Organisation ist beendet«, und dem Sohn eine genaue »Ordre de bataille« des von ihm gemeinsam mit Drosselstein und Bamme (»er ist Feuer und Flamme«) aufgestellten Landsturmbataillon Lebus senden.[319]

Diese Vorbereitungen unterstützt der Erzähler mit einer Parallelaktion in Berlin. Lewin hört Anfang Januar »Im Kolleg« (366-74) Fichtes patriotische Rede anlässlich der *autonomen Tat* General Yorks. Sie endet mit dem appellativen Satz: »Vor allem tun wir, was der tapfere General tat, d.h. *entscheiden* wir uns.« (371)

Am Abend desselben Tages trifft sich in Lewins Wohnung nahe am Berliner Hausvogteiplatz die literarische Gesellschaft Kastalia zu ihrer Sitzung. Unter den zehn Teilnehmern sind die Hälfte Militärs, vier davon preußische Offiziere – eine klare Referenz Fontanes an die Berliner Dichtervereinigung *Tunnel über der Spree*, der auch der Gardeoffizier Bernhard von Lepel angehörte, ein Freund des Autors.[320] Gerade bei dieser Tagung der Kastalia ist das Militär ungewöhnlich stark präsent. Die deklamierte Heldenballade *General Seydlitz* erntet Ovationen (383f). Der schneidige Hymnus auf den begabten Reitergeneral des Alten Fritz stammt natürlich aus Fontanes Feder, der das Gedicht, der dritte Teil seiner *Seydlitz* genannten Trilogie, 1847 im *Tunnel* vorgetragen hatte.[321]

Eine Woche und zwei Kapitel nach der Kastalia-Sitzung finden sich Lewin von Vitzewitz und die beteiligten preußischen Offiziere zu einem Dejeuner bei Rittmeister von Jürgaß ein. Auch der Dichter Hansen-Grell, den Fontane zum Verfasser seiner eigenen *Seydlitz*-Ballade gemacht hat, nimmt teil. In dieser fast völlig auf die Militärs verkleinerten Kastalia-Runde liest einer der Offiziere, von Meerheimb, seinen Augenzeugenbericht der Schlacht bei Borodino vor. Fontane widmet dieser Schlachtbeschreibung ein eigenständiges, »Borodino« betiteltes Kapitel (419-429). In ihm entsteht der Eindruck, als hätten die Preußischen Regimenter allein diese Schlacht zwischen Napoleons Invasionsheer und der russischen Verteidigung gewonnen. Tatsächlich aber waren die Verluste der napoleonischen Armee doppelt so hoch wie die der russischen. Dieser Aderlass leitete den Untergang Napoleons ein. Fontane aber, der gerade seine Bücher über die drei Einigungskriege verfasst hatte, lässt Meerheimb seinen Bericht mit den Worten schließen:»Wir waren nur noch ein Trümmerhaufen... aber in unsere Standarten durften wir den Namen schreiben: *Borodino*!« (429) Zweifellos ein Beispiel preußischen Heldenmuts, das sich glänzend als Vorbild für den anbrechenden Sturm eignet.

Gut zwei Wochen später ereignet sich ein scheinbar rein privater Vorfall. Kathinka, Lewins Versprochene und Tochter des Geheimrats Ladalinski,[322] brennt mit ihrem polnischen Geliebten Graf Bninski durch. Die Nachricht trifft den empfindsamen Junkersohn wie ein Fausthieb:»Das Blatt entfiel seiner Hand, während er selber auf das Sofa zurücksank.« (488) Lewin hastet aus seiner Wohnung und läuft Kilometer weit durch die kalte Spätjanuarnacht[323] Richtung Hohen-Vietz. »Er wollte rufen, schreien, aber er brachte keinen Ton hervor. Und so lief er, bis ihm die letzten Kräfte versagten und er lautlos inmitten des Weges niederstürzte.« (492) Lewins psychischer und körperlicher Zusammenbruch aber erweist sich als heilsam. Die Hitze des tagelangen Fiebers schmilzt gleichsam den

Mann aus ihm heraus. Als er erwacht, ist er nicht mehr derselbe. Er ist reifer, härter geworden. Er geht von nun an den Weg des Tatmenschen, der er sein muss, will er im Leben bestehen.³²⁴ Das Trauma erweist sich damit als Voraussetzung für Lewins Brauchbarkeit zur Aktion. Der Persönlichkeitswandel bildet ein entscheidendes Moment im ideologischen Programm. Nicht zufällig hält sich Lewin in den Wochen zwischen Jahreswechsel und Ende Januar zum letzten Mal in Berlin auf. Die endgültige Rückkehr ins Haus der Väter bereitet sich vor, ein Leben als Gutsherr, Familienvater, tätiger Mann. Aus dem Träumer wird ein Realist. Diese Entwicklung kündigt zugleich den Übergang von der diskursiven zur heißen Phase der Aktion an. Die Lage wird ernst. Das zweite einschneidende Initiationserlebnis steht bevor: der Krieg.

*Das Licht am Ende der Finsternis*

Die Dinge entwickeln sich schnell. Als Anfang Februar der von seiner »Nervenüberreizung« (498f) genesene Lewin nach Hohen-Vietz zurückkehrt, wird das Schloss zum Hauptquartier erhoben, Bamme zum Freischaren-General reaktiviert und der kriegserprobte Rittmeister Hirschfeldt zu dessen »Aide-de-camp«, Generaladjutanten, erklärt. (553-63) Alles drängt zum Losschlagen, »und wenn wir recta gegen ›Bastion Brandenburg‹ (...) anstürmen sollten« (559), wie Berndt markig erklärt. Da bietet sich endlich die ersehnte Gelegenheit: In Frankfurt/Oder hat sich ein Franzosen-General mit zwei schwachen Regimentern, »keine zweitausend Mann«, einquartiert, im Tross fünfzig Kanonen. (584) Berndt jubelt: »...unter allen Umständen, wir dürfen diesen Vogel nicht wieder aus den Händen lassen, auch nicht auf die Gefahr hin, daß er uns kratzt und beißt«. (586) Schnell ist »Der Plan auf Frankfurt« (583-88) gefasst, im Hause Vitzewitz verströmt alles »Leben und Bewegung« (590).

Leben und Bewegung – diese Wörter werden später zu Schlüsselbegriffen vitalistischen und lebensphilosophischen Denkens. *Das Leben* meint die von Reflexion ungebrochene Äußerung vitaler Urtriebe. Im Zusammenhang mit dem gesteigerten Lebensgefühl, das die Vorbereitungen zu diesem vaterländischen Krieg begleitet, laden sich diese Begriffe schon in Fontanes Roman erkennbar mit dieser Bedeutung auf. Wie Dahn weist Fontane auch damit den Weg in die klassische Moderne und lenkt den

Blick auf ihren charismatischen Magier, auf Ernst Jünger: »Bewegung muß da sein und Drang nach Bewegung...«[325]

Kein Zufall also, wenn nun im Aufflammen archaischer Empfindungen der Priester wieder auf den Plan tritt. Kann es noch verwundern, dass auch das Wetter, also die Natur selbst, mit ihm und seinem Wollen im Bunde ist?

> Es war ein schöner Tag; alles sah hell aus, und dieser Eindruck wuchs noch, als die lichte[!] Gestalt unseres Seidentopf auf der Kanzel erschien. Der Gesang schwieg, und nur die Orgeltöne klangen noch leise nach, während alles sich neigte, um, dem Vorgange des Geistlichen folgend, ein stilles Gebet zu sprechen. Nun aber ging es wieder *wie Leben* [Hervorh. v. Verf.] durch die Versammlung, aller Köpfe richteten sich auf, und Seidentopf, mit der Rechten sein langes, weißes Haar zurückstreichend... (591)

... Seidentopf, plötzlich hünenhaft wie ein Prophet des Alten Bundes, donnert von der Kanzel seinen Aufruf:

> ›Der Tag, den wir ersehnt haben, ist gekommen. Vor Wochen und Monaten schon, als Gott auf den russischen Schlachtfeldern sein Zeichen gab, als edle und tapfere Heerführer, den Schein des Ungehorsams nicht fürchtend, im wahrhaften Sinn und Geist unseres Königs zu handeln und den ersten entscheidenden Schritt zur Abwerfung eines uns unerträglich gewordenen Joches zu tun wagten, schon damals wußten wir, daß dieser ersehnte Tag kommen werde (...) Nun ist er angebrochen. Der Übergang von der Knechtschaft in die Freiheit bereitet sich vor.‹ (591f)

Es muss um den 10. Februar 1813 sein, als Fontane den brandenburgischen Landpastor also predigen lässt. Eine Woche zuvor war der Erlass Friedrich Wilhelms ergangen, der zur Bildung freiwilliger Jägercorps aufruft.[326] Diesen historischen Erlass flicht Seidentopf nun in seine Predigt ein. Seine Kanzelrede ist der nächste entscheidende Schritt im Prozess der Regründung des nationalen Staates und in der Vorbereitung der heißen Aktion. Sie schafft erneut juristisch, moralisch und ideologisch die Verbindung zwischen König und Volk, Elite und Mehrheit. Ihrer politischen Bedeutung gemäß hebt der Erzähler hervor: »Besonders waren es die Worte, die von der Vaterlandsliebe und der in Zeiten der Gefahr immer am lebhaftesten bewährten Anhänglichkeit an den König sprachen, denen die Versammlung mit sichtlicher Bewegung folgte.« (592)

Der Gottesdienst erfüllt eine Bedingung, die als unverzichtbar für die selbstbestimmte Nation galt: Er heiligt diese Nation, indem er sie symbolisch in einer metaphysischen Macht, in Gott, verankert. Dieser Akt umgibt auch jeden Angehörigen dieser Nation mit dem Schimmer des Sakralen und hebt ihn über sich selbst und seine physische Existenz hinaus. Als Gegenleistung wird allerdings erwartet, sich zu opfern, wenn es die Existenz der Nation verlangt.[327] In der Hohen-Vietzer Kirche wiederholt sich, was bereits beim ersten Gottesdienst am Anfang der Geschichte vollzogen wurde und was auch bei Dahn die Handlung eröffnet: die Schöpfung der Nation aus dem Geist der Herkunft und des Heiligen. Stand am Beginn des *Sturm* die Neugründung nach einer langen Zeit des Zerfalls, so gilt es nun, diese Gründung zu bekräftigen und die werdende Nation auf eine neue Stufe ihrer Entwicklung zu heben.

Diese Steigerung besteht darin, der nationalen Geschichte, wie es für den Nationalismus charakteristisch ist, eine heilsgeschichtliche Dimension einzuziehen. Seidentopf löst diese Aufgabe mit brillanter Rhetorik. Kein Wunder: Es sind die Worte keines Geringeren als des Philosophen Friedrich Schleiermacher, gesprochen am 28. März 1813 in der Berliner Dreifaltigkeitskirche, die Fontane seinem schlichten Dorfpastor in den Mund legt. Noch nie, sagt Seidentopf, habe der König solch intensiven Gleichklang erleben dürfen,»das Gefühl einer reinen und vollkommenen Übereinstimmung mit seines Volkes Wunsch. Ein heiliger Krieg ist es, der beginnt, ein Krieg voll *Hoffnung auf innerliche Befreiung...*« (592). Der urchristliche Zusammenhang von Schuld, Reue, Buße, Erlösung und Auferstehung soll die heilsgeschichtliche Überhöhung offenbaren.

Zweifellos steigert es die Dramatik, wenn Fontane nun Schleiermachers Worte, von Seitentopf gesprochen, in indirekter Rede wiedergibt:

> Unter eines großen Königs Regiment hätten wir rasch den Gipfel des Ruhmes erklommen, eines Ruhmes, der uns hochfahrend, sorglos und bequem gemacht habe. Unredlicher Gewinn habe zum Überfluß unser Gebiet vergrößert, bis die Hälfte unseres Landes aus fremdem Volk bestanden habe, derart, daß wir kaum noch gewußt hätten, ob wir Deutsche seien oder nicht. (592)

Das ist als nationale Propagandarede hinreißend: Völkische Einheit ist ebenso gefordert wie die Deckung von Nation und Staatsgebiet. Beides wiederum, insinuiert die Rede, sei von Gott gewollt. So wird der völkische Nationalstaat gleichermaßen in der Natur wie im Jenseits verankert, folglich seiner irdischen Vergänglichkeit enthoben. Fontane wusste, was er tat, als er Schleichermachers epochalen Text für Seidentopfs Predigt auswählte.

Der expansionistischen Gier, der Hoffart der Macht, der Sünde der Vielvölkerei, denen sich Preußen in den Jahren vor seiner Niederlage schuldig gemacht hatte, sei verdiente Strafe gefolgt:

> Eine Flut von Eitelkeit und Verschwendung habe die mühsamen Werke besserer Jahre zerstört, bis es endlich über uns hereingebrochen sei und der Herr, um mit den Worten des Propheten zu sprechen, ›wider uns geredet habe‹, als gegen ein Volk, das er ausrotten, zerbrechen und verderben wolle. Ein zermalmendes Kriegsunglück, das noch in unser aller Gedächtnis sei, habe uns schließlich von unserer falschen Höhe in den Abgrund geworfen.
> Hier machte Seidentopf eine Pause. (593)

Dass Fontane seinen Priester an diesem dramaturgischen Höhepunkt innehalten lässt, offenbart einmal mehr die wirkungsästhetische Absicht des Autors. Wie die Gemeinde in der Kirche soll der Leser, als Mitglied der großen Gemeinde der Nation, in Spannung gehalten und auf den nächsten, Neubeginn ankündigenden Abschnitt vorbereitet werden – die Literatur des Realismus vermag in der Tat ihren Illusionsraum geschlossen zu halten, wissend, dass nur so der Leser atemlos folgen wird. Illusionsbrechende Reflexion schwächte nur die Wirkung.

Während also ein Umberto Eco sich an diesem Punkt in nervtötenden Betrachtungen über den dramaturgischen Effekt von Seidentopfs Kunstpause erginge, durfte Fontane noch rückhaltlos diesen Effekt auskosten. Er lässt seinen Prediger fortfahren:

> Dann aber, sich vorbeugend, fuhr er [Seidentopf] mit gehobener Stimme fort: ›Ein zermalmendes Kriegsunglück, sagte ich. Aber schlimmer als dieser Krieg war der Frieden, der folgte. Ich rede nicht von der äußerlichen Not, die er mit sich führte, ich rede von der traurigen Gewöhnung, die er schuf, *das Unwürdige zu dulden.* Eine Gewöhnung, die so weit ging, daß in vielen Gemütern (nicht in den euern, meine Freunde)

der Wunsch und die Hoffnung auf einen bessern und würdigeren Zustand verloren ging. In vielen war nur noch der Gedanke lebendig, wie man sich dem fremden Joch am bequemsten fügen könne. Andere aber, die noch die Hoffnung auf eine bessere Zeit nicht aufgeben wollten, worin gefielen sie sich, in was suchten sie die Rettung? In *Lug* und *Trug*. Ihr Tun wurde Heuchelei, und um die drohendste Gefahr zu vermeiden, zeigten sie Freundschaft und baten um solche, wo sie doch nur verachten und verabscheuen konnten. Jene Schamlosigkeit war da, die um des Lebens willen jeden edleren *Zweck* des Lebens hintenansetzt oder vergißt (...) Das waren die zurückliegenden Tage unserer Gefangenschaft; aber danken wir dem Herrn: ein *neuer Tag* ist da.‹ (593)

Der Priester beschwört suggestiv einen vorgeblich organischen Zusammenhang zwischen politischen und jahreszeitlich-kosmischen Abläufen, die selbst wieder göttlichen Ursprung haben. Unüberhörbar ist die Anspielung auf den Schöpfungsbericht im Ersten Buch Mose: »Und Gott sprach: Es werde Licht! Und es ward Licht. Und Gott sah, daß das Licht gut war. Da schied Gott das Licht von der Finsternis und nannte das Licht Tag und die Finsternis Nacht.«[328] Die Nation wird aus Gottes Willen neu geboren.

Auch die für jede nationale Identität notwendige Scheidung in Freund und Feind, Fremd und Eigen, Gut und Böse, ist in der Tag-Metapher enthalten. Der Finsternis französischer Fremdherrschaft – das Reich des Bösen lag damals noch jenseits des Rheins – folgt das Licht der nationalstaatlichen Autonomie Preußens.

Seidentopf schließt folgerichtig mit dem Appell, aus dem von Gott und der Natur gewollten Wandel die Konsequenz zu ziehen. Jeder Einzelne sei zum Kampf gerufen:

Im Gegensatz zu Jahrzehnten, wo der Übermut des Soldaten den Mut für etwas ihm ausschließlich Zuständiges gehalten habe, sei der Mut jetzt die Pflicht jedes einzelnen geworden. Und diesen Mut würden auch *sie* zu betätigen haben, jede Stunde könne sie rufen, und käme sie, so sollten sie sich derselben würdig zeigen. Andächtig war die Gemeinde gefolgt. (594)

Der märkische Pastor fordert, was schon die französische Revolution vom demokratischen Nationalstaat, den sie zur bestimmenden geschichtlichen

Ordnungsmacht erhob, verlangte: Das Volksheer sei Garant der staatlichen Macht nach außen und innen, der Volkskrieg Mittel der Identitätsstiftung nach innen und Abgrenzung nach Außen.

In Seidentopfs Appell an »die Wehrhaftigkeit des Volkes« als »Gewähr besserer Zeiten« (594), in seiner gesamten, die Nation als ethnische und kulturelle Schicksalsgemeinschaft bestimmenden Predigt offenbart sich der historische Umbruch, der im Zuge der napoleonischen Eroberungen und des folgenden Befreiungskrieges Preußen und Deutschland erfasst. Die Ideen von 1789, die eine Epochenschwelle zur modernen Welt der Nationalstaaten setzen, indem sie das Volk »zum Subjekt der Politik, zur Trägerin der Macht«[329] erheben, entfalten in Preußen ihre Kraft und richten sich gegen ihre Urheber. Fontanes Schilderung des nationalen Erwachens in Preußen, aus dem sich der moderne, ethnisch gestützte Begriff des Nationalstaats herausformt, bildet trotz aller Anachronismen diesen Prozess treffend ab, die Begeisterung für Volk und Nation eingeschlossen.

Wie in Wirklichkeit die Worte Schleiermachers, so verfehlt auch Seidentopfs Predigt in Fontanes Fiktion nicht ihre Wirkung: »Andächtig war die Gemeinde gefolgt« (594). Bald kann sich die Gemeinde bewähren.

Noch während Seidentopf die Aktion diskursiv vorantreibt, bereitet Berndt sie militärisch vor. Der aus Berndt, Bamme, dem Offizier Hirschfeldt und dem jungen Intellektuellen Hansen Grell, somit aus Adel, Militär und bürgerlicher Intelligenz zusammengesetzte Generalstab begibt sich um den 10. Februar 1913 herum auf »Rekognoszierungsfahrt« (599-612). Auf dieser Tour nach Frankfurt nehmen sie das künftige Schlachtfeld in Augenschein, um den Angriffsplan so wirklichkeitsnah wie möglich zu entwickeln.

Der Geländeinspektion folgt am Abend desselben Tages ein letztes *briefing* im Hauptquartier. »Wen trifft es« (612-17), heißt ahnungsvoll dieses Kapitel, in dessen bald nachdenklichen, bald munteren Dialogen den nun doch klamm werdenden Seelen die Panzer mannhafter Entschlossenheit umgelegt werden. Jede laut geäußerte Kritik erschiene nun wie Verrat.

Das nächste Kapitel beginnt mit einer fast verdächtig lebhaften Aussicht, die für düstere Vorahnungen keinen Raum lässt: »Und nun kam der Tag, an dem es sich entscheiden sollte.« (618) Dieser Tag, der 11. Februar, ist sicher nicht zufällig ein Montag. Alle Beteiligten sind von einer erwartungsvollen Betriebsamkeit erfüllt, die sie ganz in den Sog ihres militärischen Ziels reißt. Bamme, noch wenige Tage zuvor Hedonist, erhebt sich in »aller Frühe« aus dem Bett (618) und lässt seinen Adjutanten Hirschfeldt rufen, der unverzüglich mit der »ordre du jour« (618) in die umliegenden Dörfer reitet. Dort befiehlt er die rekrutierten Landsturmbataillone zur »Revue«, wie das Kapitel heißt. Dahn hätte es Heerschau genannt. Dieser Aufmarsch der Landsturmbataillone signalisiert Beteiligten wie Lesern endlich das nahe Ende der Worte. Die diskursive Phase läuft aus, um ganz Tat zu werden. Auch gibt diese Revue noch einmal Einblick in die Zusammenhänge von *Ethnogenese*[330] und Traditionsstiftung. Sei es, dass die entstehende Nation sich ihre passende Historie erfindet, sei es, dass sie an die überlieferte Geschichte anknüpft und sie ihren Zwecken anverwandelt.

In dieser Absicht lässt Fontane seine vier Landsturmbataillone in streng militärischer Ordnung aufmarschieren und sich zum »Karree« formieren (623). Auch der auf einer roten Fuchsstute in Hurasenmantel und Pelzmütze reitende Bamme hält auf tadellose Form: »Der alte General salutierte, ritt die Fronten ab und nahm dann seine Stellung inmitten des Karrees, von seiner Suite und mehreren der Barnimschen Fahnenträger umgeben.« (625) Das Salutieren, die Suite des Generals, das Antreten in disziplinierter Ordnung – Fontane legt Wert auf den Eindruck, es handle sich bei den Freicorps um reguläre Truppen. Der säbelbeinige Märker Bamme beschwört in seiner Feldherrnrede keinen Geringeren als den Geist des größten Feldherrn und Staatsmanns Preußens: »Leute! In Frankfurt sind fünfzig Kanonen und bloß zweitausend Franzosen (…) Wir wollen sie überrumpeln; wollt ihr?‹ – ›Ja, Herr General!‹« (625) Das hatte Bamme auch nicht anders erwartet:

›Denn was sagte der Alte Fritz? ›Wenn ich Soldaten sehen will‹, sagte er, ›so seh' ich das Regiment Itzenplitz.‹ Und das andere Mal sagte er: ›Wenn ich Soldaten sehen will, so seh' ich das Regiment Markgraf Karl.‹ Ja, Leute, so sagte der Alte Fritz. Habt ihr verstanden, was ich meine?‹

›Ja, Herr General.‹

›Regiment Itzenplitz und Regiment Markgraf Karl, wo waren sie zu Hause?‹

›Hier, Herr General.‹

›Richtig, hier in Barnim und Lebus.‹ (625f)

Schließlich zieht General Bamme als geschickter Redner den magischen Bannkreis, der die Nachkommen auch im Hinblick auf Tugend und Leistung mit den Ahnen verknüpft: »Kerls, sollen wir schlechter sein, als unsere Väter waren? Sollen wir, wenn uns der Alte Fritz ansieht, die Augen niederschlagen?‹ – ›Nein, nein!‹« (626) Und nun folgt Kapitel 72: »Der Aufbruch« (627-32). Und dann folgt: »Der Überfall« (632-48).

## Ermächtigung:
## Die Lizenz zum Handeln

Es ist kaum zu übersehen, dass der Initiator dieser vaterländischen Aktion, Berndt von Vitzewitz, dem angerufenen Schutzherrn Preußens gleicht. Friedrich gibt das Muster vor, dem Berndt seinen Anlagen gemäß nachfolgt. Erklärtermaßen ist der Große König Berndts Vorbild. Tatkraft, Entschlossenheit, Mut und Glaube an die Sache sind auch dringend nötig. Fraglos bedarf es jenes moralischen Rigorismus, den schon Thomas Mann seiner Friedrich-Figur zuschreibt, um eine Aktion durchzuführen, wie Berndt sie im Sinn hat. Es kommt hier jener altpreußische Charakter, jene Gesinnung zum Tragen, die Fontane immer an Preußens Adel bewunderte.

Allerdings lässt sich jede Sache auch von ihrer anderen Seite her betrachten. Und aus dieser Perspektive könnte Berndt auch als Kriegstreiber und nationaler Fanatiker gesehen werden. Ein kleiner *warlord*, der den Tod des Konrektors Othegraven, des Dichters Hansen Grell und schließlich Tubals zu verantworten hat. Damit aber würde man heutige Werte auf den Text übertragen. So, wie Vitzewitzens Aktion heute beurteilt würde, hat Fontane sie gewiss nicht gesehen.

In seiner Auffassung ist der im Desaster endende Überfall auf Frankfurt gerade nicht sinnlos. Im Gegenteil, die Aktion ist notwendig, ihr Sinn liegt in der Rettung der Ehre. Damit nicht genug: Sie gibt den Beteiligten ein Gefühl von Handlungsfreiheit zurück. Ihr psychologischer Wert ist, aus diesem Blickwinkel gesehen, nicht zu überschätzen. Wäre die Aktion unterblieben, hätten die Akteure gewartet, bis die Geschichte selbst, ohne ihr Zutun, die Lage bereinigt hätte, hätte das die Preisgabe jeder *Ermächtigungsoption* bedeutet. Und das hätte geheißen, das Handeln überpersönlichen Instanzen zu überlassen, Napoleon oder dem Schicksal. Der Verzicht auf die Tat wäre eine Form der Selbstaufgabe gewesen. Genau dies mitzu-teilen ist die Funktion dieses scheinbar sinnlosen Überfalls auf die fran-zösische Garnison, dies und nichts anderes. Er verwirklicht das Ethos der unbedingten Tat, das Gründerzeit und klassische Moderne beherrschte.

Diese Funktion beglaubigt Fontane zudem durch ein Beispiel aus der allerjüngsten Nationalgeschichte: der eigenmächtigen Aktion Gene-ral Yorks, der es wagte, gegen die geltenden politischen Richtlinien ein Bündnis mit der russischen Armee zu schließen. Nicht von ungefähr flicht der Erzähler die Nachricht dieses historischen Ereignisses an dem Punkt ein (»Soiree und Ball«, 362-366), als Berndt von Vitzewitz bereits voll-auf mit den Vorbereitungen seiner eigenen Aktion beschäftigt ist. Yorks eigenmächtiges Handeln, das später auch der Priester als beispielgebend hervorhebt, rettet die Selbstachtung des gedemütigten Preußen und führt das Land gleichsam zu sich selbst zurück. »Denn unser Tun und Lassen«, ließ Fontane seinen junkerlichen Helden den Prinzen Ferdinand belehren, als der die offizielle Linie des Abwartens verteidigte, »bestimmt unser Los, und andere werden kommen, die dem, der so willfährig die Schleppe trug, eine neue Kette schmieden.« (309) In diesen Worten liegt die ganze natio-nal gebundene Handlungsethik des Textes.

Nur so erklärt sich, weshalb Berndt seine Aktion gegen die fremde Macht unabhängig von Kräfteverhältnis und Erfolgsaussicht durchführen *muss*. Die Tat allein kann das Ich als autonomie- und handlungsfähiges Subjekt retten.

Die Verluste, die das verlorene Scharmützel kostet, zählen zu den Be-dingungen der folgenden Neuordnung. Im Grunde ist die Aktion ein Sieg. Davon wird im letzten Kapitel noch die Rede sein.


Diskurs-Krieger:
das Wort im *Kampf*


Die Handlung in Felix Dahns Roman hat denselben Sinn wie die Hand-lung in Fontanes Roman. Beide besitzen trotz stilistischer und darstellungs-technischer Unterschiede die gleiche formale Struktur, und es wäre leicht, Dahns Handlung in der gleichen Weise zu beschreiben. Das ersparen wir uns und lassen es damit bewenden, die Analogie an einigen Kulminationspunkten festzumachen. Dabei allerdings wird ein gradueller Unterschied sichtbar: Im *Kampf* überschneiden sich diskursive und heiße Phase der Aktion weit stärker. Die Austauschbarkeit von Wort und Waffe wird deutlicher. Dahn, unbestritten, ist martialischer als sein Berliner Kollege. Eine prinzipielle Gemeinsamkeit zeigte sich bereits in der Anfangssequenz des *Kampf um Rom*, mit der die Aktion beginnt. Gleich am Anfang wird die Nation neu gegründet, damit erreicht die Aktion auch schon ihren ersten Höhepunkt. Kurz nach jener nächtlichen Verschwörung stirbt Theoderich der Große, seine Tochter Amalaswintha übernimmt anstelle ihres noch unmündigen Sohnes Athalarich die Regierung. Doch Athalarich erkennt, nicht zuletzt beeinflusst von den neuen Nationalisten, bei aller Bewunderung des kulturellen Erbes Italiens die politische Notwendigkeit einer straffen Renationalisierung seiner »deutschen« Untertanen. Der Enkel Theoderichs weiß, was er dem Reichsgründer schuldig ist. Entschlossen nimmt er das Szepter in die Hand.

*Semantische Identität:*
*das Wort ist Waffe, die Waffe Wort*

»Wenige Tage darauf«, berichtet der Erzähler, »wurde der Hof durch einen neuen Schritt des jungen Königs zur Selbstständigkeit überrascht: er selbst berief den Rat der Regentschaft, ein Recht, das bisher nur Amalaswintha geübt.« (I,110) In diesem eigenmächtig einberufenen Kronrat tritt bereits der agonale Zweck des Diskurses unverhohlen hervor. Sein Ziel, die eigene Identität zu stärken und die Grenze zu den Unterworfenen klarer zu ziehen, also die Assimilation rückgängig zu machen, wird vom ersten Augenblick an klar. Athalarich eröffnet die Versammlung mit entschlossenem Gestus: »Wir haben euch hierher beschieden, euch unsern Willen kundzutun. Es drohten diesem Reiche Gefahren, die nur wir, der König dieses Reiches, abwenden konnten.« (I,111)

Der Erzähler bestätigt mit Befriedigung: »Solche Sprache hatte man aus diesem Munde noch nicht vernommen. Alle schwiegen betroffen…« (I,111) Als Cassiodor, der ehemalige theologische Berater Theoderichs, zu einer Erwiderung ansetzt, wird er energisch zurückgewiesen: »Mein getreuer Diener Cassiodor schweigt, bis sein Herr und König ihn um Rat befragt.« (I,111) Schroff kritisiert Athalarich den Kurs Amalaswinthas: »Wir sind schlecht zufrieden, sehr schlecht, mit dem, was die Räte unsrer königlichen Mutter bisher getan haben und nicht getan. Es ist höchste Zeit, daß wir selbst zum Rechten sehen.« (I,111) Die Wirkung zeigt sich: »Alles schwieg. Niemand hatte Lust, nach Cassiodors Beispiel zu reden und dann zu verstummen.« (I,111)

Der Erzähler sieht in Athalarichs Handlungsweise ein Zeichen der beginnenden Regeneration, der Rückkehr zur Handlungsfähigkeit. So weist er darauf hin, Amalaswintha habe »diese plötzliche Energie ihres Sohnes gleichsam betäubt« (I,111). Und als dieser ankündigt, eine Versammlung des gesamten Volksheeres anberaumt zu haben, das ihn nach traditionellem Gesetz mündig sprechen soll, heißt es: »Alle Römer waren ratlos und wie betäubt von der plötzlich entfalteten Kraft des jungen Königs.« (I,112) Was Dahn hier schildert, ist die gleiche Entfaltung des Willens zur Macht wie sie sich im *Sturm* gezeigt hat.

Dieser Machtwille ist unverzichtbare Bedingung der Ethnogenese und nationalen Gründung. Die Wortwahl zeigt auch an, dass es für diesen Willen zur Macht starker vitaler Antriebe bedarf. Beides ist, siehe auch Fontane, geradezu synonym: Energie ist Wille zur Macht, nietzscheanisches *Leben*; und der Diskurs die Waffe, den Willen an sein Ziel zu bringen.

Selbst das sakrale Moment, die Verankerung in einer metaphysischen Gewalt durch die Figur des Priesters, ist in der beschriebenen nationbildenden Szene angedeutet. Als Amalaswintha einzuwenden wagt, er, Athalarich, sei noch zu schwach, um für waffenreif, also für eine mündige und autonome Persönlichkeit erklärt zu werden, lässt Dahn nicht zufällig Hildebrand, der am Anfang den völkischen Bund heiligte, als arbiter virtutis auftreten: »Ich bin sein Waffenmeister gewesen: ich sage dir, er kann sich messen mit jedem Feind: und wen der alte Hildebrand wehrfähig spricht, der gilt dafür bei allen Goten.‹ Lauter Beifall der anwesenden Goten bestätigte sein Wort.« (I,114)

Dann nimmt der Diskurs die Schärfe eines Prozesses an. Athalarich ruft Teja als Zeugen der Anklage gegen den römischen Stadtpräfekten Cethegus auf, der einer nationalrömischen Verschwörung verdächtigt wird: »Ich, Teja, des Tagila Sohn, klage dich an, Cethegus Cäsarius, des Hochverrats an diesem Reich der Goten.« Er wolle, fährt Teja fort, »dies Land dem Kaiser in Byzanz unterwerfen« (I,115). Der Verdacht ist hinreichend begründet. Die Anklage weist ein verschlüsseltes Geheimdokument vor, das im Mantel eines in Cethegus' Haus versteckten Römers gefunden wurde. Dieser, Albinus, war noch zu Theoderichs Lebzeiten als mutmaßlicher Verräter verbannt worden. Auf dem Schriftstück ist unter anderen auch

Cethegus' Name verzeichnet. Das alles wäre nichts als ein Stück kolportagehafter Intrige, würde nicht genau dieses Stück den Verlauf der ganzen weiteren Geschichte vorzeichnen: die Einmündung des agonalen Diskurses in die physische Aktion als unabdingbares Mittel im Kampf um Nation und Staat.

Cethegus pariert Tejas Angriff mit nicht geringerer Überzeugungskraft: Er spricht dem Zeugen der Anklage aufgrund seiner semiinzestuösen Herkunft die Eidfähigkeit ab: »Er ist nicht unbescholten: Seine Eltern lebten in nichtiger, blutschänderischer Ehe: sie waren Geschwisterkinder, die Kirche hat ihr Zusammensein verflucht und seine Frucht: er ist ein Bastard und kann nicht zeugen gegen mich, einen edlen Römer senatorischen Ranges.«« (I,116) Das Duell eskaliert: »Tejas blasses Antlitz wurde noch bleicher. Er zuckte. Seine Rechte fuhr ans Schwert.«

In der folgenden Äußerung des Beleidigten ist schließlich der kämpferische Zweck des Diskurses, die Funktion des Wortes als Waffe und die Austauschbarkeit beider, offen benannt: »So vertret' ich mein Wort mit dem Schwert...« (I,116) Die Spanne bis zu diesem Punkt beträgt tatsächlich nicht mehr viel, wenn der Kampf auch im Moment noch diskursiv bleibt: »Geduld‹, sprach Teja und stieß das Schwert leise in die Scheide zurück. ›Geduld, mein Schwert. Es kommt dein Tag.‹ Aber die Römer im Saale atmeten auf.« (I,117)

In diesem Kronrat geschieht Ähnliches wie in der nationalen Verschwörung zu Beginn: das Wort schafft Identität. Der Gegner im Innern (Amalaswintha) und Äußern (Cethegus) wird bestimmt, gegen die eigene Gruppe abgegrenzt und angegriffen. Das ist der erste Schritt in der (Neu-) Gründung der Nation, auf die ihre Mitglieder dann verpflichtet werden. Das Wort wird zur Waffe und führt den Kampf in die heiße Phase. Selbst das Opfer ist angedeutet.

So folgt der Gründungs-Aktion des Anfangs, in der sich bereits die Aufeinanderfolge von agonalem Diskurs und heißer Aktion erkennen ließ, eine lange Reihe solcher agonaler Diskurse und Aktionen. In ihnen bekämpfen die nationalen Revolutionäre programmgemäß die fremdorientierten Gegner in den eigenen Reihen, reintegrieren die Brauchbaren unter den Abweichlern, schalten den Feind im Inneren, das heißt die byzantinophilen Gruppen und die geheim agierenden römischen Nationalisten, aus, und suchen sich schließlich gegen die von außen drohende Übermacht Byzanz zu schützen. Im Verlauf des nach Theoderichs Tod entbrannten Machtkampfs festigt die nationale Revolution ihre Position. Der Erzähler, er führt seinen Text nicht umsonst als eigene diskursive Waffe, wendet sich zwischendurch mit resümierenden Kommentaren an den Leser:»Wir haben gesehen, wie es diesen Männern gelungen war, Athalarich zur Abschüttelung der Oberleitung seiner Mutter zu verhelfen. Jetzt gelang es ihnen leicht, unter den Goten immer mehr Anhang zu finden...« (I,143) Dieser Prozess ethnischer und ideologischer Homogenisierung gipfelt zunächst in der Beseitigung des Gegners im Innern: Die byzantinophilen, nach Athalarischs Tod aufgrund des dynastischen Prinzips eingesetzten Machthaber werden in einem revolutionären Akt abgesetzt und schließlich getötet. Wie im Preußen Fontanes ist im germanisch-deutschen Staat die *Insubordination* erste Bürgerpflicht, sobald die regierende Elite aus Unfähigkeit oder sogar bewusst gegen das nationale Wohl handelt, die politische Selbstbestimmung gefährdet oder nicht in der Lage ist, sie wiederherzustellen. Dahn pflegt lediglich eine dramatischere Spielart dieses Modells. Sein amalisches Königshaus ist in einem weit fortgeschritteneren Stadium des Verfalls als die Hohenzollern im *Sturm*. Das letzte amalische Herrscherpaar betreibt nicht nur eine ruinöse Appeasementpolitik, es versucht gar, die Nation an Byzanz zu verkaufen. Diesem Materialismus entsprechend repräsentiert es den Fall nicht mehr regenerierbarer Degenerierung: Die Lebenskraft des Geschlechts hat sich erschöpft. Es ist Geschichte geworden.

Die beseitigte Elite muss durch geeignete Herrscher ersetzt werden, die Regierungsform selbst bleibt erhalten. So kehren die Goten zu ihrem ursprünglichen Wahlkönigtum zurück: Der Herrscher wird von der Volksversammlung bestimmt, in der alle Wahlberechtigten, die männlichen,»gemeinfreien« und waffenfähigen Angehörigen des Volkes, den, der ihnen als Tüchtigster gilt, in freier und öffentlicher Wahl zum König ausrufen. Die Schilderung dieser Volksversammlung, die das von Theoderich eingeführte dynastische Prinzip aufhebt, gerät Dahn zu einem Manifest der konstitutionellen Monarchie.[331] Dahns liberal-bürgerliches Erbe setzt sich in dieser Betonung des antidynastischen und konstitutionellen Elements um.


*Feindesliebe:*
*der Nutzen des westlichen Dschingis Khan*


Mit der Rückkehr zum Volkskönigtum ist die erste Phase der Renaturalisierung der unter Theoderichs Herrschaft degenerierten Goten abgeschlossen. Die nationale Gemeinschaft ist nun ethnisch und kulturell relativ einheitlich. An diesem Punkt schlägt der diskursive Kampf gegen den inneren Gegner in die physische Aktion um. Derjenige, der den flüchtigen »Schandkönig« Theodahad »wie ein Opfertier: mit drei Streichen« tötet (I,447), ist bezeichnenderweise der zu körperlichen und intellektuellen Höchstleistungen befähigte Teja.

Zum ersten Mal tritt der Heros, der emphatische Tatmensch in Erscheinung. In seiner Eigenschaft als Terminator ersetzt er die biologische Zeugung durch den Akt des Tötens und schafft durch die Beseitigung des Heterogenen die Voraussetzungen zur Rückkehr in einen Zustand, der Dahn wie seinen Protagonisten als ursprünglicher, natürlicher gilt. Wie beim Auftakt der Aktion, dem Bluteid, macht er sich durch die – im übrigen durch Gerichtsurteil legitimierte – Bluttat zu einem der maßgebenden Mitbegründer der angestrebten neu-alten, völkisch orientierten Identität.

Sie ist, auch da ist der Autor ganz einer Meinung mit seinen die Rolle der Sympathieträger bekleidenden Hauptfiguren, zu diesem Zeitpunkt nötiger als je seit dem vehementen Einbruch der Krise. Schon hat mit der Landung des Generals Belisars in Süditalien die erste oströmische Invasion begonnen. Die in der byzantinischen Kriegserklärung ihren Kulminationspunkt erreichende diskursive Aktionsphase ist damit im Inneren wie Äußeren beendet, und mit ihr die Zeit des Friedens, den Theoderich geschaffen hatte.

Dass Dahn jene »Volksversammlung«, eine Art germanisch romantisierter Paulskirche, in der die Goten zu ihrem alten Wahlkönigtum zurückkehren, zeitlich mit dem Beginn der oströmischen Italien-Operation zusammenfallen lässt, verfolgt offensichtlich den Zweck, zu zeigen, dass der politische Gegner für den nationalen Bildungsprozess unverzichtbar ist. Er beschleunigt diese Entwicklung wie ein Katalysator.

»Die Vorstellung von einem Feind«, erklärt der Staatstheoretiker Eugen Lemberg, »einem bösen, feindlichen Prinzip wirkt auf jede Gruppe als Bindekraft.« Nicht zuletzt deshalb sei dem Krieg bei der Bildung nationaler Verbände stets die Rolle eines gewaltigen Triebwerks zugesprochen worden: »Sein Mythos bindet und verpflichtet. Das eigene Heldentum kann aber nur am Kampf gegen einen Feind bewiesen werden. Je mächtiger, je gefährlicher, je böser er ist, umso notwendiger der Zusammenschluß gegen ihn, um so verdienstvoller der Widerstand, der Kampf und der Sieg.«[332]

Wie schildert doch Fontane im *Sturm* die Reaktion seiner Lieblingsfigur Berndt von Vitzewitz, als Napoleon auf dem Weg nach Osten durch das brandenburgische Küstrin zieht? Er, Berndt von Vitzewitz, habe seine damals elf und sechzehn Jahre alten Kinder Renate und Lewin nach der alten Oderfestung geführt und sie am Müncheberger Tor postiert, um ihnen den Dämon zu zeigen, die Geißel, den Würger, den »aus dem Westen kommenden Dschingis-khan«. »Und als dieser nun unter dem gewölbten Portal hin in die stille Stadt einritt und das gelbe Wachsgesicht wie ein unheimlicher Lichtpunkt zwischen dem Bug des Pferdes und dem tief in die Stirn gerückten Hute sichtbar wurde, da schob er die Kinder in die vorderste Reihe und rief ihnen vernehmlich zu: ›Seht scharf hin, das ist der *Böseste* auf Erden.‹« (30f) Es kann also nur verdienstvoll und ehrenhaft sein, ihn zu bekämpfen. So offenbart diese Äußerung einmal mehr das zwingende psychologische Motiv, das Berndt zu seinem kleinen Feldzug nach Frankfurt/Oder drängt.

Beide Romane verknüpfen die einzelnen Taten ihrer Leitfiguren zu einer sinnvollen Serie. Sie bilden im Grunde eine einzige große Tat ab, die nationale, aus diskursiver und militärischer Phase bestehende Aktion. Unbestritten freilich setzen Dahn und Fontane die Akzente anders: Während der Berliner Romancier einen langen agonalen Diskurs in einem einzigen kurzen Kampf explodieren lässt, um danach den Befreiungskrieg nur noch zu erwähnen, verzahnt der dichtende Akademiker von Anfang an Diskurs mit heißer Aktion und lässt sehr bald jenen Krieg beginnen, aus dem seine Erzählung zum größeren Teil besteht. Das, in der Tat, gibt ihm Gelegenheit zu panoramatischen Schlachtbeschreibungen, auf die ein Abenteuerroman dieser Zeit so wenig verzichten konnte wie später Hollywoods große Toga- und Sandalen-Epen. Gewiss auch schimmert in Dahns Breitwandbildern dessen Begeisterung für Wolframs *Wilehalm*, für das *Nibelungenlied* wie überhaupt für martialische Aufzüge durch. Auch eigene Erfahrungen auf dem Schlachtfeld von Sedan lieferten ihm Stoff. Genau damit zeigt sich Dahn als realistischer Autor in einem emphatischen Sinn.

Fontane hingegen beschränkt seine Erzählung auf die östliche Mark Brandenburg und ihrer gesellschaftlichen Kreise. Nicht zuletzt in dieser Begrenzung auf einen regionalen Raum, auf die Heimat, liegt der formale und kompositorische Unterschied zum *Kampf um Rom*. Eine solche Stiftung des umfriedeten Territoriums ist bei Dahn schon durch die Wahl seines Geschichtstheaters nicht möglich. Zweifellos legt er den Akzent auf den völkischen Charakter der Nation, Fontane spricht schon durch die Wahl des Schauplatzes kulturellen Prägungen größere Bedeutung zu.

Bei Dahn scheint das Territorium zunächst zweitrangig zu sein, dann aber zeigt sich dessen grundlegende Funktion: Es wird Ausgangspunkt einer germanischen Wiederkunft, die auch die Möglichkeit territorialer Expansion birgt.

Bevor wir indessen die den Kriegen folgende politische Neuordnung schildern, sind noch zwei Themenfelder abzustecken: die Funktion der Form, der Sprache, des Tonfalls; und zweitens jene Haltung, die überhaupt Voraussetzung der Aktion und damit Bedingung der geschilderten Abläufe ist: das Modell *emphatischer Männlichkeit*.

## Reden und Handeln: zur Wirkungsästhetik des Realismus

Fünf Jahre nach der Reichsgründung, 1876, war *Ein Kampf um Rom* erschienen, *Vor dem Sturm* sieben Jahre danach. Der damalige Leser mag sich mit Recht gefragt haben, ob der geschilderte nationalistische Aktionismus eine Folge der Lehre gewesen sein könnte, die Bismarck seinen Zeitgenossen gab.

Sicherlich hat der epochale Erfolg des preußischen Ministerpräsidenten die Begeisterung seiner Zeitgenossen für Volk und nationale Aktion befeuert. Damit dürfte Bismarck auch indirekt auf Inhalt und Tonfall der gründerzeitlichen Literatur eingewirkt haben.

Gestiftet aber hat er deren aktionistischen Gestus keinesfalls. Es ließe sich am Beispiel der beiden wichtigsten Gründertexte des Realismus, Gustav Freytags *Soll und Haben* und Victor Scheffels *Ekkehard*, nachweisen, dass der literarische Diskurs lange vor der Reichsgründung identitätsstiftender Aktionsdiskurs ist. In den Jahren zwischen den Einigungskriegen und dem Erscheinen unserer gründerzeitlichen Romane verschärfte sich lediglich ein Denken, dessen Linien bereits in den 1850er Jahren gezogen wurden.

Schon der damals ungemein populäre Viktor Scheffel, als gebürtiger Karlsruher heute nur noch in Baden-Württemberg verehrt, hatte die Aktionsideologie des Realismus ausgeformt und sie stilbildend in eine typische *Wirkungsästhetik* gekleidet.

So lässt der Dichter der beliebten und in Prachtausgaben von Anton von Werner üppig illustrierten *Gaudeamus-Lieder* den Titelhelden seines Mittelalter-Romans *Ekkehard*, einen jungen Mönch, ein germanisches (sprich: deutsches) Heldenepos verfassen, das *Walthari-Lied*. Scheffel erwähnt diese Dichtung aber nicht nur, er fügt das Werk seines schreibenden Mönchs ganz in seinen Roman ein. Der Effekt: Scheffels Roman, der den siegreichen Kampf der Schwaben – sie stehen auch allgemein für die Deutschen – gegen räuberische Hunnen schildert, erzählt nicht nur von diesem heroischen Akt nationaler Selbstbehauptung, er führt zugleich einen Text ein, der von einem heroischen Akt nationaler Selbstbehauptung erzählt. Der heroische Text im heroischen Text unterstreicht die Botschaft. Die Wirkung des *Ekkehard* potenziert sich. Das zumindest lag in der Absicht seines Autors.

## Leidenschaft und Action:
## Väter der populären Kunst

Schon *Ekkehard* zeigt, dass die Aktionsideologie von der realistischen Ästhetik, der Form des bürgerlichen Romans zwischen 1850 und etwa 1890, nicht zu trennen ist. Der Aufbau unserer Beispielromane, vom sprachlichen Gestus über Dramaturgie, Wortwahl bis zu den Dialogen, ist auf Wirkung bedacht. Auch Fontane wollte den Leser bezaubern, gewinnen, erheben, nicht aber ihn aus seiner Illusion reißen, um ihn mit Hinterfragungen seines Weltbildes zu langweilen.

Sein Roman selbst ist also das, was er schildert, nationale Aktion. Wie es Dahns, Scheffels und Gustav Freytags Romane und viele andere des bürgerlichen Realismus sind. Gerade an dieser Literatur bewahrheitet sich das alte semiologische Gesetz, die Textgestalt schon bringe Bedeutung hervor, die Form selbst sei also ihr Inhalt, oder, frei übersetzt: *the medium is the message.*

Um Wirkung zu erzeugen, das weiß nicht erst die BILD-Zeitung, musste der Leser emotionalisiert, als erstes im Herzen, im Unbewussten berührt werden. Dann erst lässt sich effektiv Information vermitteln.

So ist denn auch Fontanes *Sturm* trotz seiner umschweifenden kulturgeschichtlichen Spaziergänge nicht eigentlich langwierig, selbst wenn dem Herausgeber der Literaturzeitschrift NEUE RUNDSCHAU, dem Verleger Julius Rodenberg, die Lektüre zur Qual geworden war. Auch andere zeitgenössische, Fontane freundschaftlich gesonnene Leser wie Paul Heyse bemängelten den Mangel an Spannung: »Mir ist des Historischen, Anekdotischen, Kulturfarbigen zuviel, gegenüber dem eigentlich Geschehenden«, schrieb Heyse an seinen und Fontanes Verleger, Wilhelm Hertz, und fügte an, »du weißt, daß ich kein Spannungsfanatiker bin...«. Aber Fontane komme doch allzu zäh zu einem Ende, das dann allerdings »sehr herzbewegend« sei.[333]

Auch dieser Roman, gemütvoll bis heimelig, folgt einer Spannungsdramaturgie. Er verfolgt einen klar gesetzten Zielpunkt, auf den die Handlung von Anfang an zustrebt, auch wenn der Erzähler lange in ruhigen Mäandern durch Geschichte und Landschaft des östlichen Brandenburg gleitet.[334]

Ein wirksames Mittel, Gefühle wachzurufen und Spannung zu erzeugen, liegt in der mählichen Dynamisierung des Geschehens. Diesem Prinzip gehorchen *Kampf* und *Sturm* in je eigener Art. Fontane lässt sich Zeit, um erst im letzten Fünftel, etwa zum Zeitpunkt der Abreise Kathinkas, das Tempo zu steigern. Dann aber folgen die Ereignisse rasch aufeinander: Kathinkas Flucht, Lewins Zusammenbruch und Genesung, der Tod Tante Amelies, Vorbereitungen zum Landsturm, Sammlung der Freicorps, Angriff und Kampf, Hinrichtung des Konrektors Othegraven, Lewins Gefangenschaft und Befreiung, Tubals Tod, Verlobung Lewins und Maries, Lewins Aufbruch in den Krieg, Rückkehr als Held, Heirat, Kinder – *happy end.*

Diesem Prinzip der Steigerung folgt Felix Dahn auf, wenn man so will, konventionellere Weise, indem er jeden größeren Handlungsabschnitt auf einen Höhepunkt zulaufen lässt, insgesamt aber das Tempo steigert und den Umfang der Aktion ausweitet bis zum *Showdown:* Verschwörung der gotischen Nationalisten als Paukenschlag am Anfang, Gegenverschwörung der römischen Nationalbewegung, Theoderichs Tod; Amalaswinthas antinationaler Kurs, Erstarken des gotischen Nationalismus, Machterweiterung der römischen Nationalisten, Brutalisierung der Mittel, Ermordung des Thronfolgers; entscheidender Machtgewinn der gotischen Nationalisten, Königssturz und Königswahl; Invasion Ostroms, Eroberung Neapels, Vormarsch der Invasionstruppen, Diadochenkampf bei den Goten, Bürgerkrieg, Einigung, Sturm auf Rom, Niederlage, Zusammenbruch, oströmische Hegemonie; nationale Befreiung, Wiederaufstieg, neue Invasion Ostroms, Endkampf, Heldendämmerung; und dann: Rettung, Rückkehr, Neubeginn – *happy end.*

Man erkennt an dieser auf Steigerung angelegten Struktur – bei Dahn gewiss deutlicher als bei Fontane – auch die Dramatisierung der Handlung und des historischen Stoffes. Nach Exposition, Entwicklung und Schürzung der Handlungsstränge kommen Peripetie und Katastrophe, der indessen ein hoffnungsvoller Ausblick folgt: die Weltgeschichte als Drama, tragisch, spannend, sinnerfüllt und auf einen Endpunkt zustrebend. Das weckt Leidenschaften, Anteilnahme, das Bedürfnis, sich mit den Helden wie den im Mittelpunkt stehenden Nationen, den Germanen, Preußen, Deutschen, zu identifizieren.

Das gilt besonders für jene von Dahn eingesetzten Mittel, die heute als kitschig gelten, der theatralische Ton, die erhabene Wortwahl, das Pathos. All das soll erheben, mitreißen und dient nicht zuletzt dazu, den Prozess des nationalen Werdens in den Schimmer des Heiligen zu tauchen. Auch die panoramatischen Szenarien, die langen Schwenks über Landschaften und Heeres-Staffelungen, die Verfolgungsjagden, die Ausbrüche von Wut und Hass, die minutiösen Schlachtbeschreibungen sollen für das Beschriebene begeistern. Mit seinen montageartigen Perspektivenwechseln, die oft kurze Sequenzen zu einer schlüssigen Handlungskette verknüpfen, lässt Dahn an die Ästhetik des Actionfilms denken.[335] Gerade jene darstellerischen Mittel, die als trivial oder kolportagehaft germanistischer Kritik verfallen, erweisen sich als Vorformen der populären Kunst im 20. Jahrhundert.

In gewisser Hinsicht ist es nicht falsch, auch im *Sturm* eine Erzähltechnik auszumachen, die filmische Techniken und solche der modernen Literatur vorwegnimmt. Aufschlussreich ist abermals das leicht irritierte Urteil des mit allen ästhetischen Mitteln seiner Zeit vertrauten Paul Heyse: »Aber die Stärke unseres Freundes im chronikhaften Detail, die Liebe zur Scholle, zu jedem Sandkorn dieser Scholle, hat meines Erachtens auf die Gestaltung des Ganzen mehr als gut war, ihren zerstückelnden, zerbröckelnden Einfluß geübt.«[336] Paul Heyse, der repräsentative Literat seiner Epoche, dessen »großes Talent«[337] auch Fontane rühmte, konnte nicht wissen, dass er mit diesem Urteil seinen Freund und Kollegen zum Pionier einer Erzählweise ausrief, wie sie das neue deutsche Kino nach den Sechziger Jahren prägen sollte: scheinbar diskontinuierlich, dehnt sie die Zeit endlos, als wolle sie die Ontologie hinter den Dingen sichtbar machen. Wim Wenders hat diese Ästhetik zum ikonographischen Kern seiner Bildersprache ausgefeilt. Auch die Fontaneforschung hat natürlich die Prämodernität seiner Erzähltechnik bemerkt, allerdings den falschen Schluss gezogen, Geschichte werde so »ihres eigenen Haltepunkts« beraubt.[338]

Wie zu sehen war, ist das Gegenteil der Fall. Hinter einer fast impressionistisch wirkenden Oberfläche zeichnet sich der einende Volksgeist ab, und am Ende einer sinnvollen Ereigniskette winkt der neue monarchische Nationalstaat.

## Semiologische Rabulistik
## oder der Taschenspielertrick der Dichter

Nach allem, was wir am Beispiel dieser Romane über das ästhetische Programm realistischer Literatur in Erfahrung gebracht haben, können wir resümieren: Alle Kunst und Literatur, alle Philosophie, Theologie, Geschichtsschreibung, kurz, alle sprachlichen und bildhaften Zeichen und Zeichensysteme, die eine sich als Nation begreifende Gesellschaft hervorbringt, sollen bewusstseins- und ideologiebildend wirken. Genau dieses Kunstprogramm des bürgerlichen Realismus hat Jahrzehnte nach dem Untergang des klassischen Bürgertums in radikalisierter Form Ästhetik und Funktion der sozialistischen Literatur der DDR bestimmt. Sie wurden von den Autoren selbst im sogenannten *Bitterfelder Weg* festgelegt.

Um bewusstseins- und ideologiebildend wirken zu können, muss sich die realistische Kunst und Literatur einerseits auf nationale Gründungs- und Stiftungsmythen wie auf geschichtliche Ereignisse und Figuren beziehen, die als national gelten können. Andererseits sollen alle zur Nation gezählten gesellschaftlichen und politischen Bereiche wie Familie, Dorf, Handwerk, Industrie, Wirtschaft, Verkehr, Verwaltung, gesetzgebende und rechtsprechende Körperschaften verherrlicht und hochrangige Werte wie Treue, Ehrlichkeit, Tapferkeit, Leistungsbereitschaft, Gemeinschaftssinn und Opferbereitschaft als gemeinsame Eigenschaften diesem nationalen Verband zugeschrieben werden. Schließlich darf der Autor auch fremde, außerhalb der Nationalgeschichte liegen Figuren, Ereignisse und Epochen heranziehen, wenn sie sich als Vorbilder eignen und zur eignen Aktion anregen. Ein Cäsar, ein Alexander, ein Juda Makkabi, ein Moses ist immer erlaubt.

Ob Figuren und Ereignisse historisch oder mythologisch sind, ist nicht wesentlich. Ein Schriftsteller darf auch Sagen und Legenden wie historische Überlieferung behandeln, er darf die Geschichte umdeuten und Fakten mit Fiktion vermischen, solange das nur die Forderung nach nationaler Verwertbarkeit erfüllt. Er muss sogar Legenden, Sagen und Götter, Erfundenes und Metaphysisches verwenden, will er es vermeiden, ähnlich den Autoren des französischen Realismus »künstlich«, »seelenlos«, »naturalistisch«, »grenzenlos prosaisch« zu sein. All das sind Attribute aus Fontanes Feder.[339]

Aus der Verbindung historisch belegter Fakten mit Mythen und Fiktionen geht gerade das hervor, was die Literaturkritik der Zeit *Ideal-Realismus* nannte. Ihre Forderung stützt sich auf Hegels Ästhetik. Ihr zufolge ist Realität Einheit von Empirie und Ontologie, und als solche Einheit grundsätzlich schön.

Da aber zweifellos die wirkliche Welt, die der Mensch mit seinen Sinnen wahrnimmt, auch unschöne Stellen hat, zerrissen und unübersichtlich scheint, fällt der Kunst die Aufgabe zu, diese Stellen zu reinigen und zu verklären: Die Kunst soll das scheinbar Zufällige und Zerrissene als Teil eines nicht sichtbaren Gesamtzusammenhangs zeigen und eine ontologische Begründung der wahrnehmbaren Welt sinnfällig machen. »Ohne diese Verklärung giebt es aber keine eigentliche Kunst...«, brachte Fontane die realistische Ästhetik auf den Punkt.[340]

Offenkundig knüpft dieses ontologisch begründete, die *Tiefe* der Realität als poetische Wesenheit begreifende Verständnis an die Ästhetik des *deutschen Idealismus* an, wie das nachhegelianische 19. Jahrhundert die Weltanschauung der Goethezeit nannte. Sie suchte Metaphysik und Empirie zu versöhnen.

Indessen bezeichnen zwei substantielle Unterschiede den weltanschaulichen Wandel seit dem ersten Jahrhundertdrittel: Die ontologische Grundlage ist nicht mehr transzendent, sondern immanent, nicht mehr außerhalb der Welt, sondern in ihr selbst vorhanden. Dieses Hereinholen Gottes in die Welt baut auf Hegels Denkfigur auf, wonach Gott selbst Teil jener von ihm geschaffenen Welt sei. Diese von Hegel bereits in seiner *Differenzschrift* in die berüchtigte Formel der »Identität von Identität und Nichtidentität«[341] gebrachte Vorstellung hat sich aber ebenfalls gewandelt: Während Hegel das Immanenzmodell, noch der Aufklärung folgend, als ein vernunftbestimmtes begreift und von der »Intellektualansicht des Universums«[342] spricht, beruht es im Realismus auf der Irrationalität menschlichen Seins. Die Vernunft ist nur eine Ableitung, eine Hilfskraft der irrationalen Substanz. Nicht zuletzt ist diese Auffassung Folge des philosophischen Umsturzes, den Schopenhauers Metaphysik des Irrationalen verursachte. Nun aber wird Schopenhauers rein philosophischer Willens-Begriff auch naturwissenschaftlich erklärt: Der Wille ist als Kraft oder Energie das die Evolution vorantreibende Moment. So verknüpft das realistische Weltmodell Elemente von Schopenhauer, Hegel und Darwin, dessen Evolutionstheorie der Zoologe Ernst Haeckel seit den Sechziger Jahren mit zunehmender Wirksamkeit in die weltanschauliche Debatte einführt.

Erst von diesen Voraussetzungen her erschließt sich der spezifisch realistische Gehalt jener Wirkungsästhetik, die wir zu erläutern suchten. Wenn nämlich die ontologische Substanz der Realität aus Wille und Kraft besteht, die die empirische Realität einem dynamischen Prinzip unterwerfen; wenn dieses Prinzip auf politischer und gesellschaftlicher Ebene nationale Staaten auszubilden vermag; und wenn die Literatur diesen Entwicklungsprozess als einen naturnotwendigen sichtbar machen und gleichzeitig dazu anregen kann, an diesem Prozess aktiv teilzunehmen – so folgt offenkundig daraus, dass die Ästhetik des Realismus schlechthin ein Stoß in die Kriegstrompete ist: ein Aufruf im Sinne der nationalen Aktions-Ethik. Die Forderung nach Versöhnung der Gegensätze (Poesie und Wirklichkeit, Tiefe und prosaisch-zufällige Oberfläche) steht letzten Endes immer im Dienst der bürgerlichen Gesellschaft und ihrer Werte.

Was also der realistische Autor innerhalb seines Textes verlangt, das soll er auch selbst einlösen, indem er einen Text schreibt, der diese Forderungen erfüllt. Soll heißen: In dem Augenblick, in dem er sich hinsetzt und beginnt, einen Text nach den Regeln des realistischen Kunst- und Literaturbegriffs zu schreiben, erschafft er sich selbst als realistischer Autor. Er wird Tatmensch, er tritt in die Aktion ein. Und er tut das um so stärker, je mehr er seinen eigenen Helden nacheifert, indem er zum Beispiel, wie Dahn und Fontane, selbst in den Kampf zieht, als Berichterstatter zur Feder oder noch besser als Kämpfer zum Gewehr greift. Zweifellos ist in der Kunstauffassung des Realismus der emphatische Künstler als Krieger, wie ihn Ernst Jünger geradezu ideal verkörperte, vorgeprägt.

Die Forderung, der Autor müsse mit seinem Leben beglaubigen, was er in seinem Text fordert, macht wesentlich die Eigenart des Realismus aus. Eine Grundvoraussetzung, als realistischer Autor zu gelten, ist somit auch die Wirkung nach außen. Dazu gehört mindestens, das geschaffene Produkt in das öffentliche Kommunikationssystem einzuspeisen und es so der Wirklichkeit zugänglich zu machen. Das erst macht ganz verständlich, weshalb es auch anspruchsvolle Autoren drängte, in Unterhaltungsblättern wie dem Vorläufer des STERN, der GARTENLAUBE, zu veröffentlichen.[343] Geld war natürlich ein Motiv, doch beileibe nicht das einzige.

Die germanistische Fachkritik hat jüngst der Literatur des bürgerlichen Realismus vorgeworfen, sie erfülle selbst ein Kriterium, das sie als Zeichen von Dekadenz anprangere und anderen Literaturen vorwerfe, der französischen etwa oder der romantischen: nämlich den *Ästhetizismus*, also die Selbststilisierung, Selbstinszenierung, den Bezug auf Kunstwerke, auf geistige Gebilde, auf Abbildungen, der den Bezug auf die Natur und die Wirklichkeit selbst verdängt habe.

Denn was könnte *ästhetizistischer* sein als der Versuch, das Leben nach der Kunst zu gestalten und die Kunst nach dem Leben? Der Autor, der »echt«, wirklichkeitsnah sein will, sitze selbst im Glashaus der Selbstbezogenheit. Er beziehe sich keineswegs auf die reine Wirklichkeit, wie er vorgebe, sondern nur auf eine Vorstellung von Wirklichkeit: Denn er denkt sich die Wirklichkeit als eine ontologisch unterbaute Empirie und damit beziehe er sich auf ein idealistisches, metaphysisch unterbautes Konstrukt von Wirklichkeit.[344]

Im historischen Erzählen scheint sich dieses Dilemma noch zu verschärfen. Der Autor ist auf Quellen angewiesen, nicht nur auf das, was er selbst sieht und erlebt, sondern vor allem auf Steine, Scherben, Bilder, auf Urkunden und Dokumente, auf die Geschichtsschreibung, kurz: auf sprachliche, bildliche, architektonische Zeichen. Seine Referenten sind insonderheit Artefakte, im besten Fall mündliche Berichte. Aber auch diese sind wiederum Worte, also Zeichen.

Der Realismus, soweit er sich in unseren Romanen zum Ausdruck bringt, versucht das Problem sehr pragmatisch und zweckbezogen zu lösen. Der Weg führt über die typische, abermals von Hegel abstammende Denkfigur der *systeminternen Differenzierung*.[345] Um darüber ans Ziel zu kommen, sind freilich zwei Kunstgriffe nötig.

Man muss erstens das geschichtliche Material schlichtweg zu Realität erklären: Was der Historiker zu Tage fördert, ist wahr. Bezeichnend ist das von Felix Dahn seinem *Kampf um Rom* vorausgeschickte lapidare Vorwort:

Die wissenschaftlichen Grundlagen dieser in Gestalt eines Romans gekleideten Bilder aus dem sechsten Jahrhundert enthalten meine in folgenden Werken niedergelegten Forschungen: Die Könige der Germanen. II. III. IV. Band. München und Würzburg 1862-1866. – Prokopius von Cäsarea. Ein Beitrag zur Historiographie der Völkerwanderung und des sinkenden Römertums. Berlin 1865. – Aus diesen Darstellungen mag der Leser die Ergänzungen und Veränderungen, die der Roman an der Wirklichkeit vorgenommen, erkennen.« (I,1)

Jeder Autor, der sich, wie Dahn, auf die Berichte der Geschichtsschreiber, auf historisches Quellenmaterial stützt, steht also auf dem Boden der *Wirklichkeit.*

Zweitens ist die Frage zu lösen: Wie kann das eigene Schreiben als Kunst kenntlich gemacht und von der Realität abgesetzt werden? Denn nur dann, wenn sich die Kunst von der Wirklichkeit absetzen kann, kann sie sich als Kunst legitimieren. Zugleich aber muss sie ihre Nähe zur Realität nachweisen, will sie realistische – und nicht etwa romantische – Kunst sein. Das heißt: Die Kunst muss selbstreferenziell sein, um ihren Status als Kunst hervorzuheben. Und zugleich darf sie es nicht sein, um nicht ihren Status als realistische Kunst zu gefährden.

Ein Versuch, diesem Dilemma zu entkommen, sind die beliebten Anmerkungen in historischen Texten, die diese Doppelfunktion erfüllen. Sie vermitteln Realität und verweisen zugleich auf den Text als Dichtung. Ebenso die zahlreichen kommentierenden Einschübe und das fingierte Gespräch mit dem Leser: »Wie wir gesehen haben«, oder »… schütten wir Tannäpfel auf und plaudern wir, ein paar Sessel an den Kamin rückend, von Hohen-Vietz.«

Ob solche Lösungsversuche abgefeimte Taschenspielertricks oder Eier des Kolumbus sind, sei dahingestellt. Sicher ist: Realistische Kunst trägt einen Januskopf, wie der Literaturwissenschaftler Gerhard Plumpe behauptet.[346] Sie hat zwei Gesichter, ein romantisches Träumer-Gesicht, das sehnsuchtsvoll der Kunst, dem Mythos, der Religion zugewandt ist; und ein Macher-Gesicht, das entschlossen die harten Tatsachen des Lebens in den Blick nimmt. Ihren Januskopf aber tarnt sie hinterhältig mit der Maske der Einfalt.

Dass also weder die Theoretiker noch gar die Autoren des Realismus bemüht waren, ein kompliziertes poetologisches System aufzustellen wie frühere Epochen es kannten,[347] ist aus ihrer Sicht offenkundig. Es hätte bedeutet, eine Literatur an einem starren Regelwerk auszurichten, die ihrem Selbstverständnis nach Wirklichkeit abbilden will und also in der Lage sein sollte, auf deren Wandelbarkeit zu reagieren.

Wer Staaten bauen oder aktionistische Texte verfassen will, darf sich nicht zu lange mit Theorie befassen. Die Aktion verlangt einen ganz bestimmten Charakter, eine ganz bestimmte Gesinnung. Sie verlangt – den emphatischen Mann.

## Emphatische Männlichkeit:
## der Überwinder

Der emphatische Mann ist ein Kämpfer. Ohne ihn ließen sich keine Schlachten schlagen. Ob man nun sein Verschwinden bedauert oder als Errungenschaft moderner Demokratie begrüßt, der emphatische Mann war das Ideal der Gründerzeit, in der auch noch der Krieg als legitimes Mittel der Politik galt. Als Autor hat sich Dahn dieses Mittels oft bedient, und dieses Kapitel schafft die Gelegenheit, eine Probe seiner Kunst zu geben.

Als Byzanz das ostgotische Reich beinahe zurückgewonnen hatte, gelang es dem auf den Schild gehobenen Totila gegen jedes Erwarten, Ostrom noch einmal aus Italien zu verdrängen. Dahn nutzt diesen Umschwung zur Schilderung eines erbitterten Kampfs um Rom, den es so natürlich nie gegeben hat. Eine der tragenden Rollen spielt dabei eine Figur, die historisch nicht belegt ist, die Dahn sich aber für seine Dramaturgie erfunden hat: Gaius Cornelius Cethegus, der Führer der altrömischen Nationalbewegung, der »sein« Rom zäh verteidigt. Am Höhepunkt der Tage dauernden Schlacht dringt Teja in die Villa des verhassten Cethegus nördlich des Forum Romanum ein:

›Horch!‹ da donnerte von dem Haupttore her ein ganz andres, ein gewaltigeres Schlagen als bisher.
›Eine Streitaxt!‹ sagte Cethegus. ›Das ist Teja.‹
Cethegus eilte an eine schmale Mauerlücke, die von dem Eckgemach auf die Hauptstraße einen Blick gewährte.
Es war Teja.
Sein schwarzes, langes Haar flatterte um das unbehelmte Haupt. In der Linken trug er einen aus dem Feuer des Kapitols gerafften Brand, in der Rechten das gefürchtete Schlachtbeil. Über und über war er mit Blut bespritzt.

›Cethegus!‹, rief er laut bei jedem Schlag seines Beils wider die ächzende Haustür. ›Cornelius Cethegus Cäsarius! Wo bist du? Ich suchte dich im Kapitol, Präfekt von Rom! Wo bist du? Muß Teja dich an deinem Hausherd suchen?‹

(…)

Das feste Tor war endlich eingeschlagen. Dröhnend fiel es nach innen: und Teja betrat das Haus seines Feindes.

(…)

›Wo bist du, Cethegus?‹ scholl nun Tejas Stimme näher und näher dringend im Atrium, im Vestibulum.

Einige Türen, die der Schreibsklave Fidus verriegelt hatte, sprengte rasch sein Beil.

Nur wenige Schritte trennten die beiden Männer. (II,304f)

Schon als mit der oströmischen Invasion der Krieg um Italien begann und die Goten noch mit der Wahl ihres neuen Königs beschäftigt waren, hatte Dahn seine Lieblingsfigur in einer langen Einstellung als Über-Krieger und deutschen *Braveheart* gezeigt. Schauplatz war eine weite Ebene, in der sich Volk und Heer versammelt hatten und ihre beschlussfassende Versammlung abhielten.

In dem Augenblick, als ruchbar wird, dass das amtierende Staatsoberhaupt, König Theodahad, die eigenen Truppen aus Süditalien abgezogen hat, um den oströmischen Streitkräften den Weg nach Rom freizumachen, richtet sich jäh die Aufmerksamkeit auf ein südlich gelegenes Waldstück. Zwischen den Bäumen sind schemenhaft Reiter zu erkennen. Rufe werden vernehmbar, das dumpfe Dröhnen beschlagener Pferde.

Gleich darauf sieht man in der Totalen einen Trupp bewaffneter Männer heranrücken:

Denn man hörte von dort her den raschen Hufschlag nahender Pferde und das Klirren von Waffen: alsbald bog eine kleine Schar von Reitern aus dem Wald: aber weit ihnen allen voraus jagte ein Mann, der wie mit dem Sturmwind um die Wette ritt. (I,386)

In der Halbtotalen wird nun ein einzelner Mann erkennbar, der schnell größer wird:

Weit im Winde schatterte seine Helmzier: ein mächtiger schwarzer Roßschweif, und seine eigenen langen, schwarzen Locken: vorwärts gebeugt trieb er das schaumbespritzte Roß zu rasender Eile und sprang am Südeingang des Dings sausend vom Sattel. (I,386)

Jetzt erscheint er voll im Bild, der Leser erkennt ihn:

Alle wichen links und rechts zurück, die der grimme, tödlichen Haß sprühende Blick seines Auges aus dem leichenblassen, schönen Antlitz traf. Wie von Flügeln getragen stürmte er den Hügel hinan, sprang auf einen Stein neben Witichis, hielt eine Rolle hoch empor, rief wie mit letzter Kraft: ›Verrat, Verrat!‹, und stürzte dann wie blitzgetroffen nieder. (I,387)

Ganz klar: es ist Teja! Drei Tage, drei Nächte war der Mann im Sattel. Man umringt den Erschöpften, bestürmt ihn: »›Rede!‹ wiederholte Witichis, ›es gilt das Reich der Goten!‹« (I,387)

Wie weiland der Bote von Marathon holt er die letzten Reserven aus sich heraus: »Wie mit übermenschlicher Kraft richtete sich in diesem Wort der stählerne Mann wieder empor, sah einen Augenblick um sich und sprach dann mit hohler Stimme: ›Verraten sind wir.‹« (I,387)

Stählerner Mann, übermenschliche Kraft, wie von Flügeln getragen... oder wie es Fontane seinem Lieblingshelden Berndt von Vitzewitz in den Mund legt: »Leben heißt überwinden ...«. (548)

Der Überwinder. So lässt sich der Held realistischer Literatur nennen, ein heroischer Charakter, der keiner Verantwortung ausweicht und lieber »entsagt«, statt die Pflicht zu vernachlässigen. Mithin stellt er den Gegenentwurf zum Verbraucher von Heute dar.[348] Dieser Typus, der schon in Gustav Freytags *Soll und Haben* und in Scheffels *Ekkehard* den Schauplatz der Literatur betritt, bevölkert die Werke Paul Heyses wie Conrad Ferdinand Meyers ebenso wie den *Sturm* und den *Kampf.* Er ist Voraussetzung dafür, dass stattfindet, was diese Autoren und ihre Zeitgenossen unter Geschichte verstanden. Er wird zum Vollstrecker jenes Prozesses, der soziale Verbände in völkische Einheiten, Nationen und Nationalstaaten einteilt und zusammenfügt. Dabei ist weniger wichtig, ob er als Staatsmann, Feldherr, Krieger, Künstler, Dichter oder Philosoph Taten vollbringt, solange er sie nur vollbringt. Vorbild des Überwinders sind natürlich Staatsmänner wie Bismarck und Friedrich II. Aber auch ein besessener Tüftler wie der gelernte Büchsenmacher Gottlieb Daimler oder ein fanatischer Vergangenheitssucher wie Heinrich Schliemann sind ideale Gründerzeitfiguren, Muster einer emphatischen Männlichkeit.

In der Literatur verkörpern männliche Leitfiguren die emphatische Männlichkeit in vielerlei Gestalten. Spätestens seit Scheffel und Gustav Freytag – vermutlich aber schon in der späten Goethezeit, bei Hauff und Gutzkow beginnend – formt sie das erstrebte Männerbild, bis sie sich in Ernst Jüngers Idealtypen des *Arbeiters* und *Kriegers* in der Extremform des 20. Jahrhunderts ausgeprägt.[349]

Gleichwohl ist die *emphatische Männlichkeit* auch auf Frauen übertragen, freilich in den Grenzen der herkömmlichen Geschlechterrollen. Im Rahmen des Handlungsspielraums aber, den die Literatur des Realismus Frauen zuschreibt, bildet emphatische Männlichkeit auch für Frauen das gegebene Modell. Das jedenfalls lassen die hier vorgestellten Romane von *Soll und Haben* bis zum *Sturm* in etlichen ihrer weiblichen Hauptfiguren klar erkennen. Es wäre daher auch von emphatischer Weiblichkeit zu sprechen, die dazu neigt, die Grenzen des konventionellen Rollenmusters zu überschreiten. Somit wäre interessant, diesen aus der Literatur gewonnenen Befund mit den Ergebnissen namhafter Historiker wie dem Marxisten Eric J. Hobsbawm und dem liberalkonservativen Thomas Nipperdey zu vergleichen. Es wäre aller Wahrscheinlichkeit nach zu erkennen, dass die emanzipatorischen Ansätze, wie sie die literarischen Frauenfiguren auszeichnen, der sozialen Praxis entsprechen.[350] Allein, wir werden diese Erforschung emphatischer Weiblichkeit aus Platzgründen wohl leider auf einen späteren Zeitpunkt verschieben müssen.


Ohnmacht, Krankheit, Fieber:
das initiale Trauma


Emphatische Männlichkeit ist heroische Männlichkeit. Deshalb soll im Folgenden die heroische Männlichkeit den Oberbegriff bilden, aus dem sich zwei Varianten ableiten: eben die *emphatische Männlichkeit* und im weiteren die *nüchterne Männlichkeit*.

Grundzüge dieses Modells beschrieben strukturalistische Germanisten bereits unter dem spröden Begriff *Mannsein* als charakteristisches Figurenkonstrukt des Realismus.[351] Mannsein heißt Tatkraft, Entschlossenheit, Mut, Charakterstärke, stoisches Ausharren in Gefahr und klagloses Erdulden bedrückender Lagen. Mannsein zieht eine undurchdringliche Ich-Grenze, versucht, Gefühle hinter Undurchschaubarkeit und Verschlossenheit zu verbergen. Mannsein ist zudem: nationale Einstellung. Felix Dahns Überheld Teja und dessen Gegenspieler Cethegus sind dafür ebensolche Musterbeispiele wie etwa Conrad Ferdinand Meyers Titelfiguren in den Erzählungen *Jürg Jenatsch* und *Die Versuchung des Pescara*. Zum *Mann* werden aber auch im Lauf der Handlung Scheffels Ekkehard und Fontanes Lewin. Doch erklärt das Modell *Mannsein* weder die Genese dieses Typus noch seine Funktion im Bedeutungsgefüge der Romane.

Vom Mannsein zur emphatischen Männlichkeit kommt man in zwei Schritten: Erster Schritt ist die Anatomie des Traumas, das den Helden heimsuchen muss. Zweiter Schritt ist die Anatomie seiner natürlichen Anlage als Romantiker und Träumer. Der romantische Kunstliebhaber, poetische Schwärmer und religiös durchglühte Ästhet macht schmerzhafte, aber nützliche Wandlungen durch. Er verliert dabei seine anfänglich spielerische Existenzform des Als-ob und gibt das Träumerische, die Sehnsucht nach Transzendenz und damit auch seine Zweifel am Glauben und an sich selbst auf. Gewinnen wird er dafür die Idee der Nation und das entschiedene Bekenntnis zum *Leben* als eines fortwährenden Kampfes. Der Romantiker wird Realist, auch als Künstler. Jeder emphatische Mann ist ein gebrochener Held, der aus dem Bruch zwischen Innenwelt und wirklicher Welt eine neue Einheit schafft, die ihn zur Bejahung dieser Welt befähigt.
Zu dieser Entwicklung sind zwei Eigenschaften nötig: Leidenschaft und Genie. Beide hängen eng zusammen. Genie ist ohne Leidenschaft undenkbar, jedoch braucht es mehr als Leidenschaft für ein Genie. Dieses Psychogramm eines Tatmenschen hat Schopenhauer leidenschaftlich im Dritten Buch seiner *Welt als Wille und Vorstellung* angerissen.[352] Es fügt sich so nahtlos in das vitalistische Empfinden der Gründerzeit, dass es zum Topos geworden ist. Tausende, Zehntausende gebildeter Leser fanden es in Theodor Mommsens Cäsar-Porträt begeistert wieder: »Es versteht sich von selbst, daß Cäsar ein leidenschaftlicher Mann war, denn ohne Leidenschaft gibt es keine Genialität...«[353]
Beide Eigenschaften liegen in den natürlichen Anlagen, sind angeboren, im *Blut* determiniert. Erst Genie plus Leidenschaft machen aus dem Mannsein emphatische Männlichkeit. Das betrifft mitnichten nur

herausgehobene Einzelne: In jedem echten Volk, also jedem als natürlich anzusehendem nationalem Verband, insonderheit den Deutschen, steckt, wie im Kapitel »Geisteshald und Tatmensch« zu erkennen war, Genius und Leidenschaft und damit ein wenn auch noch so winziges Körnchen Künstlertum.

Der Weg zur emphatischen Männlichkeit ist hart. Jeder, der den emphatischen Mann in ganzer Entfaltung verkörpert, war einstmals Jüngling. Das ist das treffende Wort für den empfindsamen, träumerisch-idealistischen Charakter aus der Phase früher Adoleszenz, wie er in Rückblenden gezeichnet wird. So lässt Dahn, autobiographische Züge nicht verleugnend, seinen Lieblingshelden in einem kurzen Moment seelischer Öffnung bekennen: »Und auch Teja war einmal glücklich und glaubte an Glück und einen gütigen Gott über den Sternen.« (II,505) Auf der Gegenseite eröffnet Tejas Lieblingsfeind Cethegus seinem Heil in der Religion suchenden Adoptivsohn Julius Montanus: »Es gab eine Zeit, da des jungen Cethegus Cäsarius Herz weich war und zart, wie das deine. Und darin lebte eine Liebe, heilig und rein wie die Sterne, zu einem, ach, unvergleichlichen Geschöpf.« (II,449) Auch Fontane verrät im *Sturm* über die jungen Geschwister Lewin und Renate: »Leichtbeweglich und leichtgläubig, immer geneigt, zu bewundern und zu verzeihen, hatten die Kinder das heitere Licht der Seele, wo der Vater das düstere Feuer hatte. Demütig und trostreich, angelegt um zu beglücken und glücklich zu sein, leuchtete ihren Wegen die alles verklärende Phantasie.« (31).

Sie alle glauben an den gerechten Gott und die Liebe als innerstes Motiv des Handelns. Der Mensch ist gut, weil Gott gut ist und der Mensch als sein Geschöpf Anteil an der göttlichen Allvernunft hat. Ihr Welt- und Menschenbild ist das des christlichen Abendlands von Thomas von Aquin bis zur Spätaufklärung und zum deutschen Idealismus.

Bald aber folgt der Zusammenstoß mit der Wirklichkeit. Sie tritt dem Helden in Gestalt fremder Kulturen entgegen, Hegemonialmächten wie im *Sturm*, oder umgekehrt Angehörigen der Unterworfenen oder auch angreifenden Eroberern. Diese gewalttätigen Begegnungen enden stets mit Verlusten für den Helden, vorzugsweise dem Verlust einer geliebten Frau. Diesem initialen Trauma folgen Ohnmacht, Krankheit, Fieber. Innerhalb eines delirierenden Zustands wandeln sich Charakter und Einstellungen des Helden. Der Träumer wird Tatmensch, der Romantiker Realist, der Rezipient Produzent. Dem initialen folgt als weiteres Trauma, meist das Trauma des Krieges, der die neu erworbene, aber auf natürlichen Anlagen gegründete Charakterstruktur festigt. Nach diesen traumatischen Initiationserlebnissen ist der Held zu dem geworden, der in der eigentlichen Geschichte agiert.

Diese Grundstruktur ist an allen im Handlungszentrum stehenden Helden unserer Romane auszumachen. Sie taucht aber auch schon in frühen Texten des Realismus, in *Soll und Haben*, *Ekkehard*, *Jürg Jenatsch* auf und erscheint selbst noch, wenn auch gemildert und gebrochen, in dessen späten Werken wie Wilhelm Raabes *Stopfkuchen*.

Die plakative Variante des Grundmusters findet sich natürlich bei Felix Dahn. Nach allem, was bisher über seinen Überhelden zu erfahren war, überrascht es nicht, dass der Autor ihm eine überharte Biographie geschrieben hat.

Da steht am Anfang eine weit überdurchschnittliche Konstitution, eine Art genetischem Tuning, das der großen und daher gefährlichen biologischen Nähe seiner Eltern – sie sind, man erinnert sich, Base und Vetter – geschuldet ist. Diese Verbindung erweist sich im dem Moment als kritisch, als Tejas Eltern in den Bereich der Zivilisation eintreten: Tejas aus den Wäldern nördlicher Donauländer, also wohl dem heutigen Ungarn stammende Eltern geraten nach ihrer Ansiedlung in der Toskana ins Visier einer sittlich empörten Kirche. Ihr Gut wird niedergebrannt, der Vater getötet, Mutter und Sohn in Klöster verschleppt. Die Mutter verfällt dem Wahnsinn und stirbt.

Das Kind erfährt, was es bedeutet, aus der Nestwärme der Familie gestoßen zu werden. Es verliert sein Urvertrauen in das Gute der Welt. Zugleich härtet ihn das Trauma ab: »Wer das einmal empfunden und erlebt, der entsagt einmal und für immer und allem: nichts wird ihn mehr erschrecken. Aber freilich – die Kunst des Lächelns hat er auch vergessen für immerdar.« (I,289).

Doch die Geschichte trifft unter der Maske des Zufalls ihre sinnvollen Dispositionen. Das Waisenkind hat Glück im Unglück und läuft dem wachsamen Hildebrand in die Arme, der ihm den Vater ersetzt und für eine Ersatzfamilie sorgt: die Armee. »Mich entdeckte der alte Hildebrand, ein Waffenfreund meines Großvaters und Vaters: – er entriss mich, mit des Königs Beistand, den Priestern und ließ mich mit seinen eigenen Enkeln in Regium erziehen.« (I,291)

Zweifellos hat Dahn in dieser Figur eigene Erfahrungen in eine geschichtstheoretische Perspektive gerückt. In seinen *Erinnerungen* berichtet der etablierte Autor und Professor, die Trennung seiner Eltern sei für ihn als Elfjährigen die lebensbestimmende traumatische Erfahrung gewesen, die er als Vertreibung aus dem Paradies der Kindheit empfunden habe:

> ...ein düsteres Unheil traf mich, welches für lange Jahre seine finstern Schatten auf meinen Lebensgang geworfen, mir alle Jugendfröhlichkeit genommen, die gesunde, hoffnungsfreudige, naturgemäße Entwicklung zerstört, krankhafte, höchst gefährliche, widernatürliche Dinge in mich hineingeschleudert oder auch bereits in mir schlummernde Keime solcher Art zu verderblichem Emporwuchern getrieben hat: ich meine die Scheidung meiner Aeltern und die Zerstörung meines Heims. (...) Ich litt unsagbar.«[354]

Derart einschneidend muss dieser Verlust gewesen sein, dass er Dahn, den jugendlichen Helden dieser Autobiographie, nicht nur in vorübergehende Depressionen stürzt, sondern den Glauben an einen guten Gott und eine gerechte Weltordnung zerstört. An seine Stelle tritt, darf man Dahns Aufzeichnungen glauben, jener aus einer innerweltlichen Willensmetaphysik gespeiste Heroismus, der für seine späteren literarischen Helden charakteristisch ist. Im Rückblick beurteilt er seine damalige, spätere Einstellungen vorbereitende Seelenstimmung so:

> Nachdem die Welt meiner Kindheit, mein ganzes bisheriges Glück ohne mein Verschulden über meinem Haupte zusammenbrach, verzweifelte ich überhaupt an meinem Glück im Leben!
> Finstere Verzweiflung, Verzagtheit, Welt-Furcht, Welt-Flucht ergriffen mich.
> Alles im Leben wird dir mißlingen, sagte ich mir in durchweinten Nächten. Wenn das dir wankt, was kann aufrecht bleiben? Du wirst im Kampf des Lebens in jeder Schlacht erliegen.[355]

Da schwingen noch pessimistische Neigungen mit, die Wortwahl zeigt freilich, dass der 14-jährige, wie ihn der spätere Erfolgsautor rückschauend wahrnimmt, sich von seinen trüben Lebensaussichten nicht überwältigen lassen will. Ganz im Ton seiner heroischen Literatur berichtet der Autobiograph: »Aber das Kämpfen – das sollte doch so tapfer, so ruhmvoll werden als nur irgend möglich. ›Der Sieg ist des Schicksals – Heldenthum unser‹: – ich war noch nicht fünfzehn Jahre, als ich diesen Wahlspruch in mein

Tagebuch schrieb.«[356] Die idealisierte Vaterfigur wird durch entsprechende Ersatzväter ersetzt, und zwar, wie es der historistisch-nationale Zeitgeist nahelegte, durch Figuren aus der nationalen Geschichte und Mythologie: »König Teja –: nicht mehr *sein* Beispiel brauchte ich, um den schuldlosen Untergang zu ahnen –: ich selbst war mir ein König Teja geworden, dem das Erliegen vorbestimmt vom Schicksal.«[357] Er habe, fährt er fort, den gleichen Unheilsglauben entwickelt, »wie ich ihn später meinen Lieblingshelden Teja und Odhin in die dunklen Seelen gelegt habe.«[358]

An diesen Selbstaussagen ist die Analogie in der charakterlichen Entwicklung des Autors und seiner Heldenfiguren bemerkenswert. Darüber hinaus wird ein doppelter Realitätsbezug sichtbar. Zum einen an das eigene Erleben und die Wirklichkeit, und zum anderen an die historische Überlieferung, die ihm gleichfalls zur Wirklichkeit wird. Das, was wir oben als Selbststilisierung des realistischen Künstlers beschrieben haben, der sich selbst zum Tatmenschen erzieht, tritt in Dahns Biographie erkennbar hervor. Der Künstler muss leben, wie er denkt und schreibt. Er soll es seinen Helden gleichtun, wie Ernst Jünger später bemerkt.[359] Die traumatische Begegnung, die der Jüngling mit einer fremden Welt erlebt, besteht in Dahns beschriebenem Lebensabschnitt in der Konfrontation mit der Welt außerhalb des geschützten Elternhauses. Diese Welt wird in der Wahrnehmung des 14-jährigen zum Fremden und Feindseligen. Später verwandelt sich das in früher Jugend als fremd Empfundene in das Vertraute der eigenen Kultur, der eigenen Nation. Andere Länder und Nationen, Frankreich, Byzanz, Italien, übernehmen dann die Rolle des feindseligen Fremden.[360] Die Psychoanalyse würde wohl von Projektion sprechen.

Der Autor erlebt also zunächst selbst, was er in geschärfter Form seinen Helden Teja erfahren lässt. Früh zeigt sich bei seinem Überkrieger die enge Verknüpfung von Erbanlage, Trauma und Mann-Werdung. Dieses Entwicklungs- und Initiationsmodell gibt der Literatur im Realismus den Maßstab für die Entwicklung ihrer Helden. Oftmals schildert sie dessen gelungene Verwirklichung, wie im *Kampf um Rom*, im *Sturm*, im *Ekkehard*, in *Soll und Haben* und zahlreichen Novellen Paul Heyes und sogar C.F. Meyers der Fall; manchmal aber zeigt sie auch deren Scheitern, wie etwa Meyers Erzählung *Leiden eines Knaben*, wie Gottfried Kellers *Grüner Heinrich* oder Wilhelm Raabes Roman *Die Akten des Vogelsangs*.

Seine einprägsamste, in prismatische Klarheit geschliffene Form hat der erfolgreich zurückgelegte Weg in die emphatische Männlichkeit zweifellos in Ernst Jüngers Kriegergestalten erreicht, denen das Kriegersein zum Lebenszustand schlechthin geworden ist – die Folge sicherlich nicht allein des einschneidenden Kriegserlebnisses, sondern auch der im Bürgertum des späten 19. Jahrhunderts gängigen Auffassung, das Leben in einer sich beschleunigenden, ruhelosen Welt sei an sich ein Kriegszustand. »Es ist die potenzielle Energie der Idee«, schreibt Jünger 1922 in *Der Kampf als inneres Erlebnis*, »die sich hier in kinetische umsetzt und die unbarmherzig ihre Anforderungen stellt.«[361]. Man darf in diesen Charakteren wohl auch eine Reaktion auf die Umbrüche seit der Goethezeit sehen. Die neue Welt ist schneller als jemals eine Welt zuvor, und sie ist gefährlicher. Phasen des Friedens erscheinen als Vorbereitungen auf die nächsten Konfrontationen. *After the war is before the war.* Das Modell emphatischer Männlichkeit sollte eine Möglichkeit an die Hand geben, die Herausforderungen der Zeit zu bestehen.

Männer ohne Frauen:
die Selbst-›Zeugung‹ des Helden und das zweite Trauma

Das Modell der emphatischen Männlichkeit ist also wohl mehr als bloße literarische Fiktion. Allein der Seitenblick auf Dahns autobiographische Aufzeichnungen belegt das. Auch fände man dieses Modell etwa im Porträt, das Preußens Staatshistoriker Heinrich von Treitschke vom italienischen Staatsgründer Cavour zeichnet, man fände es in der Figur, die Bismarck in seinen *Erinnerungen und Gedanken* von sich selbst entworfen hat, und sicher fände man es in vielen anderen zeitgenössischen Biographien.

Im Roman aber mag der Bildungsweg zum Helden noch dramatischer sein als im wirklichen Leben eines damaligen bürgerlichen Menschen. Der Held muss ein weiteres und noch tieferes Trauma überstehen. Als Beispiel dient abermals Teja, der, bedenkt man den Erfolg des *Kampf um Rom*, sicherlich eine der bekanntesten Figuren der zeitgenössischen Literatur war.

Das zweite initialisierende Trauma besteht im Verlust der begehrten Frau, der natürlich wieder eine Folge der Konfrontation mit der fremden Kultur ist. Vollstrecker der Trennung aber ist der Held, ist Teja selbst. Er fällt, noch auf Theoderichs Waffenschule, in die Hände eines oströmischen Sklavenhändlers. »So war denn Teja, (...) ein freier Gote – Sklave eines Griechen.« (II,504) Dieser Kaufmann auf Paros will sein Mündel, die 16-jährige Myrtia, seinem Geschäftspartner, eben dem Sklavenhändler, zur Frau geben. Doch Myrtia verliebt sich in den träumerischen Gotenjüngling. »Ich kann sie nicht schildern«, lässt der Erzähler knapp drei Jahrzehnte später sich den Helden erinnern, »golden ihr Haar, golden ihr Auge, golden ihr Herz...« (II,505) Kurz, man beschließt zu fliehen.

Wie wir anfangs berichtet haben, erinnert der »schwarze Teja« auch an den Schmied der griechischen und deutschen Sage. Das ist nicht nur ein Spiel mit romantischen Motiven, es hat eine Funktion. Teja schmiedet selbst Waffen und Geschmeide, und so schmiedet er heimlich das Schwert, das ihm und der Geliebten die Freiheit erkämpfen soll. Das geschieht allerdings in anderer Weise als der geplanten. In der Fluchtnacht, beredterweise die Sommersonnenwende, als die Geschäftsleute ihre Umsätze begießen, wirft sich Myrtia gleichsam als Tarnkappe den Kriegsmantel des Sklavenhändlers um, dessen Frau sie zwangsweise werden soll. Diese Verkleidung aber, diese verwirrende Fälschung der Geschlechtersemantik, beschwört das Verhängnis herauf. Teja hält die verkleidete Myrtia für den Bösewicht selbst, er zögert nicht lang und wendet für diesen vermeintlichen Ernstfall an, was er auf der Kriegsschule gelernt hat: »... und stieß ihm das Schwert in die Brust. – Da tönte ein Aufschrei –: mein Name –: das war nicht Lykos!«« (II,507) Nein, es war Myrtia.

Sein genetisch gleichsam elektrifiziertes Blut bringt ihn um die künftige Partnerin. Das Übertrauma ist da. Zum Glück gelingt Tejas Mitgefangenen per Schiff die Flucht, eine frische Brise umweht den ohnmächtigen und fiebrigen Kameraden: »Ich aber war, da ich erwachte, der Teja, der ich bin. Und glaubte nicht mehr an den Gott der Gnade und Liebe...« (II,509) Der Verlust ist groß, der Gewinn größer. Das Trauma erst aktiviert das gesamte wie ein Sprengsatz im Blut steckende Energiepotenzial. Der Jüngling wird zum Superhelden.

Man erinnert sich, dass in den großen Mythen der Held aus dem Wasser hervorgeht oder über das Wasser kommt. So naht Agamemnon, um Illion zu brandschatzen, so erscheint Odysseus, um auf Ithaka für Ordnung zu sorgen. In der germanischen Mythologie gilt das Wasser als Ursprungselement des Lebens. Thales von Milet bestimmte es als Urstoff der Welt. Und Freud wird später im Traumsymbolik-Abschnitt seiner *Vorlesungen* den Hörern mitteilen, das Wasser sei seit Menschengedenken ein Symbol der Geburt. Er beruft sich dabei außer auf die Evolutionsbiologie, die die Entwicklung der Landsäugetiere aus Wassertieren nachgewiesen hatte,[362] auf die 1909 erschienene Studie des Psychoanalytikers Otto Rank über den *Mythus von der Geburt des Helden*.[363] In diesen Mythen, begonnen mit König Sargon von Agade etwa 2800 vor Christus, spiele »die Aussetzung ins Wasser und die Rettung aus dem Wasser eine überwiegende Rolle«. Rank habe erkannt, dass dies »Darstellungen der Geburt sind, analog der im Traume üblichen. Wenn man im Traum eine Person aus dem Wasser rettet, macht man sich zu ihrer Mutter oder zur Mutter schlechtweg; im Mythus bekennt sich eine Person, die ein Kind aus dem Wasser rettet, als die richtige Mutter des Kindes.«[364] Und ist nicht Teja mit seinen Kameraden von einem gotischen Kriegs*schiff* aufgenommen worden?

Es ist kaum anzunehmen, Dahn, der nicht nur Homer, sondern auch Herodot, Pindar, Horaz und Ovid gelesen hatte, habe von den frühen und frühesten Mythen des Altertums nichts mitbekommen. Auch war bereits 1861 *Das Mutterrecht* erschienen, der Versuch des Basler Juristen und Historikers Johann Jakob Bachofen, die Menschheitsgeschichte als evolutionäres Stufenmodell mit gynaikokratischen Anfängen zu beschreiben.[365] Bachofen stützt sich dabei zwangsläufig auf die mythische Überlieferung, in der er wiederholt das Wasser als genetisches Urelement und die Erde als dessen stoffliche Grundlage dargestellt sieht: »Die Frau vertritt die Stelle der Erde und setzt der Erde Urmuttertum unter den Sterblichen fort. Andererseits erscheint der zeugende Mann als Stellvertreter des allzeugenden Okeanos. Das Wasser ist das befruchtende Element.«[366] Bachofens Untersuchung, die den Mythos als symbolische Verdichtung historischer Verhältnisse auffasst und als »getreue(n) Ausdruck des Lebensgesetzes jener Zeiten« liest,[367] erschien der Altertumswissenschaft seiner Zeit als verstiegen. Gleichwohl erweist sich seine Studie als reicher Schatz von Mythen, an dem sich das bürgerliche Denken labte.

So ist es auch nicht ohne Bedeutung, wenn der Geschichtswissenschaftler Dahn seine Vorlieben für mythologische Erzählungen nicht verschweigt. Bachofen nicht unähnlich hatte er in einer populärwissenschaftlichen Schilderung den deutschen Nationalcharakter nicht zuletzt auf die Gestalten der germanischen Göttersage zurückgeführt. So wird begreiflich, wenn der Autor des *Kampf um Rom* seinen Helden das Schmiedehandwerk ausüben lässt und das Feuer metaphorisch zum bestimmenden Element von Tejas Charakter macht. Denn wenn man Freud, der ja selbst immer wieder den Mythos zur Erklärung psychischer Strukturen heranzieht, glauben darf, so bezeichnet das Feuer in den Mythen des Abendlandes die erhöhte Temperatur sexueller Triebregungen:»Die Feuerbereitung und alles, was mit ihr zusammenhängt, ist auf das innigste von Sexualsymbolik durchsetzt. Stets ist die Flamme ein männliches Genitale, und die Feuerstelle, der Herd, ein weiblicher Schoß.«[368]

Setzt man nun die erzählerischen Einzelstücke von Tejas Gefangennahme und Befreiung zusammen, so ergibt sich ein beredtes Bedeutungsmuster: Der Jüngling wandelt seine übernormal starken Triebregungen in eine kriegerische Aktion um, um sich selbst als Helden hervorzubringen. Er erschafft sich selbst gemäß seinen natürlichen Anlagen. Der Akt schildert folglich die Geburt des autonomen Individuums aus dem eigenen Willen. Der Held selbst schmiedet sogar noch die Waffe, mit der er eigenhändig die begehrte Frau tötet. Das aufgerichtete männliche Schwert dringt in den weiblichen Leib – so entpuppt sich die versehentliche Tötung der begehrten Frau als Metapher für die Selbst-Zeugung des Helden, der sich damit auch von der Frau losreißt, um im männlichen Element der zu werden, der er werden soll.

Es scheint also, als würde ein unbewusstes Motiv Teja zu einer Tat getrieben haben, die dem bewussten Menschen als Katastrophe erscheint. Was auch sollten Heldenfiguren vom Schlage eines Teja oder Cethegus oder Jürg Jenatsch mit einer Frau anfangen? Sie wären nur von der heimlichen Furcht gepeinigt, diese Frau hielte sie vom Heldsein ab.

Nicht zufällig sind die emphatischen Helden während der Zeit der eigentlichen Handlung Männer ohne Frauen. Entweder liegt die partnerschaftliche und erotische Lebensphase längst hinter ihnen, wie bei Dahns Hildebrand und Cethegus oder Fontanes Berndt von Vitzewitz. Oder sie tritt, wie im Falle von Teja, von Meyers Jürg Jenatsch oder Scheffels Ekkehard nur als Wunsch und Vorstellung ein. Und in einer gemäßigten Variante, wie sie Fontanes Lewin, Hans Wohlfart und der flamboyante Baron von Fink in Gustav Freytags *Soll und Haben* repräsentieren, liegt der partnerschaftliche Lebensabschnitt noch vor ihnen. Immer aber sind die Helden während der Phase der Aktion nicht an eine Partnerin gebunden.[369] Eine solche Bindung hinderte sie an ihren Taten (das ließ sich schon der *Ilias* entnehmen) und gefährdete die starke Ich-Grenze zur Außenwelt. Bezeichnend, wenn Felix Dahn Teja erzählen lässt, er hätte, wäre er alleine gewesen, seiner Gefangenschaft längst entfliehen können:»Aber ach – ich floh nicht! Myrtia hielt mich gefesselt!« (II,504) Gefesselt! Und wie reagiert der Held? Er durchtrennt die Fessel und befreit sich zu sich selbst.

Die Frage nach dem unbewussten Motiv freilich ist eine psychoanalytische, Dahn konnte sie noch nicht aufwerfen. In seinem Text motiviert er Tejas Handlung biologisch: als Folge eines genetisch getunten, gleichsam elektrischen Blutes. Das liegt in den weltanschaulichen Absichten des Autors. Denn das Übertrauma der Tötung ist ja Vorsaussetzung für die spätere Form des Helden. Das Erlebnis hämmert aus dem Jüngling den heroischen Mann hervor. Und der wird gebraucht für den nationalen Kampf. Also für nichts Geringeres als für die Weltgeschichtliche, nämlich die Geburt eines germanischen, das heißt deutschen Nationalstaats. So ist abermals die private Geschichte in einen ursächlichen Zusammenhang mit Staats- und Ereignisgeschichte gestellt. Das Beispiel zeigt auch die Absicht Dahns, die einzelne, zufällige Begebenheit in den Dienst historischer Notwendigkeit zu stellen. Nichts geschieht umsonst, es waltet eine sinnvolle Ordnung. Zwar nicht offenkundig, wohl aber unter der Oberfläche unübersichtlicher Ereignisse.

## Biographische Sinnstiftung:
## Element der Allvernunft und Ungeschichtlichkeit von Geschichte

Diese sinnvolle Ordnung aufscheinen zu lassen, darin liegt das Geheimnis dieser Biographien verborgen. Sie dienen nicht allein der Verklärung des Heldentums. Vielmehr sind sie alle mit den Geschichtsläuften derart verflochten, dass das Zufällige zugunsten des Zusammenhangs schwindet. Die Biographie des Helden bestätigt den ontologischen Grund der zufällig scheinenden Oberflächenwirklichkeit. Dieses Verhältnis wäre sogar an Nebenfiguren nachzuweisen, doch in den Heldenfiguren kommt es, wie das Beispiel Tejas zeigt, klarer zum Ausdruck.

Nicht minder klar drückt es sich an Tejas großem Gegenspieler aus, dem römischen Nationalistenführer Cornelius Cäsarius Cethegus. Der Leser erfährt in einer Rückblende, Cethegus habe als Jüngling die Tochter einer altrömischen Patrizierfamilie, Manilia, geliebt. Das muss etwa zwei Jahrzehnte vor der eigentlichen Handlung gewesen sein, in der Anfangsphase von Theoderichs Herrschaft: »Sie folgte mir willenlos, wie Eisen dem Magnet, und ich fühlte, daß sie mein guter Genius war. Da kam ein Gotenherzog...« (II,449)

Tatsächlich hängt Cethegus' Liebesgeschichte mit dem Versuch Theoderichs zusammen, sein germanisches Volk in die Tradition der antiken Kultur zu stellen und über verwandtschaftliche Verbindungen den Bestand seiner Herrschaft zu sichern. So soll auch Manilia auf Betreiben jenes Gotenfürsten mit einem gallischen Senator verheiratet werden. Die Ähnlichkeit mit Tejas Biographie ist offenkundig: Die Geliebte droht ihm in einer Zwangsehe mit dem Feind verloren zu gehen. Und auch Cethegus, dessen natürliche Anlagen ihn zum Helden bestimmen, zieht die Waffe:»... da ergreift mich wahnsinnige Verzweiflung: – ich stürme in den Saal und umschlinge sie und reiße sie mit mir mit hochgeschwungenem Schwert.« (II,450) Auch hier ist der Ausgang nicht der erhoffte:»Aber sie waren zu neunzig, die Tapfern: lang erwehrte ich mich ihrer: da traf mich des Balten Alarich Schwert...« (II,450) Gerettet wird der schwer traumatisierte Jüngling übrigens über das Wasser, Fischer finden den Ohnmächtigen am Ufer des Tiber. Und auch in Cethegus löst das Trauma die im Blut gebundenen Kräfte. Nach einer Phase der Krankheit und Rekonvaleszenz erwacht in dem von Natur her Tatkräftigen, aber auch Empfindsamen, der ganze Krieger. Cethegus kämpft freiwillig und »mit todverachtender Tapferkeit« (I,68) im gotischen Heer gegen räuberische Germanen und wird so, im Kriegsdienst weiter gehärtet, zum stählernen Charakter.

Bemerkenswert an dieser Episode ist zudem, dass sie auf die Herrschaft Theoderichs des Großen als Muster eines rechtsstaatlichen Gemeinwesens Schatten wirft. Was Cethegus widerfährt, ist eindeutig Unrecht und die Willkür missbrauchter Macht. Mit diesem Hinweis offenbart Dahn eine Denkfigur des Realismus, die sein Wertesystem deutlich gegen den neuen Nationalismus der klassischen Moderne abgrenzt: Kein Urteil bleibt absolut, nicht das über die eigene Völkerschaft, nicht das über fremde. Es kennzeichne gerade den Rang der bürgerlichen Kultur im 19. Jahrhundert, so urteilt Jakob Burckhardt in seinen 1868 und 1870/71 als Vorlesung in Basel gehaltenen und erst postum erschienenen *Weltgeschichtlichen Betrachtungen*, dass sie »einen hohen Grad von Allempfänglichkeit« erlangen konnte. »Wir haben Gesichtspunkte für jegliches und suchen auch dem Fremdartigsten und Schrecklichsten gerecht zu werden.«[370]

Die nationalen Typisierungen in unseren Romanen jedenfalls bestätigen diese Einschätzung. Keine der beschriebenen Kulturen ist rein negativ oder rein positiv, absolut gut oder absolut böse – wenn auch am so oder so gearteten Grundcharakter kein Zweifel gelassen wird. Des Unrechts wegen, das Cethegus von offizieller Seite her widerfahren ist, hat er ein Recht, sich zu rächen. So wird sein Hass auf die Feinde, wie der Tejas, über die angeborene, im Blut liegende Antipathie hinaus psychologisch (wenn auch noch keinesfalls psychoanalytisch) motiviert. Seine späteren Taten sind durchaus erklärbar und so in gewisser Weise moralisch zu rechtfertigen. Es ist nicht allein die Idee des autonomen Staates, die ihn treibt. Es ist auch, wie bei Teja, das erlittene Unrecht.

Daraus leiten sich wiederum mindestens zwei Gedanken ab, die das Geschichtsbild des Romans beherrschen. Der erste wurde bereits genannt: Nichts ist umsonst. Lebensgeschichtliche Ereignisse haben ihren Sinn im historischen Zusammenhang. Indem Cethegus als erbitterter Gegner der Goten an der Zerstörung ihres italienischen Staates mitwirkt, trägt er zu ihrer nationalen Selbstfindung und letzten Endes zur Wiederkehr eines germanischen Zeitalters bei. Im Grunde ziehen er und Teja am gleichen Strang.

Auch der zweite Satz wurde bereits angedeutet: Privatgeschichte und Ereignisgeschichte bedingen einander. Mit dieser Verknüpfung verketten sich die Einzelereignisse zu einem System, in dem jedes scheinbar zufällige und beliebige Element eine Funktion erfüllt und dazu beiträgt, das System an einen bestimmten Endpunkt zu bringen. Geschichte ist stets ein sinnerfüllter Prozess. Untergänge, Katastrophen, das Scheitern kultureller Integration ändern daran nichts, sie gehören sinnvoll zum Ganzen.

Mag die klassische Theodizee gefallen, mag »die schöne grüne Hegelei«, wie Nietzsche spottete, auf den »Feldern des Geistes verhagelt« sein,[371] der ontologische Zusammenhang scheinbar zusammenhangsloser Ereignisse, die verborgene und rätselvolle Allvernunft der Geschichte, steht zu Dahns Zeit noch in Blüte. Der Zufall verliert den Stachel des Zufälligen.

Und zu dem Zauber, den sich Fontanes *Vor dem Sturm* bis heute bewahrt hat, mag nicht zuletzt eben dieses sinnstiftende Initiationsmodell beitragen, das der Autor in die Entwicklung Lewins eingebaut hat. Sein menschenfreundlicher Jüngling, der wenig mit Dahns wildem Melancholiker Teja gemein zu haben scheint, ist weich von Charakter, neigt zu Träumerei, Literatur und Melancholie und ist künstlerisch empfindsam. Lewin liest Shakespeare, lässt sich rühren von der Innigkeit verwitterter Grabinschriften (»die letzte Zeile namentlich hatte einen tiefen Eindruck auf ihn gemacht« [12]), und bleibt nicht unempfänglich für die Kunstreligion der Romantik.

Auch in Lewins Biographie steht ein früher Verlust, weniger hart als der Tejas, doch von ähnlicher Qualität. Weit vor der Zeit, der Jüngling ist noch Knabe, stirbt die Mutter. Es scheint, als trügen bei entsprechend gesunder Anlage Brüche im Familienverband zur Genese des heroischen Menschen bei.[372] Jedenfalls ist mit Händen zu greifen, dass die Wege, auf denen die jugendlichen Helden in *Sturm* und *Kampf* zu Männern werden, die gleichen sind. So trifft auch Lewin im Jünglingsalter der Schock des großen Traumas, das Fontane nur ein wenig kleiner ausfallen lässt als Dahn. Lewin muss die begehrte Frau, Kathinka, nicht gleich töten. Es genügt, wenn sie ihn verlässt. Dem Schock folgt der Zusammenbruch, das Fieber. Der Doktor diagnostiziert:»Überreizung der Nerven«. (498) Am Ende dann, nach dem Kriegszug, ist auch hier der Junge Mann.

Dieses Initiations-Schema, die *education sentimentale* der Gründerzeit, einer Rosskur gegen die romantische Krankheit, mutet wie die leicht gemilderte literarische Ausführung jenes radikalkämpferischen Sado-Maso-Aphorismus an, den Nietzsche wenige Jahre später zum Besten gab:»*Leiden schaffen* – *sich selber* **und Anderen** – um sie zum höchsten Leben, dem des Siegers zu befähigen – wäre mein Ziel.«[373] Bemerkenswert ist, dass der eigentliche Wandel während der Ohnmacht stattfindet. Dieser Zustand extrem reduzierten Bewusstseins ist mithin ein sehr naturnaher Lebenszustand. Natur aber bringt die Wahrheit ans Licht. Sie holt hervor, was in der Tiefe des traumatisierten Helden an Potenzen schlummert. Fontane nennt sein Kapitel, das die Krankheits- und Genesungsphase Lewins beschreibt, beredt»So spricht die Natur« (510-16). Die natürliche Anlage des Helden, seine psycho-physische Konstitution, ist der Prüfstein.

Auch Fontane also psychologisiert die Entwicklung seines Helden, beschreibt den psychodynamischen Prozess, der er durchlebt, gleichsam psychobiologisch. Was da im Innern abläuft und über den Charakter des Helden entscheidet, ist eine Frage der körperlichen Verfassung und seelischen Energie. Diese biologistisch-energetische Konzeption des seelischen Haushalts bedingt eine Anthropologie, die sich in dem Satz zusammenfassen lässt: Der Mensch ist seit jeher der gleiche und ändert sich.

In dem beschriebenen anthropologischen Modell festgelegter Entwicklung löst sich das Paradox indessen auf. Eine Persönlichkeitsentwicklung ist möglich innerhalb eines bestimmten unveränderbaren, biologisch gesetzten Rahmens. Dieser Prozess läuft nach ein und demselben Grundmuster ab, wobei die persönlichen Anlagen und jeweils gegebenen kulturellen Bedingungen verschiedene Varianten hervorbringen. Auf diesem Fundament baut Freuds Psychoanalyse auf.[374] Der Mensch ist komplexen psychodynamischen Prozessen unterworfen, die demselben Schema gehorchen. Ein gewitzter amerikanischer Historiker schrieb, Freud habe einer von Umbrüchen und Wandlungen gejagten Epoche »eine ahistorische Theorie von Mensch und Gesellschaft« geschenkt, »die eine aus den Fugen (...) geratene politische Welt leichter zu ertragen erlaubte«.[375] Allein, eine ahistorische Theorie vom Wesen des Menschen existiert, sieht man genau hin, seit Homer, seit dem Alten Testament.


## Abenteuerliche Bildungsfahrten: die Schule der Gewalt


In Nietzsches *Fröhlicher Wissenschaft*, 1882 erschienen[376], folgt auf die Frage: *Was sagt dein Gewissen?*, die Antwort: »Du sollst der werden, der du bist.«[377]

In der literarischen Fiktion ist dieser Prozess, so hat sich gezeigt, längst gestaltet. Er ist allerdings nur um den Preis des Schreckens und Schmerzes möglich. Das im Helden Angelegte wird weniger entwickelt als durch Gewaltakte hervorgetrieben. Die Gewalt wirkt katalysatorisch. Ereignisse also, welche die Psychoanalyse mit dem Begriff des Traumas als Schädigung der psychischen Gesundheit einstuft, bewertet die bürgerliche Literatur der Gründerzeit noch ganz anders. Gewiss leugnen die Autoren nicht den Schmerz, den Verlust lebenserfüllender Momente (Partnerin, Ehe). Allein, sie rechnen dem Verlust bedeutende Gewinne zu, die emphatische Männlichkeit nämlich, das Held-Sein, die Fähigkeit zur Hingabe an die große Aufgabe. Das war möglich in einer Zeit, in der *Held-Sein* einen Wert darstellte. Damit war *Held-Sein* auch Psychotherapie.

Mit dieser Rechnung fügt sich das Trauma dann auch als notwendiges Element in die Arithmetik einer kohärenten Weltordnung ein – sicherlich auch eine Maßnahme, die schneller und bedrohlicher werdende Welt mit einer ahistorischen Konstruktion von Sinn in der Geschichte leichter im Griff zu behalten. Den Schmerz und den Schrecken mit der Entwicklung zur Männlichkeit zu verknüpfen und diesen individuellen Werde-Gang an die große Geschichte zu binden – dieser Denktypus jedenfalls beherrscht alle hier betrachteten Texte. In seiner sinnstiftenden Kraft wappnet er seelisch gegen die bedrohliche Gewalt geschichtlicher Umbrüche.

Es scheint aber wiederum, als fände man dieses Gedankenmodell auch in vielen anderen literarischen und historiographischen Erzählungen der Epoche. – etwa in Heinrich von Treitschkes Darstellungen der Preußischen Geschichte oder in Theodor Mommsens Schilderung der welthistorischen Sendung Cäsars. Zweifellos wirkt es weit in die klassische Moderne hinein und findet sich gehäuft in der Literatur zum Ersten Weltkrieg.

So schildert ein Autor, in dessen Werk dieses Modell nicht ohne weiteres vermutet wird, schildert Musil in einem seiner Tagebücher ein Kriegserlebnis, das eindeutig als Variante dieses heroischen Initiationstypus zu lesen ist. Musil, seit Ende September 1914 an der Südtiroler Front, notiert unter dem 22. September 1915:

> Das Schrapnellstück oder der Fliegerpfeil auf Tenna: Man hört es schon lange. Ein windhaft pfeifendes oder windhaft rauschendes Geräusch. Immer stärker werdend. Die Zeit erscheint einem sehr lange. Plötzlich fuhr es unmittelbar neben mir in die Erde. (…) Dabei von Erschrecken keine Spur, auch nicht von dem rein nervösen wie Herzklopfen, das sonst bei plötzlichem Choc auch ohne Angst eintritt. – Nachher sehr angenehmes Gefühl. Befriedigung, es erlebt zu haben. Beinahe Stolz; aufgenommen in eine Gemeinschaft, Taufe.—«[378]

Diese Aufzeichnung des im Rang eines Oberleutnants dienenden und im Verlauf des Krieges reich dekorierten Autors verrät wesentliche Momente der heroischen Männlichkeit: das ekstatische Erleben im Augenblick der Gefahr, das Gefühl der Auserwähltheit, der Eintritt in die Kaste der Krieger, und endlich die Mythisierung des heroischen Mannes, die dem seelischen Durchbruch in ein metaphysisches Sein gleicht.[379] Wesentlich für die gelungene Initiation ist, wie wir es bei den Figuren der realistischen Romane beobachtet haben, die gesteigerte Gefahr, die aus der Bedrohung kriegerischen Geschehens erwächst, sowie natürlich das Überleben, das die gleichsam göttliche Erwähltheit beweisen soll.

Aus diesem Blickwinkel gelesen, offenbaren sich Ernst Jüngers *Stahlgewitter* als moderner Entwicklungsroman, der auf der klassischen Form aufgebaut ist: Der Held verlässt als Jüngling den geschützten Raum seiner Herkunft, macht in unbekannten Welten eine Bildungsfahrt in mehreren, teleologisch aufeinander folgenden Abschnitten durch, die ihn vor schwer lösbare Aufgaben stellen und in immer gefährlichere Situationen verwickeln. Besteht er diese Prüfungen, kehrt er am Ende als Mann in die Sicherheit geordneter Verhältnisse zurück, heiratet, wird sesshaft. Er hat sich seinen Platz in der Welt erobert. Bei Jünger nun bestehen, den Zeitläuften gemäß, die Bildungsorte aus Schlachtfeldern. Die Bildungsfahrt ist eine endlose Kette von Grabenkämpfen, Stoßtruppunternehmen und Granateinschlägen, die sich zum Inferno verdichten. Als das Erzähler-Ich Ende April 1915 in Flandern sein erstes »Trommelfeuer« erlebt und am Oberschenkel verwundet wird, regiert zunächst das Trauma: »Meine Besinnung ließ mich völlig im Stich. (…) Ich raste wie ein durchgehendes Pferd durch dichtes Unterholz, über Wege und Lichtungen, bis ich in einem Waldstück nahe der Grande Tranchée zusammenbrach.«[380] Nach überstandener Ohnmacht ist zwar nicht wie bei Musil von »Taufe«, wohl aber von einer säkularisierten Form der Initiation die Rede: »Mit Speisen und Getränken gelabt und eine Zigarette rauchend, lag ich inmitten einer langen Reihe von Verwundeten auf meiner Strohschütte, von jener leichten Stimmung ergriffen, die sich einstellt, wenn man ein Examen zwar nicht ganz einwandfrei, aber doch immerhin bestanden hat.«[381]

Auch jenes Phänomen der »Epiphanie« des Augenblicks, das Karl Heinz Bohrer am Beispiel Hofmannsthals und Jüngers als Kernmotiv der modernen Literatur beschreibt, ordnet sich diesem Ablauf ein: eine Art Erweckungserlebnis, ein jäher Einbruch magischer, irrationaler Erkenntnis, die die Wahrnehmung des betreffenden Menschen verändert. Der so erlebende Mensch – er ist der Inbegriff des Kriegers und Künstlers – empfinde diese urplötzlich hereinbrechenden Augenblicke mystischer Erkenntnis als das einzig substantielle Element der Wirklichkeit. Damit aber sei jede Art »vorweggenommener Kontinuität in Frage« gestellt.[382]

Es scheint allerdings, als betreffe der von Bohrer behauptete Verlust des sinnvollen Zusammenhangs, das Erlebnis der fragmentierten Wirklichkeit, nur die Oberfläche, betreffe nur das, was Jünger als »Erscheinungen« bezeichnet. Denn im Rückblick, nach dem Erlebnis der *Epiphanie*, fügen sich die Wahrnehmungsfragmente zu einem sinnvollen, ontologisch begründeten Ereignisablauf. So verknüpft auch Jünger die Handlungen und Erlebnisse des heroischen Menschen mit dem Lauf der großen Geschichte, um schließlich diese Wahrnehmung emphatisch als mystische Erkenntnis zu feiern.

Als er nach seiner ersten schweren Verwundung von der Bahre im Lazarettzug aus die in Frühlingsfarben leuchtenden Felder betrachtet, geht ihm folgendes durch den Kopf: »Beim Anblick der von blühenden Kirschbäumen bekränzten Neckarberge empfand ich ein starkes Heimatgefühl. Wie schön war doch das Land, wohl wert, dafür zu bluten und zu sterben. So hatte ich seinen Zauber noch niemals gespürt. Gute und ernste Gedanken kamen mir in den Sinn, und ich ahnte zum ersten Male, daß dieser Krieg mehr als ein großes Abenteuer bedeutete.«[383]

So beschreiben die *Stahlgewitter* in den Erlebnissen des Ich-Erzählers die Entwicklung des naiven Jünglings zum Helden, schildern die Bildungsfahrt des Fronterlebnisses trotz der militärischen Niederlage als persönlichen Sieg. Ja, die Niederlage lässt den Sieg des heroischen Individuums gegen das unentrinnbare Schicksal der Historie umso glänzender hervorleuchten. Der Text endet mit den Worten: »An einem dieser Tage, es war der 22. September 1918, erhielt ich vom General von Busse folgendes Telegramm:

›Seine Majestät der Kaiser hat Ihnen den Orden Pour le mérite verliehen. Ich beglückwünsche Sie im Namen der ganzen Division.‹«[384]


Brandstifter und Biedermann:
bürgerliche Heldenleben in *Soll und Haben*


Wenn nun die Figur der heroischen Männlichkeit weit über den historischen Roman der Gründerzeit hinausragt,[385] so wirft sie ihren Glanz nicht nur nach vorne in die klassische Moderne. Vielmehr hat sie ihren Ursprung in den frühen Texten realistischen Denkens. Ein Vergleich mit dem Urtext des Realismus, mit Gustav Freytags ungeheuer beliebtem Roman *Soll und Haben*, lässt daran wenig Zweifel.

Gerade der bürgerliche Durchschnittsheld dieses realistischen Initiationsromans, Anton Wohlfart, offenbart, dass die heroische Männlichkeit als Grundmodell menschlicher Verhaltensweisen auch Normalsterbliche durchdringen soll. Als Ikone des *mittleren Helden*, wie ihn Walter Scott in seinen *Waverley-Novels* geschaffen hat,[386] ist er ja deutlich unterhalb des eigentlichen Heros, des emphatischen Mannes, postiert. Gleichwohl ist er diesem typologisch so stark angenähert, dass er die Grenze nach oben berührt – er verkörpert den Heros in Normalgestalt, den Tatmenschen in verkleinertem Format. Auch der Durchschnittsheld ist *Mann*.

Und als solcher auch wieder nicht ganz so durchschnittlich. Immerhin verliert er vergleichsweise früh, im Jünglingsalter, seine Eltern – die Lösung aus der Familie vor dem Erwachsenenalter ist, wie an Teja zu sehen war, Kennzeichen des Heroen. Auch Freytags Text belegt das: Der junge Baron von Fink, Verkörperung der emphatischen Männlichkeit schlechthin, erleidet in jugendlichem Alter den Bruch mit dem väterlichen Haus, indem er nach Amerika gesandt wird. Dort, in der Neuen Welt, wo schon vor Max Webers skeptischem Wort »die Drachensaat« unbeschränkten Gewinnstrebens ihre bösen Blüten entfaltete, findet das abenteuerliche Herz des gekränkten Fink Gelegenheit, in gewagten Finanzspekulationen seine Eignung zur Selbständigkeit zu beweisen. Anton vertraut er an: »Zuletzt ist der größte Unterschied zwischen uns beiden, daß Sie ihre Mutter gekannt haben und ich die meine nicht.«[387] Das heißt dann wohl: Er, Fink, als Halbwaise aufgewachsen, hat diesen Zustand als traumatisch empfunden.

Und weiter: »Ich besitze einen Onkel in New York, der dort einer von den Aristokraten der Börse ist. Dieser schrieb meinem Vater, als ich 14 Jahre war, er habe die Absicht, mich zu seinem Erben zu machen. Mein Vater ist sehr Kaufmann, ich wurde emballiert und abgeschickt.«[388] Die lässige Wortwahl, der Finksche Jargon der Coolness, ein Beleg für Freytags Talent, seinen Dialogen »außerordentliche Frische, Lebhaftigkeit, Rundung und natürlichen Fluß« zu geben, wie Fontane schwärmte[389] – dieser Jargon darf nicht über die Tatsache täuschen, dass die Erfahrung eine traumatische war. Fink: »Sie hatten mich aus meiner Heimat fortgerissen, ohne sich um meine Gefühle zu bekümmern; ich kümmerte mich jetzt den Teufel um die ihren.«« (102)

Das Trauma setzt gewalttätige Handlungsenergie frei: »In New York wurde ich bald ein gottverdammter kleiner Schuft und Taugenichts (...).«« (102) Der vertreibt sich die Zeit mit Tänzerinnen, setzt dem Dienstpersonal mit Fußtritten zu, um schließlich, der kalten Bequemlichkeit seiner abhängigen Luxus-Existenz überdrüssig, als Schiffsjunge anzuheuern. Dann schlägt er sich als Cowboy, Jäger und Kunstreiter durch. All diese Stationen jenseits der Sicherheit der väterlichen Welt sind Voraussetzungen für die Entwicklung zur heroischen Männlichkeit. Freytag lässt seine »entschiedene Lieblingsfigur«, wie der begeisterte Fontane Fink zu Recht einschätzte,[390] in dessen alte Heimat zurückkehren, schickt sie aber nach kurzem Zwischenspiel als Volontär bei der Firma Schröter abermals nach Amerika. Das Blut jedoch, die deutsche Abstammung, ruft ihn zurück. Er lässt den Trust des milliardenschweren Erbonkels liquidieren, um im preußischen Osten, im polnischen Siedlungsgebiet östlich der Oder, als Konquistador, als deutscher Kulturbringer zu wirken – ganz im Sinne Heinrich v. Treitschkes, der wenige Jahre später in seiner Schilderung der Geschichte des *Deutschen Ordenslandes Preußen* die Kolonisierung der preußischen Kernlande als Sieg »deutschen« Kultivierungswillens gegen die slawische Welt feiert.[391]

Diesem merklich verbürgerlichten Fink also ist der *mittlere* bürgerliche Held Anton Wohlfart in Charakter, Denken und Handeln seinerseits angenähert. Das Merkmal, früh auf sich gestellt zu sein, ist bei Wohlfart, wie es dem gutbürgerlichen Zuschnitt des Helden entspricht, abgemildert; Wohlfart verbringt seine Kindheit in einfachen, aber sicheren Verhältnissen. Auch nach dem – im übrigen natürlichen – Tode der Eltern ist für seine Laufbahn gesorgt, sein Vater hatte ihm frühzeitig eine Stelle als Kommis, das ist: als Auszubildender, im Handelscontor der in der Hauptstadt Berlin ansässigen Firma Schröter verschafft.

Gleichwohl bedeutet der Verlust des Elternhauses für den mittleren Helden ein schweres Trauma; er sieht sich alleine einer neuen, unbekannten und einschüchternd wirkenden Welt gegenüber. Als er, sein verwaistes Elternhaus endgültig im Rücken, vor der ehrwürdigen Fassade des Handelshauses steht, heißt es: »Anton trat mit klopfendem Herzen in den Hausflur und lockerte den Brief seines Vaters in der Brusttasche. Er war sehr kleinmütig geworden und sein Kopf war so schwer, daß er sich am liebsten einen Augenblick hingesetzt hätte, um auszuruhen. Aber wie Ruhe sah es in dem Hause nicht aus.«[392] In der Tat nicht, denn in dem Hause werden Waren aus aller Welt umgeschlagen. Es herrscht eine Dynamik, die dem Neuling die Einordnung scheinbar kontingenter Abläufe erschwert: »Hier war kein Ort der Ruhe, Anton stieß an einen Ballen, fiel beinahe über einen Hebebaum und wurde durch das ›Vorgesehen!‹ welches ihm zwei Enaksöhne mit Lederschürzen zuriefen, noch mit Mühe vor dem Schicksal bewahrt, unter einer großen Öltonne plattgedrückt zu werden.«[393]

Als er bald darauf von dem jungen Baron von Fink, dem emphatischen Mann, wie ein Laufbursche behandelt wird, schildert der Erzähler den psychischen Zustand des Helden wie folgt: »Er fühlte sich vernichtet, geschmäht, gehöhnt von einem Stärkeren, tödlich gekränkt in seinem jungen, harmlosen Selbstgefühl. Sein ganzes Leben schien ihm zerstört, er kam sich hilflos vor auf seinem Wege, allein in einer fremden Welt. (…) Es wurde ihm schwer ums Herz und seine Augen füllten sich mit Tränen.«[394]

Der *mittlere* Held also, kein künstlerischer Träumer, doch ein Jüngling mit empfindsamem Gemüte, trifft auf eine weniger gemütvolle, feindselig erscheinende Wirklichkeit, die ihn zwingt, sich in ihr zu bewähren. Der Zusammenhang von früher traumatischer Erfahrung und Mann-Werdung ist auch im Fall Anton Wohlfarts offensichtlich. Wohlfart nähert sich in dieser Entwicklung sogar jener Grenze an, ab der der Lebenskampf heroische Züge annimmt. Nicht nur gewinnt er sich die Freundschaft des kaltschnäuzigen Fink gerade durch die Demonstration eines unerschrockenen Kampfgeists, indem er ihn, Fink, auf dessen Beleidigung hin fordert. Er gerät auch in Lagen, die nicht allein seine soziale Existenz, die auch sein Leben gefährden.

Das geschieht zum ersten Mal, als ein Volksaufstand in Polen[395] zwei Warentransporte der Firma Schröter blockiert. Der Prinzipal Traugott O. Schröter, der vorbildliche bürgerliche Tatmensch, ein Mann der nüchternen Männlichkeit, reist persönlich ins Krisengebiet. Sein Kommis Anton soll ihn begleiten. Daher hüllt ihn der Erzähler sichtbar in eine kriegerische Aura und teilt mit: »Er ging nach seinem Zimmer, packte geräuschlos eine Reisetasche, holte die damaszierten Pistolen heraus, welche ihm Fink hinterlassen hatte, und warf sich halbentkleidet auf das Bett, (...).« (329) Grundlage dieser Aktion ist zwar die zivile Ethik des Unternehmers Schröter, der sich über Wohlfarts martialische Aufmachung lustig macht: »Ich glaube nicht, daß es Ihnen gelingen wird, durch diese Puffer unsere Waren wieder zu erobern.« (330) Tatsächlich führt dann Lösegeld weiter als Blei.

Dennoch ist bei dem Unternehmen eine Bedeutungsstruktur aufgebaut, die auf den *mittleren* Helden Wohlfart ein gewisses anderes Licht wirft. Als beide sich dem im Grenzgebiet stecken gebliebenen Wagen nähern, stellt sich ihnen eine Gruppe bewaffneter »Insurgenten« entgegen. Diese »behielten mit drohender Haltung ihre Gewehre im Anschlag und zielten, wie Anton ohne besonderen Wohlgefallen bemerkte, unter heimtückischem Augenblinzeln sämtlich grade auf ihn«. (335) Wohlfart indessen zuckt keine Wimper, und als der Wagen über die Grenze zurückgeschafft ist, schaltet sich der Erzähler mit vielsagendem Kommentar ein: »Er hatte zum erstenmal eine kleine anständige Kriegsgefahr durchgemacht (...) und jetzt saß er neben einem jungen Krieger, den er hochzuschätzen äußerst bereitwillig war, und hatte die Freude, diesem seine Zigarren anzubieten und von dem Abenteuer dieses Tages zu sprechen.« (337)

Die Lage verschärft sich noch. Als die Geschäftsleute versuchen, den größeren Rest ihrer Fracht aus dem Krisengebiet zu schaffen, geraten sie in ein Handgemenge.« Interessant sind nun die Prädikate, die der biedere Wohlfart bekommt:»Schnell wie der Gedanke sprang Anton zu seinem Prinzipal, er riß diesen mit sich fort, und beide flogen durch das Vorzimmer die Treppe hinab in den Hausflur.« (360) Bei ihrem Konvoi angelangt, bedroht sie eine Gruppe von marodierendem »Straßengesindel«, dessen Anführer den Prinzipal mit dem Säbel angeht. Wieder bewährt sich der Kommis:»Er sprang blitzschnell hinter den Wirt, faßte ihn mit der Stärke eines Riesen am Genick…« (362) Schnell wie der Gedanke, flink wie der Blitz, stark wie ein Riese – das sind jene bekannten Metaphern, die Leistung jenseits der Norm bekunden und Wohlfart dem Krieger Teja ähnlich machen. Und umso ähnlicher, als der begabte Lehrling im nächsten Augenblick gerade jene Waffe zum Einsatz bringt, die der Prinzipal für nutzlos erachtete und die ihn jetzt rettet:»Als der Dicke [der Anführer des »Straßengesindels«], wie ein Käfer zappelnd auf dem Rücken lag, hielt ihm Anton wieder die Pistole vor und schrie in seiner verzweifelten Begeisterung: ›Zurück, ihr Schufte, oder ich schieße ihn tot.‹« (362) Mut, Tatkraft und Leistungsfähigkeit des Helden zahlen sich aus.

Sein Erfolg stärkt Antons Position in der Firma entscheidend. Die Tür zu deren Privatsphäre öffnet sich ihm. Zurückgekehrt aus dem polnischen Unternehmen, empfängt ihn die Schwester des Chefs, Sabine, am Familientisch, und Anton erkennt,»daß seit jenem Streich des slawischen Säbels auch seine Stellung zur Familie und zu ihr geändert war. Die Schranke war gefallen, welche bis dahin den Arbeiter des Comtoires von dem Fräulein getrennt hatte.« Der soziale Aufstieg ist der Lohn der Mühen, die auch eine seelische Veränderung zeitigen: Sie stärken die Persönlichkeit des Helden, indem sie die in seiner Natur angelegten intellektuellen und moralischen Eigenschaften entwickeln.»Und mit einer stolzen Freude, welche ihm das Herz schwellte, empfand er auch, daß er selbst in dieser Zeit ein Mann geworden war, wohl wert, daß ein Weib seiner Kraft und Ruhe vertraue.« (422) Das nimmt auch Sabine wahr:»Auch er war ihr ein anderer, seine Züge waren bestimmter, seine Haltung sicherer, seine Rede fest.« (422) Da der Held nun Mann ist, erfüllt er das Muster der nüchternen Männlichkeit, mit der eine einträgliche und ehrenhafte Stellung in der Gesellschaft verbunden ist. Die Geschichte könnte mit einer Heirat schließen.

Doch liegt Antons Bestimmung höher, und es bedarf, sie zu erfüllen, einer weiteren Annäherung an die *emphatische Männlichkeit*. Eine neue, gefährlichere, belastendere Begegnung steht ihm bevor: Gegen jede Vernunft des vorsorgenden Arbeitnehmers entschließt sich der jugendliche Held

Wohlfart, seinen sicheren Posten im Unternehmen Schröter aufzugeben, um Geschäftsführer des adligen Bankrotteurs von Rothsattel zu werden. Mit diesem Schritt riskiert er den sozialen Absturz, ja, das Leben selbst. Anton verlässt den Bereich bürgerlicher Gesittung und tritt in den gefährlichen Raum der Unordnung und des Krieges ein, eines Raumes, der zugleich unkultivierte, abweisende Natur wie verfallende Kultur umfasst: eben jenes als kolonisationswürdig beschriebene polnisch-preußische Grenzgebiet.

Dieser Übertritt bedeutet die zweite und entscheidende Abweichung von der vorgezeichneten linearen Biographie:»Und mein Los wird sein, von heute ab für mich allein den Weg zu suchen, auf dem ich gehen muß.«« (482) Was ihn auf diesen Weg treibt, ist die gleiche Kraft, die alle Helden bewegt: das Bedürfnis nach Eroberung, nach eigenständiger Schöpfung, nach innengeleiteter Produktivität, das Bedürfnis nach *Held-Sein*. Es gibt auch bei Anton äußere, rational begründbare Motive verschiedener moralischer Qualität: Landgewinn, Geldgewinn, Ehre, auch der Glaube an ethische Verpflichtungen, an eine kulturelle Sendung.»Ein unermüdlicher, aufopfernder Helfer«, erklärt der Erzähler, Wohlfarts Gedanken wiedergebend,»war den Frauen nötig, um sie vor dem Unheil zu bewahren. Und er tat ein gutes Werk, wenn er dem Drange folgte, er erfüllte eine Pflicht.« (490)

Der eigentliche Antrieb aber ist ein irrationales Moment, eine psychische Kraft, ein Trieb, das, was Schopenhauer als *Wille* verstand. Nachdem Wohlfart von der Baronin Rothsattel und ihrer Tochter gebeten worden war, der Familie aus dem Ruin zu helfen, heißt es:»Mit glühenden Wangen eilte Anton über die Straße. Der bittende Blick der Edelfrau, die gerungenen Hände Lenorens winkten ihn hinaus aus dem dunklen Comtoir in größere Freiheit, in eine ungewöhnliche Zukunft, aus deren Dunkel einzelne Bilder leuchtend vor ihm aufblitzten.« (490) In dem Augenblick, als sich Anton entscheidet – oder vielmehr der irrationale Wille für ihn entschieden hat – beginnt erst die eigentliche heroische Bewährung.

Der allein beschrittene Weg ist als Initiationsakt ein Weg der Schmerzen. Er beginnt »(a)n einem kalten Oktobertage« (493) und führt den Helden auf ein verfallenes Rittergut, dem unwirtlichen letzten Zufluchtsort der Rothsattels:»Er war ausgesetzt wie auf einer wüsten Insel.« (499) Auf sich gestellt, hat der vermeintliche Biedermann gegen sandige Wiesen, zugiges Mauerwerk und den Standesdünkel des gescheiterten Freiherrn zu kämpfen. Auch machen Brandstifter die Gegend unsicher, der Aufstand flackert überall im Lande.

Es liegt auf der Hand, dass in derartigen Charakterisierungen Kritik am alten Adel geübt wird, der, anders als Fink, an überholten Gesinnungen festhält. Rothsattel zeigt sich laut Erzähler unfähig, zu seinem Geschäftsführer jenes »sittliche Verhältnis« gegenseitigen Vertrauens und gemeinsamen Leistungswillens zu stiften, das zu den tragenden Säulen der bürgerlichen Arbeitswelt zählt (734). Zum anderen spiegelt Freytag in der Abbildung des verkommenen polnischen Landstrichs die Überlegenheit der eigenen Nation, der eigenen Moral und Kultur, ja sogar der eigenen Natur – das gehört zur Identitätsstiftung, der nationalen wie der bürgerlichen. »Das alles«, begeisterte sich Fontane, »ist nicht nur Labsal für ein deutsches und preußisches Herz, es ist auch ebenso wahr wie es schön ist. Die Polenwirtschaft ist durch sich selbst dem Untergange geweiht; Preußen ist der Staat der Zukunft (...), und das Bürgertum (...) ist unbestritten die sicherste Stütze jedes Staates und der eigentliche Träger aller Kultur und allen Fortschritts.«[396]

Es liegt auf der Hand, dass die Abwertung der nichtpreußischen Volksgruppen und der außerbürgerlichen Orte auch das Profil des Helden schärfen. Und das soll wiederum das eigene nationale Machtgefühl stärken, denn Anton ist ein bürgerlicher Musterpreuße. Es passt ins Bild, wenn Wohlfart, der einfache Comtoirist, einen stärkeren heroischen Zug als zuvor erhält. Zwar bleibt er als »Rentmeister« des Barons in einem abhängigen Verhältnis; doch verfügt er als einziger der am Aufbau des Landguts Beteiligten über wirtschaftliches Know How. Zudem ist der verkrachte Baron nach einem Selbstmordversuch blind – eine beredte Metapher für die gesteigerte Eigenständigkeit Antons. So führt er auch in dem neu entfachten Aufstand den Widerstand der im Grenzgebiet lebenden deutschen Bürger mit an (589-607) und organisiert eine Bauernwehr, um das Gut zu schützen. Er wandelt sich zum Krieger: »Auch Anton umgürtete sein Herz mit dem Panzer kriegerischen Zornes; er heftete eine Kokarde auf die Mütze, und seine Rede erhielt einen Anflug von militärischer Strenge; er trug seit dem Tage von Rosmin ungeheure Wasserstiefel, und sein Tritt fiel schwer auf die Stufen der Treppe.« (611)

Um es kurz zu machen: Der Held bleibt natürlich der *mittlere* Held, das heißt, der Repräsentant des Volkes in seinem Durchschnitt. Und das heißt im 19. Jahrhundert: Er bleibt der Vertreter bürgerlicher Werte. Er ist kämpferisch, ein Ethiker der Leistung, er ist innengeleitet, aber er ist kein Krieger schlechthin, auch kein Künstler. Er verkörpert nüchterne Männlichkeit.

267

Das bezeugt auch die weitere Handlung: Baron von Fink muss als »Deus ex machina«, wie Fontane ihn nennt,[397] auf dem polnischen Schauplatz erscheinen, um das Landgut und damit auch Anton vor dem Untergang zu retten. Doch es bleibt dabei: »Wir kommen an Krisen, die uns um das Schicksal unseres Helden besorgt machen, aber sein gutes Glück und seine gute Natur sind die endlichen Überwinder.«[398] So urteilte Fontane, und er urteilte recht. Als Überwinder hat Wohlfart, auch wenn die Grenze zum Heroen, zur emphatischen Männlichkeit, klar gezogen ist, Merkmale, die ihn an diese Grenze heranführen. Dazu dienen die Krisen, die zur Bedingung seiner Selbstfindung werden: Erst, nachdem er die Schwierigkeiten heroisch überwunden hat, wird aus ihm der Mann, der fähig ist, ein Unternehmen zu führen und die entsprechende Frau zu bekommen.

Bezeichnend ist auch der Gruß, den Fink am Ende Antons Verlobter Sabine Schröter entbietet: »Gute Freundschaft, Frau Schwägerin« (836) – eine metaphorisch gestiftete Verwandtschaft rückt den Helden charakterlich und sozial noch näher an den adligen Fink. Als Wilhelm Meister des Realismus verkörpert Anton Wohlfart den *mittleren Helden* an der Schwelle zur emphatischen Männlichkeit, der den bürgerlichen Traum von wirtschaftlichem Erfolg, Familie, Eigenheim und einer Verbindung zum Adel verwirklicht.

Wer wissen will, was bürgerliches Denken heißt, kommt um die Lektüre dieses Romans nicht herum.

## Der Wille zur Macht und die Größe des Scheiterns: Cethegus und Teja

Auffällig an Freytags Helden ist, was schon Fontanes Helden erkennen ließen: Sie sind erfolgreich. Trotz zwischenzeitlicher Zweifel optimistisch, scheinen sie von Dahns Helden wesentlich verschieden: Teja scheitert augenscheinlich und er sieht das Scheitern voraus; die Goten, die ja als Volk auch kollektiv *Held* sind, scheitern, wie es scheint. Auch der heroische Gegenspieler der Goten, der römische Nationalistenführer Cethegus, scheitert. Markieren Dahns Helden, markiert der Roman als Ganzes, den angeblichen Wandel bürgerlichen Denkens von optimistischen Aufbrüchen zu pessimistischer Untergangsahnung? Oder ist es vielmehr so, dass gerade das Scheitern dem Helden erst die tragische Weihe verleiht? Dass also die emphatische Männlichkeit sich erst im Missglücken ganz zur heroischen Männlichkeit überhöht? Dass am Ende das Scheitern kein Scheitern ist, vielmehr ein Sieg? Dass also auch der Pessimismus kein Pessimismus ist?

Diese Fragen führen zurück zum *Kampf um Rom*. Dort sind, vielleicht maßgebend für die Gründerzeit, in den Antagonisten Teja und Cethegus die beispielhaften Figuren heroischer Männlichkeit gestaltet: Genies des Krieges, der Kunst und des Willens zur Macht.

Teja und Cethegus sind tragische Helden. Der eine ist es bewusst, er erhebt seine Tragik geradezu zum Lebensstil. Der andere erkennt die Tragik seines Tuns erst am Ende, im Scheitern. Beide Figuren aber bilden einen Kodex des Verhaltens ab, an dem die Autonomie des Individuums zum Ausdruck kommen soll. An beiden verdeutlicht sich ein Freiheitsbegriff, der seine Ursprünge in Hegels praktischer Philosophie und in Kants Ethik der unbedingten Pflicht hat.

## Der befreiende Schritt in die Tat

Um daran zu erinnern: Cethegus ist der Kopf der römischen Nationalbewegung. Nach Theoderichs Tod von dessen Tochter und Nachfolgerin Amalaswintha zum Stadtpräfekten Roms ernannt, benutzt er sein Amt, um heimlich gegen die fremde Macht zu arbeiten. Sein Ziel: das alte Imperium Romanum wiederaufzurichten. Obwohl er, Tatmensch mit Leib und Seele, alles für sein Ziel einsetzt, Zeit, Kraft, Talent, Vermögen, geht er daran zugrunde. Sein Untergang ist notwendig, zwingend: Die Zeit römischer Herrschaft ist vorüber. Rom hat sich »vermöge eines Naturgesetzes«[399] erledigt – mit dieser organizistischen Metapher hatte der liberale Staatstheoretiker August Ludwig von Rochau Mitte der 1850er Jahre die Bewegung politischer Formen überhaupt beschrieben. Staaten und Völker, das war unter den bürgerlichen Gebildeten gängige Meinung, gehen auf und gehen unter gleich organischen Gebilden. Der Machtmensch Cethegus musste demnach sein Ziel verfehlen. Kraft naturgesetzlicher Bestimmung ist es unmöglich, aus den dekadenten »Italiern« neue »Römer«, ein machtbewusstes Volk, zu formen. Wie der Held der klassischen Tragödie gewinnt er am Ende die Erkenntnis: »Ja, ich erkenne es nun: alles kann der gewaltige Geist des einzelnen ersetzen, nur nicht ein fehlend

Volk. Sich selbst jung erhalten kann der Geist, nicht andere verjüngen.« (II,598)

Um also unsere Frage zu wiederholen: Bedeutet das Verfehlen des politischen Ziels ein Scheitern schlechthin und ist das ein Zeichen von Pessimismus der Erzählung selbst? Wie immer in Erzählungen der geschichtsbewussten Gründerzeit offenbaren auch im *Kampf um Rom* die Spuren der Vergangenheit die Aufschlüsse, die für die Einschätzung der Gegenwart entscheidend sind.

Der Schlüssel zum Charakter dieser Figur liegt in dem verborgen, was wir im Zusammenhang mit dem nationalen Stiftungsakt der Ostgoten als *mythobiologisches Modell* beschrieben haben. Der Schlüssel liegt also in der Herkunft und in der Mythologie, in der diese Herkunft verankert ist.

Anders als seine politikverdrossenen italischen und byzantinischen Zeitgenossen ist sich Cethegus sowohl der römischen Geschichte wie auch der Geschichte seiner Familie bewusst. Er weiß, dass seine Vorfahren stets an den politischen Geschicken Roms als Politiker, Beamte und Feldherrn mitgewirkt hatten und damit das Ihre zur großen Vergangenheit des Reiches beitrugen. Wie Fontane seine Vitzewitz-Familie, so verbindet auch Dahn seinen patriotischen Römer über eine genealogische Linie mit Urahnen, deren Spur sich im Zwielicht der Mythologie verliert. So stammt Cethegus, heißt es, aus altem römischem Hochadel, ja, der Familiensage nach soll Cäsar selbst einer der Vorväter gewesen sein.[400] Das *Blut* von Führerpersönlichkeiten, von Herrschern, Tat- und Machtmenschen sowie die Erinnerung an ihre Taten beinhalten Cethegus' charakterliches Potenzial. Wie aber bei allen Protagonisten heroischer Männlichkeit der Fall, kommen die glänzenden Talente auch dieser Figur erst durch ein Trauma zur vollen Entfaltung, das auf der Konfrontation mit der fremden Macht beruht.

Etwas verwunderlich ist zunächst, dass Dahn diesem Abkömmling römischer Tatmenschen eine Phase in den Lebenslauf schreibt, die zwar auch Gustav Freytag seinem Baron von Fink angedichtet hat und die sogar auch die anderen, kleineren Helden durchleben dürfen, doch nur in recht harmloser, gutbürgerlicher Art. Dieser Lebensabschnitt besteht in einer Zeit des Vergnügens, welche vor dem Trauma und folglich vor der eigentlichen, lebensfüllenden Aufgabe liegt. Lewin von Vitzewitz zu Beispiel trieb in dieser Phase Literatur. Er nahm an den Sitzungen der Schriftstellervereinigung»Kastalia« teil, berauschte sich an Hölderlin und besuchte ein ordentliches Gabelfrühstück.

Als Römer adliger Herkunft hat Dahns Cethegus da natürlich ganz andere Dinge auf dem Kerbholz. In den Jahren seiner frühen Adoleszenz verwirklicht er ein vagabundierendes Abenteurertum, dessen Heftigkeit an jenes »starke Leben« erinnert, jenen »ruchlosen nietzscheanischen Renaissancismus«, den Thomas Mann an der ästhetizistischen Lebenshaltung des fin de siècle als Ausdruck zivilisatorischer Dekadenz geißelt.[401] »Da starb sein Vater«, teilt Dahns Erzähler mit,

> und Cethegus warf sich, nun Herr seiner selbst und eines ungeheuren
> Vermögens geworden, mit der Gewalt, mit welcher er alles verfolgte, in
> die wildesten Strudel des Lebens, des Genusses, der Lüste. Mit Rom war
> er bald fertig: da machte er große Reisen nach Byzanz, nach Ägypten, bis
> nach Indien drang er vor. (I,67)

Das heißt im Klartext, Cethegus habe sich einige Jahre lang durch die seinerzeit bekannte Welt gespielt, gesoffen und gehurt. Allerdings ist das ruchlos!

So knüpft dann auch der bürgerliche Erzähler diese Lebensphase wilder Verantwortungslosigkeit an eine Bedingung, die sie als Ausnahme und Ersatzhandlung für ein Eigentliches kennzeichnet: Cethegus greift diese Lebensweise auf, nachdem er eine Ausbildung zum Beamten absolviert, dann aber erkannt hatte, dass die politische Situation ihn zu subalterner Tätigkeit verurteilte: »Nachdem er die Staatsgeschäfte zur Genüge kennen gelernt, mochte er nicht länger ein Rad in der großen Maschine des Reiches sein, das die Freiheit ausschloß und obenein dem Barbarenkönig diente.« (I,67) Das heißt: Nur der »freie«, also selbstbestimmte Staat kann einem Individuum, das sich als freies Subjekt fühlt, die Möglichkeit zur Entfaltung seiner natürlichen Anlagen bieten, unabhängig von seinem politischen System.[402] Der unter Fremdherrschaft stehende, unter mangelndem Selbstbewusstsein leidende Staat bringt demnach subalterne Charaktere hervor, keine Bürger, sondern Verbraucher. Von dieser aus liberaler Tradition stammenden staatstheoretischen Warte aus betrachtet, bleiben einem Charakter wie Cethegus nur zwei Möglichkeiten: die Flucht in Romantik, Ästhetizismus und Hedonismus, in Party, Sex und Konsum; oder der Versuch, den autonomen Staat selbst zu schaffen. Die erste bildete den passivistischen und dekadenten Ausweg, die andere entspräche der heroisch-aktivistischen Lösung, wie sie dem emphatischen Mann zukommt. Diese letztere wäre der befreiende Schritt in die Tat.

Es nimmt nicht wunder, dass ein erlebnishungriger Mensch wie Cethegus beide Lösungen vereinigt, indem er sie diachronisiert: zunächst die Phase des Abenteurertums, die bei allem Reiz, den der Autor ihr zweifellos abgewinnt, einen moralisch mangelhaften Zustand repräsentiert; dem folgt das sinnstiftende Moment, der Augenblick des Eintritts in die Aufgabe. Mit dieser Änderung wird aber die hedonistische Phase keineswegs für nichtig erklärt, im Gegenteil: Als Schule der Zuchtlosigkeit (»Da war kein Luxus, kein unschuldiger und kein schuldiger Genuß, den er nicht schlürfte.« I,67) kann sie der Vorbereitung für die Karriere als Staatsmann dienen. Sie ist nicht zweckfrei, wird vielmehr als sinnvoller Teil eines dann in sich schlüssigen Lebenslaufs vereinnahmt.

## Cäsar und Bismarck als Erzieher

Es scheint nun, als schimmerten durch diese Figur die Umrisse zweier historischer Gestalten, die als staatsmännische Leitfiguren gelten konnten, als Muster des welthistorischen Genius: Cäsar und Bismarck. Das Porträt, das der liberale Historiker Theodor Mommsen in seiner *Römischen Geschichte* vom Neugründer der Monarchie zeichnet, war im gelehrten Diskurs der Zeit natürlich bekannt: Cäsar als überzeitliches Ideal eines Staatsmannes, der in seiner Person den Politiker, den Krieger und den Künstler zur Überfigur des schöpferischen Tatmenschen einschmilzt, und der damit die Rolle eines Vorbilds bekleiden kann. Er verkörpert den Typus, den die Epoche als *weltgeschichtliches Individuum* bezeichnete.

Als solches durchschaut dieser Staatsmann die Verhältnisse seiner Zeit, ist in der Lage, Zwecke und Mittel abzuwägen, kann das Machbare einschätzen, täuscht sich also nicht über die Gefahren, die der Verwirklichung seiner Ziele entgegenwirken. Dennoch scheut er kein Risiko und handelt entschlossen, wenn er den rechten Zeitpunkt für gekommen sieht. Den Schnittpunkt solcher Merkmale verkörpernd, setzt er eine gemeinschaftliche Idee in die Tat um und wird so zum Vollender des Gesamtwillens seiner Zeit, zum Vollstrecker der von Hegels Weltgeist ausgedachten Entwicklung – ein Schöpfer, der gleich dem Künstler ein Werk von historischem Wert schafft.

In Mommsens Darstellung bestand die epochenspezifische Aufgabe Cäsars darin, eine dekadente Gesellschaft in einem heruntergekommenen Staat zu erneuern und damit einen weit in die Zukunft weisenden politischen Grundbau zu errichten. Die Leistung des römischen Staatsmanns ergab sich daraus, sich dieser einzigartigen historischen Aufgabe als gewachsen gezeigt zu haben. Man muss das in seiner Art großartige 11. Kapitel im III. Band von Mommsens *Römischer Geschichte* lesen, »Die alte Republik und die neue Monarchie«, um halbwegs ahnen zu können, welchen Eindruck dieses monumentale Modell eines Feldherrn und Staatsmannes bei der gebildeten Klientel der Zeitgenossen hinterlassen haben muss. Was der Althistoriker als eigentliches Charakteristikum fast beschwört, ist Universalität und Einheitlichkeit in Cäsars Denken und Handeln:

Die bemerkenswerteste Eigentümlichkeit seines staatsmännischen Schaffens ist dessen vollkommene Harmonie. In der Tat waren alle Bedingungen zu dieser schwersten aller menschlichen Leistungen in Caesar vereinigt (…) nie hat ein Staatsmann seine Bündnisse, nie ein Feldherr seine Armee aus ungefügen und widerstrebenden Elementen so entschieden zusammengezwungen und so fest zusammengehalten wie Cäsar seine Koalitionen und seine Legionen; nie ein Regent mit so scharfem Blick seine Werkzeuge beurteilt und ein jedes an den ihm angemessenen Platz gestellt (…) Er ist endlich vielleicht der einzige unter jenen Gewaltigen, der den staatsmännischen Takt für das Mögliche und Unmögliche bis an das Ende seiner Laufbahn sich bewahrt hat und nicht gescheitert ist an derjenigen Aufgabe, die für großartig angelegte Naturen von allen die schwerste ist, an der Aufgabe, auf der Zinne des Erfolgs dessen natürliche Schranken zu erkennen. Was möglich war, hat er geleistet und nie um des unmöglichen Besseren willen das mögliche Gute unterlassen (…)[403]

Es ist unschwer zu erkennen, dass Dahn die Lage, in der sich sein Cethegus befindet, der historischen Situation Cäsars nachstellt. Mommsen beschreibt die Gesellschaft im Rom des letzten Jahrhunderts vor Christus als degeneriert und dekadent, die gleichen Eigenschaften überträgt Dahn auf seine »italische« und byzantinische Gesellschaft. Mommsen zeichnet in grellen Farben ein Bild des antiken Rom vor Cäsar, wie es durch Sallust ins christliche Abendland gekommen ist und von Jahrhundert zu Jahrhundert weitergereicht wurde: ein mit Blut, Sperma und Geld gefüllter Sündenpfuhl.[404] Diese geldgierigen Römer sind gefräßig, lüstern, amüsiersüchtig und staatsverdrossen.

Natürlich war bekannt, dass auch Cäsar, bevor er seine Berufung erkannte, in den Schenken und Luxusbordellen Roms wohlgelitten war. Mommsen beschreibt das so:

Auch er hatte von dem Becher des Modelebens den Schaum wie die Hefen gekostet, hatte rezitiert und deklamiert, auf dem Faulbett Literatur getrieben und Verse gemacht, Liebeshändel jeder Gattung (!) abgespielt und sich einweihen lassen in alle Rasier-, Frisier- und Manschettenmysterien der damaligen Toilettenweisheit...[405]

Den akademischen Zirkeln waren die Schmähgedichte über Cäsar und seinen Zechkumpanen und Günstling Mamurra, die der von einer begeisterten Altphilologie zum Jungen Wilden stilisierte Catull verfasste, nicht verborgen geblieben.[406] Zum Beispiel dieses: »Mentula moechatur, moechatur mentula; certe / hoc est, quod dicunt: ›ipsa olera olla legit.‹«[407] Dabei überlieferte die gründerzeitliche Philologie eine vergleichsweise ahistorische Catull-Interpretation, die immerhin noch bis in die Neunziger Jahre des vergangenen Jahrhunderts wirkte. Der historische Catull, der wie selbstverständlich gleichgesetzt wurde mit dem Erzähler-Ich der Gedichte, sei ein dem geistig-sentimentalen Liebesbegriff verpflichteter Lyriker gewesen. Er habe sich in reiner Liebe zur »ruchlosen Ehebrecherin«[408] Lesbia verzehrt und nur aus Wut und Enttäuschung über die Sittenlosigkeit seiner Zeit zu derben Wendungen gegriffen. Im Herzen aber sei er ein spontan empfindender und sittenreiner Jüngling geblieben.[409] Erst in jüngster Zeit setzte eine Revision ein, die das ironische Rollenspiel des fiktiven Ich-Sprechers der *carmina catullica* aufdeckt und ihren unmittelbar sexuellen Gehalt hervorleuchten lässt.[410]

Doch wenn auch die akademische Gesellschaft, die Dahn repräsentiert, einen moralistisch verklärten Dichter Catull vor Augen hatte, ist anzunehmen, dass vor dem Bild eines dekadenten spätrepublikanischen Rom das rege Sexualleben Cäsars als Tatsache galt. Jedenfalls lässt Dahns Wendung, Cethegus habe in seinem Vorleben keinen schuldigen Genuss ausgelassen, keinen Zweifel an der Absicht, mitzuteilen, sein spätgeborener Machtpolitiker habe auch in sexueller Hinsicht seinem Vorbild nachgeeifert.

So tritt in der damals gültigen Vita Cäsars die gleiche Abfolge biographischer Entwicklungsphasen auf wie bei der Cethegus-Figur Dahns. Nach einer notwendigen hedonistischen Periode folgt eine aktivistisch-produktive. Dieses Modell biographischer Sinnstiftung tradiert sich bis in die Nach-Moderne der Fünfziger und Sechziger Jahre.[411]

Der Bezug auf die in Gelehrtenkreisen etablierte Idealfigur des römischen Imperators tritt im Roman auch in etlichen vielsagenden Anspielungen ans Licht. Da führt einmal eine genealogische Spur zum großen

Staatsreformer. Dahns spätgeborener Römer Cethegus glaubt fest daran, direkt von Cäsar abzustammen. Das mag Cethegus' Fiktion sein, Dahn lässt es offen. Das änderte aber nichts an der Wirksamkeit dieser Verbindung. Denn ob fiktionales Konstrukt oder familiengeschichtliches Faktum, Cethegus ist von der Wahrheit dieser Verwandtschaft überzeugt. Für ihn ist sie Tatsache. »Er glaubte gerne an seine Abkunft vom großen Julius Cäsar.« (I,71) Der Mensch wird von einem irrationalen Willen geleitet, dessen determinierende Kraft keine vernunftgemäße Einsicht zu schwächen vermag. Nicht zufällig ist in Cethegus' Arbeitszimmer eine Kolossalstatue Cäsars aufgestellt. Sie soll nicht nur als unübersehbares Signal auf den »großen Ahnherrn« hinweisen, sie dient dem ehrgeizigen Urenkel Cethegus auch als Fetisch für dessen Mystifizierung. (I,71)

Es gibt noch zwei weitere Bezüge. Zum einen sind die verschiedenen Lebensphasen von Cäsar wie von Cethegus derart aufeinander bezogen, dass sie sich ergänzen. Zusammen formen sie den Tatmenschen. Der durch die Schule der Unmoral geschrittene Machtmensch verkörpert demzufolge eine höhere Entwicklungsstufe als sie ohne jene Zeit der Ausschweifung möglich gewesen wäre. Der Feldherr, Staatsmann und Held ist ohne den Wüstling nicht denkbar. Es ist der gleiche Zusammenhang wie er in den Gegensatzpaaren Künstler-Tatmensch und Romantiker-Realist sichtbar wurde. Beide Typen ergeben, in einer Person verbunden, einen besseren dritten.[412]

Das Ganze wird aber erst vollständig, zieht man den erwähnten zweiten Aspekt hinzu. Dieser liegt im *Unterschied* zwischen Cethegus und Cäsar, der in den Parallelen zwischen beiden Figuren auch zum Ausdruck kommt. Während Cäsar als Muster eines großen historischen Mannes gilt, der den Willen des Weltgeistes erkennt, Zweck und Mittel überschaut und so den Gesamtwillen in politische Realität umzusetzen vermag, steht der spätantike Urenkel *gegen* den Gesamtwillen, *gegen* den Geist seiner Zeit und verkennt dessen Richtung. Cethegus glaubt an Regeneration, wo tatsächlich die Periode der imperialen Macht Roms endgültig Geschichte geworden ist. Was die Stunde verlangte, wäre eine Koalition mit der nationalen Bewegung der Goten. Ein Bündnis, das sich indessen aus biologischen und kulturellen Gründen auszuschließen scheint. So wird Cethegus' Fehleinschätzung der politischen Entwicklungsmöglichkeiten nachgerade zur Bedingung seiner Entfaltung zum Tatmenschen. Durchschaute er die bluts- und weltgeistbedingte Unmöglichkeit der Regeneration und Restauration, er müsste resignieren. Gerade sein Wahn aber macht ihn zum

275

tragischen Heroen. Ein Charakter, dem nach dem gängigen Modell eines welthistorischen Individuums Größe zukommt, der aber, da er nicht Vollstrecker sondern Opfer des Gesamtwillens wird und ihm kein historischer Erfolg gelingt, an die Größe des Vorbildes Cäsar nicht mehr anknüpfen kann. Dahn weist nicht ohne dramaturgische Finesse auf diesen Rangunterschied hin, indem er Cethegus die Cäsarstatue im Traum erscheinen lässt. Sie wächst in unermessliche Höhe und verzerrt die Maße der Cethegischen Vorstellungswelt ins Winzige. Cethegus' Schicksal besteht darin, als Heroe in eine unheroische Zeit geboren, ein Unzeitgemäßer zu sein. Das aber ist kein Grund zur Klage, im Gegenteil. Darin besteht die Herausforderung, der heroisch zu begegnen ist und die erst die Tragik der Figur zu begründen vermag.

Es scheint zudem, als sei eine zweite und diesmal zeitgeschichtliche Figur auf den Romanhelden projiziert. Dahn, der sich als liberaler Bürger und Historiker durch das Wort und selbst durch Taten in die politischen Ereignisse eingebunden sah, widmete eines seiner Bücher Bismarck. In seinen *Erinnerungen* vergisst er nicht hervorzuheben, ihm sei die Auszeichnung einer privaten Audienz beim Reichskanzler zuteil geworden. Manches spricht dafür, er habe auch Phasen aus Bismarcks Leben in das Muster seines nach cäsarischer Vorlage geschnittenen Spätrömers Cethegus eingearbeitet.

So hängt Cethegus seine Ausbildung zum Beamten an den Nagel, er will kein Rad in einem eingefahrenen Verwaltungsgetriebe sein. Auch Bismarck hatte seine Referendarausbildung am Potsdamer Regierungspräsidium abgebrochen und damit seine Absicht begraben, über den Instanzenweg als Verwaltungsbeamter in den diplomatischen Dienst zu gelangen. An seine Cousine Karoline von Bismarck-Bohlen schrieb er selbstbewusst, eine Laufbahn als »Administrativ-Beamter« käme für ihn nicht in Frage, da die Aussicht, als Rädchen im Getriebe funktionieren zu sollen, unerträglich sei:[413] »Der preußische Beamte gleicht dem Einzelnen im Orchester; mag er die erste Violine oder den Triangel spielen: ohne Übersicht und Einfluß auf das Ganze, muss er ein Bruchstück abspielen, wie es ihm gesetzt ist (...) Ich will aber Musik machen, wie ich sie für gut erkenne, oder gar keine.«[414] Wenn auch dieses oft als Zeichen früh erwachter politischer Berufung zitierte Wort des 23-jährigen wohl eher als Geste juveniler Präpotenz zu werten ist, so entsprach es doch einem aufrichtig empfundenen Freiheitsdrang und dem Stolz auf die Herkunft aus der Schicht der Grundherren.[415]

Anders als der wüste Cethegus hatte sich »der tolle Junker«, wie man den jugendlichen Bismarck auch nannte, nach seiner Flucht aus der Zwingburg einer verordneten Beamtenlaufbahn zwar damit begnügt, sich in Isabelle Loraine-Smith, die Tochter eines englischen Pfarrers, nur zu verlieben und mit ihr unter der Obhut ihres Vaters für einige Monate durch Europa zu reisen. Doch auch »Jung-Bismarck« (Fontane[416]) brauchte sich für seine Eskapade nicht zu schämen. Immerhin reist er, ohne beurlaubt worden zu sein, er gibt »das Geld mit vollen Händen für Champagner-Diners aus«[417] und macht in Wiesbaden Spielschulden von siebzehnhundert Talern, was durchaus keine Peanuts waren.[418] Wenige Jahre später, als er als Landwirt das abgewirtschaftete Familiengut Schönhausen saniert hatte und ihm die »Clique von pommerschen Krautjunkern, Philistern und Ulanenoffizieren« zu eng zu werden begann,[419] reiste er abermals monatelang durch England, Frankreich und Italien und soll sogar erwogen haben, »in englischen Kolonialdienst zu treten«,[420] um »meine Zigarren am Ganges statt an der Rega zu rauchen«.[421]

Gewiss reicht Bismarcks selbstherrliche Vergnügungsreise nicht an die Exzesse eines Cäsar und Cethegus heran. Doch kommt es auf die grundsätzliche Übereinstimmung in den Lebensphasen der realen und des fiktionalen Helden an. Die offensichtlichen Gemeinsamkeiten, die der Autor zwischen den historischen und zeitgeschichtlichen Figuren Cäsar und Bismarck und der erfundenen Figur Cethegus stiftet, beglaubigen gleichsam das im Roman aufgebaute Modell der Entwicklung zur Männlichkeit.

Dies sieht die Entwicklung zum autonomen Menschen vor. Dafür ist die Bohème-Phase des jungen Erwachsenen mit ihren Ausbrüchen aus der gesellschaftlichen Ordnung unbedingt notwendig. »Die Frage, um die seine Überlegungen in diesem Zusammenhang nahezu ausschließlich kreisten, war die nach der Bewahrung der eigenen Individualität im gesellschaftlichen und öffentlichen Leben.«[422] Das aber konnte für Bismarck weder in einer zweckorientierten Anpassung an gegebene Verhältnisse gelingen, noch in »Examen, Connexionen, Aktenstudium, Anciennität und Wohlwollen meiner Vorgesetzten«.[423] Um so weniger, als sein »Ehrgeiz mehr danach strebt, nicht zu gehorchen, als zu befehlen«.[424]

Das zeichnet auch Dahns römischen Machtmenschen aus: »Herrschen, der erste sein, über widerstrebende Verhältnisse mit allen Mitteln überlegener Kraft und Klugheit siegen und dann über knirschende Menschen ein ehernes Regiment führen, das allein hatte er unbewußt und bewußt von jeher erstrebt: nur darin fühlte er sich wohl.« (I,70)

## Tun statt Klagen:
### der Handlungstyp ist willensstark und innengeleitet

Zwei als welthistorisch geltende Männer dienen also als Palimpseste für die Romanfigur Cethegus und verstärken damit kulturell jene Charakterzüge, die ohnehin schon im ererbten Qualitätsblut angelegt sind. Diesem ganz besonderen Saft ist es geschuldet, dass Cethegus nicht anders handeln kann, als er handelt. Denn er muss. »Ich will nicht, ich muß wollen.« (II,454). Der Wille zur Tat kommt einer *Naturnotwendigkeit* gleich. Es liegt auf der Hand, dass im Blut dieses aus alter Herrschaft stammenden Römers auch der Wille zum Imperium verankert sein muss. So offenbart sich in dieser Begründung einmal mehr die Anthropologie der Irrationalität, wie sie in der Zeit des aufblühenden und von Eduard von Hartmann fleißig gestifteten Schopenhauer-Einflusses rege geworden war. Sie legt das Weltbild dieses für den bürgerlichen Realismus so überaus bezeichnenden Textes fest.[425]

Cethegus selbst tritt als emphatischer Künder eines irrationalistischen Handlungs-Ethos auf:

> Bereuen! Bereut das Feuer, daß es brennt? Du kannst es nur ersticken: nicht hemmen, daß es brennt, solang es lebt. Lob' es, schilt es, wie du willst: doch laß es Feuer sein! So muß Cethegus den Gedanken folgen, die wie der Lauf des Blutes durch sein Haupt rinnen. Ich will nicht, ich muß wollen. Und, wie der Gießbach niederschäumt von Bergeshöh'n, bald durch blumige Wiesen, bald durch schroffes Gezack, bald segnend befruchtend, bald tödlich zerstörend, ohne Wahl, ohne Vorwurf, ohne Dankrecht: – Soll ich bereuen, was ich auf meinem Weg zerstört? zerstören mußte? Ich tät' es immer wieder. (II,454)

Das ist blumig doziert, besagt aber Grundlegendes über die Beschaffenheit des Willens zur Tat. Er ist rationalem Zugriff *nicht* zugänglich, folglich auch nicht vom denkenden Bewusstsein auf einer inneren Waage von Gut und Böse zu wägen. Der *Wille* ist ein Wirkungsmodus der Natur, das heißt einer immanenten Kraft. Gut zehn Jahre später formuliert Nietzsche: »*An sich* (...) kann natürlich ein Verletzen, Vergewaltigen, Ausbeuten, Vernichten nichts ›Unrechtes‹ sein, insofern das Leben *essentiell,* nämlich in seinen Grundfunktionen verletzend, vergewaltigend, ausbeutend, vernichtend fungiert und gar nicht gedacht werden kann ohne diesen Charakter.«[426]

So sprechen denn auch die Vergleiche, die Dahn seinem römischen Machtmenschen in den Mund legt, eine klare Sprache. Sie bezeichnen Naturgewalten, Feuer, Wasser, elementare Größen. Sehr beredt ist »der Lauf des Blutes« der durchs »Haupt rinnt« (strömt, schießt, pulsiert, sollte man eigentlich denken). Die Kraft steckt im Blut, in der Biologie, sie ist das irrationale Element. Der Verstand mit seinem Denkvermögen ist planendes und lenkendes Organ im Dienst eines natürlichen Impulses, des irrationalen Antriebs zur Tat. Das kognitive Vermögen des Menschen, zwischen Moralität und Unmoralität, Rechtmäßigkeit und Unrechtmäßigkeit seines Handelns abzuwägen, ist Mittel des Willens. Nicht umgekehrt.

Auf den Einwand »des Menschen Wille ist frei«, das heißt frei zur Entscheidung zwischen Gut oder Böse, entgegnet Cethegus höhnisch: »Ja, so frei wie der geworfene Stein, der sich einbildet, er könne fliegen.« (II,454)[427]

Auch dieser Vergleich ist, wie die vorherigen, Schopenhauer entliehen. Der Philosoph benutzt ihn in *Die Welt als Wille und Vorstellung,* um zu erklären, was er mit dem Begriff *Willen* eigentlich meint:

Wir werden also, was für die Vorstellung als Pflanze, als bloße Vegetation, blind treibende Kraft erscheint, seinem Wesen an sich nach für Willen ansprechen und für eben das erkennen, was die Basis unserer eigenen Erscheinung ausmacht, wie sie sich in unserm Tun und auch schon im ganzen Dasein unsers Leibes selbst ausspricht (...) Wir müssen also den Schlüssel zum Verständnis des Wesens an sich der Dinge, welchen uns die unmittelbare Erkenntnis unsers eigenen Wesens allein geben konnte, auch an diese Erscheinungen der unorganischen Welt legen (...) – Wenn wir sie nun mit forschendem Blicke betrachten, wenn wir den gewaltigen, unaufhaltsamen Drang sehn, mit dem die Gewässer der Tiefe zueilen, die Beharrlichkeit, mit welcher der Magnet sich immer wieder zum Nordpol wendet, die Sehnsucht, mit der das Eisen zu ihm fliegt, die Heftigkeit, mit welcher die Pole der Elektrizität zur Wiedervereinigung streben und welche, gerade wie die der menschlichen Wünsche, durch Hindernisse gesteigert wird; (...) wenn wir endlich ganz unmittelbar fühlen, wie eine Last, deren Streben zur Erdmasse unser Leib hemmt, auf diesen unablässig drückt und drängt, ihre einzige Bestrebung verfolgend – so wird es uns keine große Anstrengung der Einbildungskraft kosten, selbst aus so großer Entfernung unser eigenes Wesen wiederzuerkennen, jenes Nämliche, das in uns beim Lichte der Erkenntnis seine Zwecke verfolgt, hier aber, in den schwächsten seiner Erscheinungen, nur blind, dumpf, einseitig und unveränderlich strebt, jedoch, weil es überall eines und dasselbe ist (…) auch hier wie dort den Namen *Wille* führen muß, welcher das bezeichnet, was das Sein an sich jedes Dinges in der Welt und der alleinige Kern jeder Erscheinung ist.[428]

Die Schlussfolgerung, die Felix Dahn seinen Machtmenschen Cethegus aus der Erkenntnis einer von irrationalen Kräften bewegten Welt ziehen lässt, führt allerdings entscheidend von Schopenhauer weg. Der *Wille*, bei Schopenhauer ungerichtet und zu keiner Heils- oder Erlösungshoffnung berechtigend, hat bei Cethegus ein klares Ziel: den Staat. Dieser ist kein notwendiges Übel, sondern Bestimmung und Erfüllung des Menschen im Diesseits. Das unbedingte Tat-Ethos und die emphatische Bejahung des Willens als Triebkraft jeder Schöpfung sind geradewegs gegen Schopenhauers kontemplative Absichten gerichtet. Denn der Philosoph des Willens lehrte, den unaufhaltsam treibenden Willen durch zweckfreie Betrachtung, durch eine Art indischer Gelassenheit zu überwinden. Auch hat Schopenhauer den Willen nicht als physikalische Kraft oder Energie gedacht, die ihn wieder zum Objekt werden lässt.[429] Gleichwohl ist die Geburt dieser irrationalistisch-aktivistischen Auffassung des *Willens* aus Schopenhauers Immanenz-Metaphysik unverkennbar.

Der Wille, lässt Dahn Cethegus sagen, ist nicht frei, der Wille ist. Er ist insofern nicht frei, als er selbst nicht rationales Bewusstsein und damit dem Zugriff der Vernunft entzogen ist. Das Individuum aber wird frei in dem Augenblick, in dem er mit seinem Denken die irrationalen Kräfte nutzt und derart den Willen zu sich selbst befreit.

So ist der Tatmensch als Naturnotwendigkeit identisch mit dem autonomen Individuum, dem Handelnden, dem homo agens – im Gegensatz zum reagierenden, abwartenden und passiven Menschen, den Nietzsche später den »Mucker« nennt: ein Träger der »Sklaven-Moral«[430], der nicht autonom, nicht aus eigenem Antrieb handelt.

Das selbst handelnde Individuum aber kann, als es selbst, sein Tun *notwendig* nicht von einer transzendenten, göttlichen Macht bestimmen lassen. Es kann folglich auch seine Taten nicht bereuen:

Ich habe (…) die grausame Natur, ich habe die grausamere Geschichte der Menschen durchforscht und keinen Gott gefunden als das Recht des Stärkeren, die Notwendigkeit, die furchtbar erhabene Göttin (…) Und eher ermüdete das Schicksal, den Titanen zu quälen, als daß sich der Titane gebeugt. (II,454)

Ein unverzichtbares Merkmal des emphatischen Mannes, des Tatmenschen, besteht also in der Innenleitung. Das, was gemäß der angeborenen, dann vermittelten und verinnerlichten Einstellungen und Werte und gemäß der anstehenden Aufgabe getan werden muss, das unternimmt er aus eigenem Antrieb, nicht auf Weisung anderer. Auch wenn dies Tun leidvoll und verlustreich ist. Als eine Grundbedingung menschlichen Seins ist der Schmerz ohnehin nicht zu vermeiden. Das autonome Individuum aber setzt anstelle des Klagens das Tun.

Mit diesen Eigenschaften versehen, entspricht das autonome Individuum, wie es in Cethegus und in Teja, aber auch verkleinert in Berndt von Vitzewitz und selbst schon in Anton Wohlfart erscheint, dem Typus, den Nietzsche später den *Übermenschen* nennt. »Das ist nicht der Gewaltmensch, nicht der neue Barbar, nicht die ›blonde Bestie‹; das ist der Mensch, der innengeleitet bleibt im Zeitalter der Masse (…) der sich selbst als Aufgabe setzt, sich fordert, schöpferisch, gesund und vornehm, aber auch asketisch (…) und ein Mensch, der das Leben, so wie es ist, in Konflikten und Tragik gutheißt.«[431]

Nun hat Felix Dahn in seinem innengeleiteten Cethegus sehr wohl den Gewaltmenschen geschaffen – damit ist seine Version des Übermenschen durchaus modischer, sozusagen schicker als Nietzsches Übermensch. Gut zehn Jahre bevor Nietzsches durchschlagende Wirkung einsetzt, gestaltet der dichtende Professor einen Typus, der eigentlich erst aus der Interpretation von Nietzsches Übermenschen entsteht – wobei Dahn doch nur den in der Literatur des Realismus bereits geprägten Helden übersteigert. Nicht zuletzt das erklärt den lange anhaltenden Erfolg des *Kampf um Rom*, der nur noch von Karl May übertroffen wird. Auch dessen Old Shatterhand ist eine Variante des Übermenschen, in den allerdings das Ethos christlicher Nächstenliebe mit eingeflossen ist.

Gemeinsam ist all diesen Übermenschen-Figuren, autonom, aus eigenem Antrieb, der eigenen Natur entsprechend zu handeln und zu tun, was notwendig ist, das heißt, was die Aufgabe erfordert. Der heroische Mann ist auch der Übermensch, der will, was er soll, der soll, was er will.

Oder, mit Nietzsche zu sprechen: amor fati, »das sei von nun an meine Liebe«.[432]

### Die sinnstiftende Kraft der Notwendigkeit

Ins Schicksal ist auch Teja verliebt. Wie Cethegus geht auch sein deutscher Gegenspieler davon aus, eine letzte und moralisch gleichgültige Macht, ein irrationaler Wille bewege die Welt:

> Und wer einmal gleich mir den unbarmherzigen Rädergang des Schicksals verspürt hat, wie es, blind und taub für das Zarte und Hohe, mit eherner grundloser Gewalt alles vor sich niedertritt (...) der ist hinaus über Hilfe und Trost: er hört ewig (...) den immer gleichen Taktschlag des fühllosen Rades im Mittelpunkt der Welt, das gleichgültig mit jeder Bewegung Leben zeugt und Leben tötet. (I,289)

Dahn lässt seinen Helden also die Grundlinien eines Geschichtsbildes ziehen, das für die Zeit typisch ist. Doch wenn der Autor auch die gedanklichen Voraussetzungen mit seinem Helden teilt, weicht er in den Schlussfolgerungen entscheidend von ihm ab.

Nach Tejas Ansicht, und der des Autors, ist Geschichte ein Kreislauf ewigen Werdens und Vergehens, der von einer in der Natur liegenden elementaren Gewalt angetrieben wird. Natur ist das Gegenteil bukolischen Schäferfriedens, sie ist Kraft, Energie, Kampf. Sie ist jener biologisch aufgeladene Wille, zu dem die gründerzeitliche Rezeption den *Willen* Schopenhauers als das »Ding an sich« macht.

Im Leben setzt sich durch, was über die die größere Menge dieser Substanz verfügt und den Scharfsinn besitzt, den ontologischen Urstoff mit bestem Wirkungsgrad für die eigenen Zwecke einzusetzen. Kurz, der Stärkere siegt. Aus dem ständigen Kampf ums Dasein erwachsen Kulturen. Und sie verschwinden, wenn ihre Kraft verbraucht ist und sie sich in einem organischen Prozess teils auflösen, teils erstarren. Wenn sie also an kultureller Überformung (Hyper-Moral, reflektierende Rationalität, Selbstbespiegelung, Staatsverdrossenheit, Versorgungsmentalität, Scheinwelten) verkrusten und verkünstlichen. Die politisch-militärischen Ereignisse sind nur die auslösenden Momente dieses organischen Ablaufs, der Mensch mit seinem Tun nur Vollstrecker des der Natur innewohnenden Willens.[433]

Abermals von Schopenhauer abweichend, lässt Dahn seinen Helden erklären, nicht etwa »ein blindes Ungefähr« beherrsche die Welt, sondern der Ablauf der Realität sei sehr wohl gerichtet und unterliege einem Gesetz. Er verlaufe nur nicht auf der linearen Bahn des Fortschritts. Teja: »Ewige Notwendigkeit seh' ich im Gang der Sterne da oben: und das gleiche, ewige Gesetz lenkt unsere Erde und die Geschicke der Menschen.« Dies universelle Gesetz beabsichtige nicht des Menschen Glück. Als Gesetz, dessen unerbittliche Gewalttätigkeit das individuelle Leben in jedem Augenblick mit dem Tode bedrohe, verlange es dem Menschen eine Haltung der Unerschütterlichkeit ab. Die Erfüllung des Daseins liegt in einem heroischen Dennoch. Diese Betonung des dynamischen und kämpferischen Elements enthüllt Züge eines frühen Vitalismus.

Also gilt ihm, Teja, dem Pessimisten, seine Weltvorstellung mitnichten als sinnlos, vielmehr ist sie vollkommen sinnerfüllt. Es komme nur darauf an, Leid, Schmerz und Tod nicht als Gegensätze, als Feinde des Lebens abzustoßen, sondern als zum Leben gehörig anzunehmen. Ja, sie bestimmen das Leben, bringen das Lebens hervor und steigern das Leben. Diese Deutung *des Lebens* überhaupt, der organischen und anorganischen Natur, gilt als Naturgesetz. Es ist zu allen Zeiten und in jedem Augenblick gültig, es ist unveränderbar, es ist ewig. Das Gesetz trägt seinen Sinn in sich selbst: »Sich selbst zu erfüllen ist sein einziger, hoher, geheimnisvoller Zweck.« (II,509).

Die Welt verweist auf nichts außerhalb ihrer selbst. Zweifellos ist mit diesem Wort eine radikale Immanenz-Metaphysik formuliert. Gespeist wird sie aus verschiedenen Quellen, eine der ergiebigsten ist Schopenhauers Auffassung vom Willen als dem *Ding an sich*, als der Weltsubstanz.[434] Und wenn Nietzsche wenig später als »Zertrümmerer der Transzendenz«, so der Philosoph Karl Jaspers, den Tanzplatz christlich-abendländischer Weltanschauung durcheinander wirbelt, so hatte er sehr wohl Vorkämpfer unter seinen bürgerlichen Kollegen, die er gemeinhin verachtete.

Sich selbst zu erfüllen, das heißt in der empirischen Welt, in der Welt der Dinge und Ereignisse, zu kämpfen – aber eben nicht nur für sich selbst, sondern für die Gemeinschaft, die Nation, den Staat. In jedem einzelnen Moment gilt es, diese Pflicht zu erfüllen. Dahn lässt Teja seine Ethik der unbedingten Pflicht so formulieren:

Das Rechte tun, was Pflicht und Ehre heischen, ohne dabei auf tausendfache Verzinsung jeder Edeltat im Jenseits hinüber zu schielen: Volk und

Vaterland, die Freunde männlich lieben und solche Liebe mit dem Blut besiegeln (…) und dabei allem Glück entsagen, nur jenen tiefen Frieden suchen, der da unendlich ernst und hoch ist wie der nächtige Himmel, und wie leuchtende Sterne gehen darin auf und nieder traurige, stolze Gedanken (…) (II,510)

Gewiss, wie die emphatische Einstellung zu Nation und Staat, so mutet auch der Begriff der Entsagung in seinem mönchischen Pathos heute unverständlich an. Er offenbart freilich im Rahmen dieser Vorstellung von heroischer Unbedingtheit seine Bedeutung. Der Verlust lebenserfüllender Momente wie Liebe, Ehe, Fortpflanzung und ein ruhiges Leben mit Arbeitsvertrag und Sozialversicherung ist als Bedingung für das ewige Gesetz in Kauf zu nehmen. Und nicht nur in Kauf zu nehmen, sondern man müsse diese Verluste als *notwendige* erkennen für die Steigerung des Lebens zur heroischen Existenz. Da Teja den äußersten Punkt emphatischer Männlichkeit verkörpert, den tragischen Heros, wird seine Entsagung zu einer nahezu totalen, er geht ganz in der pflichtbedingten Notwendigkeit auf.

Dass diese Auffassung einer moralisch blinden, energetischen Ontologie christlichem Denken sinnlos erscheinen muss, liegt auf der Hand. Im *Kampf um Rom* steht der Mönch Julius Montanus für die christliche Weltanschauung. Er glaubt an den gerechten Gott als Garanten der Idee des Guten. Für den heroischen Menschen liegt der Sinn jedoch darin, das Gesetz des Lebens zu erkennen und nicht anders zu handeln als nach den Notwendigkeiten, die dieses Gesetz aufgibt. »Und dem Pulsschlag des Weltgesetzes lauschen, der in der eigenen Brust wie in dem Sterngetriebe geht: – auch das, Christ, ist ein Leben – des Lebens wert.«, versucht Teja den entsetzten Gottesmann zu belehren. (II,510)

Damit ist das völlige Eintauchen in den vitalistischen Kraftstrom des ewigen Werdens und Vergehens gemeint, in dem irdische Ruhe weder Ziel noch Wunsch ist. Nur der Tod kann Erlösung bringen. »Und ich für mein Teil, ich habe genug: ich wünsche nicht zu erwachen zu neuem Leben, wann mir dereinst der Speer im Herzen steckt.« (II,510f) Tejas Streben ist allerdings nicht mehr weit von Nietzsches emphatischer Bejahung entfernt, nur dass sein Ethos in erster Linie dem Kampf als politischer und kriegerischer Aktion gilt. Nietzsches Vitalismus dagegen bleibt der geistigen Tat verpflichtet: »Noch lebe ich, noch denke ich: ich muss noch leben, denn ich muss noch denken. Sum, ergo cogito, cogito, ergo sum. Heute erlaubt sich Jedermann seinen Wunsch und liebsten Gedanken auszusprechen: nun, so will auch ich sagen, was ich mir heute von mir selber wünschte und welcher Gedanke mir Grund, Bürgschaft und Süssigkeit alles weiteren Lebens sein soll! Ich will immer mehr lernen, das Nothwendige an den Dingen als das Schöne sehen: – so werde ich Einer von Denen sein, welche die Dinge schön machen.«[435]

## »Um freien Heldentod«: der Untergang als Triumph der Haltung

So stehen also beide, Teja und sein Counter-Heros Cethegus, auf demselben Boden weltanschaulicher Prinzipien. Für beide ist der Himmel leer und die Erde wird von einer moralisch blinden Gewalt in Bewegung gehalten. Über Sieg oder Untergang entscheidet Stärke, nicht Moral.

Anders als der heidnische Römer aber ist Teja, der deutsche Denker, der faustische Mensch der Gründerzeit, auch Metaphysiker. Er spricht von »Sternengetriebe«, von »Rädergang.« Sein Autor stellt ihn damit in die Tradition des klassischen Rationalismus und der frühen Aufklärung, die sich die Welt als gut geöltes Uhrwerk vorstellte. Dem Geist der Gründerzeit und auch schon der frühen Moderne entsprechend aber denkt sich Teja die Welt als entgöttert und durchpulst von vitalisierenden Energieströmen. Dennoch glaubt er konventionell an ein logisch funktionierendes, in sich geordnetes Universum.

Das hat Folgen für eine praktische Handlungsethik, die ebenfalls typisch für die Jahrzehnte vor dem Ersten Weltkrieg ist. Teja kämpft, trotz der Gewissheit zu scheitern, um einen humanitären Staat, das heißt um eine konstitutionelle Monarchie, in deren Rechtlichkeit sich das sittlich Gute verwirklichen soll. Cethegus dagegen beschreitet den Weg des zynischen Machtpolitikers, dem der Zweck auch die äußersten Mittel heiligt. Im Glauben, die imperiale Diktatur der Cäsaren wiederbeleben zu können, läuft er seinem Untergang entgegen.

Es ist eindeutig, dass Dahn in beiden Figuren zwei Machtprinzipien symbolisiert, in dem das germanische, also das deutsche, das moralisch überlegene ist. Bei aller Nähe Tejas zum Hagen des *Nibelungenlieds* ist doch klar, dass Teja dessen bösartige Verachtung moralischer Grundsätze nicht teilt – auch dann nicht, wenn es ihm in der Endphase des sogenannten Reiches in Italien nur noch darum geht, die heroische Haltung zu erfüllen, wenn also wie bei Hagen die Moral nur noch im heroischen Ausharren besteht.

Und ebenso klar ist, dass Dahn in Cethegus zwar einen virtuosen Zyniker der Macht, mitnichten aber das Prinzip des absolut Bösen verkörpern wollte. Das politische Ziel dieses Machtmenschen, einen imperialen Staat auf nationaler Basis zu errichten, das in der gesamten bürgerlichen Gesellschaft des 19. Jahrhunderts als großes und moralisch unzweifelhaftes Ziel gilt,[436] rechtfertigt in gewisser Hinsicht seine Verbrechen. Und wenn auch die deutsche Monarchie gegenüber dem römisch-antiken Machtstaat als moralischer Fortschritt gilt, so bleibt der eigentliche und gemeinsame Feind die materialistische Tyrannis des byzantinischen Großreiches, das heißt, in die Gegenwart der Gründerzeit übersetzt: die zivilisatorische Staatsnation westlicher Prägung, Frankreich, und durchaus auch Amerika.

Am Ende erliegen beide Gegner der dritten und überlegenen Macht. Aber weder der Erzähler noch seine Figuren sehen in diesem Scheitern eine Niederlage. Zu Resignation besteht kein Anlass. Im Gegenteil: Die Niederlage ist ein Sieg. Der Untergang erst gibt dem Heros die Gelegenheit, seine heroische Haltung ganz zu beglaubigen. In seiner Gesinnung und ihrer Bewährung in der Aktion erweist sich seine moralische Überlegenheit gegenüber dem äußeren Sieger. Dieser verfügt lediglich über eine materielle, mit kalter instrumenteller Rationalität verbundene Überlegenheit, die gegenüber dem idealistischen Kampf des Heros, der sich für seine Idee und seine Gesinnung opfert, zweitrangig ist. Wobei aber – und das ist wesentlich – auch diese »ideale« Haltung keineswegs ohne praktischen Nutzen und historischen Sinn ist. Davon wird im letzten Kapitel die Rede sein.

Der unbedingte Vollzug der heroischen Haltung, das stoische Beharren auf persönlicher Autonomie und die aussichtslose, doch unerschrockene Begegnung mit dem überlegenen Gegner verleihen dem Heroen die tragische Überhöhung seiner selbst. Denn wenn es, nach Aristoteles, stimmt, dass für eine Figur drei Bedingungen erfüllt sein müssen, um als tragisch gelten zu können – die Ernsthaftigkeit seines Handelns, das Unterworfensein unter eine metaphysische Macht und schließlich der unausweichliche Konflikt, der den Helden zwingt, ein Recht zu verletzen –, so will Dahn seine heroischen Kontrahenten als tragische Figuren verstanden wissen.

Für beide ist der Konflikt tatsächlich unauflösbar. Cethegus muss, gebunden an seine biologische und kulturelle Prägung, also an Blut und Vergangenheit, das gesteckte staatspolitische Ziel verfolgen und sich damit notwendig gegen die Mächte der Zeit stellen und geltendes Recht verletzen. Er ist Heros in einer Zeit, die den Funktionär verlangt. Zwangsläufig steht er mit seiner Vision des selbstbestimmten Staates unter seinen Landsleuten alleine da, denen die Idee der Selbstbestimmung verloren ging. Deshalb kann Dahn am Ende den siegreichen byzantinischen Feldherrn Narses sinnieren lassen: »Da geht ein merkwürdiges Stück Weltgeschichte dahin (...) – der letzte Römer!« (II,601).

Dass es diesen letzten Römer niemals gegeben hat und Cethegus auch keine historische Person ist, er aber trotzdem zu den wichtigsten Figuren des Romans gehört, zeigt nur seine zentrale Funktion für Dahns Geschichtsbild. Es kommt nicht so sehr auf die Fakten als auf den Modellcharakter des geschichtlichen Ablaufs an. Als »der Letzte« einer weltgeschichtlichen Epoche steht Cethegus für den Gedanken, nach einer gewissen Zeitspanne, die Jahrhunderte umfassen kann, sei der Wille zur Macht in einem Volk so sehr geschwunden, dass alle Wiederbelebungsversuche vergeblich bleiben müssen. An diesem Punkt der Entwicklung angelangt, ist Vergangenheit erst ganz zu Geschichte geworden. Nur der Historiker kann sie noch rekonstruieren, der Dichter und Künstler zum Leben erwecken. Sie kann so als Vorbild für die Gegenwart dienen, nicht aber in ihrer vergangenen Gestalt wiedererschaffen werden. Das endgültige Verschwinden ist die Folge des ontologischen Gesetzes ewigen Werdens und Vergehens der wahrnehmbaren Welt.

Auch Teja und die Goten sind der Metaphysik des Werdens und Vergehens preisgegeben. Während aber die Zeit der Römer endgültig vorüber ist und Cethegus, der Held ohne Volk, nur noch die eigene Selbstbestimmtheit im Vollzug der heroischen Haltung retten kann, bricht das germanische Zeitalter nun erst an. Abgelaufen ist nur die Frist in Italien. Nicht zuletzt in dieser entscheidenden Umdeutung der geschichtlichen Tatsachen, von der das letzte Kapitel handeln wird, liegt ja für den zeitgenössischen Leser des Romans die Aktualität der von Dahn erzählten Geschichte. Es geht nicht um die Schilderung eines Untergangs, der nicht eigentlich ein Untergang ist. Es geht um die welthistorische Sendung der Deutschen.

Jene letzte Schlacht am Vesuv, der dramatische *Showdown* des Romans, scheint nun allerdings nichts als Untergänge zu schildern. Die Goten gehen unter, der »letzte Römer« verschwindet, mit ihm die letzten Reste der großen Epoche Roms. Aber selbst dann, wenn diese Schlacht nichts als ein einziger großer Untergang wäre für alle, denen die Sympathie des Erzählers, Autors und – damaligen – Lesers gilt, selbst wenn diese Schlacht nur einen Sieger zurückließe, die neue Weltmacht Byzanz, selbst wenn die Heldendämmerung endgültig wäre, selbst dann wäre der Untergang nicht einfach nur ein Untergang. Denn an Stelle des praktischen Erfolgs kann die Tat als solche stehen, die unbedingte Verwirklichung der heroischen Haltung. Der Sieg läge dann im Triumph der Gesinnung. Nur in diesem ideengeschichtlichen Zusammenhang, vor dem Hintergrund dieser Ethik des unbedingten Handelns, werden die Worte verständlich, die Dahn seinem germanischen Denker-Rambo in den Mund legt und die dem heutigen Leser so ganz unbegreiflich erscheinen: »Ich aber bin gewillt, fortzukämpfen bis ans Ende«. Dieser Satz fällt, als der Sieg Ostroms nicht mehr aufzuhalten ist. Ihm folgen die ungeheuerlich anmutenden Worte: »Nicht um den Sieg: um freien Heldentod.« (II,532) In diesem Entschluss indessen erfüllt sich die Selbstbestimmtheit des heroischen Menschen. Er rettet seine Freiheit jenseits geschichtlicher Bedingungen.

Das gleiche gilt für Cethegus, der im Augenblick, als er sein politisches Ziel gescheitert sieht, bekennt: »Der große Kampf um Rom ist aus (…) Und die dumpfe Überzahl, die kleine Pfiffigkeit hat gesiegt (…) Ich gehe in den Tod.« (II,596) Und noch einmal Teja: »Wir fallen durch tausendfachen Verrat der Welschen, der Byzantiner und durch die dumpfe Überlegenheit der Zahl. Aber wie wir fallen, unerschüttert, stolz noch im Untergang: – das konnte kein Schicksal, nur der eigene Wert entscheiden.« (II,560) Die Entschlossenheit, die heroische Haltung zu vollziehen und an der Ethik der unbedingten Tat festzuhalten, überwindet die Faktizität der Lage. Wollte man diesen Begriff innerer Freiheit ideengeschichtlich verfolgen, so sähe man ihn in einer Linie protestantischer Tradition, die von Luthers Traktat *Von der Freiheit eines Christenmenschen* über Kants und Hegels pflichtorientierten Freiheitsbegriff bis zu Schopenhauers Forderung nach einem heroischen Lebenslauf reicht.[437]

So sind die Gegner als gleichsam natürliche Feinde zwar von außen scharf getrennt, doch von innen eng verbunden: Sie teilen Mentalität, Haltung, Ethos. Letztlich kämpfen sie für die gleiche persönliche und nationale Selbstbestimmtheit. Als das politische Ziel unerreichbar ist, besteht beider Ziel im Vollzug der heroischen Haltung. Sie verwirklichen einen unbedingten Heroismus.

Dahn lässt das seinen Überhelden so formulieren: »Hätt' ich die Reste meines Volkes retten können! (…) Es sollte nicht sein. Narses würd's kaum gewähren. Und die letzten Goten *bitten* nicht!« (II,603)

Es ist daher auch mehr als ein dramaturgischer Effekt, wenn der Autor den Konflikt der Gegner wie ein Leitmotiv durch seinen Text zieht und sie am Ende einander töten lässt. Es verweist auf das Gemeinsame, das auch darin besteht, dass beide Gegner einer Lebensform anhängen, die in ihrer Zeit schon historisch geworden ist. Sie muss, so der zwischen den Zeilen vermittelte Befund, dem Zeitalter der Masse, der Zivilisation weichen.

Wie es ein guter historischer Roman im späten 19. Jahrhundert verlangte, wie man es auch heute von einer großen Verfilmung historischer Stoffe erwartet, hebt am Ende, als sich Teja mit dem Rest seiner Recken auf die anrückenden Byzantiner stürzt, eine wüste Metzelei an, deren anschauliche Wiedergabe als literarischer Prototyp großer Schlachtsequenzen aller Toga-und-Sandalen-, Kettenhemd- und Rüschenblusen-Filme gelten kann. Am Höhepunkt des gnadenlosen Hauens und Stechens dröhnt dem »letzten Römer« ein gewaltiger Steinhammer auf den Helm, er wird bewusstlos aus dem Getümmel gezogen. Kaum ist er wieder Herr seiner Sinne, greift er erneut an. Deshalb…

… ließ König Teja den Schild fallen und sprang, das Schlachtbeil schwingend, aus dem Engpaß auf Cethegus. ›Stirb, Römer!‹ rief er.

Scharf bohrten die beide großen Feinde noch einmal Aug' in Auge. Dann sausten Speer und Beil durch die Luft: – denn keiner dachte der Abwehr.

Und beide fielen. Tejas Beil drang mit der Speerspitze durch Schild und Harnisch in des Cethegus linke Brust. ›Roma! Roma eterna!‹ rief er noch einmal. Dann sank er tot zurück. –

Sein Speer hatte den König in die rechte Brust getroffen: nicht tot, aber sterbenswund, trugen ihn Wachis und Adalgoth in den Paß. (II,613)

Wenn auch der Sinn dieser Geschichte verlangt, dass Teja noch ein paar Minuten atmen darf,[438] so musste diese Szene in einem gebildeten Leser Erinnerungen ans *Nibelungenlied* wachrufen. Dort wird in der 37. Aventiure, in Strophe 2221, der tödliche Zweikampf zwischen Gernot und Rüdiger von Bechelaren geschildert, auf den Dahn fast wörtlich anspielt:»dô vielen beide erslagene, Gêrnôt und Rüedegêr, / gelîch in dem sturme von ir beider hant.«[439] Der Zweck auch dieses versteckten Zitats erschließt sich aus dem weltanschaulichen Zusammenhang des Romans: Es soll sich die heroische Haltung im Rückgriff auf einen alten Text bestätigen, dessen Autorität in dieser Hinsicht unbestritten war und der, als nationales Epos, Vorbildcharakter beanspruchen konnte.

Indessen ist Dahn Bürger genug, um den Idealismus des heroischen Vollzugs nicht gegen den Realismus des praktischen Erfolgs auszuspielen. Die heroische Haltung bleibt letzten Endes nur Mittel, den eigentlichen Zweck der Geschichte zu verwirklichen: die Nation zu erhalten und auf ihr den modernen Nationalstaat zu bauen. Nichts anderes als dieses Gründer-Modell beglaubigt Dahn mit dem Schluss seines Romans.

Dieser unbedingte Heroismus, der in seiner Zweckgebundenheit so unbedingt wiederum nicht ist, gilt weit über den *Kampf um Rom* hinaus. Der Roman formuliert nur besonders dramatisch, was nicht nur das historische Erzählen der Gründerzeit, sondern offenbar den literarischen Realismus überhaupt bestimmt. Schon an *Soll und Haben* hat sich gezeigt, dass ohne heroische Haltung, ohne emphatische Männlichkeit Erfolg undenkbar ist. Und die im *Kampf um Rom* gezogene Konsequenz, den Vollzug der heroischen Haltung im Notfall anstelle des Erfolgs zu setzen, ist bei Gustav Freytag immerhin angedeutet. Die beiden Helden, Anton Wohlfart und Baron von Fink, sind ähnlich den Goten mit ihrer Mannschaft, mit Frauen und Kindern, auf dem polnischen Landgut von Freischärlern eingeschlossen. Die Aufforderung zur Übergabe schlagen sie ab, der Feind greift mit Übermacht an, und Fink sagt zu Anton: »Man muß sich keine Illusionen machen, die nicht länger glimmen als eine Zigarre. Deine Hand, mein lieber Junge, lebe wohl!« Und dann heißt es: »Er drückte kräftig Antons Hand, und das stolze Lächeln glänzte wieder auf seinem Antlitz. So standen die beiden nebeneinander, jeder sah liebevoll auf die Gestalt des andern, ungewiß, ob er sie je wieder erblicken werde. ›Fahre wohl!‹, rief Fink und erhob die Büchse...« (720)

Der Erfolg ihres heroischen Beginnens ist also keineswegs sicher. Die Lage spricht eher dafür, dass es nur noch darauf ankommt, den Untergang anständig zu vollziehen und so die Ehre zu retten. Aber nur die Entschlossenheit zum unbedingten Heroismus führt schließlich zur Rettung, so dass der unbedingte Heroismus nicht mehr stattzufinden braucht. Im Grunde hat bereits Freytag Dahns Modell ausgebildet.[440]

Und Fontane? Dass auch im *Sturm* immerhin die Keime eines unbedingten Heroismus herangeweht werden, steht außer Zweifel. Insgeheim weiß jeder der am tollkühnen Überfall auf Frankfurt/Oder Beteiligten, dass die Erfolgsaussichten des Unternehmens winzig sind und jede instrumentelle Vernunft dagegen spricht. Als das Freicorps nächtens ausrückt, schildert der Erzähler die Stimmung so:

Einzelne Sterne, kaum hervorgekommen, hatten sich ebenso rasch wieder versteckt, und nur der Schnee, der lag, gab gerade Licht genug, um des Weges nicht zu fehlen. Schweigsam, in dunkler Kolonne ging der Marsch, und wer hundert Schritte seitwärts gestanden hätte, hätte nichts wahrgenommen als einen langen Schattenstrich (...). Die Krähen sahen dem Zuge nach, verwundert, aber ohne sich zu rühren, und nur ein paar von ihnen flogen krächzend auf, um es am Wege hin anderen zu melden. Dabei senkte sich das Gewölk immer tiefer, und jeder empfand es wie Schwüle, trotzdem eine kalte Luft strich. (632)

Die Bataillone gleichen einem Zug von Lemuren, die sich auf das Tor des Hades zu bewegen. Ihre Führer machen sich wenig Illusionen über den Ausgang. Ein Erfolg, räsoniert Berndt von Vitzewitz, sei nur dann wahrscheinlich, wenn jener Trupp russischer Soldaten, der die Gegend jenseits der Oder durchstreife, Wort halte und Frankfurt vom Osten her angreife. »Aber ich kenne die Russen«, sagt er zum Grafen Drosselstein, der die Verhandlungen mit dem russischen Kommandeur geführt hatte,

›sie sind launenhaft und lassen es an sich kommen (...) Sie versprechen alles und wissen im voraus, daß sie das Versprochene nicht halten werden; wenigstens fühlen sie sich nicht in ihrem Gewissen gebunden. Es fehlt ihnen zweierlei: Ehrgefühl und Mitgefühl. (634)

Nicht anders schätzt Berndts Gegenüber die Lage ein: »Drosselstein suchte zu widerlegen, aber seine Worte verrieten deutlich, daß er im Grunde seines Herzens Berndts Befürchtungen teilte.« (634)
 Aber denkt Berndt von Vitzewitz oder ein einziger dieser Fähnlein aufrechter Patrioten an das, was praktischer Vernunft entspräche, nämlich die Aktion abzubrechen?
 Es kommt eben auf die Tat als solche an. Dank ihrer wird die nationale Ehre gerettet. Der Vollzug der heroischen Haltung stärkt das Bewusstsein des eigenen Werts. Das weiß gerade Berndt von Vitzewitz. Christlicher Lehre verpflichtet, peinigt ihn zwar zunächst Reue: »Alles gescheitert (...) Und ich hab' es so gewollt. Gescheitert, ganz und gar. Soll es mir ein Zeichen sein? Ja.« (648) Aber der folgende Gedanke rechtfertigt den heroischen Einsatz: »Aber ein Zeichen, daß wir unser Liebstes an ein Höchstes setzen müssen (...) Alles hat seinen Preis, und wir müssen ihn freudig zahlen, wenn er für die rechte Sache gefordert wird.« (648)

Gewiss durchschaut er die moralische Brüchigkeit seiner Selbstrechtfertigung:»Berndt, täusche dich nicht, belüge dich nicht selbst. Was war es? War es Vaterland und heilige Rache, oder war es Ehrgeiz und Eitelkeit?« (648) Doch tröstet er sich selbst mit der Antwort:»Ich weiß es nicht. Bah, es wird gewesen sein, wie es immer war und immer ist, ein bißchen gut, ein bißchen böse. Arme kleine Menschennatur! (…) Hochmut kommt vor dem Fall. Und nun welch ein Fall! Aber ich bin gestraft, und diese Stunde bereitet mir meinen Lohn.« (649)

Er fragt sich also, ob Vaterland und Rache an den Franzosen tatsächlich die einzigen Motive seines Handelns gewesen seien. Nun muss er sich eingestehen, dass persönlicher Ehrgeiz hinzukam. Seine Reue gilt nicht der Aktion selbst, sondern der Möglichkeit, sie auch aus egoistischen, aus »selbstischen« Motiven heraus unternommen zu haben. Man muss genau hinsehen an dieser Stelle, um nicht in die Falle zu tappen, sie im heutigen sentimentalen Sinne zu deuten.[441]

Sicherlich macht die Angst um den gefangenen Sohn seinem Herzen Bitternis:»Und es war, als ob er vor sich selber ein Gelübde täte: ›Gott, ich lege jeden Stolz zu deinen Füßen; demütige mich, ich will stillhalten; alles, alles; nur erhalte mir ihn.‹« (650) Aber die aus Angst resultierende Demut verweht schnell, und am andern Tag schon blickt er wieder mit einer heute beneidenswerten Zuversicht in die Zukunft »War denn die Lage wirklich so hoffnungslos? Nein.« (656) Und schnell tut Berndt, was die Lage fordert. Statt mit Zerknirschung Zeit zu verlieren, bereitet er als nächste Aktion die Befreiung Lewins vor. Und diese Aktion, eine Fortsetzung der ersten, endet in jeder Hinsicht mit einem Triumph.

Auch die Reaktion des alten Generalmajors Bamme lässt an heroischem Ethos nichts zu wünschen übrig:»Die Frankfurter Affäre hatte weder seinen Mut gebrochen, noch ihn äußerlich kleinlaut gemacht (…)« (673) Der säbelbeinige Haudegen weiß, was Gesinnung heißt.

Und der sentimentalere Lewin weiß es ebenso. Als gefangener, mit seiner Erschießung rechnender Insurgent zweifelt er keinen Augenblick am Sinn des Unternehmens selbst. Er ringt nur um die Haltung, als Held zu sterben: »Nur nicht gemein (!) aus diesem Leben gehen!« (668)[442] Der äußerste Fall tritt nicht ein. Lewin wird kein tragischer Held, dem als letzter Ausweg unbedingter Heroismus bleibt. Aber Fontane zeigt – übrigens auf eigene Erfahrungen als Kriegsgefangener zurückgreifend – die Möglichkeit dazu auf.

Verwirklicht wird sie dann im verklemmten, aber mutigen Konrektor Othegraven. Ihm bleibt als letzte Tat, vor dem Erschießungskommando

»comme un vieux soldat« (654), wie ein Soldat zu sterben. Eben das macht auch der pariotische Dichter Hansen-Grell, der, an Theodor Körner erinnernd, in den vorausgeahnten Heldentod geht. Der alte Generalmajor Bamme sagt dazu am Ende: »Eines wenigstens glaubten wir gepachtet zu haben: den Mut, und nun kommt dieser Kakerlaken-Grell und stirbt wie ein Held mit dem Säbel in der Hand. Von dem Konrektor sprech' ich gar nicht erst; ein solcher Tod kann einen alten Soldaten beschämen.« (706) Dass zwei Bürgerliche heldenmütig in den Tod fürs Vaterland gehen wie nur je ein Offizier aus preußischem Adel, dies Phänomen eines neuen Zeitgeists vermutet der knorrige Befehlshaber des Unternehmens im »Westwind« (706), der die Kunde der Gleichheit und Freiheit nun auch nach Preußen getragen habe. »Ich mache mir nichts aus diesen Windbeuteln von Franzosen, aber in all ihrem dummen Zeug steckt immer eine Prise Wahrheit.« (706)

Bamme vermutet recht, der emphatische Nationalismus mit seinem Ethos des Kampfes um den Machtstaat und der Idee einer sendungsbewussten Volksarmee, ein entscheidender Schritt in Richtung des totalen Krieges, hatte sich vom revolutionären Frankreich aus über Europa verbreitet. Zu glauben, mit Bammes Anspielung auf den »Westwind« habe Fontane eine heutigen Menschenrechtsbegriffen ähnliche Haltung bezeugen wollen, geht völlig an der Botschaft dieser Passage vorbei.

Die Lehre, die der Leser aus diesen Fällen ziehen sollte, lautet vielmehr: Wer den unbedingten Heroismus zum Maßstab nimmt, trägt über alle Verluste hin den Sieg davon.

Es scheint allerdings, als hätte sich Fontane von der Figur des emphatischen Mannes, wie sie sich im *Sturm* behauptet und wie sie die Literatur der Zeit bevölkert, abgekehrt und in seinen späteren Gesellschaftsromanen sensitive Spätlinge in ein mildes Kaminfeuerlicht gesegneter Abendruhe getaucht.


## Fontanes sensitive Spätlinge – ein Ausblick


Ein solcher Spätling betritt spätestens in *Irrungen Wirrungen* Fontanes literarische Welt. Der Roman, der seiner sozialen Thematik wegen als »Durchbruch Fontanes« zum modernen Romancier[443] und als sein »typischster, vollendetster und liebenswertester Berliner Zeitroman«[444] gilt, erschien 1888. Das war zehn Jahre nach dem *Sturm* und elf Jahre vor dem *Stechlin.* Von den siebzehn Romanen Fontanes ist er der neunte, er markiert also genau die Mitte der Laufbahn des Romanautors Fontane.

Die in der bürgerlichen Gesellschaft als anrüchig geltende, von der jungen, am aufkommenden Naturalismus orientierten Kritik gerade ihres thematischen Wagemuts wegen gefeierte Geschichte[445] handelt von der Affäre des Offiziers Botho von Rienäcker zu einem Mädchen im Kleinbürgertum, der Näherin Lene Nimptsch. Das Verhältnis zerbricht nach drei Monaten scheinbar an den Schranken herzloser Konventionen. Beide erleben den Bruch als Unglück, beiden bedeutet der Bruch Verlust. Mit ihrer Natürlichkeit und Lebenskraft hätte Lene für Bothos kränkelndes Milieu die Chance vitaler Erneuerung geboten: Sie ist der gleiche Typus wie Marie im *Sturm*, die natürliche Frau. Während Marie aber die Vitzewitze noch vor der Degeneration retten kann, entgleitet Botho von Rienäcker die Gelegenheit, durch Lene frisches Blut in die Familie zu bringen. Das wäre die Mitgift der Mittellosen gewesen.

Stattdessen heiratet Botho ein hübsches und dummes adliges Töchterchen, dessen Geld die Rienäckers saniert. Lene gibt dem Fabrikmeister Gideon Franke, einem steifen, doch rechtschaffenen Mann von »untadeliger Gesinnung« (441), ihr Jawort. Sind es also tatsächlich soziale Konventionen allein, an denen Botho und Lene scheitern, oder liegen die Ursachen nicht auch oder sogar eigentlich in den Handelnden selbst? Das heißt vor allem in der Degeneration des insuffizienten Spätlings Botho?

Die Finanzen der Rienäckers sind am Fallieren. Die Familie ähnelt damit deutlich den Rothsattels in Gustav Freytags *Soll und Haben.* Es gehört zu den Rienäckers aber ein gut situierter Onkel, der Bruder von Bothos Mutter Josefine von Rienäcker. Dieser Kurt Anton von Osten hatte bereits die eine oder andere Verlegenheit der Rienäckers beglichen. Er kennt Botho und hat also guten Grund, seinen Neffen zur endlichen Heirat mit Käthe von Sellenthin zu drängen:

> Botho, wozu stehst du bei den Kaiserkürassieren, und wozu hast du eine
> reiche Cousine, die bloß darauf wartet, daß Du kommst und in einem
> regelrechten Antrage das besiegelst und wahr machst, was die Eltern
> schon verabredet haben, als ihr noch Kinder wart. Wozu noch überle-
> gen?« (357)

Fast scheint es, als tauchte hier in vagen Umrissen jenes konventionelle und vom *Sturm* her bekannte Heiratskonstrukt auf, demzufolge Renate und Lewin das entsprechende polnische Geschwisterpaar Tubal und Kathinka heiraten sollten. Damals aber setzten sich, nicht zuletzt aufgrund der politischen Entwicklung und der noch gegebenen Handlungsfähigkeit der Protagonisten, die natürlichen gegen die sozialen Eigenschaften durch und führten zur Heirat von Lewin und Marie. Botho hat da weniger Glück.

Da die auf gesellschaftliche Repräsentation bedachte Käthe von Sellenthin ganz in der Konvention eines naturfremden Adels aufgeht, ist es zunächst kein Wunder, wenn es Botho mit der Kraft einer Wahlverwandtschaft zur tüchtigen, lebenspraktisch veranlagten Lene hinzieht. Dem Drängen auf baldige Heirat mit der reichen Käthe von Sellenthin ausweichend, bekennt er sich selbst einige Wochen nach den Ermahnungen seines Onkels:

Was ist es denn, was mich hindert, den Schritt zu tun, den alle Welt erwartet? Will ich Lene heiraten? Nein. Hab' ich's ihr versprochen? Nein. Erwartet sie's? Nein. Oder wird uns die Trennung leichter, wenn ich sie hinausschiebe? Nein. Immer nein und wieder nein. Und doch säume und schwanke ich, *das* eine zu tun, was durchaus getan werden muß. Und weshalb säume ich? Woher diese Schwankungen und Vertagungen? Törichte Frage. Weil ich sie liebe.« (403)

Auf einer typischen fontaneschen Landpartie indessen, während der sich natürliche Empfindungen Bahn brechen und erotische Grenzen überschritten werden, offenbart sich gegen die Absicht des Paares die Unmöglichkeit, ihre Liebe in Leben umzusetzen. Die Geldnöte der über ihre Verhältnisse lebenden Rienäckers (das kennt man ja auch von Freytags Rothsattels) drücken von Tag zu Tag stärker. In diesem Moment streut der Erzähler eine in ihrer Unscheinbarkeit unbeachtet gebliebene Bemerkung ein, die aber, sieht man sie in der Perspektive eines für Fontane und den Realismus typischen Dekadenzmodells, bezeichnender kaum sein könnte: »Es stand nicht gut mit dem Rienäckerschen Vermögen, und Verlegenheiten waren da, die durch eigene Klugheit und Energie zu heben er durchaus nicht die Kraft in sich fühlte.« (403)

Das heißt, Botho ist zu schwach, um die vom Leben gestellten Anforderungen zu meistern. Er bleibt unfähig zum selbstbestimmten Handeln, unfähig zur Tat. Diese bestünde einzig darin, Lene zu heiraten und aus eigener Kraft die Finanzen der Familie zu ordnen. Eine solche Tat wäre allerdings mit Risiken verbunden, denen Botho sich nicht gewachsen fühlt. Er selbst macht sich, anders als spätere Interpreten, nichts vor:

> Wer bin ich? Durchschnittsmensch aus der sogenannten Obersphäre der Gesellschaft. Und was kann ich? Ich kann ein Pferd stallmeistern, einen Kapaun tranchieren und ein Jeu machen. Das ist alles, und so hab' ich denn die Wahl zwischen Kunstreiter, Oberkellner und Croupier. (403)

Tatsächlich leistet Fontane hier, was man gemeinhin Sozialkritik nennt. Allerdings gilt sie nicht den Klassenschranken der Gesellschaft, sondern der veralteten Ausbildung des Adels, die den Adel unfähig macht, sich selbst wirtschaftlich aus dem Sumpf zu ziehen.

Die bittere Selbstironie Bothos ist also berechtigt. Als Croupier sein Geld zu verdienen, wäre für einen adligen Offizier unstandesgemäß, die Konvention verbietet es. Doch hat sich nicht Freytags Baron von Fink über dergleichen Schranken hinweggesetzt und als Schiffsjunge und eben Kunstreiter sein Geld verdient? Weil er aus eigener Kraft verdienen und autonom sein wollte? Gustav Freytag nahm sozusagen die Geschichte Bothos schon einmal im Lebenslauf von Fink, dem schöpferischen Tatmenschen, vorweg. Fontane wandelt diese Geschichte nunmehr in ihre Dekadenzversion um.

In dieser Version kommt Botho seinen *von außen* geforderten Verpflichtungen nach. Das bezeichnet das Ende des autonomen Menschen, des Heroen, der emphatischen Männlichkeit. Hier brausen keine wilden Strudel des Lebens, hier lebt einer im Treibhaus konventioneller Fremdbestimmtheit. Botho entspricht auf sympathische Art dem Typus, den Nietzsche als »Herdentier« bezeichnet hat.

Was Botho allerdings aus seinem Milieu heraushebt, ist, sich dessen bewusst zu sein. Fontane zeichnet ihn gewiss als liebenswürdigen und auch intelligenten Charakter. Doch kritisiert er keineswegs, dass noch immer lästige Standesgrenzen nach unten gezogen sind, die Vorstellung völliger Egalität, wie sie heute herrscht, war ihm gänzlich fremd. Er kritisiert, dass ein Mann von Adel, der traditionell Ritter, Krieger, Held sein müsste, vor diesen Grenzen versagt.

Das hebt der Erzähler in den Schlussakkorden seiner *Symphonie melancholique* noch einmal hervor. Drei Jahre Ehe liegen hinter Botho, seine

Frau befindet sich, natürlich, auf Bäderkur, und der Erzähler lässt seinen langsam über die Jungfernheide in die Moabiter Kaserne reitenden Protagonisten Zwischenbilanz ziehen:

> Dabei kam ihm der Tag wieder in Erinnerung, an dem er hier auch herumgeritten war, um sich Mut für den Abschied von Lene zu gewinnen, für den Abschied, der ihm so schwer ward und der doch sein mußte. Das war nun drei Jahre. Was lag alles dazwischen? Viel Freude; gewiß. Aber es war doch keine rechte Freude gewesen. Ein Bonbon, nicht viel mehr. Und wer kann von Süßigkeiten leben! (458)

Bonbons und Süßigkeiten, was für eine vielsagende Metapher. Sie bezeichnet das Künstliche und Abgelöste vom elementaren Urgrund des Lebens, auch das Spielerische, den infantilen Daseinszustand. Botho macht sich tatsächlich nichts vor, er gesteht sich selbst: »Armer Kanzelheld ich!« (456) Mit dieser Charakteristik, und der Roman enthält viele solcher Hinweise, greift Fontane sein eigenes, im *Sturm* entworfene Modell auf, wonach große Teile des alten Adels dekadent geworden sind. Zur Tat zu schwach, führt Botho eine inszenierte Existenz. Er weiß selbst, dass ihm zur Aktion Mut und Energie fehlen. Er ist der Herausforderung einer radikalen sozialen Grenzverletzung nicht gewachsen, für die ihm, dem preußischen Offizier, immerhin Luther als Vorbild hätte dienen können.

Bothos Gedanken fügt der Erzähler eine Szene an, die seine Einschätzungen bestätigt und sogar noch schärfer hervorhebt. Auf einem Ritt entlang des Landwehrkanals trifft Botho einen Kameraden aus dem Nachbarregiment, Bogislaw von Rexin. Rexin, so stellt sich heraus, erlebt im Augenblick das gleiche Liebesdrama, das Botho mit Lene erlebt hatte. Doch bleibt beiden nur, von einem freien Leben zu *träumen*. »Ritten wir hier«, sinniert Rexin,

> statt an diesem langweiligen Kanal, so langweilig und strippengerade wie die Formen und Formeln unsrer Gesellschaft, ich sage, ritten wir hier statt an diesem elenden Graben am Sacramento hin und hätten wir statt der Tegeler Schießstände die Diggings vor uns, so würd' ich die Jette freiweg heiraten; ich kann ohne sie nicht leben (…) ihre Natürlichkeit, Schlichtheit und wirkliche Liebe wiegen mir zehn Komtessen auf. (461)

Sie reiten aber *nicht* am Sacramento, und das ist entscheidend. Daher sagt Rexin:»Ich kann es meinen Eltern nicht antun und mag auch nicht mit siebenundzwanzig aus dem Dienst heraus, um in Texas Cowboy zu werden oder Kellner auf einem Mississippidampfer.« (461)

Siebenundzwanzig und schon im Altersruhesitz mit Pension, doch gequält von der Sehnsucht nach einem selbstbestimmten Leben, das als Traum von natürlicher Harmonie am Horizont der Illusionen erscheint:»Ich sehne mich nach einfachen Formen, nach einer stillen, natürlichen Lebensweise, wo Herz zum Herzen spricht und wo man das Beste hat, was man haben kann, Ehrlichkeit, Liebe, Freiheit.‹ – ›Freiheit‹, wiederholte Botho.« (461f)

Roxin weiß aber sehr genau, dass »auch Gefahren dahinter lauern und dies Glück der Freiheit, vielleicht aller Freiheit, ein zweischneidig Schwert ist, das verletzen kann...« (462) Da heißt es vorsichtig sein! Und so kann Rienäcker denn auch nur raten, den »Frieden mit Gesellschaft und Familie« (462) zu schließen. Doch täuscht er sich nicht darüber hinweg, dass Angst, Bequemlichkeit und Resignation zu den Beweggründen gehören.

»Und alles verlief programmäßig...« (470), heißt es am Ende. Das bezieht sich zwar auf einen Besuch des jungvermählten Paares Botho und Käthe im Charlottenburger Schlosspark, doch könnte der Satz auch als Motto über Bothos ganzem Leben stehen. Die letzte Szene zeigt Botho und Käthe beim Frühstück. Käthe liest ihre Lieblingsseite mit den Heirats- und Verlobungsannoncen in der KREUZZEITUNG. Sie stößt auf die Anzeige von Lene Nimptsch und Gideon Franke.»Es ist doch zu komisch, was es für Namen gibt! (…) Nimptsch. Kannst du dir was Komischeres denken? Und dann Gideon!« (475) Botho nimmt ihr die Zeitung aus der Hand, gibt sie ihr zurück und sagt:»Gideon ist besser als Botho.« (475)

Fontane gestaltet in *Irrungen Wirrungen* jenes Grundproblem realistischer Literatur, das auch die hier vorgestellten Romane behandeln. Es geht kaum um Sozialkritik, sondern viel eher um den zivilisatorisch bedingten Verlust an Leben, Vitalität, Tatkraft und Willen. Die Autoren klagen ein, was sie in ihrer Zeit als Zivilisationskrankheit diagnostizieren: eine Unfähigkeit zum selbstbestimmten Leben in der modernen, sich zusehends an standardisierten Verhaltensweisen ausrichtenden Gesellschaft.

Damit geht es um das Problem der Dekadenz in einer hochentwickelten Kultur, deren alten Eliten jene Kraft zur Regeneration fehlt, die sie, wie Fontane im *Sturm* schildert, zur Zeit des Befreiungskrieges noch hatten.

So haben es Fontane, Gustav Freitag, Scheffel und Dahn und viele andere Autoren bis hin zu Nietzsche gesehen. Für diesen Verlust steht Botho von Rienäcker, obwohl er gewiss keine negative Figur ist. Er darf sogar noch ein bisschen Held sein, weil er entschlossen genug ist, unter seine Liebesgeschichte einen endgültigen Schluss-Strich zu ziehen und in einer symbolhaften Aktion Lenes Briefe zu verbrennen.

Auch stellt ihn Fontane durchaus in eine Situation, die einen Anflug von Tragik hat. Verwirklichte er seine Liebe und überschritte damit seine Standesgrenzen, scheiterte er am Verlust seines Willens zur Macht. »Denn alles«, hatte er seinen Kameraden Rexin belehrt, »hat seine natürliche Konsequenz, dessen müssen wir eingedenk sein.« (463) Aber auch seine Ehe bedeutet einen Verlust, also Scheitern. So liegt die eigentliche Tragik der Geschichte in der Ausweglosigkeit, auf die Bothos Figur hinweist: Eben jener Unfähigkeit des alten Adels, sich aus eigener Kraft zu regenerieren.

Die Tragik liegt also auch im heraufziehenden Untergang einer Schicht, die Fontane bei aller Kritik doch als wesentlich, kulturtragend und identitätsstiftend betrachtet hat. Dass Standesgrenzen gezogen sind und der Adel nach seinen Regeln handelt, ist aus dieser Sicht sinnvoll. Denn erst Grenzen und Regeln stiften Ordnung, wie Fontane später mit Baron Innstetten in *Effi Briest* zu beweisen sucht. Das Problem liegt für Fontane indes darin, dass der Adel offenbar nicht mehr weiß, wann es nötig ist, die Grenzen zu öffnen und wie weit.[446]

Diese historische Dimension der geschilderten Tragik öffnet Fontane nicht zuletzt dadurch, dass er die Unfruchtbarkeit seiner Oberschicht-Protagonisten unmissverständlich hervorhebt. Nur Arbeiter und Kleinbürger gebären in diesem Roman, Angehörige der unteren Mittel- und der Unterschicht. Dieser Hintergrund gibt der Szene, die Botho v. Rienäcker bei einem Ausritt an einer Fabrik vorbeikommen lässt, weit mehr als nur malerische Bedeutung:

> Während er noch so sann, warf er sein Pferd herum und ritt querfeldein auf ein großes Etablissement, ein Walzwerk oder eine Maschinenwerkstatt, zu, draus aus zahlreichen Essen Qualm und Feuersäulen in die Luft stiegen. Es war Mittag, und ein Teil der Arbeiter saß draußen im Schatten, um die Mahlzeit einzunehmen. Die Frauen, die das Essen gebracht hatten, standen plaudernd daneben, einige mit einem Säugling auf dem Arm, und lachten sich untereinander an, wenn ein schelmisches oder

anzügliches Wort gesprochen wurde. Rienäcker, der sich den Sinn für das Natürliche (!) mit nur zu gutem Recht zugeschrieben, war entzückt von dem Bilde, das sich ihm bot, und mit einem Anfluge von Neid sah er auf die Gruppe glücklicher Menschen. (405)

Man wird schwerlich behaupten wollen, in diesem Genrebild sei Kritik an der elenden Lage der Arbeiter geübt. Umso weniger, als Fontane an diese Schilderung folgende Überlegung Bothos knüpft:

> Arbeit und täglich Brot und Ordnung. Wenn unsere märkischen Leute sich verheiraten, so reden sie nicht von Leidenschaft und Liebe, sie sagen nur: ›Ich muß doch meine Ordnung haben.‹ Und das ist ein schöner Zug im Leben unseres Volkes und nicht einmal prosaisch. Denn Ordnung ist viel und mitunter alles. (405f)

Und damit gewinnt auch die Mitteilung, Käthe von Rienäcker verspüre zu Bothos Enttäuschung nicht den geringsten Wunsch nach einem Kind, weil sie ihr Genüge »an Putz und Plaudern, an Reiten und Fahren« (418) und natürlich *shopping* (426) finde, eine ganz andere als nur anekdotische oder gar feministische Funktion. Käthes Unlust wird zu einem Zeichen der Störung einer naturgegebenen Ordnung. Rienäckers Frau erinnert sogar an jene frivolen Comtessen, die Fontane im *Sturm* als Verkörperungen fortgeschrittener Degeneration bloßstellt.

Kann es also sein, dass Fontane seinen Berliner Gesellschaftsromanen, insbesondere *Irrungen Wirrungen, Effi Briest* und *Stechlin*, ein nämliches Erb- und Degenerationsmodell eingezogen hat wie dem *Sturm*? Dann wäre klar, dass Nachkommen aus einer Verbindung wie der von Käthe und Botho oder auch der von Woldemar von Stechlin und Armgard künftige Träger einer Dekadenz im fortgeschrittenen Stadium wären. Falls eben derartige Ehen überhaupt fruchtbar wären, was aber offenbar gar nicht mehr der Fall ist.

Lehrreich wäre deshalb auch ein Blick auf Woldemar von Stechlin und seine Braut Armgard von Barby. Ihr Name, Armgard, scheint auf ein »Heldenweib« hinzuweisen,[447] eine Frau von emphatischer Männlichkeit wie Lenore von Rothsattel in *Soll und Haben*, deren pralle Gesundheit und Fruchtbarkeit nicht von ungefähr betont werden. Stellt man freilich Armgards Persönlichkeit mit ihrem Namen in Beziehung, so verwandelt sich der Name in das Zeichen eines naturfremden Lebens, in der das Heldenhafte zur Inszenierung wird. Und das naturferne Leben ist in den hier sezierten Romanen stets ein unfruchtbares.[448]

Angesichts solcher Entdeckungen in der missglückten Verbindung von Lene und Botho die Standesschranke zu suchen, die die Gesellschaft im Zuge anschwellender Humanisierung nur zu beseitigen brauche, um späteren Generationen den Weg aus dem Gefängnis überkommener Vorurteile zu ebnen – das kann da nur naiv erscheinen.[449] Fontanes Dekadenzmodell als Ausdruck konservativer Sozialkritik fordert eher das Gegenteil. Je niedriger die soziale Hürde liegt, umso weniger Kraft ist zu ihrer Überwindung nötig. Würde sie beseitigt, leistete das der Schwächung Vorschub und erschiene als Zeichen der Dekadenz einer naturfernen Gesellschaft. Während eine hohe, Widerstand bietende Schranke den Helden zu heroischer Leistung herausforderte. Gelänge ihm, die Schranke zu überwinden, ginge er gestärkt aus der Konfrontation hervor. Wenn er an ihr scheiterte, machte ihn das zum tragischen Heros. Dass Rienäcker vor dieser Herausforderung die Waffen streckt, bezeichnet gerade seine Dekadenz. Die aber betrachtet der alte Fontane mit freundlichem Verständnis, wie jemand, der sich damit abgefunden hat, dass diese Entwicklung nicht zu ändern ist, da sich in ihr nur ein Naturgesetz vollzieht.

Fontanes Spätlinge brauchen nicht unbedingt mehr einen Feldzug, um vor sich und der Gesellschaft bestehen zu können. Dennoch scheint es, der Romancier, der dem alten Bismarck mit einer populären Biographie huldigte,[450] habe seinen handlungsschwachen Zierpflanzen heimlich den Maßstab jener Männlichkeit angelegt, die er an Friedrich II. bewunderte – mag er vielleicht auch mehr und mehr den Reiz des Verfalls und die überfeinerte Oberschicht als Romanstoff geschätzt haben. In dieser Hinsicht ist er gewiss Vorläufer einer ästhetizistischen Moderne geworden, die den *haute goût* als Stimulus zugleich überreizter wie abgemüdeter Nerven entdeckte. So kann er am Ende gerne auch einen blassen Woldemar von Stechlin mit dem Schmelz elegischen Abgesangs umgeben und in das »Pathos der Obsoleszenz«[451] eintauchen, die den Adel heimsucht. Entscheidend bleibt, dass sein wahrer Held Woldemars Vater ist, Dubslav von Stechlin, ein preußischer Adliger alten Zuschnitts.[452] In Dubslav erscheint gleichsam ein jüngerer Bruder Berndts von Vitzewitz noch einmal – als Greis.

# HEROISCHER REALISMUS

## Überblick und Neuordnung

Schließen wir den Kreis.

Am Anfang zeigten wir, wie sich die Literatur der bürgerlichen Epoche die Geburt einer Nation vorstellte. Sie beginnt mit einem mythologischen und sinnbildlich biologischen Zeugungsakt. Damit erschafft sich eine große Gruppe von Leuten, die sich als soziale Einheit versteht, auch als völkische Nation. Sie beruft sich dabei auf einen Zeugungsakt, der weit, weit vor ihrer Zeit im Dunkel geschichtlicher und mythologischer Vergangenheit stattgefunden habe. Akteure dieses Aktes waren etliche junge, von einem oder mehreren erfahrenen Alten angeleitete Männer, die ihr *Volk* aus einer langen Ahnenreihe hervorgehen ließen, die die Urzeugung hervorgebracht haben soll.

Dieses mythobiologische Modell stiftet Identität über lange Räume der Geschichte, begründet die kulturelle, über Sprache, Kunst und Sitte geformte Gruppe auch als Abstammungsgesellschaft und überhöht sie gleichzeitig metaphysisch, indem es sie symbolisch mit einem mythologischen Urvater oder auch mit Gott verbindet. Die Nation erhält die Weihe des Heiligen und Ewigen.

Diese Gründung bedeutete eine neonationale oder neokonservative Wende. Sie war der Auftakt zur nationalen Aktion, in der die junge oder neu alte Nation gleichsam heranreifen sollte. Die Romane *Vor dem Sturm* und *Ein Kampf um Rom* erzählen dieses Heranwachsen in der Aktion, genau genommen bilden sie selbst, in Form und Aussage, eine solche nationale Aktion. Sie beschreiben genau jenen Prozess der Nationsbildung, wie er sich in Deutschland und Europa im 19. Jahrhundert vollzieht und das Bewusstsein der Zeitgenossen prägt.

Die aus vielen kleinen Einzelaktionen gebildete Aktion, in deren Verlauf sich die Nation als völkische und kulturelle Gruppe zusammenbindet und nach außen hin abgrenzt, mündet in die letzte große, entscheidende und finale Aktion, den Krieg. Er setzt den als elementares Ereignis gedeuteten Endpunkt, aus dem die sozusagen im Schoß der Zeit herangereifte Nation hervorgeht. Die Nation wird aus dem Kampf geboren, der Krieg ist ihr Vater, die Mutter der Boden, auf dem sie ihren Staat gründet. Es liegt auf der Hand, dass die Literatur, aus der dieses Modell gewonnen ist, auch die Entwicklung Deutschlands zum Nationalstaat abzubilden versucht. Sie inszeniert gleichsam die Geschichte im historischen Kostüm nach und gibt ihr damit eine Deutung.

Im letzten Kapitel werden wir also das Geschichtsbild betrachten, in das die Entwicklung der Nation und ihres Staates eingezeichnet ist, ihr Werden und ihr mögliches Vergehen, ihre Geburt und ihr Ende, mit dem, Sakralisierung hin oder her, kraft natürlichen Ablaufs eben doch zu rechnen ist. Wenn man so will, wird das Gesamtpanorama entfaltet, auf dem sich nach den Vorstellungen des späten 19. Jahrhunderts das Drama der Geschichte vollzieht. Das lässt schließlich eine Antwort auf die Frage zu, ob die Grundeinstellung der Autoren unserer Beispielromane, die mit den Augen ihrer Zeitgenossen in die Welt blickten, pessimistisch ist oder nicht.


Der große Einzelne
und seine Abhängigkeit von der Geschichte


Nach allem, was in diesem Buch über mutmaßliche Gesetzmäßigkeiten geschichtlicher Abläufe in der erzählten Welt der Literatur herausgefunden wurde, ist klar, dass diese Abläufe einem *organizistischen* Muster folgen. Gemeint ist ein naturanaloger Prozess von Zeugung, Wachstum und Niedergang. Die materielle Welt ruht demzufolge auf einer ontologischen Substanz, sie ist die Erscheinungsform einer weltinneren metaphysischen Wirklichkeit, die als eigentliche Wirklichkeit gilt.[453]

Die Entwicklung der Völker und Nationen zum territorialen Nationalstaat ist eine dieser eigentlichen, natürlichen Wirklichkeit eingeschriebene, ihn ihr gleichsam kodifizierte Tatsache. Der Mensch übersetzt sie mit seinem Tun in materielle Wirklichkeit, er bildet Gesellschaften, Kulturen, Staaten. Diese in der Literatur geformte Auffassung von Geschichte entspricht genau der allgemeinen Ansicht der Zeit, in diesem unaufhörlichen

Prozess sei der Nationalstaat eine Naturnotwendigkeit und repräsentiere den Gipfelpunkt kultureller Evolution.

Der Treibstoff dieser Entwicklung, das bewegende Moment, ist Kraft, Energie, Wille – all diese in der bürgerlichen Epoche gängigen Begriffe meinen so ziemlich das gleiche und sind mehr oder weniger identisch mit der metaphysischen Weltsubstanz als wahrer Wirklichkeit. Deshalb ist Geschichte ein dynamischer und gewalttätiger Prozess.

Jeder Mensch will sich behaupten, jedes Volk, jede Nation und Kultur will sich durchsetzen und ihren eigenen Staat bauen. Konfrontationen sind unvermeidlich. Das erscheint in diesem Geschichtsbild keineswegs als Schreckensmotiv. Im Gegenteil, die Konfrontation gilt ihrerseits als Motor der Entwicklung. In der Bildung nationaler Staaten und ihrer Konfrontationen besteht Geschichte im engeren Sinne.

Es ist immer der Mensch, der die ontologische Weltsubstanz in Geschichte umsetzt. Zweifellos hat die Gründerzeit, hat das bürgerliche oder »imperiale Zeitalter« die Neigung, den großen Einzelnen als Geschichtsmacher über die Menge der Gewöhnlichen zu stellen. Diese sogenannte *personalistische Geschichtsauffassung* verfällt seit Jahrzehnten der Kritik. Und wenn Felix Dahn eine Phantasiefigur wie den Übermenschen Cethegus als heroischen Stern über einer stumpfsinnigen Masse leuchten lässt; wenn er sich nicht scheut, den Geschichtsschreiber Prokop nach dem Sieg Ostroms notieren zu lassen, »ein wichtig Stück Weltgeschichte hab' ich heut bei Tage machen helfen« (II,193), kann das nur wie eine Bestätigung schlichter Heroen-Historiographie wirken.[454]

Es zeigt sich allerdings, dass dieses angeblich *personalistische* Geschichtsbild stark entpersonalisiert ist. Der Einzelne, er sei noch so groß, ist dem allgemeinen Ablauf unterworfen, den er, wenn er gegen die Tendenzen seiner Zeit handelt, nicht beeinflussen kann.

Der große Einzelne, das *weltgeschichtliche Individuum*, fasst zwar Tendenzen und Ideen seiner Zeit zusammen und setzt sie über die politische Aktion in Wirklichkeit um, doch sein schöpferischer Spielraum bleibt begrenzt. Er reicht nur soweit, wie seine Pläne, Ideen und sein Wille mit dem ontologischen Ablauf, aus dem ja letztlich auch die Grundideen seiner Zeit stammen, übereinstimmen. Weichen die Ideen und Ziele des geschichtsbildenden Menschen von diesen übermateriellen Tendenzen ab, entsprechen sie nicht dem »Weltgeist«, wie Hegel diese Tendenzen nannte, muss der Handelnde scheitern. Am Ende bliebe ihm dann nur noch der unbedingte Heroismus.

Von einem personalistischen Geschichtsbild kann nur insofern die Rede sein, als es notwendig des genialen Einzelnen bedarf, die herrschenden Ideen, also das ontologische Potenzial, zu verwirklichen und Geschichte daraus zu machen.

So nimmt diese Auffassung jene Geschichtsphilosophie vorweg, die der große Sachwalter klassischer Geschichtsschreibung am Ende des 20. Jahrhunderts, Thomas Nipperdey, seiner Darstellung des 19. Jahrhunderts zugrunde legt. Bekanntlich lautete der glänzende erste Satz seines ersten, die Jahre 1800 bis 1866 umspannenden Bands: »Am Anfang war Napoleon.«[455] Aller Empörung zum Trotz lautete der erste Satz der beiden folgenden, bis 1914 reichenden Bände: »Am Anfang war Bismarck.«[456] Diesem anscheinend provokativen Verfahren folgte die Begründung: »Es gibt Zeiten, in denen Personen, wie immer sie wiederum Produkte ihrer Zeit sind, den Lauf der Dinge prägen, ja, in denen eine Person diesen Lauf der Dinge prägt, an die Spitze der Zeittendenzen und -prozesse tritt, so dass es ganz unmöglich ist, sie wegzudenken oder für auswechselbar zu halten, wie das doch das Charakteristikum der Normalität ist.«[457]

Nipperdey setzt aber zeitgemäß an die Stelle des ontologischen Unterbaus die soziale Welt als bewegende Kraft. Doch auch im gründerzeitlichen Geschichtsbild zählt diese Welt zu den geschichtsbildenden Kräften. Immerhin ist es letzten Endes *das Volk*, das in beiden Romanen über Sieg und Niederlage entscheidet. Dahn zeigt am Scheitern seines großen Einzelnen Cethegus, dass ohne diesen Motor der Geschichte nichts läuft. Im *Sturm* ist es das Volk, der Druck der Mehrheit im von oben her faulen Staat Preußen, die den König schließlich zu Handeln zwingt. Dafür macht sich der elitäre Fontane sogar die Mühe, die untere Mittelschicht in die nationale Großgemeinschaft einzubinden. Gewiss sind die Akzente in diesem Geschichtsbild anders gesetzt als heute. Auch bleibt die rasch anwachsende Arbeiterschicht aus der Darstellung mehr oder minder ausgeschlossen (doch eben nicht ganz, wie *Irrungen Wirrungen* zeigt) oder erscheint wie im *Kampf um Rom* als dumpfe Masse, die den Helden zu Fall bringt. Doch ist nicht zu leugnen, dass diese Masse den Sieg davonträgt. Es ist schlichtweg falsch, zu meinen, in diesem gewiss heroischen Geschichtsbild mache nur der geniale Einzelne Geschichte und der große Rest sei Wachs in seinen Händen.

Lehrreich ist eine Äußerung Bismarcks, der Staatsmann könne »den Strom der Zeit nicht schaffen und lenken, er kann nur darauf hinfahren und steuern, mit mehr oder weniger Erfahrung und Geschick....«[458] An seine Frau Johanna schrieb Bismarck am 20. Juli 1864, drei Monate nach dem preußischen Sieg über Dänemark, in ähnlichem Sinne: »Das lernt sich in diesem Gewerbe recht, dass man so klug sein kann wie die Klugen dieser Welt und doch jederzeit in die nächste Minute geht wie ein Kind ins Dunkle.«[459] Bereits zuvor, im Juli 1859, kurz nach seiner Versetzung als preußischer Gesandter nach Petersburg, hatte Bismarck auf den 110. Psalm anspielend in einem Brief an Johanna bemerkt: »Wie Gott will, es ist ja alles doch nur eine Zeitfrage, Völker und Menschen, Thorheit und Weisheit, Krieg und Frieden, sie kommen und gehn wie Wasserwogen, und das Meer bleibt.«[460] Der Einzelne, heißt das, kann den Ablauf der Geschichte eben nicht bestimmen. Er kann nur das Machbare erkennen und nach besten Kräften danach handeln.[461]

Solche Ansichten hat auch Felix Dahn geäußert, in dem er sie als Leitmotive in sein Geschichtsbild einzeichnete. Sicherlich hatte auch Hegel auf dieses Denken Einfluß geübt, der in seinen *Grundlinien einer Philosophie des Rechts* Familie und bürgerliche Gesellschaft überhaupt erst begrifflich als wirkende Kräfte erfasste.

Auch ist es nicht ohne Bedeutung, wenn bei aller Verehrung für den großen Einzelnen weder Fontane – für den Bismarck aber auch der große Macher war, dessen »irritierender Ausstrahlung« er sich nicht habe entziehen können[462] und dem er einen flammenden Epitaph dichtete[463] – noch Dahn eine Figur auf ihr Geschichtstheater schicken, die den rundum genialen Einzelnen verkörperte und ein Bismarck der literarischen Welt wäre. Nicht einmal Dahns Oberfeldherr Narses entspricht ihm, da Narses eben kein Held mehr ist, sondern nur ein genialer Funktionär des Weltgeists. In diesen beiden beispielhaften Texten taucht keine einzige Figur auf, die ganz dem *welthistorischen Individuum* entspricht. Man darf das vielleicht als skeptischen Fingerzeig verstehen: dafür, dass im Geschichtslauf niemals ein Ideal verwirklicht werden kann, dass nur Annäherungen möglich sind und jeder Zustand zwangsläufig seine Mängel hat. In der Tat wäre das eine sehr realistische, pragmatische, auch für die Gegenwart brauchbare Einsicht.

Schließlich bleibt noch die Frage: Wenn die konkreten Formen der Geschichte, wenn Gesellschaften und Staaten immer irgendwie mangelhaft sind, wenn im Kampf um Nation und Staat der Stärkere, nicht der Anständigere siegt, wenn große Epochen wie die Antike (oder auch das Kaiserreich) ebenso wie kleine am Ende doch untergegangen sind oder untergehen werden – was bleibt dann noch vom Optimismus übrig außer der Aussicht auf einen heroischen Vollzug des Untergangs, der aber doch nur Ersatz für das Gelingen der Geschichte ist?

Es bleibt so manches. Das ist den Romanschlüssen abzulesen, die eine Neuordnung der Verhältnisse festschreiben und eine Perspektive in die Zukunft öffnen.

## Die Utopie der Vernichtung und die Wiederkehr des deutschen Zeitalters
### Melancholie des Abschieds: Fontane

Theodor Fontane, der selbst noch im *Stechlin*, seinem letzten Roman, der Melancholie des Abschieds den Optimismus der Bejahung abgewinnt, hatte seinen *Sturm* mit einer politischen Verheißung ausklingen lassen.

Nachdem der junge Held Lewin in einer halsbrecherischen Aktion befreit worden war und sich verlobt hatte, zieht der junge Held in den preußischen Befreiungskrieg. Die Herrnhutische Hausdame der Vitzewitz prophezeit: »Denen, die Gott lieben, müssen alle Dinge zum Besten dienen.« (709)

Da auch für Lewin der Glaube eine feste Burg ist, geschieht es so. Im letzten Kapitel des Romans, »Aus Renates Tagebuch« (709-712), springt die Erzählung aus dem Jahr 1813 in die Gegenwart des Erzählers, der nun in eigener Person auftritt:

> Erzählungen schließen mit Verlobung oder Hochzeit. Aber ein Tagebuch, das sich bis auf diesen Tag im Hohen-Vietzer Herrenhause vorfindet und als ein teures Vermächtnis daselbst gehütet wird, gönnt uns noch einen Blick in die weitere Zukunft. Es sind Blätter von Renates Hand, und aus ihnen ist es, daß ich das Folgende entnehme. (709)

Der Leser erfährt also, Herrenhaus und Geschlecht der Vitzewitz hätten sich bis zur Gegenwart des Erzählers erhalten. Weiter erfährt er, dass der Erzähler offenbar derselbe ist wie der Autor Fontane, der die Mark Brandenburg durchstreift und nach Zeichen der Vergangenheit sucht, um sie zu beleben und zu vergegenwärtigen. Fontane stiftet Tradition, indem er das alte heldenhafte Preußen nationaler Neubestimmung mit dem siegreichen Preußen seiner Gegenwart verbindet.

Da wundert es nicht, wenn der Erzähler Fontane aus dem fingierten Tagebuch von Lewins Schwester Renate frohe Botschaften zu künden hat. Der Krieg hat Lewin endgültig zum Mann gemacht. Wie Anton Wohlfart nach seinem Kampf gegen aufständische Polen, ist auch er jetzt fähig, seine Rolle als Hausherr zu erfüllen: »Lewin ist zurück. (…) Der Säbelhieb über die Stirn kleidet ihn gut; der weiche Zug, den er hatte, ist nun fort; Marie findet es auch.« (709) Jetzt erst kommt er als Stammhalter preußischen Adels in Frage. Der gedeihlichen Entwicklung des Hauses Vitzewitz steht nichts mehr im Wege, die Ehe Lewins mit Marie ist glücklich und fruchtbar, der Besitz erweitert sich: »Lewin übernimmt Guse; sie werden dort als ein junges Paar leben.« (709) Die Nachkommenschaft ist gesichert: »Auch Lewin und Marie kamen von Guse herüber und die drei ältesten Kinder«. (710). Endlich bessern sich die Familienfinanzen spürbar auf, denn der alte General Bamme »hat Marie sein ganzes Vermögen vermacht«. (711) Der Geldsegen kann in einer altpreußischen Adelsfamilie den Charakter gleichwohl nicht verderben: »Meine teure Marie. Sie hat die schwerste Probe bestanden, und das Glück hat sie gelassen wie sie war: demütig, wahr und schlicht.« (711)

Trotz dieser zweifellos guten Nachrichten lässt dieses letzte Kapitel eine eigentümlich sehnsüchtige Melancholie zurück, die zum Reiz dieses Romans sicherlich das Ihre beiträgt.

Diese eigentümliche Wirkung beruht auf Fontanes Kunstgriff, das Ende der Geschichte nicht mehr vom Erzähler direkt, sondern über den fingierten Bericht einer Romanfigur, eben Renate, zu vermitteln. Und Renate gehört, wie hier im Kapitel »Vergeistigung und Schwäche« berichtet, nicht zu den robusten Tatmenschen des Romans wie ihr Vater Berndt von Vitzewitz, sondern zu den Empfindsamen und Nachdenklichen.

Zwei Dinge ergeben sich daraus. Erstens wird erst in diesem Schluß die Illusion der Gegenwärtigkeit der erzählten Zeit, in die der Leser miterlebend eintaucht, durchbrochen und in die Gegenwart des Autors verlängert. Damit rückt das eigentliche Geschehen in die Vergangenheit, und erst in diesem Augenblick wird ganz bewusst, dass die Zeit über die handelnden Figuren hinweggegangen ist. Der Roman, soeben noch mit den Kämpfen und Hoffnungen der Lebenden beschäftigt, weist plötzlich auf deren Vergänglichkeit hin. Nach und nach sterben Seidentopf, Bamme und schließlich Berndt von Vitzewitz.

Zweitens verengt sich der Fokus des Textes auf Renate und nicht auf die Tätigen und Schaffenden, nicht auf Lewin, Marie und deren Kinder. Renate zieht sich, wie aus ihrem Tagebuch hervorgeht, nach dem Tode ihres Vaters Berndt, des Tatmenschen, in das Damenstift Lindow zurück:

> So will ich denn nach ›Kloster Lindow‹, unserem alten Fräuleinsstift. Da gehör' ich hin. Denn ich sehne mich nach Einkehr bei mir selbst und nach den stillen Werken der Barmherzigkeit. Und nur eines ist, das ich noch mehr ersehne. Es gibt eine verklärte Welt, mir sagt es das Herz, und es zieht mich zu ihr hinauf. (711)

Fontane richtet also ganz am Ende seinen Blick auf den Rückzug aus dem aktiven Raum der Geschichte an einen Ort reduzierten Daseins. Aber was bedeutet reduziertes Dasein? Nichts anderes als ein Gleichnis des Todes. Es wirkt umso eindringlicher, als Renate auch auf ihre Jenseits-Sehnsucht hinweist. Das Leben sublimiert sich ins Geistige, bereitet sich auf den Tod vor. Das verstärkt den Eindruck der Vergänglichkeit.

Die gleiche gedankliche Figur wiederholt Fontane im letzten Abschnitt seines letzten Kapitels und verschafft ihr so zusätzliche Geltung.

Denn nun lässt er einen Ich-Erzähler, in dem man wohl ihn selbst vermuten darf, auf der Szene erscheinen. Der Weg dieses Wanderers durch die Mark Brandenburg lässt sich aus seinen Mitteilungen leicht rekonstruieren: Er hatte das Haus der Vitzewitze besucht, Renates Tagebuch gelesen und ist dann nach Kloster Lindow, dem ehemaligen Damenstift, aufgebrochen. Von dort berichtet er nun:

> Auf einer schmalen Landzunge zwischen zwei märkischen Seen liegt das adelige Stift *Lindow*. Es sind alte Klostergebäude: Kirche, Refektorium, alles in Trümmern, und um die Trümmer her ein stiller Park, der als Begräbnisplatz dient, oder ein Begräbnisplatz, der schon wieder Park geworden ist. Blumenbeete, Grabsteine, Fliederbüsche und dazu Kinder aus der Stadt, die zwischen den Grabsteinen spielen. (711)

Was er findet, sind abermals Zeichen der Vergangenheit, die er als Autor neu beleben und so als Tradition der Gegenwart nutzbar machen kann. Doch nun sind es keine Schilderungen einst Lebender mehr, sondern nur noch Ruinen und Gräber. Zeichen, die den Verfall betonen. Inmitten dieser Zeichen allerdings sprießt Leben auf, der Friedhof wandelt sich in einen Park, Kinder spielen auf der Wiese. Die Vergangenheit pflanzt sich nicht nur im Zeichen, sie pflanzt sich auch in den Menschen von Generation zu Generation fort. Die Substanz des *Volkes*, Blut, Boden und Gemeinschaft erhalten sich und weisen in die Zukunft.

Auch diese Szenerie hinterlässt freilich einen seltsam zwiespältigen Eindruck. Noch stärker als in der Vermittlung des Tagebuchs treten Verfall und Vergänglichkeit hervor. Fontane lässt beim Verlassen des einstigen Klosters einen letzten, wehmütigen Schlussakkord aufklingen:

> Und auf einem dieser Grabsteine stand ich und sah in die niedersteigende Sonne, die dicht vor mir das Kloster und die stillen Seeflächen vergoldete. Wie schön! Es war ein Blick in Licht und Frieden.
> Im Scheiden erst las ich den Namen, der auf dem Steine stand:
> *Renate von Vitzewitz.*

Fontane gibt deutliche Winke: Die Sonne sinkt, das weist auf Untergang hin. Auch ist von Vitzewitz-Enkeln nicht die Rede, die Kinder mögen anderen Schichten entstammen. Es könnten auch Kinder jener Gundermanns sein, die Fontane im *Stechlin* spitzfingrig als nassforsche Emporkömmlinge vorführt, Kinder von Fabrikanten oder auch Feilenhauern,[464] von Kapitalisten oder Sozialisten, die den alten Adel und seine Kultur aus der Mark Brandenburg verdrängen. Die letzte Nachricht aus einer erfolgreichen Vergangenheit mit ihrem Adel als Träger historischer Größe sendet die Grabinschrift. Sie verweist auf eine Tote, die sich bereits zu Lebzeiten vom Leben zurückgezogen hat.

Fontane rückt den Verfall ins Licht, wie er auch auf einen gesellschaftlichen Wandel deutet, der die gewachsene, landsässige und einheitliche Adels- und Bauernkultur gegen die moderne heterogene Zivilisation vertauscht. Offenkundig ist ihm dieser Fortschritt kein Grund zum Jubel.

Was bleibt? Der Erzählrahmen, der mit dem Auftreten eines Ich-Erzählers um die eigentliche Handlung gezogen wird, macht diese Handlung zur Binnenhandlung und rückt sie ins Vergangensein. Die am Ende gezeigten Signale von Fruchtbarkeit, Wachstum, Vergänglichkeit und Verlöschen sowie die Verlängerung der Vergangenheit in Gegenwart und Zukunft weisen auf ein zyklisches Modell des Geschichtslaufs hin. Wachstum und Verfall der sozialen Welt beschreiben naturanaloge Muster.

Hatte Preußen also zur Zeit des Großen Friedrich politisch und kulturell seinen Gipfelpunkt erlebt, so folgte der Absturz in Sittenlosigkeit,

Dekadenz und Fremdherrschaft. Der neue Aufstieg zu Autonomie und Macht scheint demnach zur Zeit des Ich-Erzählers, im Kaiserreich, seinen Scheitelpunkt erreicht zu haben. Dem Gesetz nach stünde demzufolge ein neuer Niedergang bevor. Zudem wurde der Aufstieg offenbar mit Verlusten an kultureller Qualität erkauft. Was also bleibt? Eine gewisse Melancholie und ein zwiespältiges Verhältnis zu den Entwicklungen der Gegenwart. Schlimmstenfalls noch die Erkenntnis, der Niedergang der sozialen Welt sei unaufhaltsam – Einsichten und Stimmungen, die Fontane später in der Elegie seines *Stechlin* in einem ästhetischen Höhepunkt vereinigt. Der Notwendigkeit des Verfalls kann nur heroisch durch die Tat begegnet werden. Für den Autor besteht diese Tat in der künstlerischen Wiederbelebung des Vergangenen. Das heißt gerade nicht, wie Schopenhauer empfahl, den rastlos treibenden Willen in reiner Kontemplation zu überwinden. Fontanes Ausblick mag elegische Töne anstimmen, pessimistisch ist er nicht. Ohnehin kann dem organischen Geschichtlauf zufolge der vielleicht bevorstehende' Niedergang doch nur der Anfang eines neuen Aufstiegs sein. Ist doch auch die Krise immer die Bedingung für neue Schöpfungen, für den Fortgang des *Lebens* überhaupt.

Wenn also Fontane nach dem *Sturm* melancholisch den Verfall betrachtet, ersehnt er sich vielleicht manches, aber sicher nicht die Überwindung der Welt. Weder sollen die Nation und ihr Staat erlöschen, noch gar das Leben selbst, dessen metaphysische Substanz, dessen ewiges Sein Nation und Staat als Potenzen birgt.

## Regeneration am Rande der Geschichte:
### Felix Dahn

Lässt Fontane trotz seiner unbedingten Bejahung der dynamischen Welt eine leise Melancholie des Abschieds anklingen, so schmettert Dahn ganz am Schluß noch einmal laut in die Posaunen seiner Zukunftsvision – wenn sich in seine Helden-Sinfonie auch ein Götterdämmerungs-Akkord einmischt, der die sieghafte Aufbruchstimmung dunkel grundiert.

Der *Kampf um Rom* mutet nicht zuletzt deshalb am Ende so wagnerhaft-dramatisch an, so D'Anunnzio-schneidig, weil Dahn den Untergang breitwandig als vitalistisches Kampfspektakel inszeniert und in diesem dionysischen Bluttaumel als eine Art Urvater klassisch moderner Autoren wie Ernst Jünger oder Arnolt Bronnen die Bühne der Literaturgeschichte betritt.[465]

Man darf wohl sagen, der *Kampf um Rom* endet optimistisch. Zum einen vermag schon der zum Äußersten entschlossene Heroismus über die an Zahl überlegenen, doch an Gesinnung unterlegenen feindlichen Mächte zu triumphieren. Der Roman beschwört hier wieder das *Nibelungenlied*, in dem der Heros der eigentliche Sieger ist, auch wenn er sein Leben verliert.

Schon die unverhohlene Beschwingtheit, mit welcher Dahn seinen Helden Teja und dessen *Volk* in eine so gut wie aussichtslose Schlacht schickt, lässt wenig Zweifel daran, dass zu resignierten Gefühlen kein Grund besteht. Wohl aber zu den gehobenen Empfindungen künstlerischer Betrachtung:

> Die tiefen, dichten Kolonnen der Byzantiner standen nun, wohl gegliedert, staffelförmig von dem Meeresufer an bis auf Speerwurfweite vor des Passes Mündung hintereinander aufgestellt: – ein prachtvoll schöner, aber furchtbarer Anblick. Die Sonne glänzte auf ihren Waffen, indes die Goten im Schatten der Felsen standen: weit über die Lanzen und Feldzeichen der Feinde hinweg blickten die Germanen bis in das lachende, schimmernde Meer, das in wonnigem Lichtblau strahlte.
>
> König Teja stand neben Adalgoth, der das Banner Theoderichs trug, in der Mündung des Passes. Der Dichter regte sich in dem Heldenkönig.
>
> ›Sieh hin‹, sprach er zu seinem Liebling, ›wo könnten wir schöner sterben? Nicht im Himmel der Christen, nicht in Meister Hildebrands Asgardh oder Breidablick kann es schöner sein. Auf, Adalgoth, laß uns hier sterben, unsres Volkes und dieser schönen Todesstätte wert.‹ (II,603)

Die Schönheit der Landschaft, der sozusagen konstruktivistische Reiz der Heeresstaffelungen, die martialische Faszination blitzender Waffen – das alles soll die Szenerie zum Kunstwerk erheben und auf den Untergang, sofern er einer ist, als letzten Akt eines Geschichtsdramas einstimmen. Fraglos hat Dahn, der als Teilnehmer des Frankreich-Feldzuges ganz nach der Forderung realistischer Kunst auf einen authentischen Erfahrungsschatz zurückgreifen konnte, die *Ästhetik des Schreckens*[466] der Zeit nach dem Ersten Weltkrieg vorgeprägt.

Auf den ersten Blick scheint Dahns Bestseller das Manifest einer pessimistischen Stimmung zu sein, die die Wirtschaftskrise des sogenannten Gründerkrachs über weite Teile des Bürgertums gebreitet habe. Selbst der anhaltende Jubel über die Reichsgründung und die Erleichterung über

den zwar unterbrochenen, doch auf lange Sicht ansteigenden Wirtschafts-
aufschwung würden in düsteren Vorahnungen untergehen. Auch gewitzte
Historiker sehen Dahns Bestseller im bedrohlichen Licht »einer von Schopenhauers Pessimismus und Darwinschem Kampf ums Dasein dunkel ge-
tönten Götterdämmerungstragik, die zum Glanz der Reichsgründung in
eigentümlichem Spannungsverhältnis steht (…)«[467]

Tatsächlich ist nicht zu leugnen, dass diese Geschichte, anders als *Vor
dem Sturm*, in einer Katastrophe endet. Teja, der den angeblich unter-
schwelligen Pessimismus der Gründerzeit lautstark zu propagieren scheint,
bekommt mit seiner finsteren Prognose offenbar recht: »Der Ausgang
ist immer – Untergang.« (II, 317) Und katastrophaler als der Untergang
selbst scheinen die politischen Folgen dieses Untergangs zu sein. Sieht es
doch ganz so aus, als leite der Sieg des oströmischen Machtstaates eine
Epochenwende ein, die die aus völkischer Nation und heroischer Männlichkeit bestehende Kulturzeit beendet und durch Zivilisation ersetzt. Der
Herrschaft der Germanen, deren Rechtsbewusstsein für Dahn historische
Tatsache ist, folgt der diktatorische Massenstaat, dessen multikulturelle
Gesellschaft unpolitisch und weltanschaulich indifferent ist und im Kon-
sum ihren Lebensinhalt findet.

In Wahrheit aber inszeniert Dahn das Ende keineswegs als Untergang.
Es bringt nur einen relativen Verlust. Dafür sprechen Indizien, die der
Autor dem Leser gut sichtbar präsentiert.

So markiert das untergehende »Reich« in Italien lediglich den Endpunkt einer Entwicklung, die mit der symbolischen Neugründung am
Anfang der Handlung einsetzte. Im Verlauf dieses Bildungs-Prozesses
vereinheitlichte sich der ostgotische Volkstamm kulturell, in seinen Sitten
und Anschauungen, seiner Kleidung und Kunst. Ebenso vereinheitlichte
er sich ethnisch, er wurde mehr und zur Abstammungsgesellschaft, die
als Inbegriff einer authentischen Gesellschaft galt. Kurz bevor die schwer
dezimierten Goten ihren letzten Fluchtort, den Vesuv, erreichen, zieht der
Erzähler Zwischenbilanz: »Wieder waren die Ostgoten auf der ›Völkerwanderung‹ begriffen, wie vor hundert Jahren…«. (II, 538) Der Krieg hat
die Nation in ihre mutmaßlich authentische Form zurückgeschmolzen.
Jetzt fehlt diesem *Volk* nur noch das passende Territorium.

So gilt der Verlust als Bedingung für die biologische und kulturelle Regeneration. Im Übrigen kann der heroische Kampf *des Volkes* kommenden
Generationen als Vorbild dienen und als nationale Geschichtserzählung
identitätsstiftend wirken. Das »Opfer«[468], lautet die Botschaft, soll nicht

umsonst gewesen sein. Ohnehin wären die Goten in Italien, im fremden Land, auf Dauer der Auflösung preisgegeben gewesen. Genau betrachtet, ist der Verlust ein Gewinn.

Dies umso mehr, als erst der Verlust Italiens das mutmaßliche Germanenvolk mit dem Zauber historischer Tragik umgibt und sich ihre Geschichte desto effektiver für die eigene, die deutsche Nationalgeschichte vereinnahmen ließ – als Beispiel eines weltgeschichtlichen Dramas.

Offenbar haben Hegels Überlegungen zur Funktion der dramatischen Literatur auf Dahn Gestaltung eingewirkt. In der tragischen Lösung eines Konflikts, so Hegel, walte eine über Welt und Menschen verhängte »ewige Gerechtigkeit« ihres Amtes. So werde »die sittliche Substanz und Einheit mit dem Untergange« der tragischen Figur wiederhergestellt.[469]

Dass sich die Ostgoten des Rechtsbruchs schuldig machten, als sie ihre Herrschaft aufrichteten, streift Dahn nicht nur schamhaft, er hebt es am Anfang geradezu plakativ heraus. In historisch gebildeten Kreisen war durchaus bekannt, dass der Reichsgründer Theoderich seinen gefährlichsten Widersacher, den germanischen Söldnerführer Odoaker, beim Gastmahl heimtückisch ermordete. Auch wenn das eine Maßnahme war, die sich mit dem Begriff der *Realpolitik* rechtfertigen ließ, so macht sie Dahn gleichwohl zum Gegenstand einer Beichte: Im letzten vertraulichen Gespräch mit Hildebrand bekennt Theoderich seinem Erzieher gegenüber, er sehe seine Tat nicht nur als Rechtsbruch, sondern vor allem als moralische Schuld.[470] Auch hatte der »letzte Römer« Cethegus seine Braut durch Zwangsheirat verloren und war selbst beinahe getötet worden. Das beweist, dass auch die als Edelgermanen geltenden Ostgoten Kriegsverbrechen begingen.

Dahn suggeriert also, dass die Goten mit ihrem Scheitern in Italien ähnlich dem Helden der Tragödie für eine metaphysische Schuld büßen. Zu Recht behauptet der Literaturwissenschaftler Gerhard Plumpe in einem Kommentar zu Hegels Dramentheorie: »Der Tod des Helden ist kein (...) Un-Sinn, keine trostlose Faktizität, auch kein rätselhaftes Fatum ...«[471] Mit dem Untergang seiner liebsten Germanen bestätigt Dahn eine sinnvolle, metaphysisch begründete Weltordnung.

Damit aber, teilt er in seiner Geschichte weiter mit, ist genug gesühnt. Da in der sinnvollen Weltordnung kein Schwertstreich umsonst geführt wird, hat auch der unbedingte Heroismus, das Kämpfen bis zum Schluß, einen praktischen Nutzen. Der unbedingte Kampf erst macht die Rettung möglich.

Denn erleiden diese Vorfahren der Deutschen auch schwere Verluste, sie gehen nicht unter. Dahn arrangiert das Überleben seiner Muster-Germanen als *Volk* so sinntragend und bedeutungslüstern, dass sich jeder Zweifel an seinen Absichten ausschließt. Dafür schreibt er beherzt die Geschichte um.

Während die Überreste der Ostgoten in Wirklichkeit nach der Niederlage am Vesuv freies Geleit erhielten und sich über Italien bis ins heutige Südtirol zerstreuten,[472] werden sie im Roman von hurtig herbeigesegelten Wikingern gerettet und in ihre alte Heimat verschifft. Sie gelangen also dorthin, wo man zu Lebzeiten des Autors ihre Heimat vermutete: im hohen Norden, irgendwo zwischen Ostseestrand und norwegischen Fjorden.

Den sterbenden Teja lässt Dahn sogar noch den Nutzen seines opfermütigen Einsatzes erleben. So sieht er selbst noch seine pessimistische Prophezeiung vom totalen Untergang von der Wirklichkeit widerlegt:»Frei, gerettet unsres Volkes Reste! – Die Frauen, die Kinder – Heil mir!«(II,615) In der Tat mutet die Szenerie mit dem folgenden Abmarsch der Goten wie ein Bühnenbild zur *Götterdämmerung* an, sie dürfte auf den Leser entsprechend dramatisch gewirkt haben. Wesentlich aber ist die Bedeutung dieser Inszenierung. Dahn darf als allwissender Erzähler noch einmal voll aus dem Fundus seiner großformatigen Dioramen-Bilder schöpfen:

> Hildebrand und Adalgoth – die letzten Führer, die silberweiße Vergangenheit und die goldene Zukunft – hatten den Abzug geordnet.
>
> Voran schritt, in vollen Waffen, aufrecht, in trotzig ernster Haltung, eine halbe Tausendschaft, geführt von Wisand (…) der, trotz seiner Wunde, kräftig aufgerichtet, auf den Speer gestützt, den Zug eröffnete.
>
> Darauf folgte, auf seinem letzten Schilde hingestreckt (…)
>
> König Teja, bedeckt mit rotem Purpurmantel, von vier Kriegern getragen.
>
> Hinter ihm schritten Adalgoth und Gotho.
>
> (…)
>
> Dicht hinter Teja wurde ein hochragender Purpurthron getragen:
>
> auf diesem ruhte die hehre, schweigende Gestalt Dietrichs von Bern: den Kronhelm auf dem Haupt, den hohen Schild am linken Arm, den Speer an die rechte Schulter gelehnt: zu seiner Linken schritt der alte Hildebrand (…): hoch hielt er das ragende Amalungenbanner mit dem steigenden Löwen im blauen Feld über des großen Toten Haupt (…).

Hierauf folgten, auf Tragbahren gestützt oder auch auf den Armen getragen, die Verwundeten (…)

Daran schlossen sich die Truhen und Laden, Kisten und Körbe, in welchen der Königshort Theoderichs und die (…) geborgene Fahrhabe der Einzelsippen (…) von dannen getragen wurde.

Hierauf wogte der große Haufe der Wehrunfähigen, der Frauen, Mädchen, Kinder und Greise –: die Knaben aber vom zehnten Jahre ab hatten die ihnen anvertrauten Waffen nun und nimmer wieder abgeben wollen: und sie bildeten eine besondere Schar. Narses lächelte, als die kleinen, blonden Helden so trotzig und zornig zu ihm emporblickten: ›Nun‹, sagte er, ›es ist dafür gesorgt, daß des Kaisers Nachfolger und ihre Feldherren auch noch Arbeit finden.‹

Den Schluß des ganzen Zuges bildete dann der Rest des gesamten Volksheeres, nach Hundertschaften gegliedert. (II,619-21)

Einmal mehr fallen in diesem Zug die Zeichen von Fruchtbarkeit und künftigen Wachstums auf. Unter den Überlebenden sind nicht nur Männer im besten Alter, Frauen und Kinder. Unter den Überlebenden ist vor allem das symbolträchtige Gründerpaar Adalgoth und Gotho, jung, gesund, zeugungsfähig. Adalgoth, die »goldene Zukunft« symbolisierend, ist nicht zufällig der Abkömmling eines alten gotischen Adelsgeschlechts: Aufgewachsen unter Bauern in einem Gebirgstal, ist dieser kerngesunde Germanenspross dazu bestimmt, den Führungsanspruch des Adels neu einzulösen. Seine Braut, Gotho, das ebenfalls kerngesunde Bauernmädchen, verkörpert die natürliche Frau, die als Urmutter ein künftiges Herrschergeschlecht begründen soll. Die Verbindung Adalgoth-Gotho entspricht der Paarung Lewin-Marie bei Fontane, sie zeichnet die gleiche Gedankenfigur biologischer Auffrischung, den gleichen Traum der Vereinigung von Bürgertum und altem Adel.

Es gibt noch weitere Zeichen künftigen Wachstums. Da sind die Familien mit ihren jungen »Helden« als Kern des *Volkes*; da ist der »Gotenhort«, das stumme Gedächtnis der Nation. Er enthält die historische Waffensammlung, alte Insignien legitimer Herrschaft und den mumifizierten Leichnam Theoderichs. Um dieses mobile Museum der Deutschen Frühgeschichte hinreichend auszustatten, schreibt Dahn abermals die Geschichte um: Bekanntlich wurde der wirkliche Theoderich in seinem Mausoleum in Ravenna beigesetzt, wo Dahn ihn auch besucht hatte.[473] Aber dieser ganze opernhafte Zug bildet ein Ensemble von Zeichen, das die kulturelle Identität der Gemeinschaft auf eine mythologische Urzeit zurückführen soll.

Nein, die Goten bleiben in Dahns Geschichtspanorama der Welt erhalten, mit Gründungsmythen und Tradition, mit ihrer Lebensweise, ihrer Mentalität und ihren Schicksalen. Auch ihr gesundes Erbgut als biologischer Substanz des *Volkes* bleibt bewahrt. Und nicht nur bewahrt – es regeneriert sich sogar.

So verlässt diese Volkskultur als mit sich selbst identische Nation den fremden Boden, um sich im heimatlichen Boden, also dort, wo sich die ökologischen und biologischen Systeme ineinanderfügen, als Keim eines künftigen Territorialstaates neu zu begründen.

Der im Roman errichtete Kosmos erhält eine neue Ordnung. Gewissermaßen rastet die Weltgeschichte für einen Moment in ein harmonisches Gefüge ein. Die Goten sind wieder dort, wo sie einer angenommenen Naturordnung nach hingehören. Und der von Konstantin dem Großen im ersten Drittel des 4. Jahrhunderts geschaffene politische Großraum ist wiederhergestellt, ost- und Westrom vereinigt.

Doch die Geschichte macht keine Pause. Der Sieger von heute ist der Verlierer von morgen. Bald fallen die Langobarden in Italien ein. Ohnehin gehört die Zukunft den Germanen, das heißt: den Deutschen. Das sind ehrliche, treue Leute, weder Königsmörder, wie schon Heine wusste, noch Tyrannenknechte.

Kein Zweifel, Felix Dahn kündet mit dem Ausgang seines Romans nichts Geringeres an als die Wiedergeburt eines neuen germanischen Zeitalters – und das dürfte der Leser von damals, anders als der heutige, mitnichten als ein Zeichen düsteren Pessimismus verstanden haben.

»… wir ziehen nach Nordlands Winden / bis wir im fernsten grauen Meer / die Insel Thule finden.«, lässt Dahn seinen künftigen Gründer Adalgoth dichten. Dass die sagenhafte Insel Thule als neue Heimat genannt wird, ist ein weiteres Indiz für Dahns heilsgeschichtlich angelegte Verheißung. Thule galt schon den Alten als Ort der Seligen, in dieser Region waren die glücklichen Hyperboreer zu Hause. Abermals ist es lehrreich, bei Hegel nachzuschlagen.

Am Ende seiner *Grundlinien der Philosophie des Rechts* stellt der Philosoph eine Abfolge[474] von vier Weltreichen auf, die Dahn die geschichtsphilosophische Rechtfertigung seines optimistischen Ausblicks liefern konnte. Das »germanische Reich« ließ Hegel als letztes der Weltreiche einem deka-

denten, von Habsucht und Gewalt zerrütteten römischen Reich folgen.[475]
So sei das »Recht« der »Weltgeschichte«[476] auf »das nordische Prinzip der *germanischen Völker*« übergegangen. Es liegt auf der Hand, dass Dahn Hegels Modell der Zeitalter auf die Geschichte der Ostgoten übertrug und zu einem Gründungsmythos des Kaiserreichs erhoben hat.

So ist auch schlüssig, wenn der optimistische Adalgoth Nachfolger des pessimistischen Teja wird. Als unbescholtener Vertreter des alten Adels eignet er sich zum Sinnbild einer charismatischen Führerfigur, ein geborener erster Diener des Volkes, ein primus inter pares, der auch das kulturelle Erbe zu pflegen vermag. Als poetisches Naturtalent verwirklicht er sogar schon zu Beginn des germanischen Zeitalters das, was Thomas Mann 1918 »Überdeutschtum« nennen sollte: Adalgoth übernimmt in die archaische Stabreim-Technik seiner Kultur ein ästhetisches Element des kultivierten Südens, den Endreim. Diese Übernahme eines fremden Merkmals verbessert die Qualität seiner eigenen Dichtung, die die Heldentaten der nationalen Geschichte besingt. Auch künstlerisch werden die Deutschen für ihre künftige weltpolitische Rolle gerüstet sein![477]

Auch die Zeit stellt Dahn nicht ohne dramaturgisches Geschick in den Dienst seiner Gründungsmythologie. Was historisch betrachtet unhaltbar ist, erscheint als sinnstiftende Geschichtserzählung schlüssig, wenn man die lineare Zeit durch eine mythologische, also zirkuläre, gleichsam stehende Zeit ersetzt. Der sagenhafte Raum Thule legt das ohnehin nahe.

Es ist dann gleichgültig, ob Jahrhunderte vergehen oder nur Jahre, bis die kulturelle Wiederkunft stattfindet. Jahrhunderte können sogar günstiger sein als Jahre, da in langen Zeitspannen die biologische Substanz sich stärken, das Volk sich vermehren kann. Darwins Evolutionstheorie, die in jenen Jahren populär wurde, lehrte, in langen Zeiträumen zu rechnen. Und wer an eine ontologische Substanz glaubt, dem leuchtet auch ein, dass sich aus deren geheimnisvollen Tiefen die Völker erneuern, um eines Tages wieder in die Weltgeschichte einzutreten.

Auch die staunenswerte Alterslosigkeit der Figuren erhält damit ihren Sinn. Zu den formalen Kunstgriffen des Textes, man mag sie für gelungen halten oder nicht, gehört ja, die Dauer der erzählten Zeit zu verschleiern. 20 Jahre hatte sich der Zerfall der ostgotischen Herrschaft in Italien hingezogen. Im Roman wirkt diese Zeitspanne erheblich kürzer, eher wie ein Jahreslauf. Da die Erzählung in einer Nacht beginnt und an einem Abend endet, entsteht fast der Eindruck eines einzigen Tages.

Demgemäß scheinen auch die Figuren nicht zu altern. So bleibt Totila bis zu seinem gewaltsamen Tod kurz vor Ende der finalen Schlacht derselbe Jüngling, der bereits am Anfang der Erzählung munter im Kreis der nationalen Erneuerer erschienen war. Teja ist am Schluß ebenso schlank, bleich, faltenlos und schnell wie am Anfang. Am Auffälligsten hat die ruhende Zeit bei Hildebrand ihr segensreiches Werk verrichtet: Schon bei seinem ersten Auftritt als »der Alte« beschrieben, steht er auch zwei Jahrzehnte später den Jungen an Ausdauer und Beweglichkeit nicht nach – das ist nicht einmal Ernst Jünger gelungen.

Doch diese auf den ersten Blick maniert wirkenden Abweichungen von den physiologischen Gesetzen verweisen auf eine naturanaloge, zirkuläre Vorstellung vom Lauf der Geschichte. Sie mythisieren die reale Zeit und suggerieren Dauer und Zusammenhang. Was im wirklichen Geschehen wie eine Anhäufung von Zufällen aussieht, erhält so den Anschein höherer Notwendigkeit. Die Zeit steht im Dienst der nationalen Gründungsmythologie.

Ein ähnlich hoffnungsfrohes Schicksal hat Dahn seinem Lieblingsfeind, Cethegus, bereitet, indem er den Leichnam des »letzten Römers« effektvoll in die brodelnden Tiefen des Vesuvs hinabstürzen lässt. »Der Feuerberg«, teilt er feierlich mit, »hatte (...) den toten Cethegus, seine Größe und seine Schuld, in dem brennenden Schoße begraben. Er war entrückt dem kleinen Haß seiner Feinde.« (II, 614)

Die Szene beinhaltet mehr als nur die theatralische Geste eines hochgestimmten Erzählers. Seit den Uranfängen der Menschheit hat das Feuer kultische und religiöse Bedeutung. Bei Heraklit symbolisiert das Feuer Anfang und Ende der Erde: Sie ist aus Feuer entstanden und kehrt ins Feuer zurück. Im Feuer opfert der Mensch den Göttern, die Flamme gilt als reinigendes Element, als Strafe, Sühne und Läuterung. Das christliche Fegefeuer brennt gleichsam die Sünden hinweg und schafft so die Möglichkeit ewigen Lebens. Und »Schoß« ist ehemals als Begriff für den weiblichen Unterleib, auch für Vagina und Uterus gebräuchlich gewesen, steht also für Fruchtbarkeit, Zeugung, Geburt, Wachstum.

Hinzu kommt, dass jedenfalls dem erwachsenen Leser Ende der 1870er Jahre ein Ereignis gegenwärtig war, das in ganz Europa mit fast dem gleichen Interesse verfolgt wurde wie die Gründung des deutschen Kaiserreichs: das Ringen Italiens um den eigenen Nationalstaat, das mit der römischen Thronrede König Vittorio Emanueles im November 1871 seinen triumphalen Schlusspunkt hatte. Jeder Gebildete wusste, dass diese konstitutionelle Monarchie der erste autonome italienische Staat seit dem Untergang des römischen Imperiums war, gleichsam die Wiederkehr Roms unter den Bedingungen gegenwärtiger Staatsformen.

So musste dem zeitgenössischen Leser sofort klar gewesen sein, was Dahn mitteilen wollte, wenn er Cethegus vor dessen Tod prophetische Worte in den Mund legte: »Lange Jahrhunderte ahn' ich für dich drückender Fremdherrschaft (...) aber mein Herzblut bring ich als Wunschopfer dar (...) und einst leuchte der Tag dir herauf, mein Rom, mein italisches Land, da kein Fremder mehr herrscht auf deinem geheiligten Boden (...)« (II,598f).

In seiner letzten Ruhestätte im »brennenden Schoße« des Berges überdauert der »letzte Römer« symbolisch die Zeiten. Anders gesagt: In der ontologischen Substanz der heimischen Natur wird das biologische Erbe über die Jahrhunderte bewahrt, bis sich der Geist des Römertums im neuen italienischen Staat entfaltet.

So phantastisch derartige Konstrukte heute erscheinen müssen – es ging nicht um wissenschaftliche Plausibilität. Der Zweck solcher Konstrukte war es, den Nationalstaat mythologisch zu verklären, ihm die Weihe des Wunderbaren zu geben und ihn mit einer heroisch erscheinenden Vergangenheit zu verbinden. Eine biologische Bestätigung schien sich außerdem aus der Theorie Ernst Haeckels ableiten zu lassen, wonach das Leben durch »autogene Zeugung« entstanden sei und seine vielfältigen Formen aus wenigen Ur-Plasmaklumpen abgeleitet werden könnten.[478] Leicht ließen sich solche Thesen in eine nationale Abstammungsmetaphysik überführen.

Und es musste in der Sicht der Gründerzeit sehr wohl den Anschein haben, als würde die Weltgeschichte selbst eine derartige historistische Alchemie bestätigen. Hatte doch die italienische Nation eingelöst, was Machiavelli ein halbes Jahrtausend zuvor vergeblich gefordert hatte, Italien von »den Barbaren« zu befreien.[479] Bedeutender noch aber war der Aufstieg Preußens zur europäischen Großmacht und schließlich die Gründung des deutschen Reichs – das ließ sich im Rückblick leicht als naturnotwendige Entwicklung von den Germanen über die Gründung Karls des Großen und den Untergang des *Heiligen römischen Reiches deutscher Nation* deuten.

Doch gerade in diesem Versuch geschichtsmythologischer Gründung scheint das Zyklusmodell fatal in eine pessimistische Prognose zu münden.

Wenn in dem geschichtlichen Augenblick, in dem der Text die Wiederkunft eines germanischen Zeitalters in Aussicht stellt, diese Wiederkunft schon Wirklichkeit geworden ist, steht dann nicht der Untergang bevor?


## Über den Untergang hinaus:
## der Triumph des »Lebens«


Sieben Jahre vor dem *Kampf um Rom*, 1869, hatte der populäre Philosoph Eduard von Hartmann sein Hauptwerk vorgelegt: *Philosophie des Unbewussten. Versuch einer Weltanschauung.* Die Schrift wurde viel beachtet, sie traf einen Nerv der Zeit.

Hartmanns Begriff des *Unbewussten* meinte natürlich noch nicht den komplexen »Seelenapparat«, den Freud drei Jahrzehnte später konstruiert. Bei Hartmann war die Sache noch einfach: Das *Unbewusste* war der Instinkt, der irrationale Grund im Menschen, war die Lebenskraft, der *elan vitale*, war der Wille zum Leben. Dieser instinkthafte Wille ist zwar dem Zugriff des reflektierenden Verstandes entzogen – soweit folgt Hartmann Schopenhauer, auf den er sich beruft. Dann aber weicht er entscheidend von seinem Vorbild ab, indem er behauptet, der Wille sei nicht blind. Vielmehr sei der Wille, ähnlich wie Hegels *Weltgeist*, gerichtet: Er treibt den Menschen zu kulturellen Leistungen, verfolgt also immer ein Ziel. Das Endziel, die Spitze dieser Kulturleistungen, ist der Staat, der Nationalstaat.

Tatsächlich unternimmt Hartmann den kühnen Versuch, Hegel und Schopenhauer zusammenzudenken.[480] Damit weicht er auch von Hegel entscheidend ab: Bei Hartmann leitet der Wille, den er sich metaphysisch und zugleich biologisch denkt, als Energie, Kraft, Strom, zunächst auch auf den Staat hin. Doch Ziel der Weltgeschichte ist bei Hartmann nicht die globale Vernunft, sondern die globale Vernichtung. Denn in ihrem *Kampf ums Dasein* stoßen die Staaten und Völker ständig aufeinander. Der Stärkere setzt sich durch, vermehrt und verbreitet seine Kultur, bis am Ende die Welt von einer globalisierten Kultur überzogen ist. Irgendwann kommt dann der Kollaps – für Hartmann keine Katastrophe, sondern die »Erlösung«, die glückselige Befreiung des Willens von sich selbst.

Um sie zu erlangen, muss der Mensch allerdings mit voller Kraft auf der Bahn seiner Kulturschöpfungen dahineilen, muss ganz am »Weltprocess«

teilnehmen. Da all sein Tun, da jede einzelne seiner Handlungen einen Beitrag zur Kulturschöpfung leistet, kommt also die Menschheit in jedem Augenblick ihres Schaffens ihrer Erlösung einen Schritt näher. Am Anfang war die Tat, am Ende lockt der Untergang.[481]

Es leuchtet ein, dass diese tatenfrohe Utopie bei einem Publikum gut ankam, das sich einem beispiellosen Wachstum, einer atemberaubend dynamisierten Welt gegenübersah und nicht wusste, wie es die gerufenen Geister eindämmen sollte – und sie auch gar nicht eindämmen wollte. Zweifellos verbesserte der Fortschritt das Leben, und nie zuvor waren die Chancen größer, die eigenen Talente zu entfalten.

Hartmanns Entwurf schien realistisch, aber keineswegs trostlos. Zum einen ist die Erlösung auch angenehm, sie befreit den Menschen aus seinem Joch. Dann aber war der Zeitpunkt der Weltvernichtung im 19. Jahrhundert noch in utopischer Ferne. Bis er eintrat, schienen noch unendlich viele Schöpfungen, viele Gründungen, viele Wachstumszyklen zu vollbringen. Der Mensch konnte guten Gewissens seine Kräfte erproben.

Wie am Anfang dieses Buches angedeutet, ist diese Weltanschauung den Romanen eingeschrieben, die wir hier zerlegt, beschrieben und kartographiert haben. Sie bildet, wenn man so will, die geschichtsphilosophische Kuppel, die den Bau ihres Staat- und Gesellschaftsbegriffs überwölbt.

Es scheint aber, als gingen sie über den Untergang als erlösendes Weltende einen entscheidenden Schritt hinaus. Da sie am Ende ihrer Erzählungen Wachstum und Fortgang so überaus deutlich in den Blick rücken, darf man wohl vermuten, sie wünschten keine Erlösung, wünschten kein Verlöschen. Die Geschichte ist unendlich: Der erwarteten globalen Vernichtung muss ein neuer Naturzustand folgen. Ist das aber der Fall, wird, kraft der autogenen Urzeugung, der große welt- und kulturgeschichtliche Zyklus aufs Neue beginnen.

So wäre dann der weltanschauliche Leitbegriff bei Dahn und Fontane und vermutlich weiten Kreisen der bürgerlichen Welt schon in der Gründerzeit, schon vor Nietzsche *das Leben*. Bis zu Goethes Tod war dieser Leitbegriff noch ein anderer, nämlich *die Vernunft*.

Doch ändern sich die Zeiten, und nie zuvor hatten sie sich so nachhaltig geändert wie seit dem Tode des großen Dichters. Die Ursprünge des neuen Leitbegriffs liegen allerdings weit vor der Gründerzeit, weit vor Darwin, weit vor der mählichen Biologisierung der Welt, weit auch vor Goethezeit und Aufklärung.

*Das Leben* ist traditionell ein christlicher Leitbegriff, entscheidend am weltanschaulichen Umbruch des Christentums beteiligt. Die Vorstellung, dass aus etwas Immateriellem, etwas Metaphysischem, Materielles werde; dass aus einem nicht wahrnehmbaren, geistigen *Leben* das diesseitige, sichtbare Leben entstehe, ist natürlich eine theologische Denkfigur. Sie versucht, dieses Mysterium der Schöpfung verstehbar zu machen.

Demnach sei der metaphysische Urgrund der Welt Gott. Gott aber ist *Leben* schlechthin, ist Geist an sich, somit *das Absolute*. Davon ist das *Lebendige* zu unterscheiden, die individuelle Manifestation des *Lebens*, die Lilie auf dem Felde, der einzelne Affe, der einzelne Mensch. Diese Abspaltung des Einzelnen vom Ganzen hat sich beispielhaft in der Selbstentäußerung des aus sich selbst geschaffenen und aus sich selbst schaffenden Gottes vollzogen. Diese sogenannte Selbstentäußerung besteht auch in Gottes Sohn, wobei der *Geist* als Heiliger Geist der materiellen Welt das Leben einhaucht und so das verbindende Element zwischen Gott und Welt ist. Daher wird er *spiritus vivificans* genannt. Der Kreuzestod Christi nun vereinigt den Sohn Gottes wieder mit Gott zur Einheit des *lebendigen Gottes*.[482]

Hegel hat daraus den optimistischen Schluß gezogen, in dieser Denkfigur versöhne sich das *Lebendige* mit dem Ganzen des *Lebens*.[483] So ist der individuelle Tod mit dem *Leben* verbunden, er speist sozusagen das Ganze des Lebens und wird damit zur Bedingung des *Lebendigen*.[484] Erhalten bleibt aber das *Leben* als Ganzes, bleiben Gott und Geist. Wenn das *Leben* aber unendlich ist, so besteht in der Tat zu Pessimismus kein Anlass – eben diese Denkfigur begründet Optimismus und lebensbejahende Haltung des Christentums.

Dass diese Denkfigur auch noch die bürgerliche Weltanschauung in der Gründerzeit trägt, dass sie gleichsam deren Skelett bildet, ist an Eduard von Hartmanns Versuch ebenso zu erkennen wie an den hier angeführten Texten. Und zweifellos wäre an sie den großen Geschichtserzählungen von Treitschke bis Jacob Burckhardt und Theodor Mommsen, der Literatur von Paul Heyse bis Keller und Wilhelm Raabe abzulesen: Auch wenn das einzelne *Lebendige* stirbt, auch wenn der Held, wenn ganze Völker und Staaten untergehen – das *Leben* bleibt. Und das, dafür jedenfalls plädiert Fontane nicht anders als Felix Dahn, ist unbedingt zu bejahen.

So können auch Katastrophen und Umwälzungen dieses Weltgebäude nicht zum Einsturz bringen. Im Gegenteil, sie sind tragende Säulen dieses Gebäudes. Von ihnen lebt gleichsam das *Leben*, um neues *Lebendige* hervorzubringen. Mag Byzanz gewinnen, mag Napoleon triumphieren, solche Phasen der »Krankheit«[485] gehen vorüber und nutzen sogar noch der Entwicklung des Ganzen.

Ein Gedanke freilich hätte den *Lebens*-Enthusiasmus lähmen können, und trug vielleicht zu dessen apokalyptischer Grundierung bei: das unerbittliche Gesetz der Entropie. Bereits Mitte des 19. Jahrhunderts, noch bevor Ernst Haeckel die Evolutionslehre auf die Abstammung des Menschen übertragen und damit ein intellektuelles Beben ausgelöst hatte, hatte der Physiker Rudolf Clausius die wissenschaftliche Welt mit dem freudigen ersten Satz der damals sogenannten »mechanischen Wärmetheorie« bewegt: Energie wandle sich in verschiedene Formen um, dieser Prozess halte die Welt in Gang; die gesamte Energiemenge des Universums indessen bleibe die gleiche.

Derselbe Clausius fand aber auch den zweiten Satz, mit dem er einen schweren Wermutstropfen in den energie-ökonomischen Freudenbecher goss: Energie wandle sich durch Arbeit in Wärme um. Diese sei leider nicht im selben Maß in potenzielle Energie zurückzuverwandeln. So bringt jeder Arbeitsvorgang, jede Tätigkeit, Energieverluste. Das Energiepotenzial der Welt nimmt ab, das Wärmepotenzial zu – ein linearer Prozess. Anders gesagt: Arbeit ist eine Einbahnstraße.

Die Schlussfolgerung daraus wurde prompt gezogen: An irgendeinem Endpunkt sind alle Temperaturunterschiede nivelliert, alle Bewegung, alles Leben im Universum kommt zum Erliegen. So wäre »der Weltprozeß (…) thatsächlich beendet und das wahre Ende der Welt eingetreten.«[486]

Dass ein Gelehrter wie Dahn und selbst ein intellektueller Laie wie Fontane von solchen grundstürzenden Entdeckungen unberührt geblieben wären, ist kaum anzunehmen. Umso weniger, als zu dieser Zeit naturwissenschaftliche Erkenntnisse noch unmittelbaren Einfluß auf weltanschauliche Theorien hatten.[487]

Das Entropiegesetz würde sich denn auch bruchlos in das Degenerations- und Dekadenzmodell der Literatur einfügen. Dessen Gedanke, ein natürlicher Abnützungsprozess vermindere die Kraft in der Natur und senke daher das kulturelle Niveau, vermindere die Qualität des *Lebendigen*, mutet wie eine kulturgeschichtliche Entropie an.

Allerdings war auch zu sehen, dass diese Romane selbst den Gegenentwurf zu ihren Verfallstheorien aufstellen. Und in ihrer optimistischen Utopie eines globalen Neuanfangs ist der Gedanke an Energiemangel nicht einmal angedeutet.

Tatsächlich riefen die aus dem Entropiegesetz gezogenen Schlussfolgerungen, »welche dem Weltall ein so trauriges Schicksal in Aussicht stellen (…) begreiflicherweise manchen Widerspruch« hervor. Bald wurden ganz im Geist der Zeit optimistische Regenerationsthesen aufgestellt, die die Umkehr des Entropierungsprozesses behaupteten.[488]

Der einzige Denker dieser Epoche, von dem sich behaupten lässt, er sei Pessimist gewesen, dürfte Philipp Mainländer gewesen sein. Mainländer sah die Welt, das Universum, das ganze Sein in einem gigantischen Kampf gegen sich selbst. Das Leben sei ein kosmischer »Mahlstrom« des Willens, der aus Nichts komme und sich selbst restlos ins Nichts zernichte. Das war sie, die »Metaphysik der Entropie«.[489] Doch ist bezeichnend, dass Mainländer unbeachtet blieb.[490]

Noch nicht einmal der längst vergessene Philosoph Julius Bahnsen, dessen »Philosophie des verzweifelten Pessimismus«[491] jeden sinnvollen Verlauf der Weltgeschichte für unsinnig erklärte, ließ sich in die Arme der Resignation sinken. Er hielt tapfer eine »tragische Heroik« aufrecht, »eine Bejahung des Lebens ohne Hoffnung«. Bahnsens Position eines heroischen Nihilismus wird im *Kampf um Rom* am ehesten von Teja vertreten. Aber nicht von ungefähr sorgt Dahn dafür, dass die Ereignisse selbst Tejas Weltanschauung grandios widerlegen. Tatsächlich blieb Bahnsen ein Exot, der »nur eine beschränkte Gemeinde« um sich zu scharen vermochte.

Im Zweifelsfall ist Fontanes Roman der pessimistischere. Jedenfalls neigt er eher zu melancholischer Betrachtung und betont am Ende das Bekenntnis zu Wachstum, Fortgang, und Aufbruch mit weniger vitalistischer Verve als *Ein Kampf um Rom*. Auch die Lautstärke ist nicht ganz ohne Bedeutung. Und wenn auch Dahn in seiner letzten Einstellung eine Frau in den Fokus nimmt, so ist sie doch keine ins Kloster zurückgezogene Renate, deren Tagebuchnotizen wie aus dem Jenseits herüberzuklingen scheinen; sie ist eine junge, hochgewachsene, schöne und starke Frau: Haralda, des hilfsbereiten Wikingerführers Harald Schwester. Brünhildes Nichte steht im eng anliegenden Kettenhemd an Deck des Flaggschiffs, ihren Falken auf der erhobenen Hand, kühn den Blick über die See gerichtet, und spricht die letzten Worte des Romans: »… nach Norden weist der Wind, der da der Götter Wille weiß –: auf, Bruder Harald, laß die Anker lichten! Richte das Steuer, wende des Drachen Bug! (…) Heim bringen wir die letzten Goten.« (II,622)

Allein, das verschiebt nur die Akzente. An der Sache selbst ändert es nichts. Beide Autoren bejahen die Strömungen ihrer Zeit, weder fordern sie die Überwindung des Willens noch die Resignation im Angesicht vielleicht drohender Untergänge. Wohl aber fordern sie heroisches Standhalten, den Fortgang des *Lebens* in jedem Fall.

So ist die Haltung beider Schriftsteller am treffendsten mit einem Begriff bezeichnet, der viel später, in der klassischen Moderne, aufkommt und von Ernst Jünger geprägt wurde: *heroischer Realismus*.[492]

Erst in den folgenden Werken Fontanes tritt ein biologischer und kultureller Niedergang stärker in den Vordergrund, fängt sich der Blick in den abschüssigen Parallelen von Degeneration und Dekadenz, die im melancholischen Abenddämmer des *Stechlin* ihren Fluchtpunkt finden. Aber manches spricht dafür, dass sich auch dieser elegische Befund auf die Werte stützt, die das *Leben* enthält und das *Lebendige* entfaltet: Männlichkeit, Haltung, Ordnung und Nation.

Und Dahn lässt ohnehin keinen Zweifel daran, dass, allen Untergängen zum Trotz, der Mensch heroisch weiterkämpfen wird, weil das *Leben* niemals endet. Trotz des Einflusses, den Schopenhauer übte, wollte sich offenbar niemand der Trostlosigkeit seiner kalten Willens-Metaphysik ausliefern, noch auch des Trostes teilhaftig werden, den der Pessimist mit seiner Sublimierung des *Willens* in die Moral der zweckfreien Betrachtung anbot. Der Mensch ist eben doch, wie Peter Sloterdijk sagt, ein »resignationsunwillige[r] Selbstbehaupter«[493]. Daher sucht er auch den Quietismus der *Willens*-Freiheit nicht. So bleibt bei aller Betonung der Anti-Christlichkeit ein von christlicher Heilsutopie inspiriertes Modell der innerweltlichen Auferstehung. Letzen Endes gilt für die hier untersuchte Literatur der Satz, den der Zoologe Ernst Haeckel im Sommer 1878 unter eine kulturpolitische Streitschrift[494] setzte, und der nicht zufällig wie der Schlachtruf des fortschrittsbewehrten bürgerlichen Zeitalters klingt:

»Impavidi progrediamur – Unerschrocken schreiten wir voran!«

*oben:* Felix Dahn
(ca. 1886, Fotografie von N. Ratschkow)
*unten:* Theodor Fontane
(1890, Fotografie von Julius Scharnwächter)

# Anmerkungen

1   Auf dem 38. Kongress deutscher Naturforscher und Ärzte in Stettin. Vgl.
    den Nachdruck bei Heberer 1968, S. 45-59. Heberer, als Evolutionsbiolo-
    ge ein entschlossener Nachlassverwalter Haeckels, sieht in dem Mann, der
    »die Biologie aus einem statischen Zustand in ein dynamisches Gefüge« um-
    formte, eine »wahrhafte[n] Gründergestalt in der Geschichte der Biologie
    der zweiten Hälfte des 19. Jahrhunderts«. (ebd. Einleitung, S. IX)

2   Hemleben 1964, S. 95, 97, 7f u. 67f.

3   Der Chemiker Walter Nernst bescheinigte in seiner Gedenkrede anlässlich
    Clausius' 100. Geburtstag dem Forscher, »Ewigkeitswerte« geschaffen zu
    haben; Clausius' Arbeiten seien seit ihrem Erscheinen »so vielfältig heran-
    gezogen worden, daß ihre Ergebnisse gegenwärtig nicht nur zum Rüstzeug
    jeden Naturforschers gehören, sondern darüber hinaus wichtige Stützpfei-
    ler jeder allgemeinen naturwissenschaftlichen Bildung geworden sind«.
    (Nernst, 1922, S. 4f) Clausius' Studie *Ueber die bewegende Kraft der Wärme*
    erschien 1850 und wurde von Max Planck 1921 im Originaltext wieder
    herausgegeben.

4   Nipperdey 1990, spricht von 39,8 Millionen 1866 (S. 9); der »Wirtschafts-
    Ploetz« (1984) gibt für 1861 35,6, für 1871 42,05 Millionen an. (S. 146)

5   Nipperdey: 67,8 Millionen (ebd.), Plumpe: 65 Millionen im Jahr 1910.
    Nach Hohorst/Kocka/Ritter 1975, sei »(i)n den 39 Jahren zwischen 1871
    und 1910 (…) die deutsche Bevölkerung – auf konstant gebliebener Fläche
    – um rund 24 Millionen Menschen« gewachsen. Im Gesamten betrachtet
    ließe sich zwar nicht behaupten, »daß die Zeit des Deutschen Reiches durch
    eine besonders rasche Bevölkerungsentwicklung ausgezeichnet gewesen
    wäre, wenn das (…) Jahrzehnt nach den Befreiungskriegen zum Vergleich
    herangezogen wird (…).« In Anbetracht des »Wachstumsschwunds« nach
    1914 müsse die fragliche Zeitspanne »indessen als Kulminationspunkt der
    Bevölkerungsentwicklung in Deutschland angesehen werden«. (S. 15f)

6   Vgl. Nipperdey 1990, S. 35.

7   ebd. S. 226.

8   *Handbuch d. dt. Wirtschafts- und Sozialgeschichte* 1976, S. 549.

9   *Ploetz Wirtschaftsgeschichte* 1989, S. 77 u. *Propyläen Technikgeschichte* 1990, S. 342f.

10  *Handbuch der dt. Wirtschafts- und Sozialgeschichte* 1976, S. 92; *Propyläen Technikgeschichte* 1990, S. 343-349 u. *Meyers Konversations-Lexikon* 1897, Band 16, S. 502ff.

11  Nipperdey 1990, S. 231 u. *Propyläen Technikgeschichte* 1990, S. 447f.

12  *Propyläen Technikgeschichte* 1990, S. 214-222.

13  Treue 1975, 218.

14  Vgl. Treue 1975, S. 217ff.

15  Einen spannenden Überblick gibt Plumpe 1996, in seiner Einführung in den Realismus-Band (Band 6) von *Hansers Literaturgeschichte*, S. 17-26.

16  Vgl. S. 399 – 402 der 1978 von Hans Mayer besorgten, den ursprünglichen Text von 1855 rekonstruierenden dtv-Ausgabe, aus der auch im Folgenden zitiert wird.

17  Es durfte noch einiges mehr, vgl. Nipperdey 1992, S. 79.

18  Dagegen Langewiesche, der diese Traditionen unter dem – positiv besetzten – Begriff des »föderativen Nationalismus« zusammenfasst, der wesentlich dazu beigetragen habe, »daß der neue Nationalstaat in der deutschen Gesellschaft breit und schnell akzeptiert wurde. Man wuchs in den Nationalstaat hinein, indem man sich als Föderalist oder Regionalist bekannte.« (Langewiesche 2000, S. 79) Freilich bleibt als Tatsache, dass der Vorwurf des »Partikularismus« im liberalen preußischen Bürgertum schnell bei der Hand war.

19  Nipperdey 1992, S. 80.

20  Vgl. ebd. S. 80-84, Zitat S. 84.

21  Vgl. Nipperdey 1992, S. 255. Zum sogenannten »Kulturkampf« in der Literatur vgl. auch Hirschmann 1978.

22  Vgl. ebd. S. 251.

23  Vgl. Nipperdey 1992, S. 266-281; Lemberg: *Nationalismus I*, 1964, Das Kapitel »Die Polen«, S. 147-152.

24  Vgl. hier das Kapitel »Fontanes sensitive Spätlinge«.

25  Vgl. Lemberg I, S. 198ff.

26  »Eine Kaunitzsche Koalition, – jenes auf ›destruction totale de la Prusse‹ gerichtete Bündnis von 1756 gegen das Preußen Friedrichs des Großen, das Habsburg, Frankreich und Rußland zusammenführte – war für die Generation der Reichsgründung mehr als ein Gespenst«, schreibt sehr zu recht Michael Stürmer. (Stürmer 1993 [4. Auflage], S. 98)

27  Hohorst/Kocka/Ritter 1975, S. 63.

28 Plessners Gedanke, der sich durch die erste Hälfte seines Buches zieht, beruht auf dem tieferen Gedanken, eine völkische Idee von germanischer Herkunft habe die verlorene Einbettung in den platonisch-christlichen Glauben
an die Vernunftfähigkeit des Menschen im Rahmen langer staatlicher Tradition ersetzt: gleichsam Hagen und Siegfried statt ein deutscher demokrati-
scher Paulus. (Plessner 1959, S. 47-91, v.a. 83-91)

29 Hobsbawm 1995, S. 196. Ähnlich der Brite Ernest Gellner 1991; vgl. hier
das Kapitel »Monarchie und Tyrannis«; Langewiesche (S. 50) verweist in
diesem Zusammenhang auch auf den »sozialpsychologischen« Deutungsan-
satz Norbert Elias'.

30 Hobsbawm 1995, S. 76f. Vgl. auch Nipperdey 1990, das Kapitel »Kri-
sen und Konjunkturen«, S. 283-287; darin heißt es: »Insgesamt ist über
Schwankungen und Krisen hinweg das fast ungebrochene Wachstum dieser
Jahrzehnte ein herausragendes Phänomen (…).« (S. 286)

31 Zur entschieden teleologischen Geschichtsauffassung im Milieu der bürgerlichen Gebildeten vgl. Jägers Bemerkungen zum populärsten Philosophen
der Zeit, Eduard v. Hartmann: »Das Prinzip der Teleologie« werde »von
Hegel übernommen und am Darwinismus naturwissenschaftlich bestätigt.«
(Jäger 1975, S. 124) Vgl. hier das letzte Kapitel »Heroischer Realismus«.

32 So der Titel der Technik- und Industriegeschichte von David Landes 1973.

33 Mann 1993 [1918], S. 233f.

34 ebd. S. 58.

35 Dass dieses Globalisierungsmodell keineswegs fatalistischer Auswuchs angeblichen »Kulturpessimismus« fortschrittsfeindlicher Intellektueller ist,
sondern die realen Entwicklungen der Zeit widerspiegelt, mithin also für
den wirklichkeitsnahen Blick der Autoren spricht, ist jüngst in Jürgen Os-
terhammels universalgeschichtlicher Beschreibung des 19. Jahrhunderts
nachzulesen. Da heißt es unter anderem: »Das 19. Jahrhundert reflektierte
seine eigene werdende Globalität.« (Osterhammel 2009, S. 14; vgl. auch
ebd. S. 314-328, 335-354, 465-500, 513-540 u. v.a. 1010-1171)

36 Zur »Pessimismus«-Diskussion in Philosophie und Literatur der Gründerzeit vgl. den noch immer und überhaupt allein lesenswerten Aufsatz Jägers
»Die Gründerzeit«, 1975, in: *Manifeste und Dokumente*, Band 1, S. 95-159,
insbesondere S. 120-135. Darin der treffliche Satz: »Der Pessimismus kann
mit einem Geschichtsoptimismus und Vitalismus legiert werden, der die
Abtötung des Willens in sein Gegenteil verkehrt (…).« (S. 123; vgl. auch
Rhöse 1978, S. 67-77) Zu Vitalismus und Lebensphilosophie in der Literatur der klassischen Moderne vgl. Lindner 1994. Lindner bemerkt eingangs

flott: »Die Feststellung Wolfdietrich Raschs, daß in Deutschland um 1900 der Terminus ›Leben‹ zum ›zentralen Begriff der Epoche‹ wird, ist inzwischen ein kulturgeschichtlicher Gemeinplatz.« (S. 1) Doch jener »Paradigmenwechsel«, der um 1890 »im Bereich der literarischen Intelligenz« zu beobachten sei (ebd. S. 119), beginnt ganz offenkundig früher, nämlich in der Gründerzeit; zumindest schachtet die hier vorgestellte historische Literatur die ideengeschichtlichen Fundamente aus. Zur Lebensphilosophie allgemein vgl. Fellmann 1993.

37  »Der Roman ›Eine ägyptische Königstochter‹ von Georg Ebers hatte größeren Einfluß als irgendein Werk der wissenschaftlichen Ägyptologie; das Buch hat Hunderttausende veranlaßt, über die antiken Kulturen nachzudenken, es hat bewirkt, daß große Mittel für Ausgrabungen bereitgestellt und daß an vielen Universitäten Lehrstühle der Ägyptologie errichtet wurden. Der Roman ist noch heute lesenswert, fast hundert Jahre nach seinem Entstehen«. (Feuchtwanger 1984 [1961], S. 34)

38  Vgl. Geppert 1976, v.a. S. 34-37 u. 98-102. Zur Klassifikation Dahns als völkischer Autor vgl. Westenfelder 1989, S. 29. Exemplarisch auch Limlei 1988.

39  So Harro Müller 1996, in *Hansers Sozialgeschichte…*, Band 6, S. 706.

40  Wie Hugo Aust behauptet, vgl. Aust 1994, S. 107.

41  Was Fontane gerne unterstellt wird, vgl. Müller 1996, in: *Hansers Sozialgeschichte…*, Band 6, S. 706.

42  Müller 1996, in: *Hansers Sozialgeschichte…*, Band 6, S. 691.

43  Vgl. Lukács 1965, v.a. S. 222-250 u. 280-304. Dazu bemerkt Karl-Heinz Bohrer: »Marxistisch oder ideologiekritisch orientierte Literaturwissenschaftler haben in der Nachfolge von Lukács den Begriff der ›Dekadenz‹ – analog zu den Begriffen ›Präfaschismus‹ und ›Irrationalismus‹ – polemisch benutzt, um so die bürgerliche Literatur zu charakterisieren.« (Bohrer 1978, Anm. zu Kapitel I, Anm. 30, S. 528f) Lukács hebt nur Flauberts *Salambô* als »das große repräsentative Werk« seiner Epoche hervor, das zwar alle Irrtümer der bürgerlichen Welt in sich vereine, aber ästhetisch alles andere überrage. (Lukács 1965, S. 222) Und *Hansers Sozialgeschichte…* empfiehlt zur Lektüre nur Tolstois in der Tat unübertroffenen *Krieg und Frieden* sowie *Salambô*. (Band 6, S. 801)

44  Freilich wäre eine differenzierendere Analyse beider interessant. Vgl. Chamberlains 1898 erschienenen Erfolgstitel *Die Grundlagen des Neunzehnten Jahrhunderts* (2 Bände) u. *Deutsches Wesen* (1916), sowie de Lagarde *Deutsche Schriften*. (1878/81). Zur gängigen Einschätzung der Autoren selbst vgl. Lemberg I, S. 89, Nipperdey 1992, S. 305 u. Jäger 1975, S. 113f.

45    Seit der Begriff in den 1880er Jahren von Österreich aus die weltanschauliche und politische Debatte zu prägen begann, ist er nebelhaft geblieben.
Heute löst er vor allem affektive Abwehr aus, da er wie selbstverständlich
mit dem Nationalsozialismus gleichgesetzt wird. Erst in jüngster Zeit gewinnt er dank der umfassenden Forschung des Berliner Germanisten und
Historikers Uwe Puschner ideen- und sozialgeschichtliche Trennschärfe
(vgl. auch FRANKFURTER ALLGEMEINE ZEITUNG vom 25. Februar 2009, S.
7). Mit gutem Grund plädiert Puschner dafür, den Begriff eng zu fassen –
nur das nimmt ihm seine emotionale Reizwirkung und gibt ihm stattdessen
erkenntnisdienliche Aussagekraft. Wie Puschner in seinem *Handbuch zur
›völkischen Bewegung‹* ausführt, versammelten sich hinter der Fahne »völkischer« Weltanschauung in den Jahren vor dem Ersten Weltkrieg Anhänger
höchst verschiedener, oft auch konkurrierender Ansichten. Das Sortiment
reicht von Bismarck-Verehrern, Wagnerianern, Anti-Klerikalen, Antisemi-
ten, esoterisch-naturmystischen Lebens-Reformern bis zu Kosmikern und
religiösen Schwarmgeistern (vgl. Puschner 1996, S. XIff). Auch die FKK-
Bewegung der Zwanziger Jahre gehört zum Reigen. Puschner sucht folglich
den »Gesinnungskern« (Puschner 2007, S. 66) zu bestimmen und beschränkt
den Begriff auf die rechtsnationalen Gruppen im Wilhelminismus und der
Weimarer Republik. Diese radikalisierten das nationale Denken, dem das li-
beral-konservative Bürgertum zur Zeit Bismarcks anhing. Gleichwohl wenden wir in unserer Darstellung den Begriff in bewusstem Anachronismus
auch auf die Vorstellung von Volk und Nation an, die uns in den Texten
Dahns, Fontanes und des bürgerlichen Realismus begegnet. Puschner bestimmt überzeugend zwei Kernmerkmale des Völkischen: die Abstammung,
also das Blut, und die religiöse Überhöhung, die Sakralisierung von Volk,
Nation, Staat. Dazu bedient sich das völkische Weltbild bald des Christentums, bald germanischer Mythen (»Der Rückbezug auf Religion galt als
ein Merkmal nationaler Identität«, Puschner 2006, ‹1›). Abstammung und
Religion sind aber die beiden Säulen, auf denen Fontane und Dahn ihren
Bau der nationalen Gemeinschaft errichten. Der zumindest antiklerikal ein-
gestellte Dahn wendet sich vordringlich der germanischen Götterwelt zu,
Fontane beschwört das Christentum in seiner preußisch-protestantischen
Richtung, wie sie im liberal-konservativen Bürgertum vorherrschte und
den sogenannten »Reichsnationalismus« der Gründerzeit beflügelte. Und
wenn Puschner darlegt, im »völkischen Denken« würden genealogische Linien »[e]ine Schlüsselrolle« spielen (Puschner 2007, Anm. 26), so wird sich
zeigen, dass auch unsere gründerzeitlichen Autoren ihre Preußen, Goten

und Germanen, mithin also ihre »Deutschen« aus langen, bis ins Mittelalter und darüber hinaus reichenden Ahnenreihen hervorgehen lassen. Das Volk wird, so zeigt sich bald, als »Abstammungsgesellschaft« bestimmt (ebd. 2007, S. 62). Schließlich findet sich schon in der gründerzeitlichen Literatur die Forderung nach einer autochthonen, an eigenen Werten, Stilen und Umgangsformen orientierten Lebenswelt, wie sie völkische Einstellungen charakterisiert. Gewiss ist es nicht ungefährlich, den Begriff völkisch auf den mythobiologischen Nations- und Staatsbegriff bei Dahn und Fontane anzuwenden – es verführt dazu, in die ausgefahrene ideengeschichtliche Trasse zurückzuspringen, die von der Gründerzeit zum NS-Staat gezogen wurde und an der damals beliebte Autoren wie Scheffel, Dahn, Geibel, Heyse als »Wegbereiter« mitgewirkt haben sollen. Man müsste dann auch Fontane zugesellen. Doch nicht einmal für die eigentlich Völkischen, die um die Jahrhundertwende den radikalen Nationalismus prägten und das rassenbiologische Merkmal betonten, waren die völkische Gemeinschaft und ihr Staat die höchsten Werte. Bei ihnen hieß es noch »ein Volk, ein Reich, ein Gott« (Puschner 2007 u. ders. 2002, S. 5, 20ff) – gerade die Verankerung von Volk und Staat in der Religion verbürgte die Anerkennung höherer Mächte als es Staat, Kanzler und Kaiser waren. Kein Wunder, dass Hitler die völkischen Gruppierungen als verachtete Konkurrenten bekämpfte, sich aber die propagandistische Zugkraft des Begriffs »völkisch« zunutze machte und auf den rassenbiologischen Aspekt reduzierte. So hatte er auch für den die bürgerliche Gesellschaft kennzeichnenden Versuch, Identität aus langen geschichtlichen Zeiträumen zu begründen, nur Häme übrig. (vgl. Puschner 1996, S. X, u. 2002, S. 8; zur völkischen Bewegung allgemein vgl. auch Breuer 2008)

46 Gewohnt bildhaft heißt es in den *Parerga*: »Zu den oben angegebenen wesentlichen Unvollkommenheiten der Geschichte kommt noch, daß die Geschichtsmuse Klio mit der Lüge so durch und durch inficirt ist, wie eine Gassenhure mit der Syphilis.« (*Parerga*, Band II, § 233; S. 476)

47 Döblin 1963 [1936], S. 172.

48 ebd. S. 174.

49 Müller-Seidel 1975, S. 111. Zur Entstehungsgeschichte des *Sturm* vgl. Helmut Nürnbergers detaillierte Ausführungen im Anhang der von ihm edierten hochverdienstlichen dtv-Ausgabe, die zudem noch einen langen Auszug aus Fontanes aufschlussreichen Briefen zu diesem Roman beinhaltet (1994, seitenidentisch mit HF 1,3, S. 719-779); den Abriss von Grawe im Fontane-Handbuch (2000), S. 488-494.

50 *Der Schleswig-Holsteinische Krieg im Jahre 1864* (1866), *Der deutsche Krieg von 1866* (1870 u. 71) und *Der Krieg gegen Frankreich* (1873 u. 1875/76); die insgesamt acht Bände umfassen rund 4000 Seiten, vgl. Osborne 2000, in: *Fontane-Handbuch*, S. 851f.

51 Eine Übersicht über die Quellen wie die Aufstellung der Liste der Figuren, die als Vorbilder Modell standen, gibt Grawe im *Fontane-Handbuch*, S. 492ff.

52 Brief vom Donnerstag, 29. Mai 1879, in: HF IV,3, S. 21.

53 Nipperdey 1983, S. 82.

54 Nürnberger siedelt es um Reitwein an, in: *Sturm*, dtv-Ausgabe 1994, S. 733.

55 Es lohnt, vergleichend zur Lektüre des *Sturm* Dolf Sternbergers *Panorama* 1974 [1938] heranzuziehen, worin der Autor das panoramatische Gemälde mit seinem Anspruch auf »realistische« Vermittlung der Wirklichkeit als typische Kunstform der Gründerzeit beschreibt.

56 Grawe 2000, in: *Fontane-Handbuch*, S. 489.

57 Zu Auflagen und Verkaufszahlen vgl. Nürnberger 1994, dtv-Ausgabe S. 719f.

58 Vgl. Westenfelder 1989, (der allerdings ein falsches Erscheinungsdatum angibt), S. 402, u. Eggert 1971, Tabelle auf S. 211. Danach erlebte der *Kampf* 1900 die 30. Auflage.

59 Zur ›heldisch‹-nationalistischen Rezeption vgl. Jan-Dirk Müller 1998, S. 6-11 u. 443.

60 Dahn: *Erinnerungen 2*, 1891, S. 437f.

61 Nicht, wie in Killy, Band 2, S. 511, behauptet, in Berlin.

62 Dahn: *Erinnerungen 2*, 1891, S. 439.

63 ebd. 4,1, 1894, S. 506.

64 Zu diesem wichtigen Aspekt realistischen Selbstverständnisses vgl. unten den Abschnitt über Wirkungsästhetik im Kapitel »Aktion und Ästhetik«.

65 So *Meyers Konversations-Lexikon* von 1897, Band 7, S. 554 (von Gibbons Werk erschien bereits 1787-89 eine Neuausgabe in 14 Bänden).

66 Feuchtwanger 1984 [1961], S. 34f.

67 Zur Analogie erzählerischer Einheiten in der Literatur zum »kompositionelle[n] Verfahren« der »Einstellung« im Film vgl. Lotmann 1972, S. 368-374.

68 In der 38. Aventiure, Strophe 2436 u. 2437 (Handschrift C).

69 Danach verliert Siegfried an Glanz, sein Mörder Hagen gewinnt als politischer Realist Ansehen. Zur Nibelungenlied-Rezeption vgl. Müller 1998.

70   Hierzu sehr aufschlussreich das Kapitel »Eine Industrie schaltet um«, in Hobsbawm 1995.

71   Vgl. Riehl 1854, *Die bürgerliche Gesellschaft*, S. 34; vgl. auch S. 35f.

72   Ernst Jünger in den *Stahlgewittern*, 1978, S. 99.

73   Der Glaube an die kulturelle Sendung der Goten hatte sich bis in die Siebziger Jahre des vergangenen Jahrhunderts gehalten, wie auch die Herkunft dieses Volkes aus Schweden und den angrenzenden Osteeländern bis Pommern und dem alten Westpreußen als sicher galt (vgl. Schreiber 1977, v.a. S. 13-28 u. 313-318). Historisch differenzierter und ohne nationale Vereinnahmung Herwig 1979, v.a. S. 32-59 u. das Kapitel »Die Ostgoten«, S. 307-460. Nach dem Tode Tejas am Vesuv im Oktober 552 »gingen Königtum und ethnische Identität der Goten zu Ende« (ebd. S. 307). Vgl. hier auch die Kapitel IV und V. Zur Bibelübersetzung des westgotischen Königs Wulfila und zur Christianisierung der Goten vgl. Wolfram, S. 83-97 u. Nack 1983, S. 65-

74   Vgl. Homer 1966: *Odyssee*, Vierter Gesang, S. 55-83. Titzmann hat in seinem Aufsatz zum Germanenbild im Realismus den Gegensatz zwischen dem »blonden« und dem »dunklen« Helden als typisch für das im Umkreis der germanischen Welt spielende historische Erzählen hervorgehoben: Die Siegfried-Figur des blonden als des »absoluten«, das heißt mythisch-einzigartigen Helden neben dem »relativen« dunklen, im historisch-sozialen Raum »situierten« Helden. Die Ursachen ihrer sozialen Zusammengehörigkeit und Identität, in denen auch das Motiv dafür zu finden ist, dass beide Heldentypen für die Erhaltung ihrer sozialen Entität in ihrer ursprünglichen Form kämpfen, bleiben aber im Dunkeln. (Titzmann 1991, S. 134-139)

75   Die englische Ausgabe war zwischen 1858 und 1865 erschienen, die sechsbändige deutsche fast synchron. 1905 gab Karl Linnebach eine gekürzte einbändige Neuausgabe heraus. Sie erschien 1911 in dritter Auflage; vermutlich hatte Thomas Mann diese Ausgabe für sein Friedrich-Porträt 1915 benutzt. (Vgl. hier Kapitel »Friedrich II. als nationale Integrationsfigur«)

76   Vgl. das Kapitel »Dekadenz und Zivilisation. Die inszenierte Gesellschaft«.

77   Rochau 1972 [1853], das Kapitel »Revolution und historisches Recht«, S. 47-55.

78   *Meyers Konversations-Lexikon*. Siebzehnter Band. Leipzig u. Wien 1897, S. 457.

79   Hobsbawm 1995, S. 193f .

80   Vgl. z.B. Rochau 1972 [1853].

81   »Ein nur einigermaßen kluger Fürst hat immer solche Truppen gemieden, und sich eigene verschafft; und er hat immer lieber mit den Seinen unter-

gehen als mit den Fremden siegen wollen, da er das, was er mit fremden Truppen erwarb, für keinen wahren Sieg hielt.« (Machiavelli 1976 [1532], S. 59f)

82  In seinem Grundlagenwerk *Das Heilige und die Gewalt* (1972, dt. Erstausgabe 1987).

83  Langewiesche 2000, 35-39.

84  Zur Erklärung Herders vgl. Lemberg I 1964, S. 171-175.

85  Zu diesem Komplex lohnt die Lektüre von Freuds *Totem und Tabu*, insbesondere das Kapitel über Animismus, S. 125-150.

86  Vgl. Simek 1984, S. 461.

87  Vgl. ebd. Stichwort Yggdrasill, S. 467-469.

88  Zur Symbolik des Wassers vgl. Freud: *Vorlesungen*, S.152f, zudem Bachofen, 1861; Thales hat es bekanntlich zum Urstoff der Welt erklärt; mit dieser Übertragung ist das germanische Volk, das heißt seine biologische Substanz, metaphorisch zur Grundlage aller Nationen erklärt und in den Rang der Unvergänglichkeit erhoben.

89  Simek 1984, S. 461.

90  Vgl. Langewiesche 2000, 9ff, 24ff, 45-49; u. v.a. Nipperdey 1992, S. 289-311. »Der deutsche Nationalismus war, bei der Vielstaatlichkeit und Nicht-Einheit war das nicht anders zu erwarten, (…), ein Kultur und Sprachnationalismus. Er berief sich nicht auf Wille und Bekenntnis zuerst, sondern auf gemeinsame Herkunft und gemeinsames geschichtliches Schicksal, gemeinsame Kultur und gemeinsame Sprache.« (Nipperdey 1992, S. 252) Vgl. auch Nipperdeys Bemerkungen zu de Lagarde und Houston Steward Chamberlain, ebd. S. 304f u. hier die Kapitel »Der Heilige Herd«, »Deutsche Identität«, »Innerethnische Paarungen« u. »Auferstanden aus Kämpfen«.

91  Freud: *Vorlesungen*, 1991 [1917], S. 152f.

92  Zum einen waren natürlich noch die alten Urzeugungstheorien bekannt wie die Aristotelische, die Haeckel in seinem Grundlagenwerk *Generelle Morphologie* referiert: Aus »warmem Schlamme oder faulenden vegetabilischen Substanzen« seien durch Selbstzeugung »niedere Thiere (Würmer, Insecten, etc.)« entstanden. (Haeckel, in: Heberer 1968, S. 114f). Haeckel selbst spricht von einem »Akt der Autogonie, der ersten spontanen Entstehung einfachster Organismen«, die sich in einer angenommenen Flüssigkeit durch molekulare Bewegungen »der organogenen Elemente (Kohlenstoff, Sauerstoff, Wasserstoff, Stickstoff)« vollzogen habe. Daraus hätten sich »vollkommen homogene Plasmaklumpen« gebildet, die Grundlage aller späteren Lebewesen (ebd. S. 119ff). Das ließ sich leicht auf den Mythos

der Abstammungsgemeinschaft anwenden: Die Geburt der Nation aus dem germanisch-deutschen Plasmaklumpen!

93 Vgl. Kapitel »Der triebhafte Unzugehörige und sein Opfer«.

94 So beschreibt Freud in *Totem und Tabu* den archaischen Opferritus. Er stützt sich auf Material, das die beginnende Anthropologie seit den 1880er Jahren in wachsendem Umfang zusammenträgt, vor allem auf Frazers bekannte Studie *The Golden Bow*. Opferriten alter Völker sind indessen vor Frazers Standardwerk bekannt, wie z.B. Danz 1867 zeigt.

95 2. Mose 24,6-8.

96 Kommentar zu 2. Mose 24, in: *Die Bibel*. Berlin und Altenburg 1990, AT S. 154.

97 *Calwer Bibellexikon*, Band 1, S. 199.

98 3. Mose 17,11.

99 1. Korinther 11,23.

100 Matthäus 26, 26-28.

101 3. Mose 17, 10, 12. Vgl. *Calwer Bibellexikon* 2003, S. 199 u. Kommentar *Die Bibel*. Berlin/Altenburg 1990, S. 211.

102 Vgl. den Kommentar zu 1. Korinther 11, 23-26, in: *Die Bibel*. Berlin/Altenburg 1990, S. 341; *Calwer Bibellexikon*, Band 1, S. 35f; *Lexikon für Theologie und Kirche* 1957, Erster Band, Sp. 28-31.

103 Theologisch ist freilich zwischen drei Auslegungen zu unterscheiden: Ob Brot und Wein Leib und Blut Christi sind, wie die katholische Lehre behauptet, ob Leib und Blut in Brot und Wein gegenwärtig sind, wie es Luther auffasst, oder ob sie gar nur Leib und Blut Christi bedeuten, wie Zwingli interpretiert. (Vgl. *Calwer Bibellexikon*, Band 1, S. 35) Die theologisch relevante Differenz indessen ändert nichts an der für uns bedeutsamen literaturwissenschaftlichen Sicht, der Zwingli am nächsten kommt.

104 Die *Natürliche Schöpfungsgeschichte* von 1868, der populärwissenschaftlichen Fassung der *Generellen Morphologie*.

105 Vgl. z.B. Langewiesche 2000. S. 23f u. 26-31, Lemberg 1964 I u. II, Schulze 1985, Gellner 1991, Gall 1980 e.a.

106 Dahn hat diesen Zusammenhang in einem Dialog zwischen Totila und dem Wikingerführer Harald noch einmal zusammengefasst, vgl. 6. Buch, *Totila*, Erste Abteilung, Kapitel 18-19. Er gibt dem Wikinger Recht.

107 Vgl. u.a. Nipperdey 1992, das Kapitel zu Verfassung der Kaiserreichs, S. 85-109.

108 Vgl. Langewiesche 2000, S. 50. Zum Nationalismus Frankreichs nach der Reichsgründung vgl. Lemberg I 1964, S. 195-200.

109 Zu Charisma und Herrschaft vgl. Breuer 1993, S. 96-104.

110 Vgl. ebd., S. 78-85 u. 104-114.

111 Vgl. hier v.a. die Kapitel »Der Geist ist ein deutscher Dionysos« u. »Fontanes sensivitive Spätlinge« sowie die im Entstehen begriffene Arbeit Florian Wolfrums über Fontanes Romanwerk.

112 So Langewiesche 2000, S. 9.

113 Renan 1996 [1882], S. 22.

114 ebd. S. 33f.

115 Renan 1996 [1882], S. 34 u. 35, vgl. auch ebd S. 34-38.

116 ebd. S. 34.

117 Vgl. Lemberg I 1964, S. 197.

118 Nipperdey 1992, S. 84.

119 Langewiesche 2000, S. 48.

120 Gellner 1991, Zitate S. 89. Zum Konstruktcharakter der modernen Nation sagt Gellner etwa: »Der Tatbestand, eine Nation(alität) zu besitzen, ist kein inhärentes Attribut der Menschlichkeit, aber er hat diesen Anschein erworben. Tatsächlich sind Nationen wie Staaten historische Phänomene und keine universelle Notwendigkeit. (…) Nationen sind Artefakte menschlicher Überzeugungen, Loyalitäten und Solidaritätsbeziehungen.« (ebd. S.16)

121 Hobsbawm 1995, S 188f.

122 Breuer 1992, S. 190. Vgl. auch Ernst Nolte 2000, S. 497.

123 ebd.

124 ebd. S. 186.

125 Vgl. Langewiesche 2000, S. 16f.

126 Breuer 1993, S. 79.

127 Das ist im Kapitel »Emphatische Männlichkeit« geschildert.

128 Vgl. Kapitel »Innerethnische Paarungen«.

129 Nietzsche im Achten Hauptstück von *Jenseits von Gut und Böse*, »Völker und Vaterländer«. (KSA VI,2, S. 192)

130 In seinen 1843 oder 44 entstandenen Gedicht »Zur Beruhigung.«, Heine 1983, S. 125f.

131 Vgl. Radkau 1998, *Das Zeitalter der Nervosität*.

132 Vgl. hierzu die ergiebige Arbeit von Friederike Meyer (1992).

133 In seinen *Betrachtungen eines Unpolitischen*, die wir anschließend betrachten.

134 Nipperdey 1990, S. 696; vgl. auch 692f u. 697.

135 Freud bezeichnet den Künstler als »Invertierten«, als Grenzgänger zwischen Neurose und Normalität (vgl. *Vorlesungen*, 1991). In *Totem und Tabu* be-

schreibt er eine magische, also metaphysische, die Welt als geordnetes Ganzes und Notwendiges auffassende Sicht als Produkt neurotischer Zustände (vgl. Freud 1991).

136 Dahn 1890, S. 294. Vgl. hier das Kapitel »Emphatische Männlichkeit«.

137 Vgl. Schnädelbach 2001; Plumpe, in: *Hansers Sozialgeschichte...* 1996, Band 6. S. 244-249.

138 Vgl. Schnädelbach 2000, Hegel.

139 Diese Konstruktion liegt dem Denken zugrunde, das mit dem Begriff der »Versöhnung« bezeichnet ist und zu den Fundamentalpostulaten der realistischen Ästhetik zählt. (Vgl. Rhöse, 1978, u. Plumpe, in: *Hansers Sozialgeschichte...* 1996, Band 6, S. 242-269)

140 Nietzsche 1886, *Jenseits*, KSG VI,2, S. 193.

141 So im ersten Band seiner *Erinnerungen*, 1890, S. 296f.

142 Begriff v. Schnädelbach 2001.

143 Vgl. abermals Röse 1978, u. Plumpe, in: *Hansers Sozialgeschichte...* 1996, Band 6, S. 242f u. 249-266.

144 Servaes, zitiert nach Mandelkow 1980, S. 204.

145 ebd.

146 Nipperdey 1990, S. 692.

147 Schomers 2002, S. 50.

148 ebd. S. 54.

149 ebd. S. 13.

150 Schomers 2002, S. 50.

151 Nietzsche führt seine Identitätsidee in der *Fröhlichen Wissenschaft* (357. Aphorismus) an drei Philosophen vor, an Leibniz, Kant, Hegel (KSA V,2, S. 279-284); während ihm – worin ihm Thomas Mann nur halb folgt – Schopenhauer als »Ausnahme-Fall« (ebd. S. 284) und eigentlich europäischer Geist dünkt. Im Achten Hauptstück von *Jenseits von Gut und Böse*, »Völker und Vaterländer«, ist es Wagner, der das Deutsche ausdrückt (Aphorismus 240, KSA VI,2, S. 187f) Vgl. auch Heimendahl 1998, das Kapitel »Was ist deutsch«, S. 95-105.

152 ebd. S. 53.

153 Thomas Mann 1988 [1918], S. 128.

154 »Dem deutschen Bürger eine artistische Gesinnung zu unterstellen, als hießen die Sieger der Gründerjahre Buddenbrook, (...), und nicht Hagenström«, sei eine Vereinnahmung »öffentlicher Begriffe und Positionen, die an dem tatsächlichen Standpunkt der Bündnispartner weit vorbeizielen«. (Heimendahl 1998, S 25f) Betrachtet man den Essay nicht von innen her,

als eigenständiges semantisches System, sondern vergleicht ihn mit seiner sozialen Umgebung, so kommt man freilich zwangsläufig zu diesem Schluss.

155 Schröter 1995 (27. Auflage; Erstausgabe 1964), S. 89.

156 Mann 1988 [1918], S. 374.

157 ebd. S. 371.

158 ebd. S. 373f.

159 Vgl. Plumpe, in: *Hansers Sozialgeschichte...* 1996, Band 6, S. 249-266.

160 Vgl. Schnädelbach, 2001.

161 ebd. S. 371.

162 ebd. S. 99f.

163 Thomas Mann über sich selbst, in: ebd. S. 107.

164 ebd. S. 71.

165 ebd. S. 66.

166 Thomas Mann 1988 [1918], S. 75.

167 Thomas Mann 1988 [1918], S. 106.

168 Safranski 1990, S. 223.

169 Thomas Mann 1988 [1918], S. 126.

170 Vgl. Heimendahl, S. 15-18.

171 Etwa im Kapitel »Gegen Recht und Wahrheit« (S. 141-213). Zitiert hier S. 151.

172 Thomas Mann 1988 [1918], S. 126.

173 Schopenhauer, WWV I, 167.

174 Safranski 1990, S. 314.

175 Thomas Mann 1988 [1918], S. 64.

176 ebd.

177 ebd.

178 Schopenhauer, WWV I, S. 280.

179 ebd. I, S. 380.

180 Vgl. Heimendahl, S. 100ff, wo Thomas Manns für diesen Aspekt wesentlicher Dialog mit Ernst Bertram referiert wird.

181 Thomas Mann 1988 [1918], S. 110.

182 ebd. S. 108.

183 ebd. S. 105.

184 ebd. S. 96.

185 ebd. S. 100.

186 ebd.

187 s. ebd. S. 101.

188 Vgl. hier das Kapitel »Ästhetik und Aktion«.

189 Thomas Mann 1988 [1918], S. 127. Auch diesen Gedanken konnte der Autor bei Nietzsche finden, der in »Volk und Vaterländer«, Achtes Hauptstück von *Jenseits von Gut und Böse* (KSA VI,2, S. 185-221, die »deutsche Seele« als gesamteuropäische Gemengelage beschreibt (Aphorismus 244). Thomas Manns Kunstgriff allerdings besteht darin, Nietzsches Gedanken mit seiner Konzeption des »Überdeutschtums« genial zu renationalisieren.

190 Thomas Mann 1988 [1918], S. 62.

191 ebd. S. 63.

192 ebd. S. 66f.

193 ebd. S. 74.

194 ebd. S. 65.

195 ebd. S. 126f.

196 ebd. S. 123.

197 Den Begriff »Ethnonationalismus« verwendet Langewiesche 2000, S. 18f, wo er auch die Definition des Historikers Antony D. Smith, 1991, zusammenfasst.

198 Heimendahl, S. 26.

199 Weber 1904/05, S. 152 ff.

200 ebd. S. 136f.

201 Vgl. hier das Kapitel »Emphatische Männlichkeit«.

202 Thomas Mann 1988 [1918], S. 138f.

203 Nipperdey 1992, S. 84; vgl. auch Langewiesche 2000, S. 14-17.

204 Der Zirkel von Werden und Vergehen nach dem Modell individuellen Lebens, ist es wohl, was Heimendahl mit der Wendung »Personalisierung der Nationen« und der »Biologisierung ihrer Existenz« meint (S. 102).

205 Vgl. Schomers 2002, S. 47-62.

206 Das war, wie gesagt, das paneuropäische Modell, vgl. Langewiesche 2000, S. 24.

207 Vgl. Meyer 1991, S. 176.

208 Genaues im Kapitel »Emphatische Männlichkeit«.

209 Auffällig ist übrigens wieder die Analogie zu Hagen, dem »Outcast« im Nibelungenlied. (Zur Funktion Hagens als Manager des Untergangs vgl. Jan-Dirk Müller 1998, S. 445ff u. Anm. 33)

210 Freud 1991 [1913].

211 Wie Fontane an der Ehe Berndts zeigt, vgl. unten. »Vergeistigung und Schwäche« u. »Verfeinerungen à la francaise«. Solche Verbindungen sind Merkmal kulturellen Verfalls.

212 Vgl. das Kapitel »Amoralität und Lebensschwäche«.

213 Je mehr sich die Goten ihrem ursprünglichen Zustand als Stammesgesellschaft annähern, um so mehr nehmen ihr Heroismus, ihre Vitalität, ihre Kampfkraft zu. Theoderich eroberte Italien, als sein Volk noch authentisch war. Bei Fontane geht die Kraft zur nationalen Erneuerung vom märkischen Dorf Hohen-Vietz aus, einem durch relative soziale, genealogische und genetische Nähe geprägten Raum.

214 Vgl. hierzu die eingehende Studie von Martin Lindner 1994.

215 Vgl. das Kapitel »Die erotische Tatfrau und ihr Befreiungsschlag«.

216 Vgl. im *Sturm* das Kapitel »Marie«, 76-83.

217 »... und wenn anfangs dieser und jener klagte, ›daß nun ein Pfälzer ins Dorf gekommen sei‹, so verstummte diese Klage doch bald, als sie den Pfälzer kennenlernten.«

218 Am 15. Februar 1763 wurde mit dem Friedensschluss zwischen Preußen, Österreich und Sachsen auf Schloss Hubertusburg in Sachsen der Siebenjährige Krieg beendet. Der Triumph Friedrichs II. besiegelt Preußens Aufstieg zur europäischen Großmacht.

219 Diese Schilderung ließe sich mit Freud als Variante des Vatermords als menschheitsgeschichtlichem Initialereignis interpretieren (vgl. Freuds vier in *Totem und Tabu* zusammengefasste Essays, besonders »Die infantile Wiederkehr des Totemismus«, S. 151-217): Der ältere Bruder vertritt den Vater, der vom jüngeren seiner sozialen Stellung wegen beneidet und zugleich gehasst wird. Nachdem dieser jüngere, Matthias, den Stellvertreter des Vaters getötet hat, trägt er lebenslang an seinem Schuldgefühl, genießt aber zugleich den Triumph seiner Tat. Da er in Verteidigung der kaiserlichen Ehre gehandelt habe, wird er zum General befördert und kehrt mit Gold und Gütern beladen nach Hohen-Vietz zurück, um schließlich vom brandenburgischen Kurfürsten in den »Vollbesitz« des Gutes eingesetzt zu werden, das er denn auch gleich um einen schlossartigen Gebäudekomplex mit Renaissancebau erweitern lässt (20f). Der Zusammenhang zwischen Ur-Tat und Kulturschöpfung ist unübersehbar. Die lebenslange Buße (21) lässt sich leicht als individuelle Entsprechung der Opfer- und Trauerriten der Kulturen von der archaischen Stammesgesellschaft bis zur christlichen Gemeinde deuten, die laut Freud der Kompensation des Schuldgefühls dienen. Der depressive »Familiencharakter« wäre als Ausdruck einer von Generation zu Generation weitergereichten Zwangsneurose erkennbar, die in dem tradierten Schuldbewusstsein ihren immer neuen Ursprung findet. Das Schuldbewusstsein produziere bei Neurotikern »neue Moralvorschriften, fortgesetzte Einschränkungen (...) als Sühne für die begangenen und als Vorsicht gegen

neu zu begehende Untaten«. Die Grundlage sei keine reale Tat mehr, »nur Impulse, Gefühlsregungen, welche nach dem Bösen verlangen, aber von der Ausführung abgehalten worden sind. (…) Die Neurose ist dadurch charakterisiert, daß sie die psychische Realität über die faktische setzt (…)« (Freud 1991, *Totem und Tabu*, S. 214f) Das deckt sich mit dem zurückgezogenen und asketischen Lebensstil der Familie, der erst mit Berndts patriotischer Aktion endet.

220 Das ist im folgenden Kapitel über die polnischen Figuren geschildert.

221 Vgl. das Kapitel »Emphatische Männlichkeit«.

222 Zur Partizipation als einer zentralen Kategorie des modernen Nationalstaats vgl. Langewiesche 2000, S. 39-41 u. 22. Begreiflich, dass umgekehrt der wirtschaftlich erfolgreiche Bürger das Bedürfnis nach Tradition hatte und den Anschluss an den Adel suchte. Doch hat laut Nipperdey das reiche Bürgertum trotz Rittergut und Reitpferd bürgerliche Wertbegriffe und Verhaltensweisen beibehalten, vgl. Nipperdey 1990, S. 389-395.

223 Bekanntlich heißt es im »Antichrist«: »Was ist schändlicher als irgend ein Laster? – Das Mitleiden der That mit allen Missrathnen und Schwachen – das Christentum… (…) Man nennt das Christentum die Religion des Mitleidens. – Das Mitleiden steht im Gegensatz zu den tonischen Affekten, welche die Energie des Lebensgefühls erhöhn: es wirkt depressiv. Man verliert Kraft, wenn man mitleide[t].« (KSA VI 3, Berlin 1969, S. 161-252, hier 2., S. 168 u. 7., S. 170)

224 »Hohen-Vietz war ursprünglich ein altes, aus den Tagen der letzten Askanier stammendes Schloss mit Wall und Graben und freiem Blick ostwärts auf die Oder.« (14)

225 »Er duldete keine Kompromisse, und als erstes und letztes Resultat aller seiner Forschungen stand für ihn unwandelbar fest, daß die Mark Brandenburg nicht nur von Uranfang ein deutsches Land gewesen, sondern auch durch alle Jahrhunderte hin geblieben sei.« (86)

226 HF II,2, S. 9-468. Zu Fontanes Lebzeiten folgten noch eine dritte (1888, vordatiert auf 1889) und eine vierte Auflage (1892).

227 HF II,2 S, 15.

228 ebd.

229 ebd. S. 16f.

230 In Meyers beliebtem Lexikon hieß es: »Mit rastlosem Eifer widmete sich nun A. der Germanisierung des Landes und der Bekehrung der Wenden zum Christentum. (…) So machte er die slawische Mark zu einem deutschen Lande.« (*Meyers Konversations-Lexikon*. Fünfte Auflage. Erster Band, 1897, S. 315)

231 HF II,2 S 19.

232 Vgl. HF II, 2, Kapitel 2: Lebensweise. Sitten. Tracht (S. 20-24). Fontane räumt zu Beginn zwar ein, »die Superiorität der Deutschen« werde man letztlich »zugeben müssen«, doch sei sie »weniger groß« gewesen, »als deutscherseits vielfach behauptet worden ist«. Es ist klar, dass Fontane von einem germanozentrischen Identitätsmodell abrückt und damit von einem radikalen monoethnisch begründeten Nationalbegriff. Je stärker und entwickelter allerdings die Wenden erscheinen, umso besser muss die biologische und kulturelle Qualität des historischen Ergebnisses sein, das den Namen Preußen trägt.

233 Siehe hierzu auch in den Wanderungen die Widukinds *Sächsischen Geschichten* entnommene Beschreibung der Schlacht bei Lenzen im Jahr 920. (HF II, 2, S. 17, Anm.)

234 *Meyers Konversations-Lexikon*. Zwölfter Band, 1897, S. 157.

235 Vgl. das Kapitel »Emphatische Männlichkeit«.

236 So in der Zuneigung zu »Tante Schorlemmer«, der Herrnhuterin, die nach dem frühen Tod der Mutter als Erzieherin ins Haus kommt: Immer dann, wenn sich die Krise verschärft, sei es etwa durch den Einbruchsversuch eines Landstreichers (die Kapitel Es geschieht etwas (222-231) und Die Suche (231-245), vereinigen sich körperliche Schwäche (»Nur Renate fehlte; sie hatte Fieber…« [231]) und religiöse Erbauung zum Fluchtweg aus der Realität: »Sie hatte das Bedürfnis eines Zuspruchs (…) ›Wie gut, daß du kommst, liebe Schorlemmer.‹« (251f)

237 Vgl. auch das Kapitel »Heroischer Realismus«.

238 Der sozialhistorische Kontext, den Fontane beschreibt (im Kapitel über Berndt von Vitzewitz), ist eindeutig: Die Mutter stammt aus einer der seit dem Großen Kurfürsten in den preußischen Stammlanden angesiedelten Hugenottenfamilien. Tatsächlich wusste Fontane von der Existenz einer Flüchtlingsfamilie Dumoulin, die im 17. Jahrhundert nach Preußen eingewandert war und etliche hohe Offiziere hervorbrachte. Einem von ihnen verlieh Friedrich II. nach der Schlacht bei Zorndorf (25. August 1758) den »Pour le mérite«; ihn macht Fontane zum Vater seiner Madeleine von Dumoulin. (28)

239 Fontane verhandelt hier zwischen den Zeilen auch einen Normenkonflikt, der Teil der politischen Debatte war: die Frage nach Nutzen und Grenzen der »Realpolitik«. Wie bekannt, stieß Rochaus gleichnamige Abhandlung im großen und ganzen auf Zustimmung, sein Utilitarismus, sein Credo, Maßstab allen politischen Handelns dürfe allein der Erfolg der eigenen Sa-

che sein, warf aber auch moralische Bedenken auf. Sie finden ihren Niederschlag u.a. in dem Artikel »Politik« in *Meyers Konversations-Lexikon*, der die Ambivalenz der Debatte spiegelt und den für »realistisches« Denken signifikanten Versuch erkennen lässt, zwischen den Extremen zu vermitteln: Sowohl die »Realpolitik« wie auch die »lediglich durch die Macht der Idee« beherrschte »Idealpolitik« seien »in ihrer Einseitigkeit verwerflich«. »Denn die Realpolitik wird sich, wenn sie des idealen Zuges völlig entbehrt, in kleinlicher Weise lediglich auf die Förderung materieller Interessen (Interessenpolitik) beschränken, während die Idealpolitik, welche den Boden der Wirklichkeit unter den Füßen verliert (...), unfruchtbar, wenn nicht verderblich sein wird.« (*Meyers Konversations-Lexikon*. Vierzehnter Band, 1897, S. 1f) Die Haltung des Erzählers balanciert auf dem schmalen Grad des Ausgleichs und folgt eher Berndts Einstellung, Preußens Außenpolitik sei einer windelweichen »Interessenpolitik« verpflichtet.

240 Als Matthias von Vitzewitz betont, er sei »kaiserlicher Offizier«, reagiert der Ältere, Anselm, so: »Du bist es‹, rief jetzt Anselm, aus dem der Wein, aber noch mehr das protestantische Herz sprach, über den Tisch hinüber; ›du bist es; aber besser wäre es, du wärest es nie gewesen.« Darauf Matthias: »Besser oder nicht, ich bin es. Des Kaisers Ehre ist meine Ehre.« (19; vgl. das Kapitel »Die Kraft der Erneuerung«)

241 Vgl. das Kapitel »Aktion und Ästhetik«.

242 Nürnberger: »Nachwort«, in: Theodor Fontane: *Vor dem Sturm. Roman aus dem Winter 1812 auf 13*. München 1994, S. 909-922.

243 Später lässt Fontane den patriotischen Rittmeister von Hirschfeldt sagen: »Welche Politik, die wir seit 20 Jahren gemacht! Lug und Trug, und wir mußten daran zugrunde gehen.« (616) Der geschichtstheoretische Topos ist Grundlage von Willibald Alexis' heute unlesbarem Roman *Ruhe ist die erste Bürgerpflicht oder vor Funfzig Jahren* (5 Bände, Berlin 1852). – Zu Prinz Heinrich vgl. das Kapitel »Narzisten/Rheinsberg/Guse«.

244 Vgl. auch im *Sturm* das Kapitel Kathinka, 471-477.

245 Lewins »Erbteil« ließe sich vermutlich als zwangsneurotische Hemmung beschreiben.

246 Siehe auch die Kapitel »Kirch-Göritz« (191-198) u. »Doktor Faulstich«. (198-206, v.a. 205)

247 Vgl. das Kapitel »Der Bund«.

248 Langewiesche 2000, S. 33.

249 Diese Art der Opferstellvertretung, in der das Tier den Menschen vertritt und ihn damit rettet, zeigt Gerard eben am Beispiel der Bibel (1. Mose

27,1-23) und an der Polyphem-Episode der *Odyssee*, vgl. Girard 2000, S. 14-17.

250 Girard 2000, S. 24f.

251 Vgl. Nürnberger 1994, dt. Ausg. des *Sturm*, Anm. zu S. 322, S. 828.

252 Im Kapitel »Im Kolleg«, 366-374, Fichtes Rede 371.

253 Vgl. das Kapitel »Aktion und Ästhetik«.

254 Vgl. Langewiesche 2000, das Kapitel »Nationalisierung von Werten und Lebensformen«, S. 41-45.

255 Zur Geschichte von Gusow vgl. *Wanderungen*, Das Oderland, HF II, 1, S. 731-751.

256 Thomas Mann 1916 in einer Rezension zur Neuausgabe des sechsbändigen Werks. Zeitgemäß bürgerlich lässt Carlyle kein gutes Haar an der verachteten Zopfzeit: »Ein Jahrhundert, das nicht einmal das Bewußtsein mehr hatte, daß es falsch sei, so falsch war es geworden; (...).« (Carlyle 1911, S. 7)

257 Vgl. *Von Zwanzig bis Dreissig*: »Der Tunnel über der Spree«, 2. Kapitel, in: HF 3,4 S. 326. Die Ballade ist 1846 entstanden, erste Buchveröffentlichung 1850 in dem Band *Männer und Helden. Acht Preußenlieder*. (Siehe HF I,6, Anm. zu S. 205, S. 924f)

258 *Meyers Konversations-Lexikon*. Achter Band. Leipzig und Wien 1897, S. 573.

259 Im Hinblick auf die traditionell als natürlich geltende Rolle der Frau ist Schopenhauer aufmunternd konventionell dem christlich-aristotelischen Bilde verpflichtet: »Schon der Anblick der weiblichen Gestalt lehrt, daß das Weib weder zu großen geistigen, noch körperlichen Arbeiten bestimmt ist. Es trägt die Schuld des Lebens nicht durch Thun, sondern durch Leiden ab, durch die Wehen der Geburt, die Sorgfalt für das Kind, die Unterwürfigkeit unter den Mann, dem es eine geduldige und aufheiternde Gefährtin sein soll.« (*Parerga*, 2. Band, § 363, S. 650) Im Umbruch der Gründerzeit aber erhält auch dieses Muster allmählich andere Formen, vgl. das Kapitel »Emphatische Männlichkeit«, v.a. Anm. 2.

260 Wörtlich: »Die Gräfin trug sich schwarz, selbst die Stirnschnebbe fehlte nicht.« (159)

261 Fontane 1855, in: HF, III,1, S. 306f.

262 Auf S. 422-431 im dritten Kapitel (»Eine gewonnene Schlacht«) des Zweiten Teils »Die Allianz«. Es heißt da etwa: »Man bewunderte, wie natürlich des Lauf des Baches war, gewunden und lieblich, das Wasser war mittels langer Röhren aus weiter Entfernung herbeigeleitet. Der Bach murmelte freund-

lich und mündete in den künstlichen See, in dessen Mitte sich eine künstliche Insel erhob; (…). Jenseits des Ufers wurde eine Bergpartie sichtbar, künstlicher Fels und künstliches Moos. (…) Die Kühe wurden vorgeführt, außergewöhnlich saubere, gepflegte Kühe. Sie lebten in einem Stall, der von Sauberkeit blitzte, (…), doch die Mauern wiesen natürlich Sprünge auf, angefertigt nach Zeichnungen des Malers Hubert Robert.« (S. 423ff) Zweifellos bezieht sich Feuchtwanger auf einen Begriff authentischer Realität, der aus dem Realismus stammt, und zweifellos kritisiert er, wie der Realismus, wie Dahn und Fontane, wie Carlyle, das 18. Jahrhundert als ein ästhetizistisches »Affenjahrhundert« – allerdings nur dessen vor-revolutionären Teil.

263 Dabei zeigt Fontane Faulstich als verhinderten Bürger, wenn er ihn über sich selbst sagen lässt: »Die Bücher sind nicht das Leben, und Dichtung und Muße, wieviel glückliche Stunden sie schaffen mögen, sie schaffen nicht das Glück. (…) In dieser meiner Einsamkeit aber, deren friedlicher Schein Sie bestrickt, ist alles Widerspruch und Gegensatz. Was Ihnen Freiheit dünkt, ist Abhängigkeit; wohin ich blicke, Disharmonie: (…) ein Klippschullehrer und ein Champion der Romantik (…).‹« (205) So bestätigt Fontane ex negativo bürgerlichen Wert und bürgerliche Norm.

264 Nürnberger: Anm. zu S. 284 der von ihm herausgegebenen Ausgabe *Vor dem Sturm*, München 1994, S. 821f.

265 So heißt es, Amelie habe für diesen Abend nicht nur »die Tragödie gelesen«, sondern auch literarhistorische Studien betrieben, um »den in Sachen französischer Literatur mit ihr rivalisierenden Drosslstein in die zweite Stelle herabzudrücken und überhaupt nach allen Seiten brillieren zu können.« (295; vgl. auch 296)

266 Vgl. die Bemerkung des Fontane-Herausgebers Jürgen Kolbe: »Von entscheidendem Einfluß auf F. war Scotts Werk am Beginn seiner Auseinandersetzung mit den eigenen Romanplänen. Das gilt, trotz F.s Dementi, vor allem für *Vor dem Sturm* (…).« (Kolbe 1969, in: HF 3,1, S, 865) Fontane bemerkt darüber 1866 gegenüber Wilhelm Hertz, er wolle *Vor dem Sturm* nach eigenen Vorstellungen gestalten, »ohne jegliches Vorbild; selbst die Anlehnung an Scott betrifft nur ganz Allgemeines«. (Brief F.s vom 17.6. 1866, in: ebd.) Augenscheinlich betrifft dieses Allgemeine gerade nicht das »dialektische«, ein lineares Fortschrittsmodell abbildende Bauprinzip der Romane Scotts, wohl aber die Fokussierung der Erzählerperspektive auf den »mittleren« Helden und eine »mittlere« soziale Ebene, wie sie Scott etabliert hat (vgl. hierzu Lukács: *Der historische Roman*, S. 36-76). Auch der Versuch, Realitätsnähe zu erzeugen und dadurch natürlich zu wirken, könnte

von Scott mitangeregt sein. So hebt Fontane in seinem Scott-Aufsatz als ästhetische Qualität Scotts gerade das hervor, was auch in der Ästhetik des Realismus im Mittelpunkt steht: »…aber auch noch die schwächeren dieser Arbeiten sind entzückend durch Liebe und Kenntnis der Heimat, durch Reinheit des Empfindens und der Gesinnung, durch rührende Simplizität (…), alles nach dem Leben porträtiert und doch alles verklärt, in eine zauberische, höhere Sphäre gezogen (…).« (Fontane 1871, in: HF 3,1, S. 395f) Am meisten aber bewundert Fontane in Scott den bürgerlichen Heros mit aristokratischer Gesinnung: »In Überarbeit opferte er sich hin. Er fiel kämpfend wie ein Krieger in der Schlacht.« (ebd. S. 390; s. auch ebd. S. 398f)

267 Vgl. Langewiesche 2000, 31-34, Schulze, 1985, S. 49-58 u. 120; Nipperdey 1983, S. 40-49 u. 161-165; zum wirtschaftlichen, rechtlichen und sozialen Wandel in den ostelbischen Regionen vgl. Schnabel 1949, Band 2, S. 287-300, darin: »Viele Rittergüter, die nicht fideikommisarisch gebunden waren, kamen auf den Markt und wurden zu einem Spottpreis (…) aufgekauft.« (ebd. S. 295) – trotz des allgemeinen Vorteils, den die Gutsbesitzer aus der »Bauernbefreiung« zogen. Auch die Familiengüter Bismarcks in der ersten Jahrhunderthälfte wären ein Beispiel für die Krise.

268 Schulze 1985, S. 59.

269 Fontane 1871: *Walter Scott*, in: HF III,1, S. 385.

270 Bemerkenswert die versteckte Analogie zu Walter Scott, an dem Fontane nicht zuletzt den glühenden Patrioten bewundert: »Der Nationalitätsidee hat er vorgearbeitet und Ausdruck gegeben wie kein zweiter. Die Wirkung war umso tiefer, als er völlig unsystematisch verfuhr. Nichts Prinzipielles; die lebendigen Gestalten wirkten, nicht die tote Abstraktion. Was uns jetzt (…) als ein Natürliches, immer Dagewesenes erscheint, war vor kaum siebenzig Jahren ein Neues, ein Werdendes. Er wirkte in diesem Sinne reformatorisch.« (Fontane 1871, in: HF 3,1, S. 403)

271 Safranski 1990, S. 455.

272 Die Bedeutung der Tiefe als Hort des Eigentlichen hat Ulf Eisele bereits in den Siebziger Jahren am Beispiel von Raabes *Stopfkuchen* analysiert (Eisele, 1979). Zentral in Eiseles Interpretation: der Konflikt (trügerische) »Oberfläche« gegen (wahrhaftige) »Tiefe«. Zum ontologisch-empirischen Zusammenhang vgl. auch das Schema von Plumpe 1996, in: *Hansers Sozialgeschichte…*, S. 56; endlich den noch zu zitierenden Titzmann 1992, S. 22-26.

273 Vgl. das Kapitel »Friedrich II.«.

274 Die »junge Gräfin« habe darauf verzichtet, die »Kühnheit« ihrer Anschauungen umzusetzen. (137)

275 Fichte 1807/08, aus der 14. Rede an die deutsche Nation, zitiert nach Schulze 1985, S. 136. Auch in: Rudolf v. Eucken (Hrsg.): *Reden an die deutsche Nation.* Leipzig 1915, S. 249-254.

276 HF III,1,S. 741.

277 *Meyers Konversations-Lexikon.* Fünfte Auflage. Leipzig und Wien 1897, S. 916-920, Zitat S. 919 .

278 Ebd. S. 921.

279 Ein Pedant (ursprünglich der »Erzieher«, dann ein »steifer, einseitiger Gelehrter«) sei »jeder, der kleinlich auf gegebene Formen hält«. (*Meyers Konversations-Lexikon.* Fünfte Auflage. Dreizehnter Band, 1896, S. 615)

280 Zitiert nach Holmsten 2001.

281 Vgl. Holmsten 2001, S. 89f.

282 Gooch 1951, S. 140.

283 Fontane gibt mit diesem »Augenzeugenbericht« in stark gekürzter Form eine Jugenderinnerung Friedrich August Ludwigs von der Marwitz wider, dem historischen Vorbild seines Berndt von Vitzewitz; in seinem Marwitz-Porträt in den »Wanderungen« ist diese Schilderung eines Besuchs Friedrichs in Berlin ausführlich zitiert. (Vgl. *Wanderungen*, Das Oderland, HF II, 1 S. 764-766)

284 HF III,4, S. 461f. Ähnlich hatte sich Fontane in einem Artikel für die DRESDNER ZEITUNG im Dezember 1849 geäußert, damals aber noch mit Kritik an Friedrichs autokratischem Gestus. (vgl. HF III,1, S. 27)

285 Thomas Mann 1915. (hier zitiert: T.M.: *Aufsätze, Essays, Reden.* Band 2 1914-1918. Berlin und Weimar 1983, S. 93)

286 Vgl. ebd.

287 »Denn was würde passieren, wenn die große Masse der Bevölkerung, unwissend und verroht, unfähig, das elegante und wohltätige Prinzip des von Adam Smith postulierten freien Marktes zu begreifen« – wie es ja Gustav Freytag in »Soll und Haben« feiert – »über das politische System bestimmte? Sie würde höchstwahrscheinlich einen Weg einschlagen, der zu jener sozialen Revolution führte, deren kurzes Wiederaufleben 1871 die gute Gesellschaft so sehr in Angst und Schrecken versetzt hatte.« (Hobsbawm 1995, S. 114)

288 ebd. S. 119.

289 ebd.

290 Nipperdey 1990, S. 379f.

291 Vgl. *Meine Kinderjahre*, HF III,4, S. 7-178.

292 HF IV, 1, S. 706.

293 Während dieser Glaube im städtischen Proletariat, das sich in den Jahren, in denen Fontane an seinem Roman schreibt, politisch zu organisieren beginnt, dem »Kampf der Vernunft gegen Unwissenheit und Aberglauben (d.h. gegen den Klerikalismus)« gewichen war. Aber die Arbeiter kauften nicht das *Kommunistische Manifest*, sondern antiklerikale Bücher wie *Moses oder Darwin* oder den *Pfaffenspiegel*. (Vgl. Hobsbawm 1995, S. 173)

294 Vgl. Schulze 1985, S. 58-79.

295 Vgl. Breuer 1993.

296 Freud 1991 [1913], S. 194.

297 Vgl. Girard 1987, S. 281-321.

298 So Gay 2006, S. 49; vgl. auch ebd. das Kapitel »Der Reiz der Forschung«, S. 31-49.

299 HF, II,1, S. 781.

300 HF, II,1, S. 769.

301 ebd. S. 768.

302 ebd. S. 772.

303 Vgl. Sottongs in der Tat erschöpfende Studie (1992).

304 »›Lewin, wir alle sind hier entschlossen. Wir alle stehen hier des Wortes gewärtig; wird es nicht gesprochen, so folgen wir dem lauten Wort, das in uns klingt.‹ (…) ›Diese Hand, wenn ich sie aufhebe, so erhebe ich sie nicht, um persönliche Unbill zu rächen, nein, ich erhebe sie gegen den bösen Feind aller Menschheit, und weil ich ihn selber nicht treffen kann, so zerbreche ich seine Waffe, wo ich sie finde. (…) Das Netz ist ausgespannt, und je mehr sich darin verfangen, desto besser.‹« (33-36).

305 Vgl. das Kapitel »In der Kirche«. (v.a. 41-43)

306 »Tubal war bewegter als Lewin; er stand, wie alle sinnlichen Naturen, unter dem Einfluß schwärmerischen, sich anschmiegenden Wohllauts.« (205), heißt es etwa nach Faulstichs kurzer Novalis-Lesung. Vgl. auch Lewins Wertung über Faulstich. (192-198)

307 HF II,1, S. 12.

308 In dem ausgeschiedenen Kapitel über Fehrbellin zitiert Fontane bei der Schilderung des Schlachtfelds und der jährlichen Gedenkfeier die Inschrift des 1800 errichteten Denkmals: »Hier legten die braven Brandenburger den Grund zu Preußens Größe.« (HF II 3, S. 408; Kapitel zu Fehrbellin S. 406-420)

309 ebd, S. 12f; vgl. auch Fontanes Fahrt auf der Oder von Frankfurt nach Schwedt, die ihn an Kunersdorf und Zorndorf, zwei berühmten Schlachtfeldern des Siebenjährigen Krieges, vorbeiführt (in: HF II,1, S. 550-561), oder

seine Beschreibung des Schlachtfeldes von Zorndorf (im zweiten Band der *Wanderungen*, »Das Oderland«, ebd. S. 922-927) und seine Rekonstruktion der Schlacht von Groß-Beeren südlich von Berlin am 23. August 1813, die Napoleons Versuch, durch die Einnahme Berlins den Befreiungskrieg für sich zu entscheiden, scheitern ließ (in: HF II,2, S. 725-734).

310  Wie unter dem Punkt »Innerethnische Paarungen« dargelegt.

311  Der bibelkundige Dorfschulze weiß natürlich, wovon er spricht und zitiert hier aus Paulus' wichtigstem Brief, dem Brief an die Römer: »Jedermann sei untertan der Obrigkeit, die Gewalt über ihn hat. Denn es ist keine Obrigkeit außer von Gott; wo aber Obrigkeit ist, die ist von Gott angeordnet.« (13 Römer 1,2)

312  Vgl. das »Blutbund«-Kapitel.

313  Im »Dekadenz«-Kapitel.

314  Wie im »Dekadenz«-Kapitel gezeigt.

315  Vgl. im *Sturm* das Kapitel »Nach Tisch«, 174-182.

316  Vgl. *Sturm* S. 150-152.

317  Vgl. das Kapitel »Der weiße Revolutionär«.

318  So weiß bezeichnenderweise gerade der Pastor Seidentopf im Kapitel »Letztwillige Bestimmungen« (523-32) in Hohen-Vietz über Fortschritte in der Mobilmachung des von Berndt rekrutierten Landadels zu berichten; (530f) im anschließenden Kapitel »Ein Deserteur« (532-39) kursieren unter den im Hohen-Vietzer »Krug« versammelten Bauern Berichte über die Massendesertionen westfälischer Truppenteile und ein erstes Scharmützel mit französischen Soldaten. Die dramatische Schilderung von der Erschießung eines deutschen Deserteurs erfüllt denselben Zweck wie die informelle Kommunikation. Einer der bäuerlichen Wortführer: »Ich sag' euch, es geht los …« (538)

319  Im Kapitel »Ein Billet und ein Brief«, dort v.a. 442-446.

320  Vgl. *Von Zwanzig bis Dreissig«*, Achtes Kapitel »Bernhard von Lepel«, in: HF III 4, S. 434-454.

321  Erstruck 1847 in der Zeitschrift DER SOLDATENFREUND als Eröffnung von Fontanes Zyklus *Männer und Helden. Acht Preußenlieder*. Vgl. HF I 3, Anm. 210, S. 926.

322  Vgl. das Kapitel »Die erotische Tatfrau«.

323  Hier mag nun endlich ein Wort zur Chronologie im *Sturm* angebracht sein: Fontane streut seine Zeitangaben unauffällig und spärlich in den Ablauf der Ereignisse ein, doch auffällig und häufig genug, um mit einiger Akribie den kalendarischen Ablauf rekonstruieren zu können – immer bedacht, dass

eine Toleranz von ein paar Tagen plus oder minus möglich ist. Es geht einem ähnlich wie den Exegeten des Alten Testaments beim Zurückrechnen auf den Schöpfungstag.

324 »… aber aller Apathie zum Trotz empfand er doch deutlich, (…) daß ein Leben hinter ihm versank und ein anderes begann.« (519; vgl. auch das Kapitel »Emphatische Männlichkeit«)

325 Jünger 1929, *Das abenteuerliche Herz*, S. 42.

326 Wie gesagt, erfolgte der Aufruf »An mein Volk« tatsächlich nicht im Februar, sondern erst am 17. März 1813. Doch kommt es Fontane nicht auf genaue Widergabe der Tatsachen an, sondern auf Wirkung.

327 Die Bedingungen, unter denen sich eine aufgrund ethnischer und/oder kultureller Merkmale als Nation definierende Großgruppe zu integrieren und abzugrenzen vermag vgl. bei Lemberg: *Nationalismus II* 1964, S. 65-99; im hier geschilderten Zusammenhang v.a. S. 73-86 u. 95-99.

328 1. Mose 1,3-5.

329 Lemberg 1964, II, S. 67.

330 Ein Begriff, den Lemberg durchgängig benützt, vgl. Lemberg 1964, I u. II.

331 »Was Adel! was Geschlecht! sind wir Adelsknechte oder freie Männer? Beim Donner!« (I,391; vgl. auch Zwölftes bis Vierzehntes Kapitel, I, 368-395)

332 Beide Zitate Lemberg 1964, Band II, S. 83.

333 Vgl. Briefwechsel mit Heyse, hier zitiert nach Nürnberger, Nachwort der dtv-Ausgabe, S. 914.

334 »Kein Zweifel, Fontane erzählt, auch wenn die Zeitgenossen (Heyse, Rodenberg) meinten, er ›male‹ zuviel.« (Aust 1994, S. 106)

335 Vgl. auch das folgende Kapitel, »Semiologische Rabulistik«.

336 Vgl. Briefwechsel mit Heyse, hier zitiert nach Nürnberger, Nachwort der dtv-Ausgabe, S. 914.

337 In seinem Porträt *Paul Heyse* im 3. Kapitel von »Der Tunnel über die Spree« in *Von Zwanzig bis Dreissig*. Fontane schließt mit den Worten: »Ich breche hier ab und erzähle nicht weiter von einem Leben, das, wie kein zweites, über das ich hier zu berichten habe, der Literaturgeschichte angehört.« (In: *Von Zwanzig bis Dreissig*, HF III,4, S. 179-540, hier S. 341f) Vgl. auch *Paul Heyse*, in: *Aufsätze zur Literatur*, HF III,1, S. 205-578, hier: S. 274-292.

338 Aust 1994, S. 108.

339 In einem Brief an seine Frau, in: HF IV,3, S. 147f.

340 So in seinen Überlegungen zu Turgenjew in einem Brief an seine Frau, in: HF IV,3, S. 147f; vgl. auch den programmatischen Aufsatz »Unsere lyrische und epische Poesie seit 1848«, in: HF III,1, S. 236-260.

341 Hegel entwickelt seine »spekulative Grundfigur« (Schnädelbach 2000) in den Anfangskapiteln der *Differenzschrift* (in: Werke in zwanzig Bänden, Band 2, 1986, S. 15-51.

342 Schnädelbach 2000.

343 Vgl. Butzer/Günter 1997, S. 64-70.

344 Der erste, der dieses Problem thematisierte, dürfte – nach Döblin – Klubertanz 1992 gewesen sein: realistisches oder historisches Erzählen als »Neu-Verschriftung« früherer »Texte«, das heißt, als Erzählen über »Texte«, nicht über »Realität«. (vgl. S. 16ff; vgl. auch die grundlegende Studie von Claus Michael Ort, 1998).

345 Wie es die in der *Differenzschrift* entwickelte Denkfigur notwendig erfordert, vgl. Plumpe 1996, in: *Hansers Sozialgeschichte...*, S. 244ff.

346 Plumpe 1996, in: *Hansers Sozialgeschichte...* S. 56 u. 83.

347 »Im Realismus spielt, von einzelnen Autoren (Otto Ludwig, Friedrich Spielhagen) abgesehen, poetolog. Theorie kaum eine Rolle, wenngleich in der Konstituierungsphase programmat. Entwürfe, erstmals auch von Literarhistorikern (Julian Schmidt), geliefert werden. Die Zeit der großen poetolog. Diskurse ist ebenso beendet wie die der Ästhetiken (letzte relevante: Friedrich Theodor Vischer: *Aesthetik oder Wissenschaft des Schönen*. Leipzig/Stuttgart. 1846-57).« (Titzmann 1993, »Poetik«, in: Killy, *Literatur Lexikon*, Band 14, S. 221)

348 Oder, wie Titzmann es ausdrückt: Diese »Helden(typen)« seien »nicht nur durch den Wert der ›Treue‹ gegenüber anderen wie gegenüber sich selbst – d.h. dem eigenen Wert- und Normensystem – und dementsprechend durch den Wert der ›Ehre‹, d.h. die Nicht-Verletzung der vom Subjekt anerkannten Normen und die soziale Anerkennung dieser Nicht-Verletzung – charakterisiert«, sondern auch durch »die Negation von ›Besitz‹ als Wert«. (1991, S. 139)

349 So in den Ich-Erzählern der *Stahlgewitter*, von *Der Kampf als inneres Erlebnis* oder der Figur des Leutnants Sturm in der gleichnamigen Erzählung.

350 Vgl. Hobsbawm 1989, das ausführliche Kapitel »Die moderne Frau« (243-48) und Nipperdeys (1990) noch ausführlicheres Kapitel »Frauen«, S. 73-95.

351 Marianne Wünsch in ihrer im Sommersemester 1987 an der LMU München gehaltenen Realismus-Vorlesung; Titzmann spricht in »Die Konzeption der ›Germanen‹ in der deutschen Literatur« vom »Wertsystem ›Mannsein‹« und führt die Systemteile an. (Titzmann 1991, S. 141-144)

352 »Auch findet man bekanntlich«, schreibt er treffend, »selten große Genialität mit vorherrschender Vernünftigkeit gepaart (...)«. Der Grund sei einmal die »ungewöhnliche Energie der ganzen Willenserscheinung, die das

geniale Individuum ist«, zum andern die Übermächtigkeit »der anschau-
enden Erkenntnis durch Sinne und Verstand«, die den genialen Menschen
»zum Affekt, zur Leidenschaft« hinreiße. (Schopenhauer, WWV, Band 1, 3.
Buch, § 36, S. 271f)

353 Mommsen, zitiert nach Band 5 der dtv-Ausgabe *Römische Geschichte*, 1986,
S. 128.

354 *Erinnerungen 1*, S. 287f.

355 ebd. S. 291f.

356 ebd. S. 293.

357 *Erinnerungen 1*, S. 292.

358 ebd. S. 295.

359 So in den *Afrikanischen Spielen*, S. 80.

360 Zum Zusammenhang von Nationalismus und Minderwertigkeitsgefühl vgl.
Lemberg 1964, Band I, *Psychologie und Geschichte* u.a., S. 198-207.

361 Zitat aus Jünger 1980, S. 90. Vgl. auch Lindner 1994, *Leben in der Krise*,
insbesondere Teil 2, 1.-5., S. 119-141.

362 Vgl. Ernst Haeckel, z. B. das Kapitel »Urzeugung oder generatio spontanea«
seines Hauptwerks *Generelle Morphologie*, in: Heberer 1968, S. 115-118.

363 Untertitel *Versuch einer psychologischen Mythendeutung*, Leipzig 1909.

364 Freud 1916 [1991], S. 153.

365 Vgl. Heinrichs, in: Bachofen 1861 [1975], S. XII-XXXIV.

366 Bachofen 1861 [1975], S. 63.

367 ebd. S. 5.

368 Freud 1916 [1991], S. 155.

369 Man findet diesen Typus in vielen anderen historischen Erzählungen auch,
so in Johannes Scherrs *Die Pilger der Wildnis*. In diesem Roman, als Bände 7
und 8 des »Novellenbuchs« 1875 erschienen, verkörpert er sich im Trapper
Groot Willem, einer maßvolleren Variante Tejas. Der bürgerliche Typus, wie
er Fontanes Lewin entspricht, findet sich in Groot Willems Gefährten, dem
jungen und blonden Thorkill, der am Ende, nach der Aktion, die englische Puritanerin Loveley heiratet und damit in eine »mittlere« bürgerliche
Existenz eintritt; während Groot Willem – wie J. F. Coopers *Lederstrumpf*
Natty Bumppo – die jungen amerikanischen Siedlungsgebiete verlässt und
weiter in die Wildnis, in den Naturraum zieht, wo er zwangsläufig wieder als
Wegbereiter der Kultur wirken muss. Die extremen emphatischen Helden
entschwinden am Ende immer aus dem Kulturraum, sie suchen das Weite
oder segnen das Zeitliche.

370 Burckhardt 1905 [1978], S. 212.

371 Nietzsche, KSA III, 1, S. 419.

372 Wie erwähnt, wäre auch Dahns Selbststilisierung ein Beispiel, vgl. *Erin-nerungen 1*, S. 287-299, sowie die folgende Darstellung einer heroischen Biographie in ebd. 2 bis 4,2.

373 Nietzsche: *Nachgelassene Fragmente, Juli 1882 bis Winter 1883-1884*, in: ders., KSA VII 1, S. 15.

374 Zu Analogien und Unterschieden der »realistischen« und der Freudschen Konzeption von Psyche vgl. Meyer 1991, S. 167-185.

375 Schorske 1982, S. 190.

376 Zweite Ausgabe mit dem »Anhang« *Lieder des Prinzen Vogelfrei* 1887.

377 Nietzsche 1882, KSA, V 2, S. 197.

378 Musil: *Tagebücher*, Heft I: *Etwa 1915 bis 1920*, S. 312.

379 Vgl. auch Zöchbauer 1996, S. 21-28.

380 Jünger: *Stahlgewitter*, S. 37.

381 ebd. S. 38.

382 Bohrer 1978, S. 353. Zur Epiphanie in der modernen Kurzgeschichte vgl. auch Durzak, 1994, S. 170.

383 Jünger: *Stahlgewitter*, S. 39.

384 ebd. S. 300.

385 Vgl. hierzu auch die Analysen Lindners zu Arnolt Bronnen, Ernst Jünger, Ernst Glaeser. Lindner 1994, u.a. S. 207-239.

386 Zum Lob des »mittleren« Helden vgl. Lukács' Ausführungen zu Scott, 1965, S. 36-76, v.a. 40ff.

387 Freytag 1978, S. 101.

388 ebd. S. 102.

389 In dem Aufsatz *Gustav Freytag.* ›*Soll und Haben*‹, *Ein Roman in drei Bänden* (1855), in: HF III,1, S. 298.

390 ebd. S. 299.

391 Treitschke 1862, *Das deutsche Ordensland Preußen*.

392 ebd. S. 40.

393 ebd. S. 41.

394 ebd. S. 89.

395 Freytag schreibt: »Ein böses Jahr kam über das Land, ein plötzlicher Kriegs-lärm alarmierte die deutschen Grenzländer im Osten, darunter auch unsere Provinz.« »Gemeint ist der Polenaufstand von 1830/31. (ebd. S. 321ff)

396 Fontane: *Gustav Freytag*, in: HF III, 1, S. 303.

397 Fontane, *Gustav Freytag*, in: HF III, 1, S. 297.

398 ebd.

399 Rochau 1972 [1853], S. 25.

400 »– er glaubte gern an seine Abkunft von Julius Cäsar und er fühlte das Blut Cäsars aufwallen in seinen Adern bei dem Gedanken: – Cäsar, Imperator des Abendlands, Kaiser der römischen Welt!« (I,69)

401 Thomas Mann in den *Betrachtungen*, S. 530f.

402 Man darf nicht vergessen, dass die von den Liberalen eingeforderte »Freiheit« ursprünglich vor allem die nationale Selbstbestimmung meinte. Auch in der zweiten Hälfte des 19. Jahrhunderts stellten die Forderungen der liberalen Mitte nach parlamentarischen Freiheiten die Monarchie selbst nicht in Frage. (Vgl. Schulze 1985, S. 69f u. Nipperdey 1992, S. 75-109)

403 Mommsen, zitiert nach Band 5 der dtv-Ausgabe *Römische Geschichte*, 1986, S. 131-133.

404 Vgl. Holzberg 2002, S. 8; bei Mommsen vgl. das 12. Kapitel seines III. Bandes der *Römischen Geschichte*, »Religion, Bildung, Literatur und Kunst«, hier: dtv-Ausgabe Band 5, 1986, S. 235-295.

405 ebd. S. 127.

406 Die Wirkungsgeschichte Catulls der nach-antiken Zeit setzt im 14. Jahrhundert ein und behält über die Jahrhunderte ihre Aktualität. (Vgl. Holzberg 2002, S. 7ff; Weinreich 1969, S. 62-76) Auch Mommsen widmet Catull einen Abschnitt, vgl. dtv-Ausgabe Band 5, S. 265ff.

407 »Schwanz hurt. Hurt Schwanz? / Allerdings! Es ist schon so, wie der Volksmund spricht: ›der Topf selbst sucht sich seine Rübe‹.« (Übersetzt von B.V., vgl. Holzberg 2002, S. 9 u. 203ff.) »Mentula« ist der lateinische Vulgärbegriff für Penis: Schwanz (vgl. ebd. S. 9), und wurde bekanntlich von Catull als Spottname für Mamurra verwandt. Über das exzessive Sexualleben des Gespanns Cäsar/Mamurra spottet der fiktive Ich-Sprecher, die persona (ebd. S. 13f), in Catulls c. 57 so: »Pulcre convenit improbis cinaedis, / Mamurrae pathico Caesaricque.« (»Prächtig passen zusammen die schamlosen Schwuchteln / Mamurra und die Tunte Cäsar.« Vgl. ebd. S. 15 u. 108). Und in c. 29 verteilt die persona an Cäsar beredte Attribute: »schamlos«, »gefräßig«, »ein Spieler«, »Schwuchtel« (ebd. S. 109); Mamurra wird als »diffutata mentula« (»abgefickter Schwanz«, ebd. S. 108) bezeichnet.

408 Holzberg 2002, S. 7.

409 Exemplarisch für diese Übertragung eines bürgerlich-sentimentalen Liebesideals auf die carmina und ihren Autor, zugleich rührend in dem Bemühen, dessen ethisch saubere Empfindungen gegen das zuchtlose Treiben Lesbias abzusetzen: Weinreich 1969, die Kapitel »Catull und Lesbia« (S. 25-31) u.

»Liebeleien. Knabenliebe« (S. 31-34). Zum konventionellen Catull-Bild vgl. u.a. auch Heine 1975.

410 Vgl. Holzberg 2002.

411 Nicht zufällig führt Ernst Jünger in *Rivarol*, seinem Porträt des Enzyklopädisten, u. a. das Beispiel Cäsars an, um dieses Modell zu begründen. (Vgl. Jünger: *Rivarol*, S. 220ff)

412 Vgl. das Synthese-Modell Hegels, wie es im Kapitel »Geistesheld« beschrieben ist; zudem Rhöse 1978, zur Ästhetik der Versöhnung, S. 4-66 u. Plumpe 1996, S. 242-269.

413 Vgl. Gall 1980, S. 43.

414 zitiert nach ebd. (Brief als Abschrift für den Vater erhalten, Beilage des Briefes v. 29. September 1838, in: GW 14, 14ff)

415 Vgl. Gall 1980, S, 43f.

416 Vgl. HF I 6, S. 246f [entstanden u. erstmals gedruckt 1885].

417 Ullrich 1998, S. 25.

418 Vgl. Gall 1980, S. 39.

419 zitiert nach ebd. S. 47 (an Oskar v. Arnim, 31. Oktober 1843).

420 ebd.

421 zitiert nach ebd. S. 47f (an Louis v. Kitzing, 19. September 1843).

422 ebd. S. 44.

423 zitiert nach ebd.

424 zitiert nach ebd. 1980, S. 44.

425 zu Hartmann vgl. Jäger 1975, S. 120ff, u. Rhöse 1978, S. 68-77. Psychoanalytisch betrachtet, handelte es sich wohl um den zwanghaften Charakter, den Freud als den kulturschaffenden und erhaltenden klassifiziert, wobei Zwanghaftigkeit selbst nicht pathologisch ist; sie kann aber, wie jede andere prägende Charaktereigenschaft, pathologisch werden. Auch diese Roman-Figur lässt die biologisch-physiologische Erklärung menschlichen Verhaltens in der vor-psychologischen Epoche erkennen.

426 Nietzsche 1968 [1887], *Zur Genealogie der Moral*, KSA VI 2, S. 328.

427 Vgl. Schopenhauers Verweis auf Spinoza, WWV, S. 191.

428 Schopenhauer, WWV, I, S.180f.

429 Vgl. das Kapitel »Der Geist ist ein deutscher Dionysos«.

430 In der *Genealogie der Moral* heißt es über »die Sklaven-Moral«: »– ihre Aktion ist von Grund aus Reaktion. Das Umgekehrte ist bei der vornehmen Werthungsweise der Fall: sie agirt (…).« Aus immanenter Ursache: Die »Herren«, die »Vornehmen, Mächtigen, Höhergestellten und Hochgesinnten«, die »Eroberer«, als »volle, mit Kraft überladene, folglich notwendig aktive Men-

schen«, finden ihr »Glück« allein im »Handeln«, eben weil sie elementare Gewalten sind. (Nietzsche 1968, [1887], KSA VI 2, S. 284-288)

431 Nipperdey 1990, S. 689.

432 So Nietzsche in *Die fröhliche Wissenschaft*, 1973, [1887], KSA V 2, S. 201.

433 Vgl. das Kapitel »Heroischer Realismus«.

434 Wie im 2. Buch des Ersten Bandes der WWV geschildert.

435 So in *Die fröhliche Wissenschaft* (1882), in: Nietzsche, KSA V 2, S. 201.

436 Exemplarisch Rochaus Schrift zur »Realpolitik«, 1853, und zudem der 1869 hinzugefügte zweite Teil, in dem Rochau dem Verhältnis des Staates zur Moral ein eigenes Kapitel widmet.

437 »Ein glückliches Leben ist unmöglich: das höchste, was der Mensch erlangen kann, ist ein heroischer Lebenslauf.« Diesen führt, wer für das, was der Allgemeinheit zugute kommt, »mit übergroßen Schwierigkeiten kämpft und am Ende siegt, dabei aber schlecht oder gar nicht belohnt wird.« (Schopenhauer: *Parerga*, Band 2, § 172a, S. 342) Dass der Überheld Teja für seine Überleistung keine materielle Vergütung begehrt, erscheint so als autonome Antizipation des Undanks der Welt – abermals ein Akt heroischer Pflicht, in dem sich die individuelle Freiheit bewahren soll.

438 Vgl. das Kapitel »Heroischer Realismus«.

439 »Gernot und Rüdiger fielen beide zugleich, gegenseitig im Kampfsturm erschlagen.« (37.2221/2, zitiert nach dem Text von Karl Bartsch u. Helmut de Boor, in der Übersetzung von Siegfried Grosse, Stuttgart 1999)

440 Dies wäre natürlich mit ausführlichen Textzitaten zu belegen; aus Platzgründen muss der Hinweis auf das letzte Kapitel, »Heroischer Realismus«, genügen.

441 Wie Aust 1994, S. 107; vgl. auch Müller-Seidel 1975, S. 125ff.

442 Fontane selbst war am 5. Oktober 1870 in französische Kriegsgefangenschaft geraten, aus der er – nicht zuletzt durch Intervention Bismarcks – am 24. November entlassen wurde. In den ersten Tagen allerdings befürchtete er, als vermeintlicher preußischer Spion erschossen zu werden: »Eine furchtbare Angst ergriff mich und mit übergeschäftiger Phantasie fing ich an zusammen zu addieren, was alles gegen mich sprach. (…) Eine halbe Stunde lag ich so, oder vielleicht länger, ich weiß es nicht. Dann hatt' ich mich mit der Gewißheit meines Schicksals auch wieder gefunden. Eine Fassung kam über mich, deren ich mich nicht für fähig gehalten hätte. Ich war fertig mit allem und bat Gott, mich bei Kraft zu erhalten und mich nicht klein und verächtlich sterben zu lassen.« (HF III,4, S. 560)

443 Grawe 2000, in: FH, S. 5.

444 ebd. S. 576.

445 ebd. S. 577.

446 Zum Niedergang des Adels vgl. auch das entsprechende Kapitel in Oster-hammel 2009, S. 1064-1071.

447 Vgl. den Hinweis auf die »Romanheldin früherer Zeiten«, Sagarra 2000, in: FH, S. 671.

448 In dieser Hinsicht dürfte auch zu interpretieren sein, dass die Figur der Armgard von den Porträts der englischen Präraffaeliten angeregt sei (zu die-sem kunsthistorischen Hinweis vgl. Sagarra 2000, in: FH, S, 668f).

449 Ein einprägsames Beispiel dieser interpretatorischen Ahnungslosigkeit lie-ferte zum Fontane-Jubiläum 1998 der Literaturkritiker Hanjo Kesting mit einem Kompendium abgegriffener Fontane-Urteile.

450 Vgl. Schumann 1998.

451 Sagarra 2000, in: *Fontane-Handbuch*, S. 667.

452 Vgl. ebd. S. 668, Dubslav sei »am Rand der preußisch-deutschen Geschich-te ›dabei‹ gewesen, aber nicht zur Aktion gekommen«.

453 Vgl. Titzmann 1992, der – in kritischer Absicht – bemerkt: »Die Reali-tätserfahrung des Realismus wird nun (...) zu einer außerzeitlichen ge-neralisiert: Ihr wird ontologische Invarianz zugeschrieben. Soviel sich an der Oberfläche der Realität auch ändern mag, erscheint sie doch in ihrer Tiefenstruktur invariant.« Die »Weltstrukturen« würden derart »implizit begründet, nicht sozialgeschichtlich aus (...) politisch-sozialen Strukturen« und somit »immunisiert«. Doch daraus leitet sich, wie unsere Texte zeigen, weder eine »politisch abstinente« noch eine schlechthin »resignative Positi-on« ab. (S. 24)

454 Für den »ideologiekritisch« argumentierenden Mainstream vgl. Westenfel-der 1989: »Was Dahns Roman am deutlichsten kennzeichnet, ist die Fest-stellung, daß er reine Herrschergeschichte schreibt.« (S. 30) Der Satz ist doppelt falsch, denn Dahns Roman kennzeichnet, wenn schon, keine Fest-stellung, sondern die Tatsache, Herrschergeschichte zu schreiben.

455 Nipperdey 1983, S. 11.

456 Nipperdey 1992, S. 11.

457 ebd.

458 zitiert nach Ullrich, S.131 [aus einer Ansprache am 1. April 1995].

459 zitiert nach. Gall, S. 57.

460 Brief vom 2. Juli 1959, zitiert nach ebd. Original: GW 14, 533.

461 So sinngemäß Gall 1980, S. 56, eine im Alter gemachte Äußerung Bis-marcks wiedergebend.

462 Sprengel 1999, S. 17. Auch verteidigte Fontane den Reichskanzler gegen die Polemik Wilhelms II. Vgl. Schumann 1998, S. 52f; Schumann zitiert aus einem Brief Fontanes vom 14. März 1888 an seine Tochter Mete: »Der Eindruck ist widerlich.« (ebd. S. 53), sowie aus einem späteren Brief (1. Mai 1890) an Friedlaender: Fontane bekenne darin, »Bismarck habe keinen größeren Anschwärmer gehabt als ihn, seine Frau habe ihm nie eine seiner Reden oder Briefe oder Äußerungen vorgelesen, ohne daß er in helles Entzücken geraten wäre, die Welt habe selten ein größeres Genie gesehen (...).« (ebd. S. 44) 1880 hatte Fontane in der Publikation *Vaterländische Reiterbilder aus drei Jahrhunderten* eine Bismarck-Biographie im Zeitgeschmack veröffentlicht, illustriert von dem Schlachtenmaler Wilhelm Camphausen. (Vgl. ebd. S. 57f)

463 »Wo Bismarck liegen soll«, nebenbei ein wundervolles Beispiel für das mythobiologische Identitätsmodell:

> Nicht in Dom oder Fürstengruft,
> Er ruh' in Gottes freier Luft,
> Draußen auf Berg und Halde,
> Noch besser: tief, tief im Walde;
> Widukind lädt ihn zu sich ein:
> ›Ein Sachse war er, drum ist er mein,
> Im Sachsenwald soll er begraben sein.‹

In: HF I, 6, S. 249. Wie aus einem Brief an Spielhagen hervorgeht, hat Fontane dessen Bitte, ein Gedicht auf Bismarck zu schreiben, zunächst abgelehnt. Nicht aus Antipathie, sondern aus dem Gefühl des Ungenügens: »Da muß viel Wasser die Spree runter, eh' Bismarck wieder ein Stoff geworden ist. Dann freilich ein gehöriger.« (Brief vom 1. August 1898, zitiert nach ebd. Anm. 249) Schon einmal, 1885, hatte Fontane seine Kunst in den Dienst des Reichsgründers gestellt: »Einer dem Barbarossa gleicht – / Wer ist es, der die Krone ihm reicht? / Jung-Bismarck.« (HF, I, 6, S. 249. Vgl. auch den Tagebucheintrag vom 22. Februar bis Ende April 1885, ebd. S. 940, Anm. zu S. 248).

464 Gundermann ist der Fabrikant in der Nachbarschaft Dubslavs von Stechlin. Der Feilenhauer Torgelow ist der siegreiche sozialdemokratische Gegenkandidat Dubslavs bei einer Reichstagsnachwahl. Als Dubslav nach der fidelen Wahlparty der Konservativen auf sein Herrenhaus am Stechlin zurückfährt, beschreibt Fontane die abendliche Szenerie so: »(...) aber draußen auf der Landstraße kam man an großen und kleinen Trupps von Häuslern, Teerschwelern und Glashüttenleuten vorüber, die sich einen guten Tag gemacht

hatten und nun singend und johlend nach Hause zogen. Auch Frauensvolk war dazwischen und gab allem einen Beigeschmack.« (HF, 1,5, S. 201) So wundert es nicht, wenn Dublavs Kutscher Martin im nächsten Augenblick jäh anhalten muss, weil einer der Arbeiter volltrunken quer über dem »Fahrgeleise« liegt: »Ich glaub', es ist der alte Tuxen.« (ebd. S. 201) Er ist es, und Dubslav fragt den Benommenen: »Nu sage mal, Tuxen, kannst du denn von dem Branntwein nich lassen? (…) Waren sie denn alle so? « Darauf Tuxen: »Merschtendeels« (ebd. S. 202), was »meistenteils« heißt. Natürlich ist der betrunkene Tuxen ein Wähler Torgelows, des Feilenhauers – hätte Fontane ein treffenderes Sinnbild wählen können, seine Meinung gegenüber der Unterschicht zu bekunden?

465 Zum Vitalismus als Prädikat der klassischen Moderne vgl. Lindner 1994, S. 5-122. Speziell zu Jünger vgl. Bohrer 1978, der den Ausbruch atavistischer Urempfindungen unter Jüngers Motiv des »Schreckens« und der »Plötzlichkeit« als ästhetischer Kategorien beschreibt.

466 Vgl. Bohrer 1978, hier v.a. III. »Das Erschrecken als Modus ästhetischer Wahrnehmung«, S. 161-266.

467 Nipperdey 1990, S. 760.

468 Vgl. das Kapitel «Blutbund«.

469 Hegel, *Ästhetik III*, Werke 15, S. 524.

470 Vgl. im ersten, »Theoderich« betitelten Buch das 6. Kapitel.

471 Plumpe 1996, in: *Hansers Sozialgeschichte…*, S. 264.

472 Was Dahn aus seinen beiden Hauptquellen, dem Bericht des byzantinischen Geschichtsschreibers Prokop, der die Italien-Feldzüge als Berichterstatter mitmachte, und Gibbons »History of the decline …« natürlich wusste. Mit der geschärften Wahrnehmung des entflammten volkskundlichen Spurensuchers glaubt er folgerichtig, in entlegenen Seitentälern Südtirols späte Nachkommen ostgotischer Familien entdeckt zu haben. (Vgl. *Erinnerungen 3*, S. 466-469).

473 Vgl. *Erinnerungen 3*, 504-522.

474 Schnädelbach 2001, S. 146.

475 Hegel, Band 7, GPR, S. 511.

476 Damit das »höchste« Recht, ebd. S. 88.

477 Dahn hätte dafür von Fontane die literaturtheoretische Bestätigung erhalten können: In seiner Rezension von *Soll und Haben* hatte Fontane behauptet, auf dem Gebiet des Romans habe Deutschland nun die übrigen europäischen Länder besiegt (Vgl. HF III,1, S. 293ff).

478 So hat Haeckel im Kapitel »Selbstzeugung oder Autogonie« in seinem 1866 erschienenen Hauptwerk *Generelle Morphologie* angenommen, »alle jetzt le-

benden Organismen-Formen und alle, welche jemals die Erde bewohnt haben«, seien die Nachkommen einer geringen Anzahl verschiedener »Moneren«, also ursprünglicher Plasmaverbindungen; jede »der Hauptgruppen der Organismen-Welt, welche wir unter dem Namen Stamm oder Phylon als eine zusammengehörige genealogische Einheit aufstellen«, verdanke »einer besonderen Moneren-Art ihre Entstehung«. (Haeckel, zitiert nach Heberer 1968, S. 121).

479 Das letzte, 26. Kapitel des *Fürsten* trägt den Titel: »Aufruf zur Befreiung Italiens von den Barbaren«. (Machiavelli 1976 [1532], S. 96-99) Der Appell richtet sich an den jüngeren Lorenzo de Medici und bezieht sich auf die italienischen Eroberungen Frankreichs und Spanien-Habsburgs. Am Ende zitiert Machiavelli Petrarca: »Noch zeigt Italien kein Erschlaffen / in seinem altererbten Heldenmut.« In solchen Aussagen dürfte Dahn seine Theorie bestätigt gesehen haben.

480 Hegel hatte behauptet, die Weltgeschichte sei nicht »die abstrakte und vernunftlose Notwendigkeit eines blinden Schicksals«, sondern strebe, vom Weltgeist gelenkt, auf die Selbstbestimmung des Menschen in einem autonomen Staat hin (vgl. Hegel: Band 7, GPR, S. 504). Darin komme der Mensch zu sich selbst (ebd. S. 508). Da aber der Zweck des Weltgeists die Verwirklichung der »Sittlichkeit« im Staat ist, lässt sich Hegels Bestimmung der Weltgeschichte als globale Zivilisierung deuten – bei Hegel eine positive Utopie. (Vgl. auch Schnädelbach 2001, S. 145f)

481 Im Kapitel »Das Ziel des Weltprozesses und die Bedeutung des Bewusstseins«, einer Art »practischen« Resümees seiner »Philosophie…«. Hartmann sah darin bekanntlich den »letzten oder Endzweck« der Geschichte (S. 628), deren Schlusspunkt er zuversichtlich in der »allgemeinen Welterlösung« ausmacht. Dafür ist heroisch die »volle Hingabe der Persönlichkeit an den Weltprocess« gefordert. (S. 638)

482 Vgl. Paulus' Brief an die Philipper, 2, 6-9; darin heißt es unter anderem, Christus »ward gehorsam bis zum Tode, (…). / Darum hat ihn auch Gott erhöht (…)« (ebd. 8f). Vgl. Kurt Flasch 1980, über Augustinus' Trinitätslehre (S. 326-368) u. Schnädelbach 2001, S. 42-46.

483 Hegel, im Dritten Teil der »Enzyklopädie der philosophischen Wissenschaften«, spricht von der »(…) Unterscheidung des ewigen Wesens von seiner Manifestation, welche durch diesen Unterschied die Erscheinungwelt wird, in die der Inhalt tritt«. Dem entspricht umgekehrt »die unendliche Rückkehr und Versöhnung der entäußerten Welt mit dem ewigen Wesen, das zurückgehen desselben aus der Erscheinung in die Einheit seiner Fülle.« (Band

10, S. 375) Hegel bezieht sich auf Paulus, 2. Korinther 5, 18 u. 19: »Aber das alles von Gott, der uns mit sich selber versöhnt hat (...). Denn Gott war in Christus und versöhnte die Welt mit sich selber (...)«

484 In 1. Korinther 15, 22 heißt es: »Denn wie sie in Adam alle sterben, so werden sie in Christus alle lebendig gemacht werden.« Hegel bemerkt in der Vorrede zur »Phänomenologie des Geistes: »Aber nicht das Leben, das sich vor dem Tode scheut und von der Verwüstung rein bewahrt, sondern das ihn erträgt und in ihm sich erhält, ist das Leben des Geistes.« (Bd 3, S. 36)

485 Der Topos der Tyrannis als politischer »Krankheit« auch bei Jacob Burckhardt in den *Weltgeschichtlichen Betrachtungen.*

486 So *Meyers Konversations-Lexikon,* »Entropie«, Band 5, Leipzig u. Wien 1897, S. 821.

487 Vgl. Hobsbawm 1989 (Kapitel »Erschütterte Gewißheiten: die Wissenschaften«), S. 305-327.

488 *Meyers Konversations-Lexikon,* »Entropie«, Band 5, Leipzig u. Wien 1897, S. 821.

489 So der Titel der Studie von Müller-Seyfarth, 2000.

490 Auch am Ende des Jahrhunderts war er dem großen Konversationslexikon von Meyer keine Erwähnung wert (vgl. Band 11, Leipzig u. Wien 1897, S. 781).

491 Jäger 1975, S. 126; die folgenden Zitate ebd. S. 125f.

492 Der Begriff liegt nach Lindner Ernst Jüngers *Der Arbeiter* [1932] zugrunde, vgl. Lindner 1994, S. 98.

493 Sloterdijk, in: Kurt Flasch: *Augustinus*, 1996, S. 10.

494 zitiert nach Hemleben 1964, S. 108.

# Literaturverzeichnis

## I Primärliteratur:

Aufgeführt sind die zitierten und erwähnten Schriften. Erstausgaben und Erstdrucke sind in eckige Klammern gesetzt. Die Originalausgabe von Dahns *Ein Kampf um Rom* (Leipzig 1876, 4 Bände) ist nur noch auf Film einsehbar. Eine historisch-kritische Ausgabe oder ein Faksimile der Originalausgabe ist nach wie vor ein Desiderat des interessierten Lesers; daher wird aus einer der noch immer zahlreich in Umlauf befindlichen zweibändigen, ebenfalls in Dahns Hausverlag Breitkopf und Härtel erschienenen Nachfolgeausgaben zitiert. Der Text weicht in diesen Ausgaben bisweilen in der Rechtschreibung (z.b. »Goten« statt »Gothen«), nicht aber im Wortlaut ab. Fontane wird aus der im Carl Hanser Verlag, München, erschienenen Gesamtausgabe zitiert (HF =Hanser Fontane); die jeweilige »Abteilung« steht als erstes in römischen, der jeweilige Band in arabischen Ziffern (z.B. *Vor dem Sturm* =HF I,3). Die gleiche Zitierweise gilt für Nietzsche (Kritische Gesamtausgabe [=KSA], hrsg. v. Colli/Montinari). Bei Dahns *Erinnerungen* (4 Bücher in 5 Bänden) werden Buch und Band in arabischen Zahlen angegeben (z.B. 4. Buch 1. Band =4,1). Seitenangaben der jeweils zitierten Romane sind in Klammern hinter das Zitat gesetzt.

### Realismus/Gründerzeit (1848-1898)

DAHN, Felix: *Ein Kampf um Rom.* Historischer Roman, 4 Bände, Leipzig 1876. Hier zitiert aus: *Ein Kampf um Rom*, 2 Bände, Leipzig o.J. (201.-220. Tausend).

—: *Die Könige der Germanen. Das Wesen des ältesten Königthums der germanischen Stämme und seine Geschichte bis auf die Feudalzeit.* Band 2: *Die kleineren gothischen Völker. – Die Ostgothen.* München 1861.

—: *Die Könige der Germanen.* Band 3: *Verfassung des ostgothischen Reiches in Italien.* Würzburg 1866.

—: *Prokopius von Cäsarea. Ein Beitrag zur Historiographie der Völkerwanderung und des sinkenden Römertums.* Berlin 1865.

—: *Gedichte.* In: *Gesammelte Werke. Erzählende und poetische Schriften.* Neue wohlfeile Gesamtausgabe, Zweite Serie, Band 7. Leipzig/Berlin o.J.

—: *Erinnerungen. Erstes Buch. Bis zur Universität (1834-1850).* [1] Leipzig 1890.

—: *Zweites Buch. Die Universitätszeit.* [2] Leipzig 1892 (Dritte Auflage).

—: *Drittes Buch. Die letzten Münchener Jahre (1854-1863).* [3] Leipzig 1892.

—: *Viertes Buch. Würzburg – Sedan – Königsberg.* (1863-1888.) 1. Abtheilung (1863-1870). [4,1] Leipzig 1894.

—: *Viertes Buch. Würzburg – Sedan – Königsberg.* (1863-1888.) 2. Abtheilung (1871-1888). [4,2] Leipzig 1895.

EBERS, Georg: *Eine ägyptische Königstochter.* 3 Bände. Stuttgart 1864.

FONTANE, Theodor: *Kriegsgefangen. Erlebtes 1870.* In: *Sämtliche Werke.* Hrsg. v. Walter Keitel, Dritte Abteilung, Vierter Band [HF III,4]. München 1973, S. 541-690.

—: *Vor dem Sturm. Roman aus dem Winter 1812 auf 13.* In: ebd., Erste Abteilung, Dritter Band [HF I,3]. München 1962 [Erstausgabe Berlin 1878, 4 Bände].

—: *Werke, Schriften und Briefe.* In: ebd., Vierte Abteilung, Dritter Band, 1879-1889. Hrsg. v. Otto Drude, Manfred Hellge und Helmuth Nürnberger [HF IV,3]. München 1980.

—: *Wanderungen durch die Mark Brandenburg, 2. Teil, Das Oderland.* In: Zweite Abteilung, Erster Band [HF II,1], 3. Aufl. v. 1879. München 1966, S. 545-1026 [Erstausgabe 1863].

—: *Wanderungen durch die Mark Brandenburg, 3. Teil, Havelland. Die Landschaft um Spandau, Potsdam, Brandenburg.* In: Zweite Abteilung, Zweiter Band [HF II,2], 2. Aufl. v. 1880. München 1967, S. 9-450 [Erstausgabe 1873].

—: *Schach von Wuthenow.* In: ebd., Erste Abteilung, Erster Band [HF I,1]. München 1962, S. 555-684 [Erstausgabe Berlin 1883].

—: *Jung-Bismarck.* In: ebd., Erste Abteilung, Sechster Band [HF I,6]. München 1964, S. 248f [Erstdruck Berlin 1885].

—: *Irrungen Wirrungen.* In: ebd., Erste Abteilung, Zweiter Band [HF I,2]. München 1962, S. 319-475 [Erstausgabe 1888].

—: *Stine.* In: ebd., Erste Abteilung, Zweiter Band [HF I,2]. München 1962, S. 476-565 [Erstausgabe Berlin 1890].

—: *Effi Briest.* In: ebd., Erste Abteilung, Vierter Band. München 1963, S. 7-296 [Erstausgabe Berlin 1895].

—: *Meine Kinderjahre.* In: ebd., Dritte Abteilung, Vierter Band [HF III,4]. München 1973 [Erstausgabe Berlin 1893, vordatiert auf 1894].

—: *Politische Korrespondenzen. Aus der Dresdner Zeitung.* In: ebd., Dritte Abteilung, Erster Band [HF 3,1]. Hrsg. v. Jürgen Kolbe. München 1969, S. 16-70.

—: *Von Zwanzig bis Dreissig.* In: ebd., Dritte Abteilung, Aufsätze, Kritiken, Erinnerungen, Vierter Band: *Autobiographisches.* Hrsg. v. Walter Keitel [HF III,4]. München 1973, S. 179-539 [Erstausgabe Berlin 1898].

—: *Wo Bismarck liegen soll.* In: ebd., Erste Abteilung, Sechster Band [HF I,6]. München 1964, S. 249f [Erstdruck Berlin 1898].

—: *Briefe, 1833-1860.* In: ebd., Vierte Abteilung, Erster Band [HF, IV,1]. Hrsg. v. Otto Drude u. Helmut Nürnberger. München 1976.

—: *Der Stechlin.* In: Erste Abteilung, Fünfter Band [HF I,5]. Hrsg. v. Walter Keitel. München 1966, S. 7-388 [Erstausgabe Berlin 1899].

—: *Gustav Freytag. Soll und Haben, Ein Roman in drei Bänden.* In: ebd., Aufsätze zur Literatur, Dritte Abteilung, Aufsätze, Kritiken, Erinnerungen, Erster Band: *Aufsätze und Aufzeichnungen* [HF III,1]. Hrsg. v. Jürgen Kolbe. München 1969, S. 293-308 [Erstdruck im Literaturblatt des deutschen Kunstblattes, Nr. 15, 26. Juli 1855].

—: *Wanderungen durch die Mark Brandenburg, Fehrbellin.* In: ebd. Zweite Abteilung, Dritter Band, S. 406-420.

—: *Balladen – Lieder – Sprüche.* In: ebd., Erste Abt., Romane Erzählungen Gedichte, Sechster Band [HF I,6], S. 7-394.

FREYTAG, Gustav: *Soll und Haben. Roman in 6 Büchern.* Mit einem Nachwort von Hans Mayer. München 1978 (=dtv 2044) [Erstausgabe Leipzig 1855, 3 Bände].

MEYER, Conrad Ferdinand: *Jürg Jenatsch. Eine Bündnergeschichte.* In: *Sämtliche Werke,* hrsg. v. Hans Zeller u. Alfred Zäch, Band 10. Bern 1958 [Erstausgabe unter dem Titel: *Georg Jenatsch. Eine alte Bündnergeschichte.* Leipzig 1876].

RAABE, Wilhelm: *Das Odfeld. Eine Erzählung.* In: *Sämtliche Werke,* Braunschweiger Ausgabe, hrsg. v. Karl Hoppe, Band 17. Göttingen 1966, S. 7-220 [Erstausgabe Leipzig 1889].

—: *Stopfkuchen. Eine See- und Mordgeschichte.* In: ebd., Band 18. Göttingen 1963 [Erstausgabe Berlin 1891].

—: *Die Akten des Vogelsangs.* In: ebd., Band 19. Freiburg i.Br. u. Braunschweig 1957, S. 211-408 [Erstausgabe Berlin 1895].

SCHEFFEL, Viktor: *Ekkehard. Eine Geschichte aus dem zehnten Jahrhundert.* Zürich 1985 [=Frankfurt a.M. 1855].

SCHERR, Johannes: *Die Pilger der Wildnis. Historische Novelle.* In: »Novellenbuch«, Band 7 u. 8. Leipzig 1875, 2. Auflage [Erstausgabe 1864].

*Sonstige Primärliteratur*

*Die* BIBEL *mit Erklärungen.* Berlin und Altenburg 1990 (2. Auflage)

FEUCHTWANGER, Lion: *Die Füchse im Weinberg.* Berlin u. Weimar 1982 (3. Auflage, Erstausgabe 1947/48).

HOMER: *Die Odyssee.* Hrsg. v. Olof Gigon, deutsch von Wolfgang Schadewaldt. Zürich und Stuttgart 1966 (Erste Ausgabe Reinbek 1958).

JÜNGER, Ernst: *In Stahlgewittern.* In: *Sämtliche Werke.* Erste Abteilung, Tagebücher, Band 1: *Tagebücher I, Der Erste Weltkrieg.* Stuttgart 1978, S. 9-300 [Erstausgabe 1920].

—: *Sturm.* In: ebd., Dritte Abteilung, Erzählende Schriften, Band 15: *Erzählende Schriften I, Erzählungen.* Stuttgart 1978, S. 9-74 [Erstdruck 1923].

—: *Der Kampf als inneres Erlebnis.* In: ebd., Zweite Abteilung, Essays, Band 7, Essays I: *Betrachtungen zur Zeit.* Stuttgart 1980, S. 9-104 [Erstausgabe 1922].

—: *Das Abenteuerliche Herz. Erste Fassung, Aufzeichnungen bei Tag und Nacht.* In: ebd., Zweite Abteilung, Essays, Band 9: *Essays III.* Stuttgart 1979, S. 31-176 [Erstausgabe 1929].

—: *Feuer und Bewegung.* In: ebd., Zweite Abteilung, Essays, Band 7: *Essays I, Betrachtungen zur Zeit.* Stuttgart 1970, S. 105-118 [Erstdruck 1930 unter dem Titel »Kriegerische Mathematik«].

—: *Der Arbeiter. Herrschaft und Gestalt.* In: ebd., Zweite Abteilung, Essays, Band 8: *Essays II.* Stuttgart 1981 [Erstausgabe 1932].

—: *Afrikanische Spiele.* In: ebd., Dritte Abteilung, Erzählende Schriften, Band 15: *Erzählende Schriften I, Erzählungen.* Stuttgart 1978, S. 75-246 [Erstausgabe 1936].

—: *Rivarol.* In: ebd., Zweite Abteilung, Essays, Band 14: *Essays VIII, Ad Hoc.* Stuttgart 1978, S. 210-255.

MUSIL, Robert: *Musil, Tagebücher.* Heft I: *Etwa 1915 bis 1920*, hrsg. v. Adolf Frisé. Reinbek 1976, S. 312.

*Das* NIBELUNGENLIED. Mittelhochdeutsch/Neuhochdeutsch, nach dem Text vor Karl Bartsch und Helmut de Boor, ins Neuhochdeutsche übersetzt und kommentiert von Siegfried Grosse, durchgesehene und verbesserte Ausgabe. Stuttgart 1999.

SPEYER, Wilhelm: *Das Glück der Andernachs.* Frankfurt a.M. 1983 [=Fischer Taschenbuch 5178; Erstausgabe Zürich 1947].

Enthält die historischen und ideengeschichtlichen Texte bis 1918, soweit sie nicht bei den Autoren der Primärliteratur (Dahn, Fontane, Jünger) angeführt sind.

BACHOFEN, Johann Jakob: *Das Mutterrecht. Eine Untersuchung über die Gynaikokratie der alten Welt nach ihrer religiösen und rechtlichen Natur.* Eine Auswahl hrsg. v. Hans-Jürgen Heinrichs [Erstausgabe Stuttgart 1861].

BURCKHARDT Jacob: *Weltgeschichtliche Betrachtungen.* Stuttgart 1978 [Erstausgabe 1905].

CARLYLE, Thomas: *Friedrich der Große.* Ausgabe in einem Bande, besorgt und eingeleitet von Karl Linnebach. 3. durchgesehene Ausgabe. Berlin 1911.

CHAMBERLAIN, Houston Stewart: *Die Grundlagen des Neunzehnten Jahrhunderts.* 2 Bände. München 1904 (Fünfte Auflage) [Erstdruck 1898].

—: *Deutsches Wesen.* Ausgewählte Aufsätze. München 1916.

CLAUSIUS, Rudolf: *Ueber die bewegende Kraft der Wärme und die Gesetze, welche sich daraus für die Wärmelehre selbst ableiten lassen.* Nachdruck v. Max Planck. Leipzig 1922 [Erstausgabe 1850].

DANZ, August: *Aus Rom und Byzanz.* Vorträge. Weimar 1867.

FREUD, Sigmund: *Vorlesungen zur Einführung in die Psychoanalyse.* Frankfurt a.M. 1991 (Text nach Band 11 der Gesammelten Werke, chronologisch geordnet, Frankfurt a.M. 1986) [Vorlesung gehalten 1916/17 in Wien, Erstausgabe Leipzig u. Wien 1917].

—: *Totem und Tabu. Einige Übereinstimmungen im Seelenleben der Wilden und der Neurotiker.* Frankfurt a.M. 1991. (=Fischer Taschenbuch 10451, textgleich mit Band 9 der »Studienausgabe« (S. 295-444), 10 Bände und ein Ergänzungsband. Frankfurt a.M. 1969-75), [Erstdruck unter dem Titel *Über einige Übereinstimmungen im Seelenleben der Wilden und der Neurotiker* in 4 Folgen in ›Imago‹ 1912-13, Erstausgabe unter dem Titel *Totem und Tabu* 1913].

—: ›*Selbstdarstellung‹. Schriften zur Geschichte der Psychoanalyse.* Hrsg. u. eingeleitet v. Ilse Grubrich-Semitis. Frankfurt a.M. 1971.

GIBBON, Edward: *The history of the decline and fall of the Roman Empire.* 1787-89, 14 Bände.

HAECKEL, Ernst: *Generelle Morphologie der Organismen. Allgemeine Grundzüge der organischen Formen-Wissenschaft, mechanisch begründet durch die von Charles Darwin reformirte Descendenz-Theorie.* 2 Bände. Berlin 1866 [hier zitiert nach: Heberer, Gerhard: *Der gerechtfertigte Haeckel. Einblicke in seine Schriften aus Anlaß des Erscheinens seines Hauptwerkes* ›*Generelle Morphologie der Organismen*‹ *vor 100 Jahren*. Stuttgart 1968].

HARTMANN, Eduard v.: *Philosophie des Unbewussten. Versuch einer Weltanschauung*. Berlin 1869.

HEGEL, Georg Wilhelm Friedrich: *Differenz des Fichte'schen und Schellingschen Systems der Philosophie in Beziehung auf Reinhold's Beyträge zur leichtern Übersicht des Zustands der Philosophie zu Anfang des neunzehnten Jahrhunderts*. 1stes Heft, Jena 1801. In: Werke in zwanzig Bänden. Hrsg. v. Eva Moldenhauer u. Karl Markus Michel, Band 2 [=stw 602]. Frankfurt a.M. 1986, S. 7-138.

—: *Phänomenologie des Geistes*. In: ebd., Band 3 [=stw 603]. Frankfurt a.M. 1986 [Erstausgabe Bamberg/Würzburg 1807].

—: *Grundlinien der Philosophie des Rechts oder Naturrecht und Staatswissenschaft im Grundrisse* [zitiert als »GPR«]. In: ebd., Band 7 [=stw 607] [Erstausgabe Berlin 1820].

—: *Enzyklopädie der philosophischen Wissenschaften III*. In: ebd., Band 10 (=stw 610) [Fassung von 1830].

HERDER, Johann Gottfried: *Ideen zur Philosophie der Geschichte der Menschheit*. In: Werke in zehn Bänden, Band 6. Hrsg. v. Martin Bollacher. Frankfurt a.M. 1989 [Erstausgabe in vier Bänden Leipzig 1794-81].

HUFELAND, Christoph Wilhelm: *Makrobiotik oder die Kunst, das menschliche Leben zu verlängern*. Frankfurt a.M. 1997 [Erstausgabe unter dem Titel *Die Kunst das menschliche Leben zu verlängern* Jena 1797].

de LAGARDE, Paul: *Deutsche Schriften*. 2 Bände Göttingen 1878/81.

MACHIAVELLI, Niccolò: *Der Fürst*. Hrsg. v. Werner Bahner. Leipzig 1976 [Machiavellis Schrift erschien erstmals unter dem Titel *Il Principe* 1532 in Rom].

MAINLÄNDER, Philipp: *Philosophie der Erlösung*. Ausgewählt und mit einem Vorwort versehen v. Ulrich Horstmann. Frankfurt a.M. 1989 [=itb 1148].

MANN, Thomas: *Betrachtungen eines Unpolitischen*. Mit einem Vorwort von Hanno Helbling. Frankfurt a.M. 1993 (=Fischer Taschenbuch 9108, textidentisch mit der im selben Verlag 1960 erschienenen Ausgabe der Gesammelten Werke in dreizehn Bänden. Hrsg. v. Hans Bürgin u. Peter de Mendelssohn, Band XII) [Erstausgabe 1918].

—: *Aufsätze, Essays, Reden*. Band 2, 1914-1918. Berlin und Weimar 1983.

—: *Gedanken im Kriege*. In: *Essays II 1914-1926*. Hrsg. u. textkritisch durchgesehen v. Hermann Kurzke. Frankfurt a.M. 2002 [Erstdruck in der

Novemberausgabe der Neuen Rundschau, Berlin, Jg. 25, Heft 11, S. 1471-1484].

MOMMSEN, Theodor: *Römische Geschichte*. dtv-Ausgabe, Band 5. München 1986 (=dtv 6057, 4. Auflage). Entspricht dem Text des III. Bandes *Von Sullas Tod bis zur Schlacht von Thapsus*, Fünftes Buch *Die Begründung der Militärmonarchie*, Zweiter Teil. Berlin 1904 (9. Auflage, Erstdruck Berlin 1856).

NIETZSCHE, Friedrich: *Unzeitgemäße Betrachtungen. Erstes Stück: David Strauß, der Bekenner und der Schriftsteller*. In: Nietzsche: *Werke*. Kritische Gesamtausgabe. Hrsg. v. Giorgio Colli und Mazzino Montinari. Dritte Abteilung, Erster Band [III,1]. Berlin/New York 1972, S. 153-238 [Erstausgabe Leipzig 1873].

—: *Unzeitgemäße Betrachtungen. Zweites Stück: Vom Nutzen und Nachtheil der Historie für das Leben*. In: ebd., Dritte Abteilung, Erster Band [III,1]. Berlin/New York 1972, S. 239-330 (Erstausgabe Leipzig 1874).

—: *Unzeitgemäße Betrachtungen. Drittes Stück: Schopenhauer als Erzieher*. In: ebd., Dritte Abteilung, Erster Band [III,1], S. 331-423 (Erstausgabe Leipzig 1874).

—: *Die fröhliche Wissenschaft* (*la gaya scienza*). In: ebd., Fünfte Abteilung, Zweiter Band [V,II]. Berlin/New York 1973, (Erstausgabe Chemnitz 1882, zweite Ausgabe mit dem »Anhang« *Lieder des Prinzen Vogelfrei*. Leipzig 1887), S. 11-336.

—: *Zur Genealogie der Moral*. In: ebd., Sechste Abteilung, Zweiter Band [VI,2]. Berlin 1968, S. 259-430 (Erstausgabe Leipzig 1887).

—: *Der Antichrist. Fluch auf das Christentum*. In: ebd., Sechste Abteilung, Dritter Band [VI,3]. Berlin 1969, S. 161-252.

—: *Nachgelassene Fragmente, Juli 1882 bis Winter 1883-1884*. In: ebd., Siebente Abteilung, Erster Band [VII,2]. Berlin/New York 1977.

PIETSCH, Ludwig: *Nach Athen und Byzanz. Ein Frühlingsausflug (April und Mai 1869)*. Berlin 1871 (Erster Band der *Orientfahrten eines Berliner Zeichners*).

RENAN, Ernest: *Was ist eine Nation? Rede am 11. März 1882 an der Sorbonne*. Mit einem Essay v. Walter Euchner. Hamburg 1996.

RIEHL, Wilhelm-Heinrich: *Die Naturgeschichte des Volkes als Grundlage einer deutschen Sozial-Politik*. Stuttgart/Tübingen 1854, Band 1: *Land und Leute*, Band 2: *Die bürgerliche Gesellschaft* (Zweite, neu überarbeitete Auflage; Band 1 als Einzelband erschienen, ebd. 1851).

ROCHAU, Ludwig August v.: *Grundsätze der Realpolitik, angewendet auf die staatlichen Zustände Deutschlands*. Frankfurt/Berlin/Wien 1972 [Neuedition v. Hans-Ulrich Wehler, Erstausgabe 1853/1869.].

SCHOPENHAUER, Arthur: *Die Welt als Wille und Vorstellung* [zitiert als WWV]. In: *Sämtliche Werke*. Textkritisch bearbeitet u. hrsg. v. Wolfgang Frhr. v. Löhneisen, Band I (text- u. seitenidentisch mit der bei Cotta-Insel, Stuttgart/Frankfurt a.m., erschienenen Schopenhauer-Ausgabe) [Erstausgabe Leipzig 1819].

—: *Parerga und Paralipomena*. Zweiter Band. In: ders., *Sämtliche Werke*, Sechster Band. Hrsg. v. Arthur Hübscher. Wiesbaden 1947.

WEBER, Max: *Die protestantische Ethik und der »Geist« des Kapitalismus*. Textausgabe auf der Grundlage der ersten Fassung von 1904/05 mit einem Verzeichnis der wichtigsten Zusätze und Veränderungen aus der zweiten Fassung von 1920, her- u. eingeleitet von Klaus Lichtblau u. Johannes Weiß. Bodenheim 1993.


## III Sekundärliteratur und theoretische Texte ab 1919 bis zur Gegenwart


AUST, Hugo: *Der historische Roman*. Stuttgart 1994.

—: *Der historische Roman des 19. Jahrhunderts*. In: *Handbuch des deutschen Romans*. Hrsg. v. Helmut Koopmann. Düsseldorf 1983, S. 342-355.

BOHRER, Karl Heinz: *Die Ästhetik des Schreckens. Die pessimistische Romantik und Ernst Jüngers Frühwerk*, München 1978.

BREUER, Stefan: *Anatomie der konservativen Revolution*. Darmstadt 1993.

—: *Die Völkischen in Deutschland. Kaiserreich und Weimarer Republik*. Darmstadt 2008.

BUTZER, Günter/GÜNTER, Manuela: *Der Wille zum Schönen. Deutscher Realismus und die Wirklichkeit der Literatur*. In: Sprache und Literatur, Heft 79/1997, Schwerpunkt: Kitsch und Klischee. Paderborn/München, S. 54-77.

CRAIG, Gordon A.: *Über Fontane*. München 1997.

—: *Deutsche Geschichte 1866-1945. Vom Norddeutschen Bund bis zum Ende des Dritten Reiches*. München 1989.

DÖBLIN, Alfred: *Der historische Roman und wir*. In: ders.: *Aufsätze zur Literatur*, Ausgewählte Werke in Einzelbänden. Hrsg. v. Walter Muschg, Band 8. Olten u. Freiburg i.Br. 1963, S. 163-186 [Erstdruck Moskau 1936, in: Das Wort, hrsg. v. Bertolt Brecht, Lion Feuchtwanger u. Willi Bredel, Heft 4].

DURZAK, Manfred: *Die Kunst der Kurzgeschichte*. München 1994 (2. Auflage).

EGGERT, Hartmut: *Studien zur Wirkungsgeschichte des deutschen historischen Romans 1850-1875*. Frankfurt a.M. 1971.

EISELE, Ulf: *Der Dichter und sein Detektiv. Raabes ›Stopfkuchen‹ und die Frage des Realismus*. Tübingen 1979.

FEUCHTWANGER, Lion: *Das Haus der Desdemona oder Größe und Grenzen der historischen Dichtung*. Frankfurt a.M. 1986 [=Fischer Taschenbuch 5708. Erstausgabe Rudolstadt 1961].

FLASCH, Kurt: *Augustin. Einführung in sein Denken*, Stuttgart 1880.

—: *Augustinus. Ausgewählt und vorgestellt von Kurt Flasch*. München 1996.

GALL, Lothar: *Bismarck. Der weiße Revolutionär*. Frankfurt a.M./Berlin/Wien 1980.

GALLMEISTER, Petra: *Der Historische Roman*. In: Otto Knörrich (Hrsg.): *Formen der Literatur in Einzeldarstellungen*. Stuttgart 1991 (Zweite Auflage), S. 160-170.

GAY, Peter: *Freud. Eine Biographie für unsere Zeit*. Frankfurt a.M. 2006 (2. Auflage; 1. Auflage ebd. 1989].

GENETTE, Gérard: *Paratexte*. Frankfurt a.M. (u.a.) 1989.

GEPPERT, Hans Vilmar: *Der ›andere‹ historische Roman. Theorie und Strukturen einer diskontinuierlichen Gattung*. Tübingen 1976.

GIRARD, René: *Das Heilige und die Gewalt*. Frankfurt a.M. 2000 [Erstausgabe Zürich 1987].

GOEDERT, Georges: *Nietzsche und Schopenhauer*. In: *Nietzsche-Studien. Internationales Jahrbuch für die Nietzsche-Forschung*. Hrsg. v. Wolfgang Müller-Lauter, Mazzino Montinari u.a. Berlin/New York 1978, Band 7, S. 1-15.

GOLTSCHNIGG, Dietmar: *Vorindustrieller Realismus und Literatur der Gründerzeit*. In: Victor Zmegac (Hrsg.): *Geschichte der deutschen Literatur vom 18. Jahrhundert bis zur Gegenwart*. Band II/1. Königstein/Ts. 1980, S. 1-108.

GOOCH, George Peabody: *Friedrich der Große. Herrscher, Schriftsteller, Mensch*. Göttingen 1951.

HEINE, Rolf (Hrsg.): *Catull*. Darmstadt 1975.

HEIMENDAHL, Hans Dieter: *Kritik und Verklärung. Studien zur Lebensphilosophie Thomas Manns in den ›Betrachtungen eines Unpolitischen‹, ›Der Zauberberg‹, ›Goethe und Tolstoi‹ und ›Joseph und seine Brüder‹*. Würzburg 1998.

HEMLEBEN, Johannes: *Ernst Haeckel in Selbstzeugnissen und Dokumenten*. Reinbek 1964 (=rororo Bildmonographie).

HERING, Rainer: »Pflege der Rückentwicklung. Die ›völkische Bewegung‹ im deutschen Kaiserreich und in der Weimarer Republik«. In: Frankfurter Allgemeine Zeitung, 25. Februar 2009, S. 7.

HERMAND, Jost: *Gründerzeit und bürgerlicher Realismus.* In: Monatshefte 59 (1967), S. 107-117.

HIRSCHMANN, Günther: *Kulturkampf im historischen Roman der Gründerzeit 1859-1878.* München 1978.

HOBSBAWM, Eric J.: *Das imperiale Zeitalter. 1875-1914.* Frankfurt a.M. 1995.

HOFFMANN, Volker: *Künstliche Zeugung und Zeugung von Kunst im Erzählwerk Achim von Arnims.* In: *Aurora. Jahrbuch der Eichendorff-Gesellschaft,* 46. Sigmaringen 1986, S. 158-167.

HOHORST, Gerd/KOCKA, Jürgen/RITTER, Gerhard A.: *Sozialgeschichtliches Arbeitsbuch. Materialien zur Statistik des Kaiserreichs 1870-1914.* München 1975.

HOLZBERG, Niklas: *Catull. Der Dichter und sein erotisches Werk.* München 2002.

JÄGER, Georg: *Die Gründerzeit.* In: Max Bucher/Werner Hahl/Georg Jäger/Reinhard Wittmann (Hrsg.): *Realismus und Gründerzeit. Manifeste und Dokumente zur deutschen Literatur 1848-1880.* 2 Bände. Stuttgart 1975/76, Band 1 (1976), S. 95-135.

KESTING, Hanjo: *Theodor Fontane. Bürgerlichkeit und Lebensmusik.* In: Göttinger Sudelblätter. Hrsg. v. Heinz Ludwig Arnold, Göttingen o.J., erschienen 1998.

KERR, Alfred: *Wo liegt Berlin? Briefe aus der Reichshauptstadt.* Berlin 1997.

KLUBERTANZ, Alex: *Ruinen voll Gefühl und Härte. Historisches Erzählen im 19. Jahrhundert zwischen glücklosen Liebhabern und machtvollen Erzählern.* Aachen 1992.

KOSCHORKE, Albrecht: »Der Rabe, das Buch und die Arche der Zeichen. Zu Wilhelm Raabes apokalyptischer Kriegsgeschichte ›Das Odfeld‹«. In: DVjs 64, Heft 3/September. Stuttgart 1990, S. 529-548.

LANGEWIESCHE, Dieter: *Nation Nationalismus Nationalstaat in Deutschland und Europa.* München 2000.

LANDES, David S.: *Der entfesselte Prometheus. Technologischer Wandel und industrielle Entwicklung in Westeuropa von 1750 bis zur Gegenwart.* Köln 1973.

LEMBERG, Eugen: *Nationalismus I, Psychologie und Geschichte.* Reinbek 1964.

—: *Nationalismus II, Soziologie und politische Pädagogik.* Reinbek 1964.

LIMLEI, Michael: *Geschichte als Ort der Bewährung. Menschenbild und Ge-sellschaftsverständnis in den deutschen historischen Romanen 1820-1890.* Frankfurt a.M. 1988.

LINDNER, Martin: *Leben in der Krise. Zeitromane der Neuen Sachlichkeit und die intellektuelle Mentalität der klassischen Moderne. Mit einer exemplari-schen Analyse des Romanwerks von Arnolt Bronnen, Ernst Glaeser, Ernst von Salomon und Ernst Erich Noth.* Stuttgart/Weimar 1994.

LINK, Jürgen/WÜLFING, Wulf (Hrsg.): *Nationale Mythen und Symbole in der zweiten Hälfte des 19. Jahrhunderts. Strukturen und Funktionen von Konzep-ten nationaler Identität.* Sprache und Geschichte 16. Stuttgart 1991.

LOTMANN, Jurij M.: *Die Struktur literarischer Texte.* München 1972. (=UTB-Taschenbuch 103).

LUKÁCS, Georg: *Der historische Roman.* Neuwied u. Berlin 1965 [Erstausga-be Moskau 1937].

MANDELKOW, Karl Robert: *Goethe in Deutschland. Rezeptionsgeschichte ei-nes Klassikers, Band I 1773-1918.* München 1980.

MARTINI, Fritz: *Deutsche Literatur im bürgerlichen Realismus 1848-1898.* Stuttgart 1962.

MEYER, Friedericke: »Zum Wandel von Diskursbeziehungen: die Relati-on der Erzählliteratur im Realismus und der Psychiatrie 1850-1900 in Deutschland«. In: Michael Titzmann (Hrsg.): *Modelle des literarischen Strukturwandels.* Tübingen 1991, S. 167-185.

—: *Gefährliche Psyche. Figurenpsychologie in der Erzählliteratur des Realismus.* Frankfurt a.M. 1992.

MÜLLER, Harro: *Historische Romane. In: Hansers Sozialgeschichte der deut-schen Literatur vom 16. Jahrhundert bis zur Gegenwart.* Band 6: *Bürgerli-cher Realismus und Gründerzeit 1848-1890.* Hrsg. v. Edward McInnes und Gerhard Plumpe. München 1996, S. 690-707.

MÜLLER, Jan-Dirk: *Spielregeln für den Untergang. Die Welt des Nibelungen-liedes.* Tübingen 1998.

MÜLLER-SEIDEL, Walter: *Theodor Fontane. Soziale Romankunst in Deutsch-land.* Stuttgart 1975.

MÜLLER-SEYFARTH, Winfried H.: *Metaphysik der Entropie. Philipp Main-länders transzendentale Analyse und ihre ethisch-metaphysische Relevanz.* Berlin 2000.

NACK, Emil: *Die Germanen. Länder und Völker der Germanen.* Kindlers Kul-turgeschichte Europas, Band 7. München 1983 (Erstausgabe Wien 1958 unter dem Titel: *Germanien. Länder und Völker der Germanen*).

NERNST, Walter: *Rudolf Clausius – Rede, gehalten am 24. Juni 1922.* Bonn 1922.

NIPPERDEY, Thomas: *Deutsche Geschichte 1800-1866. Bürgerwelt und starker Staat.* München 1983.

—: *Deutsche Geschichte 1866-1918.* Erster Band: *Arbeitswelt und Bürgergeist.* München 1990.

—: *Deutsche Geschichte 1866-1918.* Zweiter Band: *Machtstaat vor der Demokratie.* München 1992.

NOLTE, Ernst: *Der Faschismus in seiner Epoche.* München 2000 (5. Auflage, Erstausgabe München 1963).

ORT, Claus-Michael: »Hugo Aust, Der historische Roman«. In: ARBITIRIUM. Zeitschrift für Rezensionen zur germanistischen Literaturwissenschaft. Hrsg. v. Wolfgang Frühwald und Wolfgang Harms, 1/1998, S. 27-30.

—: *Zeichen und Zeit. Probleme des literarischen Realismus.* Tübingen 1998.

OSTERHAMMEL, Jürgen: *Die Verwandlung der Welt. Eine Geschichte des 19. Jahrhunderts.* München 2009.

PLESSNER, Helmut: *Die verspätete Nation. Über die politische Verführbarkeit bürgerlichen Geistes.* Stuttgart 1959.

PLUMPE, Gerhard: »Einleitung«. In: *Hansers Sozialgeschichte der deutschen Literatur vom 16. Jahrhundert bis zur Gegenwart.* Begründet v. Rolf Grimminger. Band 6: *Bürgerlicher Realismus und Gründerzeit 1848-1890.* Hrsg. v. Edward McInnes u. Gerhard Plumpe. München/Wien 1996, S. 17-83.

—: »Schopenhauer: Kunst als Therapeutikum«. (Gesamter Aufsatz: »Das Reale und die Kunst. Ästhetische Theorie im 19. Jahrhundert«. S. 242-307) In: *Hansers Sozialgeschichte der deutschen Literatur vom 16. Jahrhundert bis zur Gegenwart.* Begründet v. Rolf Grimminger. Band 6: *Bürgerlicher Realismus und Gründerzeit 1848-1890.* Hrsg. v. Edward McInnes u. Gerhard Plumpe. München/Wien 1996, S. 269-286.

PUSCHNER, Uwe: *Die völkische Bewegung im wilhelminischen Kaiserreich. Sprache – Rasse – Religion.* Darmstadt 2001.

—: »One People, one Reich, one God‹. The Völkische Weltanschauung and Movement«. In: GERMAN HISTORICAL INSTITUTE LONDON. Bulletin, Volume XXIV, No. 1. London, Mai 2002, S. 5-28.

—: »Weltanschauung und Religion – Religion und Weltanschauung. Ideologie und Formen völkischer Religion«. In: ders: www.zeitenblicke.de/2006/1/Puschner/Index_html

RADKAU, Joachim: *Das Zeitalter der Nervosität. Deutschland zwischen Bismarck und Hitler.* München 1998.

RHÖSE, Franz: *Konflikt und Versöhnung. Untersuchungen zur Theorie des Romans von Hegel bis zum Naturalismus.* Stuttgart 1978.

SAFRANSKI, Rüdiger: *Nietzsche. Biographie seines Denkens.* München/Wien 2000.

—: *Schopenhauer und die wilden Jahre der Philosophie. Eine Biographie.* München/Wien 1987 [1990, rororo Taschenbuch].

SCHNABEL, Franz: *Deutsche Geschichte im Neunzehnten Jahrhundert.* Zweiter Band: *Monarchie und Volkssouveränität.* Freiburg i.Br. 1949 (2. Auflage) [Erstausgabe 1933].

SCHNÄDELBACH, Herbert: *Hegel zur Einführung.* Hamburg 2001.

SCHOMERS, Walter: *Serenus Zeitblom und die Ideen von 1914. Versuche zu Thomas Mann.* Würzburg 2002.

SCHORSKE, Carl E.: *Wien. Geist und Gesellschaft im Fin de Siècle.* Frankfurt a.M. 1982.

SCHREIBER, Hermann: *Auf den Spuren der Goten.* München 1977.

SCHULZE, Hagen: *Der Weg zum Nationalstaat. Die deutsche Nationalbewegung vom 18. Jahrhundert bis zur Reichsgründung.* München 1985.

SCHUMANN, Hans: *Der Schwefelgelbe. Fontane und Bismarck.* Zürich 1998.

SMITH, Antony D.: *National Identity.* London 1991.

SOTTONG, Hermann J.: *Transformation und Reaktion. Historisches Erzählen von der Goethezeit zum Realismus.* München 1992.

SPRENGEL, Peter: *Von Luther zu Bismarck. Kulturkampf und nationale Identität bei Theodor Fontane, Conrad Ferdinand Meyer und Gerhart Hauptmann.* Bielefeld 1999.

STERNBERGER, Dolf: *Panorama oder Ansichten vom 19. Jahrhundert.* Frankfurt a.M. 1974 [Erstausgabe 1938].

STÜRMER, Michael: *Die Reichsgründung. Deutscher Nationalstaat und europäisches Gleichgewicht im Zeitalter Bismarcks.* München 1993 (4. Auflage, Ersterscheinen 1984).

TITZMANN, Michael: *Strukturale Textanalyse. Theorie und Praxis der Interpretation.* München 1977 [=UTB 582. Autor fälschlich als Manfred Titzmann angeführt]

—: »Struktur, Strukturalismus«. In: *Reallexikon der deutschen Literaturgeschichte.* Begründet v. Paul Merker und Wolfgang Stammler, Band 4. Hrsg. v. Klaus Kanzog u. Achim Masser. Berlin/New York 1984, S. 256-278.

—: »Struktur«. In: *Reallexikon der deutschen Literaturwissenschaft.* Neubearbeitung des Reallexikons der deutschen Literaturgeschichte, Band III P-Z. Hrsg. v. Jan-Dirk Müller. Berlin/New York 2003, S. 532-535.

—: »Strukturalismus«. In: ebd., S. 535-539.

—: »Bemerkungen zu Wissen und Sprache in der Goethezeit (1770-1830). Mit einem Beispiel der optischen Kodierung von Erkenntnisprozessen«. In: *Bewegung und Stillstand in Metaphern und Mythen. Fallstudien zum Verhältnis von elementarem Wissen und Literatur im 19. Jahrhundert.* Hrsg. v. Jürgen Link u. Wulf Wülfing. Stuttgart 1984.

—: »Poetik«. In: *Literatur Lexikon.* Hrsg. v. Walther Killy, Band 14, *Begriffe, Realien, Methoden.* Hrsg. v. Volker Meid. Gütersloh/München 1993, S. 216-222.

—: »›Volk‹ und ›Nation‹ in der deutschen Literatur des 19. Jahrhunderts. Sozio-semiotische Strategien von Identitätsbildung und Ausgrenzung«. In: JAHRBUCH FÜR ANTISEMITISMUSFORSCHUNG 2. Hrsg. v. Wolfgang Benz. Passau 1993/a, S. 37-61.

—: »Literatur und Politik im deutschen Realismus«. In: LITERATUR IN BAYERN, Heft 28, 1992, hrsg. v. D.-R. Moser, S. 22-26.

—: »Die Konzeption der ›Germanen‹ in der deutschen Literatur des 19. Jahrhunderts«. In: Jürgen Link (Hrsg.): *Nationale Mythen und Symbole.* Stuttgart 1991, S. 120-145.

—: »Kulturelles Wissen – Diskurs – Denksystem. Zu einigen Grundbegriffen der Literaturwissenschaft«. In: ZEITSCHRIFT FÜR FRANZÖSISCHE SPRACHE UND LITERATUR 99/1989, S. 47-61.

TREUE, Wilhelm: *Gesellschaft, Wirtschaft und Technik Deutschlands im 19. Jahrhundert.* München 1975 (=Band 17 der dtv-Ausgabe von: Gebhardt: *Handbuch der deutschen Geschichte.* Textgleich mit Gebhardt: *Handbuch der deutschen Geschichte,* Band 3: *Von der Französischen Revolution bis zum Ersten Weltkrieg,* Teil IV).

ULLRICH, Volker: *Otto von Bismarck.* Reinbek 1998 (=rororo Monographie 50602).

WEHLER, Hans-Ulrich: *Das Deutsche Kaiserreich 1871-1918.* Göttingen 1973.

WEINREICH, Otto (Hrsg.): *Catull. Sämtliche Gedichte,* Lateinisch und Deutsch. Zürich/Stuttgart 1969.

WESTENFELDER, Frank: *Genese, Problematik und Wirkung nationalsozialistischer Literatur am Beispiel des historischen Romans zwischen 1890 und 1945.* Frankfurt a.M. u.a. 1989.

WHITE, Hayden: *Auch Clio dichtet oder die Fiktion des Faktischen: Studien zur Tropologie des historischen Diskurses.* Stuttgart 1986.

—: *Metahistory. Die historische Einbildungskraft im 19. Jahrhundert in Europa.* Frankfurt a.M. 1991 (Erstveröffentlichung 1973).

WOHLHAUPTER, Eugen: *Dichterjuristen III.* Tübingen 1957.

WOLFRAM, Herwig: *Geschichte der Goten. Von den Anfängen bis zur Mitte des sechsten Jahrhunderts – Entwurf einer historischen Ethnographie.* München 1979.

WÜNSCH, Marianne: »Zur Kritik der psychoanalytischen Textanalyse«. In: Wolfgang Klein (Hrsg.): *Methoden der Textanalyse.* Heidelberg 1977, S. 45-60.

—: »Das Modell der ›Wiedergeburt‹ zu ›neuem Leben‹ in erzählender Literatur 1890-1930«. In: Karl Richter/Jörg Schönert (Hrsg.): *Klassik und Moderne.* Stuttgart 1983, S. 379-408.

ZMEGAC, Victor (Hrsg.): *Geschichte der deutschen Literatur vom 18. Jahrhundert bis zur Gegenwart.* Band II/1. Königstein/Ts. 1980.

ZÖCHBAUER, Paul: *Der Krieg in den Essays und Tagebüchern Robert Musils.* Stuttgart 1996 (=Stuttgarter Arbeiten zur Germanistik Nr. 316).

# IV Handbücher und Lexika

ADELUNG, Johann Christoph: *Grammatisch-kritisches Wörterbuch der Hochdeutschen Mundart,* mit beständiger Vergleichung der übrigen Mundarten, besonders aber der Oberdeutschen. Zweite vermehrte und verbesserte Ausgabe, I A-E. Mit einer Einführung und Bibliographie von Helmut Henne. Hildesheim/Zürich/New York 1990 [Erstausgabe Leipzig 1793].

CALWER BIBELLEXIKON. Band 1 A-K. Stuttgart 2003.

DIE GROSSEN DEUTSCHEN. *Deutsche Biographie.* Hrsg. v. Hermann Heimpel, Theodor Heuss, Benno Reifenberg. Dritter Band. Berlin 1956.

FONTANE HANDBUCH. Hrsg. v. Christian Grawe und Helmut Nürnberger. Stuttgart 2000 [zitiert als FH].

GESCHICHTE DER DEUTSCHEN LITERATUR. *Von 1830 bis zum Ausgang des 19. Jahrhunderts.* Von einem Autorenkollektiv, Leitung und Gesamtbearbeitung Kurt Böttcher, Achter Band, Zweiter Halbband. Berlin 1967.

HANDBUCH DER DEUTSCHEN WIRTSCHAFTS- UND SOZIALGESCHICHTE. Band 2: *Das 19. und 20. Jahrhundert.* Hrsg. v. Wolfgang Zorn. Stuttgart 1976.

HANDBUCH ZUR ›VÖLKISCHEN BEWEGUNG‹ 1871-1918: Hrsg. v. Uwe Puschner, Walter Schmitz u. Justus H. Ulbricht. München u.a. 1996.

HANSERS SOZIALGESCHICHTE DER DEUTSCHEN LITERATUR VOM 16. JAHRHUNDERT BIS ZUR GEGENWART. Begründet v. Rolf Grimmer. Band 6: *Bürgerlicher Realismus und Gründerzeit 1984-1890.* Hrsg. v. Edward McInnes u. Gerhard Plumpe. München/Wien 1996.

LEXIKON DER DEUTSCHEN GESCHICHTE. *Ereignisse – Institutionen – Personen. Von den Anfängen bis zur Kapitulation 1945.* Hrsg. v. Gerhard Taddey. Stuttgart 1998 (3. Auflage).

LEXIKON FÜR THEOLOGIE UND KIRCHE. Erster Band: *A bis Baronius.* Freiburg i.Br. 1957.

LITERATUR LEXIKON. *Autoren und Werke deutscher Sprache.* Hrsg. v. Walter Killy, 12 Bände plus zwei Ergänzungsbände »Literarische Begriffe – Epochen und Gattungen – Literaturwissenschaft und Buchwesen« und einen Registerband. Gütersloh/München 1988-1993.

METZLER PHILOSOPHEN LEXIKON. *Von den Vorsokratikern bis zu den Neuen Philosophen.* Hrsg. v. Bernd Lutz, zweite, aktualisierte und erweiterte Auflage. Stuttgart/Weimar 1995.

MEYERS KONVERSATIONS-LEXIKON. *Ein Nachschlagewerk des allgemeinen Wissens.* Fünfte, gänzlich neubearbeitete Auflage. Leipzig und Wien 1897 (17 Bände plus einen Nachtrags- u. Registerband 1898 u. drei Supplementbände 1898-1901).

PLOETZ WIRTSCHAFTSGESCHICHTE DER DEUTSCHSPRACHIGEN LÄNDER VOM FRÜHEN MITTELALTER BIS ZUR GEGENWART. Hrsg. v. Hermann Schäfer. Würzburg 1989.

PROPYLÄEN TECHNIKGESCHICHTE. *Netzwerke, Stahl und Strom 1840 bis 1914.* Hrsg. v. Wolfgang König und Wolfhard Weber. Frankfurt a.M./Berlin 1990.

SIMEK, Rudolf: *Lexikon der germanischen Mythologie.* Stuttgart 1984.

WIRTSCHAFTS-PLOETZ. *Die Wirtschaftsgeschichte zum Nachschlagen.* Hrsg. v. Hugo Ott und Hermann Schäfer. Freiburg/Würzburg 1984.

## Danksagung

Der erste Dank gebührt meinen Eltern, ohne deren Geduld und Großzügigkeit diese Arbeit im Stadium der Recherche stecken geblieben wäre. Dank gebührt meinem Freund und Mentor Thomas Hürlimann, der das Manuskript als idealer Leser verfolgte, Dank gebührt meinem Laudator Albert von Schirnding, dessen Rede im Literarischen Kolloquium Berlin Dampf hinter den Text setzte. Ich danke Isabelle, die mich begreifen ließ, weshalb die alte Welt Frauen zu Schutzgeistern der Künste erhob; auch danke ich meinem langjährigen Kollegen und Freund Adrian Prechtel für die anregenden Gespräche, sowie Günter Prechtel und dem Unternehmer Klaus Mutschler – sie bewiesen, dass auch heute in der Wirtschaft der Geist Maecenas' bisweilen zu neuem Leben erwacht. Für Zuspruch in harten Zeiten danke ich dem Konvent des Bendediktinerklosters St. Bonifaz zu München wie dem Dompfarrer der St. Hedwigs-Kathedrale Berlin, Msgr. Alfons Kluck.

Und schließlich: meinen Dank an meinen Doktorvater Prof. Dr. Georg Jäger, München, dessen fachlichem Rat und vorurteilslosem Blick diese Arbeit Wertvolles schuldet.

# Reihe Wissenschaft bei Matthes & Seitz Berlin

Emmanuel Faye
**Heidegger. Die Einführung des Nationalsozialismus in die Philosophie**
Aus dem Französischen von Tim Trzaskalik
Mit einem Nachwort zur deutschen Ausgabe von Emmanuel Faye
560 Seiten, gebunden mit Schutzumschlag

Emmanuel Faye versucht so polemisch wie quellennah die Nähe der deutschen Philosophie der dreißiger Jahre zum Nationalsozialismus nachzuweisen. Er beeindruckt durch die Materialfülle, mit der er belegt, dass die Grundlagen Martin Heideggers Denken in rassischem, völkischem und antisemitischem Gedankengut zu finden sind.

Florian Borchmeyer
**Die Ordnung des Unbekannten**
**Von der Erfindung der Neuen Welt**
496 Seiten, gebunden mit Schutzumschlag

Mehr als eine historische und ethnologische Untersuchung stellt Die Ordnung des Unbekannten eine philologische Reflexion über die Bedeutung der Chroniken, Briefe, Erzählungen und Epen des hispanoamerikanischen Cinquecento dar, die sich nicht auf die traditionellen oder heute gültigen Textkategorien und Wissenschaftsdisziplinen reduzieren lassen.

Caroline Mary
**Zwillingskristall aus Diamant und Kot**
**Léon Bloy in Deutschland**
320 Seiten, gebunden mit Schutzumschlag

»Zwillingskristall aus Diamant und Kot« nannte Ernst Jünger das unbequeme »Monstrum« Bloy. Caroline Mary führt in dessen Denken ein und zeigt den Einfluss, den Bloy auf die Literatur ausübte.

 Matthes & Seitz Berlin

# Reihe Wissenschaft bei Matthes & Seitz Berlin

Peter Trawny
**Die Autorität des Zeugen**
**Ernst Jüngers politische Theologie**
208 Seiten, gebunden mit Schutzumschlag

Trawnys Buch zeichnet den Aufstieg und den Absturz Jüngerscher Zeugenschaft bis in die Nachkriegszeit nach. Bisher unveröffentlichte Manuskripte und Briefe zeigen, inwiefern Jüngers spätere Versuche, sich als Unpolitischen zu inszenieren, als Vertuschung anzusehen sind.

Jürgen Ritte
**Endspiele**
**Geschichte und Erinnerung bei**
**Dieter Forte, Walter Kempowski und W.G. Sebald**
296 Seiten, gebunden mit Schutzumschlag

Am Beispiel von drei großen Geschichtserzählungen (Dieter Forte), Geschichtsinszenierungen (Walter Kempowski) und Geschichtsbefragungen (W.G. Sebald) geht Ritte der Frage nach, wie und ob sich heute noch die Geschichte der deutschen Katastrophe literarisch erzählen lässt, und entwickelt eine literarische Ästhetik des Erinnerns.

Thomas Wild
**Nach dem Geschichtsbruch**
**Deutsche Schriftsteller um Hannah Arendt**
288 Seiten, gebunden mit Schutzumschlag

Lange stieß Hannah Arendt als Denkerin der »Banalität des Bösen« in Deutschland auf Ablehnung. Deutsche Schriftsteller aber erkannten in ihr früh eine für sie wichtige Stimme. Ein Buch über Epochenbrüche und das Verhältnis von politischer Theorie und dichterischem Denken.

 Matthes & Seitz Berlin